O VELHO GRAÇA

Dênis de Moraes

O VELHO GRAÇA
uma biografia de Graciliano Ramos

Copyright desta edição © Boitempo Editorial, 2012
Copyright © Dênis de Moraes, 1992, 2012

Coordenação editorial
Ivana Jinkings

Editora-adjunta
Bibiana Leme

Assistência editorial
Livia Campos e Pedro Carvalho

Capa
Studio DelRey
sobre fotografia de Graciliano Ramos em 1952
(foto de Kurt Klagsbrunn, acervo Projeto Portinari)

Diagramação
Antonio Kehl

Produção
Livia Campos

CIP-BRASIL. CATALOGAÇÃO-NA-FONTE
SINDICATO NACIONAL DOS EDITORES DE LIVROS, RJ

M818v

Moraes, Dênis de, 1954-
 O velho Graça : uma biografia de Graciliano Ramos / Dênis de Moraes. - [1.ed., rev. e ampl.] - São Paulo : Boitempo, 2012.

 Inclui bibliografia
 ISBN 978-85-7559-292-2

 1. Ramos, Graciliano, 1892-1953. 2. Escritores brasileiros - Biografia. I. Título.

12-6288. CDD: 928.69
   CDU: 929:821.134.3(81)

30.08.12 13.09.12   038720

É vedada a reprodução de qualquer
parte deste livro sem a expressa autorização da editora.

Este livro atende às normas do acordo ortográfico em vigor desde janeiro de 2009,
com exceção dos textos dos anexos, cuja grafia original foi mantida.

1ª edição: outubro de 2012; 1ª reimpressão: junho de 2013

BOITEMPO EDITORIAL
Jinkings Editores Associados Ltda.
Rua Pereira Leite, 373
05442-000 São Paulo SP
Tel./fax: (11) 3875-7250 / 3872-6869
editor@boitempoeditorial.com.br | www.boitempoeditorial.com.br
www.blogdaboitempo.com.br | www.facebook.com/boitempo
www.twitter.com/editoraboitempo | www.youtube.com/imprensaboitempo

SUMÁRIO

Prefácio à primeira edição, *Carlos Nelson Coutinho* 7

Nota da edição 12

Introdução 13

Primeira parte – Os anos de invenção 19
    A leve suspeita das palavras 21
    A sedução parnasiana 29
    A cabeça a léguas de distância 37
    Um sábio no Sertão 48
    Doidices: o amor e a política 60
    O romance escondido na gaveta 73
    Um golpe na alienação 83
    O Dostoiévski dos Trópicos 91
    O prenúncio do caos 99
    Uma vítima da ordem 111
    Um estranho no ninho 122
    A um passo do abismo 133

Segunda parte – O testemunho do tempo 147
    A liberdade com os bichos 149
    A glória em plena crise 162
    O caráter dentro do DIP 174

    O complô da reparação 188
    PCB, o raio de luz 201
    Um marxista no mosteiro 214
    Os humores da Guerra Fria 226
    Os ventríloquos de Zdanov 238
    Os profetas do Apocalipse 255
    Aventura em campo minado 267
    Duelo com a morte 280

Epílogo – O coração aberto aos homens 291

Agradecimentos 321

Fontes consultadas 323
    Acervos pesquisados 323
    Depoimentos ao autor 323
    Outros depoimentos mencionados 324
    Bibliografia 325
    Créditos das imagens 336

Índice onomástico 337

Sobre *O velho Graça* 345

Anexo 347
    Os chamados romances sociais não atingiram as massas,
    declara Graciliano Ramos, *Newton Rodrigues* 349

Cronologia 357

PREFÁCIO À PRIMEIRA EDIÇÃO

Carlos Nelson Coutinho

Graciliano Ramos precisou esperar a comemoração de seu centenário para tornar-se objeto de uma ampla e exaustiva biografia. Existe, hoje, uma importante – e, em alguns casos, excelente – literatura crítica sobre sua obra criativa, o que já nos permite penetrar na oficina literária do grande romancista, determinar traços essenciais de seu vínculo orgânico (através da figuração estética) com a realidade brasileira e reconstruir seu marcante papel na gestação de uma cultura autenticamente nacional-popular em nosso país. Também são vários os livros e ensaios que recolhem documentos, depoimentos e testemunhos envolvendo períodos concretos ou aspectos parciais da vida do escritor. Mas só agora temos ocasião de ler uma biografia de conjunto, que, por muitos de seus aspectos, lembra o clássico livro que o saudoso Francisco de Assis Barbosa dedicou a Lima Barreto, outro grande escritor realista brasileiro*. Depois de ler o trabalho de Dênis de Moraes, podemos dizer, sem hesitações: valeu a pena esperar.

São muitos os méritos desta biografia cuidadosa e bem escrita, na qual um ágil estilo jornalístico se combina com um rigoroso e exaustivo trabalho de pesquisa. Penso que, dentre esses méritos, destaca-se o de que estamos diante de uma *biografia que não é biografista*. Ou seja, em nenhum momento Dênis de Moraes utiliza o vasto material biográfico de que dispõe para tentar explicar, através dele, o universo estético de Graciliano. As criações culturais (e, em particular, as estéticas), precisamente por se vincularem às ideologias e ao imaginário de amplos grupos sociais, transcendem a biografia de seus criadores imediatos. Lucien Goldmann dizia, com razão, que a possibilidade de explicar uma obra

---

* Francisco de Assis Barbosa, *A vida de Lima Barreto* (10. ed., Rio de Janeiro, José Olympio, 2012). (N. E.)

literária pela biografia de seu autor denuncia os limites estéticos dessa obra. Mesmo excelentes biografias (como a já citada, de Francisco de Assis Barbosa) não escapam da tentação biografista. Se *São Bernardo*, *Angústia* e *Vidas secas* se incluem entre os maiores romances brasileiros, isso ocorre justamente porque não se limitam a reproduzir as experiências pessoais de Graciliano, seus traumas infantis ou seu inconsciente, mas porque dão expressão estética a movimentos profundos e universais da consciência e da práxis social de grupos fundamentais da sociedade brasileira. O livro de Dênis de Moraes situa a relação dessas e de outras obras de Graciliano na história de sua vida, mas se abstém – com lucidez metodológica – de reduzir seu significado estético e ideológico às vicissitudes dessa história pessoal.

Contudo, se uma biografia não pode ser chave para a compreensão do significado imanente de uma criação cultural, ela pode (e deve, se quer ser bem-sucedida) indicar as condições e os fatos que tornaram possível a determinado indivíduo, através da construção da própria fisionomia intelectual, converter-se – como diria Adorno do artista em geral – em lugar-tenente da sociedade. Ora, é precisamente essa construção que o livro de Dênis de Moraes nos ajuda a reconstituir, no percurso dialético de seus diversos momentos. Vemos, por exemplo, como não bastou a Graciliano, para se tornar um excepcional escritor, a profunda e empática vivência com os problemas da sua região, do seu povo. Ao lado disso, contribuiu de modo decisivo para aquela construção de sua peculiar fisionomia intelectual uma precoce e permanente abertura para a assimilação dos melhores valores da cultura nacional e universal. Assim, Dênis de Moraes nos mostra como Graciliano, desde cedo, embrenhou-se em Eça, Machado, Dostoiévski e tantos outros; como teria entrado em contato com a obra de Marx três anos antes da revolução bolchevique. Ao contrário do que pensam muitos dos nossos escritores que se consideram "populares" e "de esquerda", a boa literatura não se toca só de ouvido, não depende apenas de intuição ou de sensibilidade. Lendo o livro de Dênis de Moraes, podemos perceber – através do exemplo concreto de Graciliano – como a integração dialética da experiência originária com a formação cultural (com o que os alemães chamam de *Bildung*) é fundamental na gestação de uma grande obra literária.

Outro mérito desta biografia é revelar, através da figura emblemática de Graciliano, a difícil situação que os dilemas de nossa formação histórica geraram para os intelectuais brasileiros. Dada a debilidade da sociedade civil entre nós – causa e efeito dos mecanismos "prussianos" de transformação pelo alto que marcaram nossa história –, os intelectuais tiveram, em diferentes ocasiões, até mesmo para sobreviver, de aceitar em maior ou menor medida o seu envolvimento com os aparelhos do Estado, um Estado sempre autoritário e, muitas vezes, ditatorial. Em várias situações, isso levou a atitudes que, valendo-me de uma expressão cunhada por Thomas Mann e muito utilizada por Lukács, chamei, em outro local, de "intimismo à sombra do poder", ou seja, a posturas escapistas que, embora nem sempre implicando uma apologia direta da ordem constituída, levavam o intelectual a evitar posições estéticas ou ideológicas que conduzissem a choques explícitos com essa ordem.

Sabemos que isso ocorreu em diversos casos, mas houve tantas exceções que talvez não possamos sequer falar – ao menos até recentemente – em regra. Lima Barreto, disciplinado funcionário do Ministério da Guerra, era maximalista e antimilitarista convicto. Drummond, alto funcionário do Ministério da Educação do Estado Novo, escrevia, nessa mesma época, os incendiários poemas de *A rosa do povo* (e, com sua enorme lucidez, lembraria anos depois a diferença entre "servir sob uma ditadura" e "servir a uma ditadura"). Graciliano – que, como nos lembra Dênis de Moraes, foi funcionário de governos oligárquicos e autoritários antes e depois de 1930, além de se tornar importante colaborador da revista oficial *Cultura Política* durante o Estado Novo – jamais abandonou o seu espírito crítico e contestador, que o levou de uma inicial posição "liberal progressista" (como a define seu velho amigo Alberto Passos Guimarães) à explícita adesão ao comunismo, em 1945. Com o fortalecimento da sociedade civil entre nós, ocorrido nas últimas décadas, as exceções vão se tornando cada vez mais exceções. Porém, narrando o caso do velho Graça, a biografia de Dênis de Moraes nos adverte contra a tentação de uma postura mecanicista, e até mesmo mesquinha, em face de alguns de nossos grandes intelectuais do passado.

A figura de Graciliano é também emblemática para refletirmos sobre outra importante questão, desta vez de alcance não só nacional, mas também internacional: a relação da intelectualidade com a política e, em particular, com os movimentos e organizações de esquerda. Graciliano, em 1945, ingressou no Partido Comunista Brasileiro, onde permaneceu até sua morte, em 1953. O PCB foi, durante décadas de escasso pluralismo, praticamente a única alternativa exequível para os intelectuais (e não só intelectuais) que queriam tornar politicamente eficazes o combate ao capitalismo e a opção por uma ordem social mais justa e igualitária. Mas se, na época, era quase inevitável para esses intelectuais socialistas estabelecerem um vínculo com o PCB, variou bastante o modo como se operou esse vínculo, sobretudo nos difíceis anos do stalinismo e da Guerra Fria, quando se deu a militância partidária de Graciliano. Houve os que se sujeitaram, tornando-se porta-vozes no Brasil dos piores arbítrios do stalinismo. Houve os que, com justificadas razões subjetivas, abandonaram o partido e, em vários casos, desiludiram-se também com o socialismo. Mas houve ainda os que, como Graciliano, rangendo os dentes, entregaram os anéis para não perder os dedos; mais concretamente, os que aceitaram externamente algumas imposições do stalinismo na convicção de que só assim poderiam permanecer no campo da luta pelo socialismo. Com riqueza de dados, Dênis de Moraes nos relata esse difícil fio da navalha em que Graciliano buscou se manter. Ele sabia (e dizia abertamente) que "Zdanov era um cavalo", que o chamado "realismo socialista" (ao qual nunca aderiu) era o mais curto caminho para uma péssima literatura; mas, ao mesmo tempo, não queria romper com o que considerava – consideração que a época parecia confirmar – o único movimento de fato empenhado na luta pelo socialismo e pela paz. Ele não estava sozinho nessa difícil posição. Para lembrarmos um único exemplo mundial, foi essa também a postura de György Lukács, o grande filósofo marxista. E não me parece casual que tenha sido em 1953, ano da morte de Graciliano, que Jean-Paul Sartre selou sua aliança, rompida somente em 1956, com os comunistas franceses e com a União Soviética.

A fisionomia intelectual de Graciliano foi assim construída no confronto com alguns dos grandes eixos problemáticos que determinaram tanto a cultura brasileira quanto a cultura mundial de boa parte de nosso século. A principal virtude deste livro de Dênis de Moraes é recompor as condições biográficas da emergência dessa complexa fisionomia intelectual, através da qual se tornou possível a criação da obra talvez mais significativa da literatura brasileira do século XX. Contam que, quando lhe pediam a opinião sobre um livro, Graciliano respondia sempre, com sua habitual causticidade: "Não li e não gostei". Estou certo de que, se lhe fosse possível ler esta bela biografia, sua resposta seria outra: "Este eu li e gostei muito".

Rio de Janeiro, julho de 1992

*Em memória de Heloísa de Medeiros Ramos
e Carlos Nelson Coutinho*

Nota da edição

Publicado pela primeira vez em 1992, pela editora José Olympio, *O velho Graça* sai agora pela Boitempo em edição revista e ampliada, acrescida de ilustrações, fotografias (algumas inéditas), cronologia e uma importante entrevista concedida por Graciliano Ramos ao jornalista Newton Rodrigues, até então publicada somente em 1944, na revista *Renovação*.

A editora agradece a todos que colaboraram para esta edição: Albano Martins Ribeiro, Alfredo Bosi, Carmem Gomory, Cassio Loredano, João Candido Portinari, João Carlos Rodrigues, Luís Avelima, Luiza Ramos, Lygia Freire de Almeida Rodrigues, Noélia Coutinho, Ricardo Ramos Filho, Wander Melo Miranda e William Medeiros.

INTRODUÇÃO

Vinte anos depois de sua primeira edição, chega aos leitores esta versão revista e atualizada de *O velho Graça*. Preservei a quase totalidade do livro publicado no centenário de nascimento de Graciliano Ramos, em 27 de outubro de 1992, e que recebeu expressivas avaliações da crítica especializada. Introduzi alguns acréscimos que, imagino, possam acentuar o conhecimento pormenorizado de sua extraordinária trajetória existencial, literária, intelectual e política.

Desde a adolescência, quando o Colégio Andrews, no Rio de Janeiro, apresentou-me a *Vidas secas*, fixei Graciliano na memória como um mistério a decifrar. Fiquei atordoado após ler o drama pungente daquela família de retirantes a perambular pelo solo estorricado do sertão nordestino. A cachorra Baleia, tão humana quanto Fabiano, sinhá Vitória e os dois meninos sem nome. A desesperada fuga do flagelo da seca me fez entender que o mundo não se restringia aos limites da metrópole; era muito mais complexo e sofrido.

Reencontrei-o em *São Bernardo*, livro obrigatório no vestibular de 1972. Na contracapa, a mesma expressão taciturna a fitar-me. O romance explodiu como um clarão na consciência: éramos inconformados com a ditadura militar, e as possibilidades libertárias naquele cenário de opressão e miséria que entrecortavam o universo tirânico do protagonista Paulo Honório representavam a combustão da resistência.

O contato mais prolongado deu-se nos dois volumes de *Memórias do cárcere*. Corri a relê-los depois de comover-me com a primorosa versão cinematográfica da obra, dirigida por Nelson Pereira dos Santos. Graciliano voltou a cutucar-me – o cidadão humilhado nas prisões da ditadura Vargas, sem processo ou culpa formada; o escritor capaz de reconstituir, em carne e osso, e denunciar magistralmente o ambiente lúgubre daqueles depósitos de seres vivos, sob o manto do despotismo institucionalizado e vergonhoso.

Desde então, a inquietação só fez crescer. O romancista, consagrado aqui e no exterior, talvez não precisasse tanto de explicação; ensaios e teses acadêmicas não param de esquadrinhar os diferentes aspectos de sua obra. Mas e o homem? Não era suficientemente conhecido, sobretudo pelas novas gerações. O que se escondia por trás do rosto vincado e da pena seca e direta, descarnada? Que pontos de interligação existiam entre o menino traumatizado pelas surras na infância, o jovem autodidata que lia Honoré de Balzac, Émile Zola e Karl Marx em francês, o mítico comerciante da loja Sincera, o revolucionário prefeito de Palmeira dos Índios, o zeloso diretor da Imprensa Oficial e da Instrução Pública de Alagoas, o preso político no inferno da Ilha Grande, o escritor sufocado por apuros financeiros, o estilista da palavra na redação do *Correio da Manhã* e o militante comunista aos esbarrões com o stalinismo cultural?

O cruzamento de itinerários tornou-se indispensável para traçar um perfil biográfico capaz de refletir, como num jogo de espelhos, o somatório de vivências acumuladas. Porque o escritor que o habitou desde os primeiros sonetos, esboçados em pleno Agreste alagoano, não foi somente um criador: foi também uma história humana. Uma história de projeções e influências, de paradoxos e contrastes, mas, sobretudo, de coerência na busca incessante do que é essencial à vida. O que implicava elucidar, se não o todo dos cristais espelhados, um conjunto de entrelaçamentos da matéria vivida com os prismas que a obra artística acabaria por assumir, trabalhar e desvelar.

Remontar o quebra-cabeça de Graciliano assemelhou-se ao ofício de artesão. Os cacos do passado precisavam ser pacientemente reunidos e dispostos com a máxima coerência possível, a despeito da pluralidade de suas significações. Esforcei-me para mirar o objeto sem perder de vista suas interfaces e imbricações, tratando de averiguar convicções, dúvidas, anseios, vicissitudes e triunfos a fim de estabelecer conexões com a esfera ficcional engendrada por ele. A necessidade de correlacionar peripécias, valores e sentimentos inspirou-se em uma passagem do prólogo de *Memórias do cárcere*. O escritor consciente, assinala Graciliano, não deve esquivar-se dos zigue-zagues e tumultos próprios de uma existência. "Escreverá talvez asperezas, mas é delas que a vida é feita: inútil negá-las, contorná-las, envolvê-las em gaze. Contudo, é indispensável um mínimo de tranquilidade, é necessário afastar as miseriazinhas que nos envenenam." Por assim pensar, Graciliano estava muito mais próximo da ideia de "viver todas as vidas", a que nos remete Gustave Flaubert, do que de uma jornada confinada na certeza da harmonia, sempre difícil aos destinos humanos expostos às desventuras do mundo.

Nas tensões entre o homem, a atmosfera social e a criação literária recolhi pistas que me levassem às motivações familiares, afetivas, estéticas, ideológicas e políticas presentes em sua intervenção na realidade concreta. E o fiz seguindo indicação do próprio Graciliano, que certa vez insinuou o campo de exploração a ser aberto sobre si mesmo: "Nunca pude sair de mim mesmo. Só posso escrever o que sou. E se as personagens se comportam de modos diferentes, é porque não sou um só".

Com efeito, Graciliano foi múltiplo, e múltipla deveria ser a reconstrução de sua jornada, o que exigiu persistência e dispêndio de energia nas pesquisas em arquivos públicos e privados do Rio de Janeiro, São Paulo e Alagoas. A garimpagem conduziu-me a um valioso material documental, inclusive cartas, textos e manuscritos inéditos.

Desenvolvi outra linha de investigação em dezenas de entrevistas com amigos, parentes, artistas, intelectuais e companheiros de geração. Graças aos testemunhos e às experiências evocadas, o trabalho enriqueceu-se com reavaliações de determinados episódios e tomadas de posição. As lembranças, geralmente pontuadas pela emoção, permitiram-me captar impressões sobre sua personalidade, atestar avanços e recuos, escavar controvérsias e referenciar sua participação em momentos decisivos.

Focalizando uma pessoa aferrada ao seu tempo, eu não poderia deixar de contextualizar as etapas de seu percurso. Por isso, desenhei o pano de fundo que as influenciou e as regeu. Foram cinco décadas (de 1910 a 1950) de grande efervescência política e de transformações aceleradas, decorrentes do surto de industrialização e da expansão urbana com a implantação do capitalismo no país. Da República até a Guerra Fria, passando pela Revolução de 1930, pelo Estado Novo, pela redemocratização de 1945 etc.

Esse resgate foi pressuposto tanto para dimensionar as condições objetivas da sociedade em que o homem se formou e se moveu como para entender as circunstâncias que presidiram sua produção literária. Seria impensável, por exemplo, compreender a arbitrária prisão de Graciliano, em 1936, sem enquadrá-la na brutal repressão desencadeada após a malsucedida insurreição comunista de novembro de 1935. O clima sufocante de *Angústia* perderia substância sem a analogia com a assustadora ascensão do fascismo e suas nefastas ressonâncias entre nós durante o Estado Novo. Da mesma forma que sua filiação ao Partido Comunista Brasileiro (PCB), em 1945, articula-se com a lufada democrática e mobilizadora do pós-guerra, propícia aos sonhos de igualdade e inclusão social.

No mergulho em Graciliano Ramos, tratei de questionar sentenças que se foram cristalizando com os anos. Diziam-no intratável e rude, encarcerado em si mesmo, avesso a tudo e a todos, pessimista até o último fio de cabelo. Um estigma a persegui-lo. Pois bem, a ampla maioria dos depoimentos expressou a verdade em outros termos. De fato, era fechado e desconfiado ao extremo. Mas, aos que conseguiam ultrapassar seu sistema de defesa, oferecia afeto, cordialidade e aceitação. "Graciliano, com aquela rispidez de defesa, era a sensibilidade mais envolvente que eu conheci", sublinharia Álvaro Moreyra. Seu humor variava.

Ora fulminava o interlocutor com tiradas de genuína impaciência (a um simples "Bom dia, Graça", poderia devolver, se estivesse em uma manhã ruim: "Você acha mesmo?"), ora se mostrava a irreverência em pessoa (ao ouvir um amigo queixar-se das trapalhadas de alguém, disparava: "Deve ser um louco mal estudado"). Não refreava o que muitos têm na conta de contradições. Ateu convicto, costumava ler a Bíblia antes de dormir e, não raro, incluía Deus, Deus do Céu, Nosso Senhor ou Nosso Senhor Jesus Cristo em suas observações.

Propus-me a problematizar uma questão intricada: os serviços prestados por intelectuais a órgãos do Ministério da Educação durante a ditadura Vargas. Cooptação pelo poder discricionário? "Nós trabalhamos *no* Estado Novo e não *para* o Estado Novo", resumiria o escritor Carlos Drummond de Andrade, chefe de gabinete do ministro Gustavo Capanema. Graciliano aceitou a nomeação para inspetor federal de ensino e colaborou na revista oficial *Cultura Política*, editada pelo Departamento de Imprensa e Propaganda (DIP). E o fez por sérias dificuldades financeiras. Mas preservou a integridade moral e manteve-se a milhões de léguas da máquina de propaganda ideológica montada por Getulio Vargas.

Romancista exuberante, não conheceu em vida a retribuição financeira por seu talento. Optou por lutar, com as armas possíveis, pelo ideal literário e pagou um preço alto em um país, ontem como hoje, adverso ao trabalho intelectual. Mas jamais amaldiçoou sua sina de grande tigre condenado a viver de caça tão miúda, para usarmos a belíssima metáfora do jornalista e escritor Antonio Callado, personagem deste livro, que acrescenta: "Ele não pensava em suas desventuras, pensava em dores maiores, coletivas".

Examinei com lupa os antecedentes da prisão de Graciliano, tentando desfazer o mito, forjado pela história oficial, de que se envolvera com a insurreição de 1935. Como poderia ter aderido se pensava ser aquilo, literalmente, "uma bagunça", "um erro político"? Revisitei sua militância no PCB, sempre tratada com maniqueísmo: ou o viam como estátua das virtudes partidárias ou lhe torciam o nariz pela crença no marxismo. Fugindo ao esquematismo, encontrei o fio da meada de uma convivência ambígua e difícil com o realismo socialista – a dogmática orientação cultural emanada de Moscou nos conturbados anos da Guerra Fria. Adotei como princípio ético publicar apenas informações que puderam ser checadas em, no mínimo, duas fontes diferentes, entre as que estavam vivas ou haviam deixado registros por escrito. Espero ter conseguido revelar os bastidores de uma relação que foi, a um só tempo, de fidelidade à linha programática do partido e de rebeldia aos cânones estabelecidos pelo sectarismo. Contradição que, de resto, engolfou outros intelectuais comunistas naquele período de paixões arrebatadas.

* * *

Fico imaginando o que Graciliano acharia de ter sido biografado. Talvez fingisse desprezo por sua escolha. O que me leva a crer nisso? Uma declaração feita por ele, em novembro de 1937, em uma carta ao tradutor argentino Raúl Navarro, que lhe pedira um currículo sumário para anexar a um conto em vias de publicação em Buenos Aires.

> Os dados biográficos é que não posso arranjar, porque não tenho biografia. Nunca fui literato, até pouco tempo vivia na roça e negociava. Por infelicidade, virei prefeito no interior de Alagoas e escrevi uns relatórios que me desgraçaram. Veja o senhor como coisas aparentemente inofensivas inutilizam um cidadão. Depois que redigi esses infames relatórios, os jornais e o governo resolveram não me deixar em paz. Houve uma série de desastres: mudanças, intrigas, cargos públicos, hospital, coisas piores e três romances fabricados em situações horríveis – *Caetés*, publicado em 1933, *S. Bernardo*, em 1934, e *Angústia*, em 1936. Evidentemente, isso não dá para uma biografia. Que hei de fazer? Eu devia enfeitar-me com algumas mentiras, mas talvez seja melhor deixá-las para romances.

Tinha pudor em expor seus sentimentos e, por isso, preferia ocultar-se e até desmerecer-se (inclusive como escritor) para não ser devassado em sua timidez profunda. Coincidem os relatos de quatro jornalistas (Francisco de Assis Barbosa, Homero Senna, Joel Silveira e Newton Rodrigues), que o entrevistaram em diferentes épocas, sobre as dificuldades de arrancar-lhe revelações. "À primeira vista, achei que voltaria para a redação sem a entrevista. Mas, depois de uma hora de conversa, concluí que Graciliano guardava coisas de sua vida e poderia liberar algumas, desde que você soubesse sensibilizá-lo e ganhasse a sua confiança", sintetizou Assis Barbosa. Era, quem sabe, a intenção secreta de tentar proteger a intimidade e o lado sentimental com a mescla de excessiva modéstia e despistamento.

Reavaliada 120 anos depois de seu começo, em 27 de outubro de 1892, a instigante aventura de Graciliano Ramos na Terra não apenas nos conduz a uma sequência de 60 anos, cuja intensidade bem poderia caber em 100, como nos motiva a pensar que, apesar dos contratempos e das tormentas, há um ponto permanente de luz e resistência a romper a escuridão e a inocular-nos esperanças em cada palmo de chão brasileiro alcançado pelo sol.

Dênis de Moraes
Rio de Janeiro, agosto de 2012

Primeira parte
OS ANOS DE INVENÇÃO

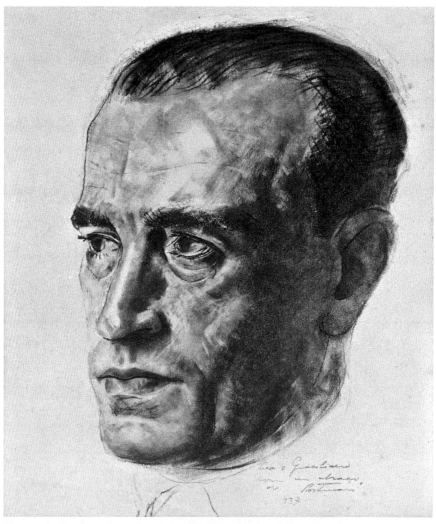

"Retrato de Graciliano Ramos", por Candido Portinari, desenho a carvão e crayon sobre papel. Executado por encomenda de Murilo Miranda para a *Revista Acadêmica*, em 1937, três meses após a saída de Graciliano da prisão.

A LEVE SUSPEITA DAS PALAVRAS

Viçosa, agreste alagoano, 1902. Ar abafado, poeira. Graciliano Ramos de Oliveira, dez anos incompletos, subia e descia a Ladeira da Matriz, quase em desespero. Estava atrás de coisas até então desconhecidas: aventuras, amor, vinganças, justiça. Não fazia muito tempo que se alfabetizara – e, por essas bandas, não se escapava de aprender gramática e tabuada sem dar as mãos à palmatória. Com ele não fora diferente. Mas por que lembrar disso agora, quando percorria a ladeira sem saber se devia entrar na casa do tabelião Jerônimo Barreto?

Bem que tentara fugir do contato direto com esse homem culto que encantava os matutos com suas histórias fabulosas sobre Robespierre e Marat. Ouviam-no crédulos, como se o imaginário da Revolução Francesa pudesse vencer o oceano e se descortinar a dois passos do sertão. Jerônimo haveria de se surpreender quando ouvisse o pedido exorbitante que lhe tinha a fazer. E foi para contornar o constrangimento que Graciliano buscara, em vão, intermediários.

Só lhe restava desfazer-se da agonia. Deu uma última olhadela, bateu à porta e em um minuto viu-se na ampla sala com estantes de pinho abarrotadas de volumes. Subitamente divorciado da timidez, Graciliano parecia irreconhecível no jorro de palavras com que procurava explicar a Jerônimo a razão do incômodo.

Simples e tão penoso: sonhava com livros. Não os enfadonhos compêndios escolares, menos ainda os almanaques e as folhinhas que andara a consumir como um sôfrego. Livros que saciassem o seu desejo de "mergulhar em uma espreguiçadeira e, empoeirado, sujo de cal, sentindo o cheiro das tintas, passar horas adivinhando a narrativa". Como consegui-los em Viçosa senão recorrendo à sedutora biblioteca do tabelião, porta de entrada para terras inóspitas e segredos bem guardados?

Jerônimo sorriu gostosamente, alisando-lhe com a palma da mão os cabelos mirrados.

– Pegue o que você quiser, são seus – disse, quebrando a distância entre o menino de calça curta e a fortaleza de tomos encadernados.

Em uma cidade de solo abrasado e sertanejos de olhar melancólico, um garoto à procura de leitura. O tabelião, entrado em anos, já não imaginava que podia se espantar.

Esfogueteado, Graciliano jurou-lhe não dobrar as folhas nem maculá-las com saliva ou gordura. Jerônimo agiu rápido: retirou da estante um volume de percalina vermelha em cuja capa se lia *O guarani*.

– Leve este e volte quando quiser para me dizer se gostou.

Quando o garoto pôs os pés na rua, o corpo, com a leveza de uma pluma, não lhe obedecia as ordens. A ladeira persistia imóvel, os homens arrastando-se na indolência da hora do almoço. Pouco importava a vida entrevada. Graciliano fingiu velocidade na rotação – os olhos ameaçavam desabar de felicidade.

Quase quarenta anos depois, Graciliano se daria conta de que, naquele dia calorento, quando, às escondidas, protegeu com papel de embrulho a brochura, a densa névoa que encobria seus olhos começara a dissipar-se. O mundo tinha cores, os rostos eram mais que um feixe de músculos.

– Ali desembestei para a literatura.

* * *

O Brasil de 1892, ano em que o velho Graça nasceu, não parece tão distante assim. Crise econômica, ínfima participação popular, disputas políticas dentro do bloco de poder, promessas de mudanças no ar, incertezas quanto ao futuro.

Fazia três anos que a República fora proclamada por meio de um golpe militar que, entre outras medidas, baniu do país a família imperial, impôs censura à imprensa e organizou tribunais de exceção para julgar quem atentasse contra a "segurança do Estado".

A descentralização econômica e financeira a partir de 1889 impulsionaria a transição para o capitalismo, beneficiando os setores hegemônicos das classes dominantes, em particular as oligarquias cafeeiras. Até 1929, viveríamos um círculo vicioso com o café. Principal item de exportação, nem por isso teria uma expansão planejada, gerando excedentes de produção e exigindo crédito permanente para manter o preço competitivo.

Já na última década do século XIX, as relações de força traduziam-se em supremacia do Sudeste cafeicultor, tendo São Paulo como polo de desenvolvimento. A aparente igualdade jurídica introduzida pela Federação ocultava, na verdade, profundas desigualdades regionais. A desvalorização da moeda, o desemprego e a contenção de crédito traziam infortúnios aos mais carentes. O romancista Aluísio Azevedo escreveu, em 1893, um libelo contra essa situação: "O povo não pode distrair sua atenção das misérias em que vegeta ou dos perigos que o ameaçam".

Voltemos os olhos para o Nordeste, particularmente para Alagoas, cuja economia, ontem como hoje, estava centrada na cana-de-açúcar. Graciliano viveu seus primeiros anos no Agreste seco e propício à pecuária e à agricultura de subsistência, castigado pela estiagem. Espremida entre a caatinga e o litoral, a Zona da Mata concentrava os grandes engenhos. Em uma área atrasada e pobre, a agroindústria açucareira ainda conferia distinção, riqueza e privilégios.

Para tentar recuperar o terreno perdido ao café, no fim do Segundo Império os engenhos começaram a ser substituídos por usinas, que asseguravam maior produtividade e contornavam parcialmente o problema de mão de obra surgido com a abolição da escravatura. O obstáculo, porém, eram as cotações favoráveis ao similar cubano no mercado internacional.

À medida que o ciclo do açúcar perdia fôlego, o Nordeste algodoeiro-pecuário se afirmava como alternativa mais vantajosa para a comercialização no exterior. No limiar da República, o declínio da economia canavieira alterou as bases da ordem política e social da região: os coronéis do algodão e da pecuária, de um lado, e o Estado oligárquico, de outro, tornaram-se os agentes e a forma da estrutura do poder.

Longe do império dos canaviais, filho de um senhor de engenho arruinado e curiosamente inclinado às artes, Sebastião Ramos de Oliveira, 38 anos, empenhava-se para levar à frente sua modesta loja de tecidos, em Quebrangulo. Comedido, economizava o que podia, não vendia fiado e era a discrição em pessoa. Às quatro horas da tarde de 27 de outubro de 1892, largou o balcão para correr à casa e conhecer Graciliano, o primeiro dos dezesseis filhos de sua união com Maria Amélia Ferro e Ramos, então com catorze anos. Depois nasceriam Leonor, Otília, Clodoaldo, Otacília, Clodoaldo (o primeiro havia morrido), Amália, Anália, Maria (Marili), Carmen, Carmen (a primeira havia morrido), Clélia, Lígia, Vanda, Clóvis e Heitor.

Muito tempo depois, Graciliano revelaria a primeira impressão do mundo exterior à sua casa, em Quebrangulo, aos dois anos: "A primeira coisa que guardei na memória foi um vaso de louça vidrada, cheio de pitombas, escondido atrás de uma porta".

Encravada na montanha, a cidade em nada diferia dos pequenos vilarejos: comércio de ocasião, trabalho no roçado, boas pastagens para a pecuária e vida arrastada. Mas havia a expectativa de progresso com a chegada dos trilhos da Great Western; Maceió ficaria a um pulo.

Quebrangulo acabaria se tornando referência sentimental. Em 1895, cedendo aos argumentos dos sogros, prósperos fazendeiros no Sertão pernambucano, Sebastião liquidou com a loja e se mudou para Buíque, na vizinhança da Fazenda Maniçoba, endereço dos Ferro. Que deixasse o comércio para enriquecer com criação de gado, aconselhava Pedro Ferro, pai de Maria Amélia. Foi o que fez, juntando as economias para comprar a Fazenda Pintadinho, para onde levou a mulher e os filhos (acabara de nascer Leonor).

A paisagem de Pintadinho foi desconcertante para o pequeno Graciliano: bois, vaqueiros, empregados, tiros, vozes ásperas, "berros de animais ligando-se à fala humana". Nas reminiscências incluídas em seu livro *Infância*, avultam-se as imagens perturbadoras que ia formando dos pais. "Meu pai e minha mãe conservavam-se grandes, temerosos, incógnitos. Revejo pedaços deles, rugas, olhos raivosos, bocas irritadas e sem lábios, mãos grossas e calosas, finas e leves, transparentes."

Sebastião e Maria Amélia, a Mariquinha, ganhavam contornos mais nítidos – e assustadores. O menino não demorou a perceber que, à medida que a família crescia, as preferências positivamente não recaíam nele. Os gestos de ternura eram suplantados pela impaciência.

> Nesse tempo, meu pai e minha mãe estavam caracterizados: um homem sério, de testa larga, uma das mais belas testas que já vi, dentes fortes, queixo rijo, fala tremenda; uma senhora enfezada, agressiva, ranzinza, sempre a mexer-se, bossas na cabeça mal protegida por um cabelinho ralo, boca má, olhos maus, que em momentos de cólera se inflamavam com um brilho de loucura. Esses dois entes difíceis ajustavam-se. Na harmonia conjugal, a voz dele perdia a violência, tomava inflexões estranhas, balbuciava carícias decentes. Ela se amaciava, arredondava as arestas, afrouxava os dedos que nos batiam no cocoruto, dobrados, e tinham dureza de martelos. Qualquer futilidade, porém, ranger de dobradiça ou choro de criança, restituía-lhe o azedume e a inquietação.

As adversidades enfrentadas pelo garoto magro e introvertido não poderiam ser mais emblemáticas da sociedade patriarcal do Nordeste. Os Ramos nada mais eram do que um microcosmo da rígida tradição familiar sertaneja, na qual a noção de hierarquia representava um totem. A supremacia da figura paterna como fonte de transmissão de valores desencorajava resistências e dissensões.

A educação confundia-se com "bolos, chicotadas, cocorotes e puxões de orelhas". A mínima transgressão implicava admoestações humilhantes e/ou castigos brutais. Em uma síntese magistral, Graciliano descreveria o impacto desses corretivos na sua alma: "Medo. Foi o medo que me orientou nos primeiros anos. Pavor".

O pior ainda estava por vir. A empáfia da autoridade levaria Sebastião a tentar ensinar-lhe o alfabeto. Aos cinco anos, Graciliano, a muito custo, aprendeu as cinco primeiras letras. Mas empacou aí, confundindo, por exemplo, o *d* com o *t*. Irado, o pai não o perdoaria: "Aprendi a carta do ABC em casa, aguentando pancada. [...] Meu pai era terrivelmente poderoso. [...] Éramos repreendidos e batidos".

A pedagogia da palmatória se mostrou um fracasso, e o menino pagou com lágrimas, soluços, mãos inchadas "que latejavam como se funcionassem relógios dentro delas". Chegou a dispensar-se das brincadeiras para remoer as punições:

> Assaltava-me, às vezes, um desassossego; aterrorizava-me a lembrança do exercício penoso [...]; uma corda me apertava a garganta, suprimia a fala: e as duas consoantes inimigas dançavam: *d, t*. Esforçava-me por esquecê-las, revolvendo a terra, construindo montes, abrindo rios e açudes.

A segunda tentativa de alfabetização foi com Mocinha, irmã natural de Graciliano por parte de pai, que vivia com a família. Se o livrou da truculência, ela lhe pôs minhocas na cabeça, ao ler um provérbio: "Fala pouco e bem; ter-te-ão por alguém".

– Mocinha, quem é o Terteão?

Ela coçou a cabeça, sem saber o que responder.

Na escola de Buíque, Graciliano foi apresentado ao "grosso volume escuro" da cartilha do barão de Macaúbas. E não é que lá apareceria de novo o tal do Terteão?

A professora coibia aos gritos os garranchos na caligrafia. E fiscalizava diuturnamente se as orelhas dos alunos estavam limpas. Graciliano implicou com a cartilha, que relatava a história de um menino que, ao se virar para um passarinho, dizia: "Passarinho, queres tu brincar comigo?". Forma esquisita de perguntar, pensou. E não houve jeito de reconciliá-lo com o barão. "Examinei-lhe o retrato e assaltaram-me presságios funestos. Um tipo de barbas espessas [...], carrancudo, cabeludo. E perverso. Perverso com a mosca inocente e perverso com os leitores."

Graciliano acabou dando sorte porque as constantes idas à fazenda do avô materno interromperiam o aprendizado.

O terceiro livro que lhe deram não poderia ter sido mais estapafúrdio: *Os Lusíadas*.

> Sim, senhor: Camões, em medonhos caracteres borrados – e manuscritos. Aos sete anos, no interior do Nordeste, ignorante da minha língua, fui compelido a adivinhar, em língua estranha, as filhas do Mondego, a linda Inês, as armas e os barões assinalados. Um desses barões era provavelmente o de Macaúbas, o dos passarinhos, da mosca, da teia de aranha.

Resultado: abominou o complicadíssimo Camões.

Crescia socado dentro de casa, transformada em prisão. "Se eu pudesse correr, molhar-me, enlamear-me, deitar barquinhos no enxurro e fabricar edifícios de areia, com o Sabiá novo, certamente não pensaria nessas coisas."

Afastado dos outros meninos, que lhe causavam inveja e receio, não podia jogar bola, empinar papagaios ou brincar com carrinhos de lata. Divertia-se com as irmãs, construindo casas de encerado e arreios de animais, ou revolvendo milho no depósito.

O tratamento arbitrário que o pai lhe dispensava variava de acordo com o humor. Se os negócios na loja que abrira na vila Buíque iam bem, os filhos obtinham "generosidades imprevistas"; se havia retração nas vendas, suportavam o rigor.

A mãe reprovava-lhe curiosidades. Graciliano queria saber, por exemplo, a origem dos cometas e se existia mesmo o diabo, coisas faladas a três por dois na fazenda. Por azar, não entendia direito o sentido figurado das explicações de Mariquinha. Se insistia nas perguntas, ouvia ser chamado de "animal". O pai, em uma ocasião, espancou-o por causa de um cinturão que supunha ter sido achado ou escondido pelo filho. O injusto suplício doeu-lhe para sempre: "Foi esse o primeiro contato que tive com a justiça".

Uma renitente inflamação nas pálpebras o obrigou a andar com bandagens nos olhos, sofrendo dores terríveis. Os sedativos não surtiam efeito. "Torturava-me semanas e semanas, eu vivia na treva, o rosto oculto em um pano escuro." Se já se sentia encarcerado, muito mais motivos teria para se julgar vítima de perseguição. Mariquinha extravasou a impaciência com dois apelidos que o estigmatizariam por bom tempo: bezerro-encourado e cabra-cega. "Bezerro-encourado é um intruso. Quando uma cria morre, tiram-lhe o couro, vestem com ele um órfão que, nesse disfarce, é amamentado. A vaca sente o cheiro do filho, engana-se e adota o animal. Devo o apodo ao meu desarranjo, à feiura e ao desengonço", explicaria ele.

À síndrome da feiura seria somado o complexo de rejeição, provocado pelos desacatos e pela indiferença que os pais lhe devotavam. Os apelidos, por exemplo, trituravam a sua autoestima: "Essa injúria revelou muito cedo a minha condição na família: comparado ao bicho infeliz, considerei-me um pupilo enfadonho, aceito a custo".

O instinto da rejeição o atormentou também na escola, em função das censuras das professoras e das picuinhas de colegas. O uniforme – com medidas imprecisas – reforçava-lhe o jeito desengonçado. "Censurando-me a inferioridade, talvez quisessem corrigir-me", sublinharia. Seu impulso era o de fechar-se cada vez mais para os outros, escudando-se de possíveis agressões.

Paradoxalmente, em um dos raros momentos de afeto da mãe, Graciliano percebeu, pela primeira vez, o "valor enorme das palavras". Como não podia se locomover pela cegueira temporária, ouvia de Mariquinha ternas cantigas e lendas infantis. Abstraía-se nas fantasias. Apesar de não suportar os métodos de alfabetização empregados na escola, começou a suspeitar de que nos livros havia outras histórias interessantes de homens que suplantavam o mal e viviam felizes pela eternidade.

Leve suspeita das palavras, por enquanto.

Graciliano se movia com cautela no relacionamento com familiares. Fazia clara distinção entre os avôs materno e paterno. Enquanto Pedro Ferro – remanescente do senhorio colonial – seria evocado com rude frieza ("Nenhum pensamento estranho o perturbava, nenhum escrito ia modificar o velho Deus agreste e pastoril"), Tertuliano Ramos mereceria a compaixão do narrador de *Infância*:

> Legou-me talvez a vocação absurda para coisas inúteis. Era um velho tímido, que não gozava, suponho, muito prestígio na família. Possuíra engenhos na mata; enganado por amigos e parentes sagazes, arruinara-se e dependia dos filhos. Às vezes endireitava o espinhaço, o antigo proprietário ressurgia, mas isto, rabugice da enfermidade, findava logo e o pobre homem resvalava na insignificância e na rede. Bom músico, especializara-se no canto.

Das personagens agregadas ao universo da fazenda, o menino se entrosou com a negra Vitória, a prima Emília, o capataz José Baía, o moleque José e o cabo José da Luz. Nesse convívio, a aparente ferocidade do mundo parecia atenuar-se.

Vitória, que apesar de adoentada trabalhava como uma moura, transmitia-lhe calor humano: "Defendia-nos dos perigos caseiros, enrolava-nos na saia de chita, protegia-nos as orelhas e os cabelos com ternura, resmungona, esquisita expressão de maternidade gora".

Com "rosto sereno, largos olhos pretos, um ar de seriedade", a doce Emília o conquistou com a paciência que faltava aos pais para contar histórias. E José Baía, a despeito da submissão plena a Sebastião, parecia-lhe provido de compreensão, soltando gargalhadas diante das diabruras infantis.

O "sutil e tortuoso" moleque José lhe marcou a carne e o espírito. Vendo o pai aplicar uma sova no empregado, por ter insistido em negar "uma traquinada insignificante", Graciliano achou de auxiliá-lo na execução da pena. "O meu ato era a simples exteriorização de um sentimento perverso, que a fraqueza limitava", admitiria. Com o feixe molhado, apenas roçaria na pele do negrinho. Foi a sua desgraça. José pôs a boca no trombone, como se sulcos de sangue tivessem sido abertos em seu corpo. Sebastião largou de pronto o moleque, levantou o filho pelas orelhas e deu-lhe uma surra impiedosa.

Para impregná-lo de respeito e obediência, o pai incutiu em Graciliano um medo generalizado pelo sobrenatural e pela autoridade estabelecida: "A princípio os lobisomens, que, por serem invisíveis, nenhum efeito produziam; em seguida, a religião e a polícia, reveladas nas figuras de padre João Inácio e José da Luz".

Ele se manteve temente apenas aos poderes incontestáveis do padre, que decidia entre o céu, o purgatório e o inferno. Ficou apavorado ao saber pela mãe que no inferno havia "fogueiras maiores que as de São João em tachas de breu derretido". A religião era uma força onipresente, associada ao destino das pessoas. Tudo o espantava: os demônios, as ladainhas pela graça divina, a reverência com que João Inácio era tratado, as penitências aos pecadores, as leituras religiosas nas quais a mãe descobria profecias sobre o fim do mundo.

A imagem da polícia como poder coercitivo era simbolizada pelos soldados "insolentes e grosseiros" que vagavam ameaçadores, sempre dispostos à cachaça e ao exibicionismo da força. José da Luz constituía exceção à regra. Simpático e amável, sempre puxava conversa no balcão do armazém, como Graciliano lembraria em *Infância*:

> Esse mestiço pachola teve influência grande e benéfica na minha vida. Desanuviou-me, atenuou aquela pusilanimidade, avizinhou-me da espécie humana. Ótimo professor. Acho, porém, que era um mau funcionário. O Estado não lhe pagava etapa e soldo para desviar-se dos colegas, sujos e ferozes, e encher com lorotas as cabeças das crianças. Um anarquista.

Mas não se apagariam de sua memória outras formas do exercício do poder na região. A violência no meio rural – com mortes atribuídas a pistoleiros a mando de fazendeiros e chefes políticos – preservava o domínio das oligarquias. A injusta estrutura fundiária vedava aos pobres a posse da terra. As condições de vida dos trabalhadores rurais eram degradantes. "Os cabras rurais do velho Frade morriam em abundância, e a gente se habituava aos cadáveres que manchavam a cidade." Ao mesmo tempo, observaria ele, "só raramente em casos de ofensas pessoais, questões de família, eliminavam-se membros da classe elevada".

A seca em Buíque se prolongou, para desespero de Sebastião Ramos. O açude secou, os bois minguaram no pasto, as plantas murcharam e enegreceram, faltou água em casa. "Tive sede e recomendaram-me paciência", relembraria Graciliano. O flagelo da estiagem: gado perdido da noite para o dia, retirantes em disparada, reinado da caatinga.

Sebastião só escaparia à completa miséria se voltasse ao comércio. Em Viçosa, teria a ajuda de amigos e parentes, como Ismael Brandão – aliado político da oligarquia dos Malta. Mariquinha e os filhos permaneceriam em Buíque até que pudesse buscá-los meses depois. A seca infernal, comentava-se, era sinal dos tempos – faltava um ano para a virada do milênio e tudo poderia ir pelos ares.

A SEDUÇÃO PARNASIANA

Um lamaçal cheio de ladeiras. Graciliano, adulto, pintaria assim a cidade onde passara parte da infância e da adolescência. Viçosa tem tradição libertária: na Serra da Barriga, travaram-se os últimos combates do Quilombo dos Palmares. O município prosperava com a cana-de-açúcar, mas, em 1900, quando os Ramos de Oliveira ali se instalaram, os engenhos já não tinham a pujança de antigamente. Com a crise econômica, o preço do açúcar atingira os níveis mais baixos das últimas décadas. O país vivia momentos de turbulência, e o rastilho de pólvora acionado pelo descontentamento social gerava movimentos como o liderado por Antônio Conselheiro no arraial de Canudos, esmagado militarmente depois de sangrentos combates.

Sebastião Ramos, porém, não tinha do que se queixar: a loja de tecidos, ferragens e miudezas, na praça do Quadro, ia de vento em popa. Ocupava o andar de baixo de um sobradão; na parte de cima, residia a família. Trabalhando de sol a sol, comprou uma pequena propriedade rural para criar gado.

Matriculado na escola pública, Graciliano caiu na tutela da professora Maria do Ó, figura robusta que inspirava pânico nos alunos. "Não há prisão pior que uma escola primária do interior", desabafaria ele em *Infância*. Tomou gosto pela leitura no dia em que a carinhosa prima Emília lhe contou uma história sobre os astrônomos, "homens que liam nas estrelas".

À falta de romances de capa e espada, Graciliano contentava-se com os livrinhos de histórias e com as efemérides e anedotas das folhinhas. "Esses retalhos me excitavam o desejo, que se ia transformando em ideia fixa. Queria isolar-me."

Na biblioteca do tabelião Jerônimo Barreto, encontrou livros a granel, de várias cores e tamanhos, títulos estranhos, figuras misteriosas, mapas desconhecidos. Pelas mãos de Jerônimo, foi apresentado a índios, reis, príncipes, aventureiros, vilões e sedutoras donzelas. Nunca esqueceria a sensação experimentada ao terminar *O guarani*: "Talvez porque eu fosse demasiado ingênuo, aquele enredo intricado e belo parecia-me a coisa mais real possível."

Em poucos meses, romances de José de Alencar, Joaquim Manuel de Macedo e Júlio Verne haviam sido "devorados" na escola, debaixo das laranjeiras do quintal, nas pedras do rio Paraíba, em cima de uma caixa de velas, junto ao dicionário "que tinha bandeiras e figuras".

A febre literária alteraria o seu metabolismo interior: "Mudei de hábitos e linguagem. Minha mãe notou as modificações com impaciência. [...] Os caixeiros do estabelecimento deixaram de afligir-me e, pelos modos, entraram a considerar-me um indivíduo esquisito". Esquisito porque não hesitava em largar as brincadeiras para folhear as brochuras. Esquisito porque recolhido dentro de si, sorumbático.

A educação severa, segundo o escritor Octavio Brandão, contemporâneo de Graciliano em Viçosa, fez dele um menino arredio, cheio de defesas. Julgava-se inferior aos amigos e vizinhos Rodolfo, Joaquim, Pedro e Paulo, filhos do farmacêutico Joaquim Pinto da Motta Lima. "Esses garotos, felizes, para mim eram perfeitos: andavam limpos, riam alto, frequentavam escola decente e possuíam máquinas que rodavam na calçada como trens. Eu vestia roupas ordinárias, usava tamancos, enlameava-me no quintal, engenhando bonecos de barro, falava pouco."

Os pais não o dispensariam do ritual da iniciação religiosa, indicando-o para coroinha da matriz. Uma catástrofe. Desengonçado dentro das vestes, ficou a ver navios com a língua enrolada do padre – desconhecia o que fosse latim. Respiraria aliviado ao ser dispensado da tarefa.

A "provisão de sonhos" fornecida por Jerônimo seria reforçada por Mário Venâncio, agente dos Correios, literato e professor do Internato Alagoano. Sabia muito pouco de geografia, mas encantava os alunos com as histórias que arrancava dos livros e com os poemas que declamava.

Atraídos por esse "homem miúdo, com rosto fino como focinho de rato", Graciliano e seu primo Cícero de Vasconcelos não titubeariam em aderir à ideia de fundar um jornal. A agência dos Correios seria logo transformada em redação – ou "asilo de doidos", segundo Graciliano. Venâncio fabricava artigos e notícias, reduzindo os diretores que constavam no expediente – os dois garotos – a simples testas de ferro.

O número 1 de *O Dilúculo*, "órgão do Internato Alagoano", circulou em 24 de junho de 1904. Publicação bimensal, com quatro páginas impressas em Maceió, tiragem de duzentos exemplares e distribuição de porta em porta feita pelo estafeta Buriti. A assinatura mensal custava quinhentos réis adiantados. O "desgraçado título" (significa alvorada) fora escolhido por Mário Venâncio, "fecundo em palavras raras".

Pois, nesse pasquim, Graciliano Ramos estrearia, aos onze anos, com o conto "O pequeno pedinte". O texto foi emendado por Venâncio "com tantos arrebiques e interpolações que do original pouco se salvou". O gosto do mentor intelectual era realmente duvidoso:

> Tinha oito anos.
> A pobrezinha da criança sem pai nem mãe, que vagava pelas ruas da cidade pedindo esmola aos transeuntes caridosos, tinha oito anos.
> Oh! Não ter um seio de mãe para afogar o pranto que existe no seu coração.
> Pobre pequeno mendigo.
> Quantas noites não passara dormindo pelas calçadas exposto ao frio e à chuva, sem o abrigo do teto.
> Quantas vergonhas não passara quando, ao estender a pequenina mão, só recebia a indiferença e o motejo. Oh! Encontram-se muitos corações brutos e insensíveis.
> É domingo.
> O pequeno está à porta da igreja, pedindo, com o coração amargurado, que lhe deem uma esmola pelo amor de Deus.
> Diversos indivíduos demoram-se para depositar uma pequena moeda na mão que se lhes está estendida.
> Terminada a missa, volta quase alegre, porque sabe que naquele dia não passará fome.
> Depois vêm os dias, os meses, os anos, cresce e passa a vida, enfim, sem tragar outro pão a não ser o negro pão amassado com o fel da caridade fingida.

Venâncio apostava, profético, no potencial de Graciliano, vendo nele sinais de Coelho Neto e de Aluísio Azevedo. "Isto me alarmava. Acanhado, as orelhas ardendo, repeli o vaticínio: os meus exercícios eram composições tolas, não prestavam. Sem dúvida, afirmava o adivinho. Ainda não prestavam. Mas eu faria romances."

O garoto passou dias de inquietação, persuadido de que jamais seria capaz de criar enredos e personagens como os que agora conhecia. "Examinei-me por dentro e julguei-me vazio", diria décadas depois. "Meus primeiros trabalhos foram pequenos contos, simples ensaios sem estética, sem forma, sem coisa alguma. Verdadeiras criancices."

Com onze para doze anos, poderia ter sido diferente?

Por timidez ou vergonha, assinou os contos com pseudônimos. Para os leitores de *O Dilúculo*, era Ramos, G.; Ramos de Oliveira; Ramos Oliveira; ou Feliciano.

A amizade com Venâncio facilitou a compra de livros por via postal. De posse dos catálogos das Livrarias Garnier e Francisco Alves, do Rio de Janeiro, sempre que podia encomendava uma remessa. Mas como obtinha dinheiro? Habituara-se a furtar moedas na loja do pai, escondendo-as em um frasco bojudo no meio das fronhas e toalhas no compartimento superior da cômoda.

Entre níqueis e pratas surgiam cédulas – e enchi as prateleiras da estante larga, presente de aniversário. Esses delitos não me causavam remorsos. Cheguei a convencer-me de que meu pai, encolhido e avaro por natureza, aprovava-os tacitamente. Desculpava-me censurando-lhe a sovinice, tentando agarrar esperanças absurdas.

Graciliano se ligou a um elenco invejável de autores: Aluísio Azevedo, Victor Hugo, Daniel Defoe e Cervantes. Com mania de ler, frequentava a Instrutora Viçosense, "uma sociedade que dormia o ano inteiro, acordava na posse da diretoria e, concluídos os discursos, tornava ao sono". Ponto de encontro de literatos e estudantes, dispunha de duas estantes de livros e uma mesa comprida com jornais e revistas que recebia gratuitamente, inclusive da França, da Inglaterra, da Itália, de Portugal e da Argentina.

As extravagâncias não agradavam aos pais, que preferiam vê-lo mais dedicado às lições escolares. Como não havia ginásio em Viçosa, decidiram matriculá-lo no Colégio Quinze de Março, do professor Agnelo Marques Barbosa, em Maceió, em regime de internato. Coincidindo com a partida de Graciliano, *O Dilúculo* deixou de circular em abril de 1905, após dezessete números.

Os cinco anos passados em Maceió confirmariam a inclinação autodidata. Disciplinado, ele se enfurnava nos estudos de português e de línguas estrangeiras (latim, inglês, francês e italiano). Adquiriria um hábito para o resto da vida: consultar dicionários. "Dicionários, para mim, nunca foram apenas obras de consulta. Costumo lê-los e estudá-los. Como escritor, sou obrigado a jogar com as palavras, preciso conhecer-lhes o valor exato", justificaria.

Nas férias de 1906, retornou a Viçosa e ao grupo da Instrutora. O amigo Joaquim Pinto da Motta Lima Filho, o Pinto, guardou na memória Graciliano em sua casa saboreando pamonha e canjica de milho verde. "Embora dissessem que ele era de pouca conversa, o convívio conosco era ameno e afetivo", afirmaria Pinto. Ao entrar certa vez na casa dos Ramos, surpreendeu Graciliano com uma das irmãs menores no colo, cantarolando a toada sertaneja: "Mulata, suspenda a saia/ Não deixe a renda arrastar/ Que a renda custa dinheiro/ Dinheiro custa a ganhar".

Novamente incentivado por Mário Venâncio, ajudou a editar o jornal *Echo Viçosense*, que durou apenas quinze dias. Entre o primeiro e o segundo números, a cidade foi sacudida pelo suicídio de Venâncio. Um choque vê-lo morto:

> Esse amável profeta bebeu ácido fênico. Levantei-me da espreguiçadeira, onde me seguravam as novidades e os sofrimentos da artrite e de uma novela russa, fui encontrar o infeliz amigo estirado no sofá, junto à mesa coberta de papéis, brochuras, pedaços de lacre, almofadas e carimbos.

Em edição extra, o *Echo* divulgaria a tragédia, sua última notícia.

À medida que o aprendizado de línguas evoluía, Graciliano ousou enfrentar Balzac e Zola, já de olho em Dostoiévski e Tolstoi. Mesmo apanhando do francês, não desistiu. "A língua francesa, direta, facilita os autodidatas que somos todos nós", assinalaria em 1939. "Familiarizei-me principalmente com os romancistas. Balzac foi para mim um deslumbramento. Zola impressionou-me também, mas não conseguiu desviar a fascinação pela obra balzaquiana. Que surpresa de técnica!"

Aos treze anos, arriscou os primeiros sonetos. Como acontecia com nove entre dez aprendizes de poeta da época, seria influenciado pelos guias do parnasianismo, Olavo Bilac, Alberto de Oliveira e Raimundo Correia. Daí o rigor com a métrica e a rima, a preferência por temas amorosos, em primeira pessoa.

Em conluio com Joaquim Pinto da Motta Filho, mandou sonetos para a revista *O Malho*, do Rio de Janeiro, que abria espaço a novos poetas. "Incompreensível" e "Confissão" foram publicados em 29 de junho e 6 de julho de 1907, respectivamente. Assinava-os como Feliciano Olivença e Feliciano de Olivença. A revista, que circulava desde 1902, fundia humor com literatura e política. No quadro de colaboradores, Bilac, Guimarães Passos, Emílio de Menezes e Bastos Tigre, ao lado de chargistas como J. Carlos e Luís Peixoto. Ainda com pseudônimos, saíram, entre 1909 e 1911, no *Jornal de Alagoas* e no *Correio de Maceió*, "sonetos idiotas", como os qualificaria em carta à irmã Leonor, em 1915.

Às vésperas de morrer, Graciliano instruiria o filho Ricardo sobre os critérios que adotara para assinar a produção poética e as crônicas da juventude:

> O que assinei com meu nome pode publicar; no que usei as iniciais GR, leia com cuidado, veja bem; no que usei RO, tenha mais cuidado ainda; o que fiz sem assinatura ou sem iniciais não presta, deve ser tudo besteira, mas pode escapar uma ou outra página, menos infeliz. Já com pseudônimo não, não sobra nada, não deixe sair. E, pelo amor de Deus, poesia nunca; foi tudo uma desgraça.

Seguindo à risca essas disposições, concluiríamos que a maioria dos sonetos veiculados na imprensa alagoana era imprestável, pois trazia as rubricas de S. de Almeida Cunha, Almeida Cunha, Soares de Almeida Cunha e Soeiro Lobato. E, se pensarmos bem, eram mesmo para ser esquecidos.

Os temas dessa fase são recorrentes: paixão irrealizada, nostalgia, frustração e ceticismo. O estilo, sofrível. Vejamos, por exemplo, o poema "Céptico" (*Jornal de Alagoas*, 10 de fevereiro de 1909), com a assinatura de Almeida Cunha:

> Quanto mais para o céu ergo o olhar compungido
> De tristeza repleto e de esperança vazio,
> Mais encontro impiedoso, agitado e sombrio

Sempre o céu que me abate e me torna descrido.
É em vão que a crença busco, embalde fantasio
Meu passado sem névoa, um passado perdido...
Só sinto o coração pulsando colorido
Ao peso glacial de um cepticismo frio.
Tenho a cabeça em brasa e o pensamento enfermo.
A alma me compunge e tudo é triste e ermo
Nos arcanos sem fim de um peito esquelético.
Pesada treva envolve o meu olhar ardente,
E mais fico agitado e mais fico descrente
Quanto mais para o céu ergo os olhos de céptico.

Graciliano voltou a colaborar com *O Malho* entre 1909 e 1913, usando pseudônimos semelhantes aos dos jornais de Maceió. Chegou ao requinte de datar sonetos de 1900 e indicar os locais onde teriam sido escritos, como São Paulo e Porto (Portugal). Na série de quatro sonetos "Velhas páginas", publicada por *O Malho* em 7 de janeiro de 1911, incluiu uma nota explicando que o autor era "Manuel Maria Soeiro Lobato, brasileiro, nosso amigo, residente em Viçosa, estado de Minas, e que, por muito tempo, residiu também em Portugal". Tudo para dificultar a identificação de um poeta capaz de cometer, em "A coruja" (1911), esta primeira estrofe assustadora: "Baixe o quarto crescente a sua toalha/ Ou o plenilúnio esparja a sua luz vermelha,/ Ei-la sempre a gritar numa voz que assemelha/ O agoureiro rumor de um rasgar de mortalha".

Ele ficou incrédulo ao ser procurado pelo *Jornal de Alagoas*, em 1910, para responder a um inquérito sobre predileções literárias. Tinha dezoito anos, já o reconheciam no reduzido círculo literário da capital, a despeito de sistematicamente menosprezar-se. "Devo dizer que o jornal cometeu um erro grave colocando-me entre os literatos alagoanos. Minhas ideias têm pouco valor, porque de literatura pouco conheço."

A enquete, publicada em 18 de setembro, saiu assinada por G. Ramos de Oliveira. Por pouco não assumira o seu nome completo; consciente ou inconscientemente, deixava rastros.

O reexame do inquérito – descoberto em 1959 pelo pesquisador alagoano Moacir Medeiros de Sant'Ana – projeta um Graciliano com inegáveis progressos intelectuais. Certo, ainda não fazia firulas dignas de um astro. Mas convenhamos que, para um jovem há pouco saído de uma cidadezinha do interior e dispondo de modestos recursos para se instruir, demonstrava obstinação de saber.

Apontou Aluísio Azevedo como o escritor que mais o influenciara, citando também "o realismo cru de Adolfo Caminha e a linguagem sarcástica de Eça de Queirós". Ao elogiar Azevedo, compartilhou preocupações políticas e estéticas:

E o mais sincero de quantos manejam a pena em nosso país; porque, afrontando uma sociedade atrasada e uma imprensa parcial e injusta, teve forças para derrubar o romantismo caduco; porque, em sua vasta obra e fecunda, existe o que há de mais verdadeiro e mais simples.

Declarou preferir a prosa à poesia, embora fosse fã dos "versos verdadeiramente artísticos" de Bilac, Alberto de Oliveira, Guimarães Passos, Luiz Murat e Luiz Guimarães. Com fé no realismo como "a escola literária do futuro", acrescentou: "Se tenho feito alguns trabalhos poéticos, esquecendo a prosa – por que não confessá-lo –, é porque não tenho talento para cultivar a escola que prefiro: a escola realista. E o verso ocupa menos espaço nos jornais". A seu ver, o realismo, "rompendo a trama falsa do idealismo, descreve a vida tal qual é, sem ilusões nem mentiras. Antes a 'nudez forte da verdade' que 'o manto diáfano da fantasia'".

Aos que criticavam os realistas porque só enxergavam o "lado negativo das coisas", respondeu: "Mas, que querem? A parte boa da sociedade quase não existe. De resto, é bom a gente acostumar-se logo com as misérias da vida. É melhor do que o indivíduo, depois de mergulhado em pieguices românticas, deparar com a verdade nua e crua".

No tópico final, Graciliano deu um tranco forte nos intelectuais que adoravam os fardões da Academia Brasileira de Letras (ABL). (Ele será coerente a vida inteira no desprezo à Academia como instituto de consagração literária.) E aproveitou para atacar os escritores alagoanos que pretendiam fundar, em Maceió, uma sucursal da ABL.

> Será uma associação que não trará desenvolvimento algum à literatura no nosso estado. Sempre o espírito da imitação! Uma Academia, em Alagoas, não será mais que a caricatura da Academia Brasileira de Letras. E o resultado? Teremos meia dúzia de "imortais" que, escorados em suas publicações de duzentas páginas, olharão por cima dos ombros os amadores que estiverem fora da panelinha acadêmica.

As cartas que enviou à recém-lançada revista literária *Argos*, de Maceió, entre setembro e dezembro de 1910, sob o pseudônimo de Soeiro Lobato, revelavam parcimônia ao expor traços inconfundíveis de seu perfil literário. "Não sou literato, nem poeta, nem simples amador. Escrevo pouco, raramente publico o que escrevo. Tenho sempre pensado comigo mesmo que não tenho o direito de cultivar coisas que minha inteligência não chega a compreender."

Apesar da autodepreciação, não se furtou a mandar o soneto "Argos", inspirado na mitologia grega, com um recado aos editores: "Se quiserem, por falta de matéria ou qualquer coisa, publicar meus versos, rogo que não alterem a ortografia de certas palavras (Kolchis, Orpheus etc.) que escrevi à imitação de César Canti".

Argos reproduziu sem erros o soneto, que curiosamente tinha o nome da revista. Graciliano não teve a mesma sorte ao remetê-lo a *O Malho*, que o publicaria em 20 de setembro de 1913 com algumas incorreções – a palavra Kolchi, por exemplo, apareceria grafada como Koldis.

Soeiro Lobato não contava que a redação de *O Malho* elogiasse a sua "boa carta literária acompanhada de inspirados e bem trabalhados versos", pedindo-lhe ainda que declinasse o verdadeiro nome. Naturalmente, Graciliano não se identificou, mas manifestou "gratidão infinita" pela "generosa e benévola" acolhida.

Por fim, uma confissão histórica e uma senha para decifrarmos a tendência à introversão, que se perpetuará mesmo depois da consagração literária:

> Geralmente o indivíduo de procedência humilde, sentindo-se colocado em um plano superior, fica pretensioso, torna-se fátuo e pedante. Comigo dá-se exatamente o contrário; sempre que alguém elogia qualquer coisa que eu faço, julgo estar aquém do juízo feito a meu respeito. E daí tornar-me acanhado, tímido, medroso. Consequência talvez de educação, defeito orgânico, talvez.

A CABEÇA A LÉGUAS DE DISTÂNCIA

Na manhã de 27 de outubro de 1910, dia de seu aniversário, Graciliano Ramos, banhado de suor, apeou o cavalo, olhou em volta da praça da Independência e entrou na loja de tecidos Sincera, que seu pai acabara de abrir. A família mudara-se para Palmeira dos Índios, vizinha de Viçosa, e Sebastião o chamara de volta para ajudá-lo. Acabara de concluir o ginásio e não imaginava que fosse retornar de supetão, deixando para trás os voos literários.

Pendurado o paletó no cabide, Graciliano arregaçou as mangas. Os dezoito anos comemorados atrás do balcão. Como de seu feitio, Sebastião se limitou a um cumprimento seco pela data.

A prosperidade de Palmeira dos Índios – povoada no século XVI pela tribo dos xucurus – atraía gente de todos os cantos; a população já chegava a 5 mil habitantes. As lavouras costumavam ser lucrativas; a criação de gado era próspero negócio; e o comércio expandia-se a olhos vistos, como uma espécie de entreposto à entrada do Sertão. Alguns plantadores exportavam algodão para a Europa e, frequentemente, fazendeiros abastados adquiriam matrizes bovinas na Holanda.

Sebastião comprara do major Vieira de Brito, por cinco contos de réis, a loja, uma pequena fábrica a vapor para descaroçar algodão e a casa cercada por terras férteis que se estendiam à lagoa dos Caboclos. Mariquinha e oito filhos do casal (dois haviam morrido; outros cinco nasceriam em Palmeira) continuavam em Viçosa aguardando a mudança.

O ano de 1910 fora complicado em Alagoas: chuvas constantes, prejuízos incalculáveis. Os prognósticos para o Brasil não eram dos mais alentadores. O recém-eleito marechal-presidente Hermes da Fonseca representava um intervalo na política do café com leite, conchavo pelo qual as oligarquias paulistas e mineiras se revezavam no poder. O quadriênio de Hermes seria desastroso, com aumento da dívida externa e empobrecimento crescente das massas. Isso sem falar em conflitos como a Revolta da Chibata, reação dos marinheiros aos castigos e privações que lhes eram infligidos na Armada.

Absorvido pelas tarefas que o pai lhe confiava, Graciliano mal respirava. Conferia mercadorias, arrumava as prateleiras, cortava peças de fazenda e controlava o caixa. Com isso, Sebastião podia afastar-se aos poucos para cuidar da lavoura e da pecuária.

A adaptação à rotina de Palmeira não foi tão traumática quanto previa. Em carta à mãe, de 14 de novembro de 1910, comentava:

> Aqui estamos todos bons nesta santa Palmeira, terra que, se não é boa, sempre é menos ruim do que eu julgava. Aqui não há cafés, há maus bilhares, pouca cerveja, nenhum divertimento. Enfim, gasta-se pouco dinheiro e vende-se alguma coisa, isto é, ganha-se mais do que se gasta.

Entre um freguês e outro, folheava livros, jornais e revistas. Quando cerravam as portas, ia para o fundo da loja escrever, usando o papel dos talonários de pedidos e notas fiscais. Sem regularidade, despachava sonetos e pequenas crônicas para *O Malho*, *Jornal de Alagoas* e *Correio de Maceió*. A correspondência com Joaquim Pinto da Motta Lima Filho, entre 1911 e 1914, mostra-nos um Graciliano ora se queixando do isolamento em Palmeira, ora se dizendo cansado ou cheio de achaques. As cartas invariavelmente são temperadas com bom humor; aqui e ali, pitadas do ceticismo que se vai tornando sua marca registrada. Os assuntos tratados vão desde brincadeiras com Pinto, namoros fortuitos e tópicos familiares a observações sobre poemas e leituras de ambos.

De forma divertida, Graciliano expunha sua ira contra a revisão malfeita de *O Malho*:

> Eu tenho sido caipora, porque tudo quanto produzo é miseravelmente assassinado pelos senhores tipógrafos. [...] Eu escrevi: 'Se o senhor Carlo parla greco', saiu publicado: 'Se o senhor Carlo parla grego'. Ora, não há grego em italiano – há greco. Demais o sr. Cano é Parlagreco e não gosta que lhe mudem o nome, como disse Eça de Queirós. Aí está, meu Pinto velho dos pés compridos. Eu sou um mártir dos revisores e dos tipógrafos.

Ao amigo, procurava dissimular sua aplicação nas tarefas intelectuais. Dizia que não estudava mais italiano e francês – estudava sim, nas horas vagas. Não lia tantos jornais como em Maceió, mas recebia assinaturas pelo correio. Podia não escrever amiúde, mas escrevia o máximo que podia. Moço ainda, camuflava atos, sentimentos e desejos, aguçando o instinto de autopreservação que carregava desde a infância atormentada.

O desânimo a que Graciliano se referia nas cartas tinha razão de ser. O pai não se cansava de tolhê-lo, quando o via escrevendo:

> São nove horas, o correio vai sair, o velho Sebastião já mandou quatro vezes que eu largasse isto e fosse fazer a correspondência comercial. [...] O velho Sebastião como um Cérbero anda a me vigiar. Tem uma raiva desesperada das tolices que eu faço. Eu finjo que não entendo.

De todo modo, não se conformava em captar a existência exclusivamente da óptica de um balcão. Em 13 de fevereiro de 1914, informava a Pinto que começara a ler *A origem das espécies, O capital, A adega, Napoleão, o pequeno, A campanha da Rússia*, além de "uma infinidade de gramáticas e outras cacetadas". E ainda teria lido rudimentos de Karl Marx três anos antes da Revolução Russa, e em francês.

Não parava aí a confissão das atividades literárias.

> Não te mando agora alguma coisa, como combinamos, porque ainda estou a trabalhar naquele conto que me deixaste a fazer. Desenvolvi-o, ampliei-o, estão escritas já quase setenta tiras. Se chegar a concluí-lo – o que acho difícil, quase impossível, porque caí na tolice de me meter em certas funduras – talvez te mande uma cópia.

Depois de referir-se à tradução do poema "Désillusion" e a outros escritos, recomendava a Pinto, em 18 de fevereiro, sigilo sobre a correspondência: "Creio que é do nosso interesse mútuo que ninguém veja o que escrevemos".

Nas horas de folga, gostava de andar por ruas e vielas de Palmeira dos Índios, que tinham nomes curiosos, como Galo Assanhado, Levanta-Saia, Pinga-Fogo, Esconde-Homem, Pitombeiras, Cassete Armado e Pernambuco Novo. Não dispensava o cafezinho com o primo Cícero da Silva Pereira, no bar do Hotel Palmeirense. Aos domingos, iam, na companhia dos amigos José Caetano, José Tobias Filho, José Pinto de Barros e Chico Cavalcanti, tomar banho próximo ao açude da Cafurna ou passear nos pomares dos sítios de d. Dondon Tobias, onde faziam piqueniques.

Segundo Cícero da Silva Pereira, Graciliano era "um rapaz bem-comportado, que falava pouco, retraído, de gestos solenes e graves. Tinha um andar de canguru".

Os rapazes frequentavam saraus e, às vezes, davam escapulidas até a rua Pernambuco Novo, onde funcionava a zona do meretrício. No Bar Seridó, ali perto,

Graciliano tomou pela primeira vez uma talagada de cachaça. Quando não tinha o que fazer, vestia o paletó e ia jogar sinuca. Se faltassem parceiros, punha-se horas a fio a exercitar-se sozinho, para espanto do dono do bilhar.

Graciliano, Cícero e José Pinto de Barros se alistaram na primeira turma do Tiro de Guerra 384, uma novidade colossal na cidade. Nos fins de semana, as famílias aglomeravam-se nas calçadas para assistir aos exercícios comandados pelo sisudo sargento Alfredo Oliveira. A qualquer pretexto, os praças eram mobilizados para desfiles cívicos, sempre saudados com entusiasmo.

Não é difícil supor o desconforto do introvertido Graciliano com as exibições em praça pública, ou mesmo seu tédio com as tarefas diárias no 384. Mas, segundo Cícero, ele cumpria rigorosamente as ordens, esforçava-se nos treinamentos e era incapaz de gracejos ou piadas de mau gosto. Certa vez, ao fazer uma palestra de duas horas para oficiais e soldados, arrancou aplausos da plateia ao enaltecer, em refinado português, o papel do Exército na formação do caráter do bom brasileiro.

Após oito meses de serviço militar, voltou a dividir-se entre a loja Sincera, os versos e as leituras. Por pouco tempo. Os amigos conseguiram convencê-lo a ministrar um curso noturno de português. O ensino no município era precário: duas professoras primárias tinham de lecionar para 150 alunos; não havia ginásio.

A fama de homem letrado corria solta. Para evitar que as aulas se prestassem a algazarras, cobrava mensalidades. Quatorze alunos verdadeiramente interessados foram até o fim, aprendendo as lições básicas de gramática e noções de francês, italiano, esperanto e até de jornalismo. Quase toda a turma faria carreira fora da cidade, projetando-se na imprensa, na literatura, no magistério, na política ou nos negócios. Nas décadas seguintes, os ex-alunos não perderiam oportunidade de manifestar gratidão pelos conhecimentos adquiridos com o exigente e metódico mestre. Adalberon Cavalcanti Lins, que se tornaria escritor e membro da Academia Alagoana de Letras, creditaria a Graciliano sua iniciação no "prazer de ler, ler tudo que lhe vinha às mãos". Foi o professor quem lhe emprestou os primeiros romances, de Júlio Verne e Eça de Queirós.

Certa vez, um aluno indagou a Graciliano por que não prosseguira com seus estudos. "Preferi não ter um canudo de papel, mas saber ler e escrever", respondeu com irreverência. "Não me amole; não vou ter um anel de doutor. Tenho dedos magros e esquálidos."

A cabeça de Graciliano, na verdade, estava a léguas de distância de tudo aquilo. Vivia do salário ganho na loja e da escassa renda que provinha da fazendola e das cabeças de gado que ganhara, aos doze anos, dos avós maternos. Há pouco saíra da casa dos pais para morar em uma república da rua de baixo, mas isso pouco representava. Queria escrever e, se possível, trabalhar em coisas bem diferentes das que fazia. As cartas enviadas a Pinto, no primeiro semestre de 1914, atestam a sua insatisfação.

Eu tenho andado um bocado desgostoso. [...] Fiz um caderno com 36 cadernos de papel e estou a copiar tudo quanto fiz o ano passado. Ponho em ordem todas as minhas coisas, porque ando com um pressentimento ruim. Isto por aqui está cada vez mais pau.

Como Pinto também ansiava por sair de Viçosa, os dois começaram a amadurecer a ida para o Rio de Janeiro, onde já se encontravam dois dos irmãos Motta Lima – Pedro e Rodolfo –, iniciando-se no jornalismo.

A prendê-lo em Palmeira apenas a namorada, a costureira Maria Augusta Barros, filha de pequenos agricultores. Um namoro, aliás, avançado para os padrões daquela sociedade tão conservadora. Causava *frisson* à vizinhança ver Graciliano de pé na calçada, de costas para a rua, beijando a namorada debruçada na janela de casa. Os mexericos não o atingiam; limitava-se a morder a ponta do cigarro com um sorriso irônico. Irritado com os fuxicos e zelando pelo bom nome dos Ramos, o velho Sebastião estrilou, mas o filho fez ouvidos de mercador, prometendo à namorada reatar quando voltasse do Rio de Janeiro.

Os pais tentaram demovê-lo de viajar, mas ele se mostrou irredutível. A caminho de Maceió, mandou, de Viçosa, uma breve carta ao pai, peremptório:

Não quero emprego no comércio – antes ser mordido por uma cobra. Sei também que há dificuldades em se achar um emprego público. Também não me importo com isso. Vou procurar alguma coisa na imprensa, que agora, com a guerra, está boa a valer, penso.

Quando Graciliano desembarcou do navio *Itassucé*, no cais do porto do Rio de Janeiro, em fins de agosto de 1914, multidões formavam filas nas bilheterias para assistir aos dois grandes sucessos da temporada: a peça *Amor de perdição*, de Camilo Castello Branco, montada pela Companhia Dramática João Caetano; e o filme *Casamento forçado*, estrelado por Max Linder, o "rei dos cinemas". Mas nem tudo era festa. A população exigia uma legislação mais severa para conter a onda de violência na cidade. O número de homicídios quase duplicara.

Os jornais – capitaneados pelo *Correio da Manhã*, de Edmundo Bittencourt, o principal diário de oposição – escancaravam manchetes sobre a Primeira Guerra Mundial, deflagrada na Europa. A imigração ia de vento em popa: cerca de um milhão de pessoas tinham vindo para o Brasil em apenas oito anos de vigência da lei de povoamento do solo.

O primeiro endereço de Graciliano foi um quarto de pensão no Largo da Lapa, zona boêmia da cidade. Ele se mudaria sucessivamente, pressionado pelos reajustes dos aluguéis ou por enjoar de determinadas pensões. Na pensão, quase toda ocupada por estudantes de outras cidades, Graciliano pagava 80 mil-réis por mês.

O dinheiro era curto, segundo Joaquim Pinto da Motta Lima Filho: "O primeiro terno que fizemos no Rio nos custou 100 mil-réis. As botinas, 25. O tostão tinha prestígio. Proporcionava-nos o jornal, o cafezinho, o bonde, o sapato engraxado".

Começou a trabalhar, em 23 de setembro, como foca no *Correio da Manhã*, passando, dezoito dias depois, a suplente de revisão. Juntando o baixíssimo salário com os rendimentos da fazendola que o pai periodicamente lhe remetia, dava para ir levando, em economia de guerra. Trabalhava de nove horas da noite até duas da madrugada, movido a duas enormes xícaras de café, dois pães e um pedaço de queijo. Acordava ao meio-dia, engolia um copo de leite com pão torrado, acalmando o estômago até sete da noite, quando jantava.

Como suplente, só assumia a revisão das provas tipográficas se o titular faltasse ou se o serviço acumulasse. Uma chatice. E precisava arrumar outro emprego para reforçar o orçamento, o que acabaria conseguindo, temporariamente, em *O Século*, de Brício Filho, ainda como suplente de revisor. Em carta à irmã Leonor, desabafou:

> Eu continuo a passar aqui uma vida mais ou menos estúpida. Imagina tu que agora tenho de usar nada menos de três ortografias. Se no *Correio da Manhã* aparecer alguma vez Brazil, com *z*, eu tenho de substituir o *z* por *s*; se no *Século* vier a mesma palavra com *s*, tenho eu de trocar o *s* por *z*. De sorte que uso a ortografia do *Correio*, a do *Século* e a minha, porque eu tenho uma, que *é* diferente das deles. Um horror! Trabalha-se pouco, ganha-se pouco, dá-se afinal com os burros na água, com todos os diabos.

Em menos de dois meses, as primeiras recordações saudosas e nostálgicas de Alagoas.

> Esse desejo doido de voltar para a aldeola que ficou lá, muito longe, entre montanhas, é uma coisa muito natural. Ele, eu, todos enfim, temos essa nostalgia que nos faz ver a torre da igreja, as paredes brancas do cemitério, os atalhos verdes semeados de florzinhas. Mas a gente reage, faz-se forte e... fica. O que é preciso é o sujeito estar preparado para receber todos os choques da adversidade.

Debaixo das árvores do Passeio Público, olhando as cegonhas à beira do lago artificial, ele e Pinto liam as cartas que recebiam de casa. Os dois viam-se diariamente, faziam longas caminhadas na orla do Leme e de Copacabana, habitada por mansões, e sentavam-se nos cafés para observar o corre-corre. Em um dia de chuva fina, pegaram um bonde no Largo de São Francisco até o fim da linha, na Piedade, unicamente para conhecer as ruas do subúrbio.

No início de 1915, contratado como revisor de *A Tarde*, queixou-se à família das "intriguinhas" na redação, sustentando, porém, a disposição de não arredar pé do Rio. "Em uma palavra, malgrado todas as dificuldades que tenho encontrado, acho melhor trabalhar numa banca de revisão que num balcão. É que a gente pode ter a consciência tranquila quando trabalha. E eu aí havia de ser sempre preguiçoso."

Entre março e junho, voltou a escrever crônicas para o *Jornal de Alagoas*, usando o pseudônimo R.O., e passou a colaborar com o semanário *Paraíba do Sul*, da cidade fluminense de mesmo nome.

Para um jovem de 22 anos, autodidata, recém-chegado do interior alagoano, os textos revelam um nível de informação e uma visão crítica dignos de nota. Com exatidão gramatical, fluência e humor, ele focalizava fatos do cotidiano e satirizava as manhas de nossas elites políticas.

No primeiro artigo para o *Jornal de Alagoas*, Graciliano demonstrava perfeita compreensão do jogo de forças que manipulava o Poder Executivo em benefício dos interesses do bloco agrário hegemônico.

> Possuímos, segundo dizem os entendidos, três poderes – o Executivo, que é o dono da casa; o Legislativo e o Judiciário, domésticos, moços de recados, gente assalariada para o patrão fazer figura e deitar empáfia diante das visitas. Resta ainda um quarto poder, coisa vaga, imponderável, mas que é tacitamente considerado o sumário dos outros três. [...] Aí está o rombo na Constituição quando ela for revista, metendo-se nele a figura interessante do chefe político, que é a única força de verdade. O resto é lorota.

Nas crônicas publicadas no *Paraíba do Sul*, evidenciava conhecimentos de mitologia grega; debochava do "literato em esboço, um sujeito que tem sempre no cérebro um pactolo de ideias e que ordinariamente não tem na algibeira um vintém"; exaltava os vendedores de jornais que "desconhecem hierarquias e vaidades tolas" ao gritar no meio da rua as manchetes sobre "todos os cabecilhas da República"; e esbanjava cultura literária ao comparar os perfis dos criados transformados em personagens de romances por José de Alencar, França Júnior, Paulo de Kock, Mark Twain, Júlio Verne, Balzac e Flaubert.

As palavras mais arrebatadas, surpreendentemente, ele reservava para o cinema, ao qual ia com frequência assistir a filmes estrangeiros que já monopolizavam os letreiros. O cinema brasileiro planejava construir o primeiro estúdio de vidro, aproveitando a luz solar. A Graciliano, naquele momento, importava mais desfrutar do fascínio da sala escura, como escreveria em 13 de maio de 1915:

> O cinema! Ah! O cinema é uma grande coisa! É quase como o amor – é decantado e posto em prática por toda a gente. [...] Aquilo é delicioso. Eu adoro o cinema. [...] Decididamente, eu sou doido pelo cinema. Todo mundo é assim, todo mundo gosta de cinema. E se alguém o censurar, o vilipendiar em vossa presença, podeis afirmar convictamente que esse alguém é um despeitado.

No tocante às leituras, Graciliano se embrenhou em Eça de Queirós, a ponto de protestar, no *Jornal de Alagoas*, contra o apedrejamento do monumento ao escritor, em Lisboa. "Ele [Eça] não é apenas o escritor mais querido dos dois países, é uma individualidade à parte, adorada, idolatrada. Temos por ele uma admiração que chega às raias do fanatismo."

Os círculos literários do Rio não o atraíam. Em carta à mãe de 4 de fevereiro de 1915, lamentava que intelectuais sem valor galgassem posições graças às amizades que faziam. Irritavam-no os escritores que se gabavam de discutir colocação de pronomes e de discorrer sobre Taine e Machado de Assis.

Preciosidade na correspondência desta fase: Graciliano proclamava a condição de ateu, questionando os dogmas e tabus que envolvem a conversão religiosa. Há quem especule que a recusa ao catolicismo tenha origem remota no caráter repressivo da iniciação religiosa. Era praxe nos confins nordestinos as crianças serem catequizadas sob o tacão do tradicionalismo de uma Igreja retrógrada. A figura divinizada do sacerdote, associada a um duplo simulacro de poder – espiritual e temporal –, amedrontava e impunha a transmissão dos mandamentos sagrados. À medida que se foi aprofundando em Graciliano a rejeição à ordem constituída, os pilares da religião desabaram, pelo que representavam de monolitismo de consciência.

Toda vez que abordava o tema, ele acionava potentes mísseis de ironia. Sebastião Ramos deve ter tido engulhos ao receber a carta datada de 24 de maio de 1915, na qual o filho açoitava o catolicismo:

> Aqui não sou propriamente um santo, mas vou "em caminho do céu", apesar de o senhor pensar que sou um bocado ateu. Essa suposição do senhor não quer dizer nada. Eu não me pareço ateu, como está em sua carta. Sempre o fui, graças a Deus, como dizia o saloio.

E prosseguia:

> Mas o simples fato de um animal ser ateu não prova que ele não possa ser um santo. Eu penso que entre os milhares de sujeitos que a igreja canonizou devia haver muito ateu, muito ímpio esperto que preferia o céu ao inferno apenas por uma simples questão de bem-estar cá na Terra. Na Espanha, na Idade Média,

houve homens sensatos que não acreditavam em Deus, mas que, com medo das grelhas do Santo Ofício, se meteram em conventos e por lá viveram santamente. É que eles preferiram "queimar a ser queimados", como disse um moderno escritor socialista. Naturalmente, alguns deles hoje são santos e fazem milagres. Oh! Eu respeito muito a religião que tem o poder de, acendendo algumas piedosas fogueiras com azeite humano, chamar a seu grêmio os mais encarniçados inimigos.

Não era a primeira vez que se referia à religião. Em uma carta a Pinto, ainda em Palmeira dos Índios, havia mencionado "dois malucos" que vira na igreja entretidos em "umas rezas que nunca mais se acabam". Com sarcasmo, acrescentava:

Quem me dera poder afastar tanta gente da igreja! Quem me dera poder libertar os dois pobres-diabos que ali estão! Idiotas, verdadeiros pobres-diabos. Há gente que vive do prazer de ser enganada. Que triste prazer? Dize-me com franqueza – tu acreditas nessas coisas? Eu não posso.

Escrevendo à mãe em 2 de abril de 1915, implicava com a tradição dos cristãos de não comer carne de boi na Sexta-Feira Santa.

Grande dia. Dia em que a cristandade chora alegremente a morte de seu Deus e a d. Helena [a dona da pensão] nos obriga a jejum, surrupiando-nos piedosamente o almoço e o jantar. Temos de procurar comida fora por causa da econômica devoção dos outros. Uma maçada.

Mas nem sempre esquivava-se dos ritos cristãos tão zelados pelos Ramos. No Natal, Sebastião exigia fidelidade à ceia, em que não faltavam queijo do reino e macarrão. Graciliano não estava ao lado da família em 1914, mas pediu à irmã Leonor que lhe relatasse "tudo o que se passar por aí durante o Natal. Novenas, missas, procissões, tudo".

(Adiantemo-nos aos fatos. Ao longo da vida, vão cobrar de Graciliano a sua mania de dizer "graças a Deus", "Deus meu", "Santo Deus", "se Deus quiser", "meu bom Deus", "valha-me Deus", "homem de Deus", "Deus do céu", "Nosso Senhor". Logo ele, um ateu confesso. "Não sou o que falo, sou o que escrevo", responderia com sorriso malicioso. Outra curiosidade: a Bíblia será um de seus livros de cabeceira. O Antigo Testamento aparecerá todo anotado à mão nas margens. Dizem os parentes que ele apreciava os elementos de retórica, as imagens e os ensinamentos bíblicos, sobretudo do Livro dos Provérbios e do Eclesiastes.)

Depois de saturar-se do trabalho no *Correio da Manhã*, *O Século* e *A Tarde*, Graciliano custou a arranjar emprego. A maior praga foi continuar na mesmice de suplente de revisão, quase um papel decorativo. Viviam lhe prometendo uma ocupação diferente, mas de concreto, nada. "Enquanto a questão segue tão complicados trâmites, eu embarco pacificamente para as Alagoas, num vapor do Lloyd. Creio que é o que tenho de mais acertado a fazer", disse ao pai, sem muita convicção.

Para queimar suas reservas de paciência, o "medonho, terrível e insuportável" calor carioca o sufocava. "Deito-me na cama, em cima de uma coberta muito fina, abro um livro. Coisa pavorosa! Parece que os olhos me fervem e as letras dançam." O tempo livre, preenchia-o escrevendo uma ou outra coisa para o *Jornal de Alagoas* e o *Paraíba do Sul*, lendo, tomando com Pinto uma xícara de café com um cálice de anis no Café do Rio e esgotando as palavras sobre a literatura e a desgraça da guerra na Europa. Quando ficava sozinho no quarto da pensão, escrevia cartas para a família e divagava sobre a gravata nova que compraria no dia em que voltasse a faturar. "Eu sou sempre o homem das gravatas", brincava com a irmã Leonor.

No fundo, Graciliano estava dividido: o Rio acenava-lhe com uma possível carreira jornalística e literária e uma vida diametralmente oposta à do Sertão; ao mesmo tempo, em Palmeira dos Índios teria estabilidade material e, claro, as pinhas de dar água na boca.

Em junho de 1915, a *Gazeta de Notícias* se interessou em republicar as crônicas feitas para o *Paraíba do Sul* e ofereceu uma vaga na revisão. Um amigo lhe pediu "uma foto e umas notas sobre a sua pessoa" para a revista *Concórdia*, que publicaria uma crônica sua. O tímido estremeceu. Em carta à irmã Leonor, de 10 de julho de 1915, ele, primeiro, considerava esse pedido "uma coisa extremamente desagradável, principalmente quando a gente não tem retrato e vive encolhido no seu canto com medo de aparecer".

Medo de aparecer que não o impediu, paradoxalmente, de admitir o orgulho de ser editado por "uma ótima revista, muito benfeita, no formato da *Ilustração Francesa*":

> Quando se é moço, e arrojado a valer, tem-se o desplante impagável de andar jogando à publicidade todas as sandices que vão pingando do bico da pena. Depois, com a idade, vem o receio, a dúvida. [...] Vem-nos, por fim, uma reflexão decisiva. Se nossas produções ficarem sempre inéditas, nunca poderemos, por nosso próprio julgamento, saber se elas prestam. É preciso ser afoito, imodesto, cínico até. Não poderás saber a quantidade de pedantismo necessária a um tipo desta terra, onde tudo é *fita*, para embair a humanidade.

A divulgação dos textos em uma revista prestigiosa revolvera tanto o seu ego que não hesitou em confessar a Leonor que talvez tivesse de golpear o acanhamento, se quisesse mesmo projetar-se. "Eu sou de uma timidez obstinada. Não posso corrigir-me. E, contudo, preciso modificar-me, fazer *réclame*, estudar pose. Santo Deus! É terrível!"

Pena que Graciliano não tenha tido tempo de dar sequência à iniciação literária na capital. Quando mais ardentemente desejava testar o seu poder de fogo, uma tragédia familiar apagou bruscamente o pavio. Em fins de agosto, recebeu, alarmado, telegrama do pai comunicando a morte, em um só dia, de três irmãos (Otacília, Leonor e Clodoaldo) e um sobrinho, vítimas da epidemia de peste bubônica que assolava Palmeira dos Índios desde junho. A mãe e duas irmãs estavam em estado grave. Não havia mais como permanecer no Rio.

Extenuado com a maratona da viagem – dias de navegação até Maceió e horas de trem para o Agreste –, Graciliano saltou na estação da Great Western, em Viçosa, antes de seguir até Quebrangulo e pegar a montaria para Palmeira dos Índios. A chegada em Palmeira trouxe alento à família enlutada. Graciliano se surpreendeu ao encontrar Maria Augusta desdobrando-se na assistência aos doentes. Mesmo com risco de contágio, ela não arredava pé da casa dos Ramos. Os namorados se abraçaram e trocaram afagos.

Dois meses depois, convencido por Sebastião a casar-se "para endireitar a vida", oficializou o pedido ao pai de Maria Augusta, Aprígio Barros. Mas sem cumprir o protocolo. Ao entrar na sala de visitas com o braço sobre o ombro da namorada, deu de cara com Aprígio conversando com seus pais.

– O senhor já soube que eu vou me embirar com sua filha?

Aprígio ficou sem ação; Sebastião e Mariquinha procuraram um buraco para ocultar a vergonha diante do atrevimento do filho.

A 21 de outubro de 1915, Graciliano e Maria Augusta se casaram sem pompas no civil. Católica fervorosa e filha de Maria, bem que tentou convencer o noivo a realizar o sonho de subir ao altar, mas perdeu a parada. Não haveria de ser Graciliano que se curvaria ao sermão divino. Decorridos dois anos, por insistência da mãe de Maria Augusta, inconformada com o sacrilégio, Graciliano acabou concordando em formalizar o casamento no religioso, com a condição de ser uma cerimônia mixuruca, restrita aos pais. O padre Sebastião Veridiano do Espírito Santo Lessa – primo do noivo – os abençoou em 31 de outubro de 1917, na matriz de Palmeira dos Índios. Dois dos quatro filhos do casal já haviam nascido: Márcio (1916) e Júnio (que tinha um mês de vida).

UM SÁBIO NO SERTÃO

Envolvido com a criação de bois e cavalos, a usina de algodão e a lavoura, Sebastião Ramos passou, em maio de 1917, sua parte na loja Sincera a Graciliano, que mergulhou de corpo e alma no negócio. Cedo podia ser visto no estabelecimento, de calça e paletó cáqui, como a maioria dos comerciantes. A loja já não se restringia a tecidos; oferecia desde miudezas a roupas, calçados, chapéus, perfumarias, artigos farmacêuticos, brinquedos, secos e molhados e até uma pipa de cachaça.

Ele cativou uma clientela fiel, que não desprezava o bate-papo diário no balcão nem seus conselhos ou opiniões sobre os mais diferentes assuntos. Rapidamente atraiu prestígio e a fama de sabichão. Durante o verão, punha cadeiras na calçada para jogar xadrez ou gamão e conversar com os amigos, em meio à brisa da tarde.

Segundo José Tobias de Almeida, à época adolescente, Graciliano não fazia distinção de cor ou raça, ou entre pobre e rico.

> Sua inteligência invulgar atraía muita gente à loja. Ele gostava de ser consultado. Lembro-me que certa vez o dono do Elite Bar, Francisco Clemente, comprou uma motocicleta inglesa e ficou atrapalhado na hora de misturar gasolina com óleo combustível. Graciliano entrou no bar e, como fazia sempre antes de almoçar, pediu um conhaque Macieira. Ao ouvir o rapaz contar a história da moto, foi lá fora e ajudou-o a resolver o problema. Quando saiu, disse-lhe: "Olhe, quando precisar, apareça na minha loja".

Já o comerciante Filadelpho Wanderley lembraria que Graciliano pilheriava quando alguém se aproximava para pedir-lhe uma opinião: "Lá vem esse burro!". Os mais humildes deliciavam-se quando ele lhes contava grandes episódios da história universal, principalmente da Revolução Francesa.

Graciliano ia eventualmente a Maceió ou Recife para encomendar mercadorias e comprar livros. E ainda atendia no balcão, controlava os estoques e fazia a escrituração contábil. O seu ponto fraco era sensibilizar-se com os apertos financeiros dos conhecidos; não raro, vendia-lhes fiado. Nunca executava os devedores, preferindo mandar bilhetes amigáveis ou parcelar os débitos.

Algumas de suas manias logo chamaram a atenção. Relutava em manusear dinheiro, com nojo das notas sujas, emendadas com sabão e cera de abelha, ou rasgadas. Se precisava efetuar pagamento, abria a carteira e pedia à pessoa que tirasse a quantia devida. Há quem garanta que ele dava o troco segurando o dinheiro com as pontas de uma tesoura e que guardava cédulas novas dentro de livros para as despesas domésticas. Sua obsessão com higiene levava-o a lavar as mãos centenas de vezes ao dia, esfregando-as demoradamente com sabão.

A vida conjugal transcorria sem atropelos. Entendia-se bem com Maria Augusta, moça simples, sem ambições, que cuidava com denodo dos filhos pequenos: Márcio, Júnior e Múcio, nascido em 1919. Graciliano adorava jogar pôquer na casa do cunhado Odon Braga e prestigiava as companhias teatrais mambembes que de vez em quando apareciam em Palmeira. No carnaval, o casal apreciava as batalhas de confetes e os espalhafatosos blocos de sujos.

E o escritor, por onde andava? Entre 1916 e 1921, inexistem registros de produção literária. Assoberbado no comércio, só não se distanciava das leituras. Em parceria com o amigo e ex-aluno João Acióli de Morais, comprou pelo reembolso postal a coleção das obras completas de Eça de Queirós. Mantinha-se fiel aos clássicos, relia esporadicamente Aluísio Azevedo, Olavo Bilac e Manuel Antônio de Almeida, e descobria Machado de Assis, Euclides da Cunha e Graça Aranha.

Conhecendo a idolatria dos literatos palmeirenses por Rui Barbosa, Graciliano tratou de provocá-los. Em uma ocasião, quando um deles exaltava as virtudes do Águia de Haia, murmurou:

– Rui é um fóssil.

Os amigos entreolharam-se, mas o ódio durou segundos.

– Eu estava brincando com vocês. Rui é um gênio – emendaria Graciliano, esbaldando-se de rir por dentro.

Duas vezes por semana, ia à agência dos Correios verificar se havia encomenda. Passavam por seus olhos exemplares atrasados do *Correio da Manhã* e do *Diário de Pernambuco*. Pelos jornais, acompanhou o desenrolar da guerra e tomou conhecimento da Revolução Russa de 1917. A opinião pública foi bombardeada pelas informações mais desencontradas a respeito dos bolcheviques. *A Noite*, do Rio de Janeiro, teve o desplante de divulgar que "de Lenin e seus comparsas não há notícia, acreditando-se mesmo que já tenham procurado asilo em lugar seguro". Falhou também a bola de cristal de *O Imparcial*: "Já não há dúvidas sobre a situação na Rússia; o sr. Kerensky dominará a desordem leninista".

O impacto da Revolução em Palmeira dos Índios pode ser avaliado pela decisão de Graciliano de voltar a assinar jornais do Rio. Apesar do escasso noticiário, ele simpatizara de imediato com os bolcheviques, não se deixando contagiar pelos que se esmeravam em apresentá-los como enviados do demônio.

O ano de 1920 seria sombrio para Graciliano. Em 23 de novembro, morreria Maria Augusta, aos 24 anos, vítima de complicações no parto do quarto filho do casal, uma menina depois batizada de Maria Augusta.

Umbelina Paes e Silva, amiga dos Ramos, recordaria aqueles dias terríveis: "Vimos Graciliano chorar alucinado, um homem forte derramando lágrimas sentidas". O comércio cerrou as portas em sinal de pesar, e a cidade seguiu o enterro.

Durante sete dias, Graciliano guardou luto. Os filhos foram levados, primeiro, para a casa dos avós; mais tarde, a irmã Anália se encarregou de ajudá-lo a cuidar deles. Por insistência do pai, Graciliano se mudou para uma casa próxima à sua.

Reassumindo a loja, passou um ano vestindo-se de preto, com os cabelos cortados à escovinha. Magro, a cara chupada, sem ânimo, mal cumprimentava as pessoas na rua e limitava-se a atender os pedidos dos fregueses. Andava cabisbaixo e arredio, falando sozinho e agitando as mãos. De madrugada, perambulava pelos cômodos, fumando muito. Permitia-se apenas ler ou dar longos passeios sem rumo.

Em 10 de maio de 1921, em uma carta ao amigo Pinto, que ainda vivia no Rio e com quem há muito não se correspondia, Graciliano comentou o infortúnio.

> Pedes-me que te fale da minha vida e de meus filhos. Que te posso eu dizer, meu bom amigo? Sou um pobre-diabo. Vou por aqui, arrastando-me, mal. Há cinco anos não abro um livro. Doente, triste, só – um bicho. Tenho quatro filhos: Márcio, Júnio, Múcio e Maria. Esta, coitadinha, provavelmente não viverá muito: está à morte. Se morrer, será uma felicidade. Para que viver uma criaturinha sem mãe? Os outros são três rapazes endiabrados. O mais velhinho, de quatro anos, conhece as letras e já começa a ler os títulos dos artigos dos jornais. São desenvolvidos, mas o segundo, Júnio, é de uma estupidez que espanta. Será feliz, talvez. Muito atirado, vaidoso, não tem amizade a ninguém. Não conhece uma letra nem quer saber das rezas que uma tia tenta meter-lhe na cabeça.

Melancólico, dizia que sua atividade em Palmeira se concentrava "em coisas que andavam muito distantes do cérebro". Um dado interessante é que ele afiançava a Pinto que, se não fosse pelos filhos pequenos, teria voltado para o Rio. "Malgrado as desilusões, a cidade ainda me tenta. Se um dia me for possível, voltarei. É um sonho absurdo, talvez."

À medida que os meses se sucediam, Graciliano, 29 anos, reunia forças para equilibrar-se emocionalmente. Aceitara lecionar francês no Colégio Sagrado Coração e retomara o curso noturno, que se iniciava pontualmente após o jantar. Entre os alunos, estavam suas irmãs Marili e Clélia, que destacariam a paciência em orientá-las e o rigor com a ortografia. "Ele conseguia despertar o nosso interesse, ninguém faltava às aulas", recordaria Clélia. "Aprendi noções de francês e italiano em uma época em que nem sabia direito o português!"

A mãe de Adalberon Cavalcanti Lins tinha enfiado na cabeça que o filho, quando crescesse, deveria bacharelar-se em Recife. Repetira a ladainha para Graciliano, que nada dissera. Em uma aula, após ouvir uma péssima exposição feita pelo garoto, aconselharia:

— Cavalcanti, deixe para lá essa droga de português, que não vale nada. O bom mesmo é ser doutor. Seu pai arranja um pistolão e dentro de pouco tempo você meterá um anelão de bacharel no dedo. Mande o resto para o inferno.

As orelhas de Adalberon incendiaram-se. Mas ele já se acostumara ao jeito daquele professor que não lhe batia com a palmatória e preferia a ironia em vez de castigos. A ironia, entretanto, valia apenas no curso, porque Graciliano era duro na educação dos filhos. "Ele se empenhava para que gostássemos de estudar e ler", contaria o filho Júnio. "Às vezes, era rígido. Não preparou a lição, comia fogo." Nos momentos de irritação, batia nos meninos sem piedade, reproduzindo, de certo modo, os métodos de seus pais.

A capacidade de Graciliano de discorrer sobre personalidades históricas impressionaria Adalberon. "Ele falava em Lenin como se o conhecesse pessoalmente. Soltou uma palavra inteiramente desconhecida no meio ambiente: 'maximalismo'." O termo maximalismo era empregado pela imprensa em lugar de bolchevismo, o que comprova o seu interesse pelo andamento da Revolução.

Às vésperas de lançar o jornal *O Índio*, em janeiro de 1921, o vigário da paróquia de Palmeira dos Índios, padre Francisco Xavier de Macedo, convidou Graciliano a colaborar com a publicação. A amizade dos dois deixava muita gente intrigada. O dono da loja Sincera não era ateu convicto? O dinamismo do vigário despertara a atenção de Graciliano, cuja honestidade de propósitos, por sua vez, seduzira padre Macedo. Ao longo da vida, conservariam a admiração mútua, cada qual com seus pontos de vista.

Três décadas depois, padre Macedo se comoveria ao recordar o convívio, em uma entrevista a Thiago de Mello, da *Manchete*:

> Um grande amigo. Sujeito às direitas era aquele. Lembro-me dele sempre com saudade. Não havia noite em que não desse um pulo até aqui para conversar. [...] Não admitia que ninguém falasse mal do vigário. Mandava que os filhos me tomassem a bênção. [...] Nunca acreditei que fosse comunista. A vida dele,

a sua conduta eram a negação do comunismo. [...] Graciliano era bom homem, bom amigo, sujeito direito, tinha bom coração e sempre fazia justiça ao vigário. A misericórdia de Nosso Senhor é muito grande. Desconfio, sim, que Graciliano foi para o céu.

O número 1 de *O Índio* foi comemorado com missa campal, sessão solene na casa paroquial, banda de música e espocar de rojões. Graciliano escreveu no semanário até 15 de maio, com os pseudônimos de J. Calisto, para as crônicas da seção "Traços a esmo", e de Anastácio Anacleto, para os epigramas da coluna "Fatos e fitas".

Os textos – datilografados em sua primeira máquina de escrever, uma Remington de doze teclas – primavam pelo sarcasmo. Já ao apresentar-se, J. Calisto bulia com o leitor: "Sou um hóspede nesta folha. Quando me der na telha, arrumo a trouxa e vou-me embora. Em minha rápida conversação contigo, meu interesse é muito limitado. Se tiveres paciência de ouvir-me, bem; senão, põe o teu chapéu e raspa-te".

Havia mais.

Sobre o carnaval: "O país é preguiçoso. Dormir é a grande felicidade da vida. Coerentemente, a cidade dorme ou sonha acordada. Acordada? Engano. Vive numa modorra. [...] Positivamente despertos só estamos durante o carnaval. Pudera! Se o entrudo é a instituição nacional por excelência!".

Sobre o futebol:

Pensa-se em introduzir o futebol, nesta terra. [...] Vai ser, por algum tempo, a mania, a maluqueira, a ideia fixa de muita gente. Vai haver por aí uma excitação, um furor dos demônios, um entusiasmo de fogo de palha capaz de durar bem um mês. [...] Não seria, porventura, melhor exercitar-se a mocidade em jogos nacionais, sem mescla de estrangeirismo, o murro, o cacete, a faca de ponta, por exemplo? [...] A rasteira! Este sim é o esporte nacional por excelência! Todos nós vivemos mais ou menos a atirar rasteiras uns nos outros.

Sobre o pavor ao comunismo após o triunfo da Revolução Russa:

Um velho amigo, que tentou, sem resultado, mascarar-se com o extravagante pseudônimo de Lobisomem, enviou-me uma carta a pedir que lhe dissesse alguma coisa a respeito de certo casamento maximalista efetuado no Rio. [...] Um partidário das teorias subversivas de Lenin e Trotski [...] procurou uma companheira que professasse como ele o credo rubro e jurou ligar-se a ela pelos "laços indissolúveis do amor". [...] Foi um casamento perfeitamente burguês, como muito bem compreendeu o meu velho amigo Lobisomem. [...] Julgo que, se o matrimônio bolchevista é semelhante ao que no Brasil se fez, não há na Rússia dos sovietes o amor livre.

O padre Macedo deve ter tido vertigens ao ler certas heresias escritas por Graciliano. Tamanha era sua irreverência que não poupava nem as paroquianas que pediam donativos para os santos: "É uma profissão rendosa. A mulher que pede esmolas faz festas com uma parte do dinheiro arrecadado. São novenas em que se cantam coisas terríveis numa língua atrapalhada e esquisita, benditos medonhos". Em outra crônica, implicava pela enésima vez com o jejum da semana santa, dizendo que "o beato contemporâneo faz despesas, estraga a saúde e não aperfeiçoa coisa nenhuma".

Os epigramas eram curtos e diretos.

Começa hoje este jornal uma campanha contra o analfabetismo. É uma coisa lamentável, realmente, o grande atraso em que vivemos. Mas não pensem que a atitude desta folha seja motivada por patriotismo. Qual! História! O que a direção deseja é aumentar o número de assinantes.

Consta que ele teria se desligado de *O Índio* por causa de uma nota sobre o aniversário do velho Sebastião. Tudo estaria bem se o tópico parasse aí. Mas alguém acrescentara: "... pai de nosso querido colaborador e ex-companheiro de redação Graciliano Ramos".

Se escrevia sob pseudônimo, era porque não queria ser identificado. Mandou uma carta esbravejando contra a suposta inconfidência do redator. Ora, em uma cidade pequena como aquela, quem ignorava que ele escrevia as crônicas? Esquisitice, diriam logo. O fato é que um herege como aquele não poderia continuar por mais tempo em um semanário católico (e não é demais imaginar: para alívio do vigário).

Na primeira metade da década de 1920, Graciliano refluiu para os negócios, que oscilavam conforme o processo inflacionário e as cotações do algodão. A hegemonia cafeeira freava a recuperação agrícola do Nordeste. O quadro de pauperização, agravado pela seca, forçava a emigração para o Sul e abria o flanco para o cangaço.

A estagnação econômica estimulou as rebeliões tenentistas de 1922 e 1924, que se opunham, com um discurso liberal-burguês, às oligarquias. Artur Bernardes governou quatro anos sob estado de sítio. Graciliano pressentira o caos ao escrever, em 4 de agosto de 1921, para Pinto: "Faço votos para que o Artur Bernardes não seja nunca o presidente da República. Creio que é o mesmo que desejar-te paz e segurança no emprego". E completava, com fina percepção das circunstâncias que o poder deseja sempre ocultar ou falsear:

"Vives tranquilo? Eu não vivo. Em geral ninguém está bem cá por baixo. A respeito dos que estão por cima, nada sabemos, ou apenas sabemos o que nos dizem, o que é saber mal".

Ainda na gestão de Bernardes, a grandiosa Coluna Prestes, chefiada por Luiz Carlos Prestes e Miguel Costa, abalou a opinião pública. Durante dois anos, 1.500 rebeldes, entre civis e militares, armados com oitocentos fuzis máuser e poucos fuzis-metralhadoras, percorreram 25 mil quilômetros, pregando a derrubada do regime. Mesmo sem conseguir remover as injustas estruturas sociais, os insurrectos conquistaram no périplo a simpatia de populações oprimidas e desmoralizaram os esquemas traçados pelo Exército para detê-los.

Não apenas em conspirações militares podia-se captar o espírito de transformação que desafiava o *status quo* na década de 1920. A influência da Revolução Russa se fez sentir nos grupos que se filiavam ao ideário socialista. A fundação do Partido Comunista Brasileiro (PCB), em 25 de março de 1922, expressava o desejo do movimento operário de se organizar e atuar politicamente em função da nossa realidade.

No plano estético, o fermento da contestação resultou na Semana de Arte Moderna, realizada de 13 a 20 de fevereiro daquele ano, no Theatro Municipal de São Paulo. O movimento modernista, que pretendia transformar a cultura em matéria-prima do projeto de redescoberta do Brasil, apresentava-se ao público de corpo e alma.

No Nordeste, o Modernismo encontrava resistências no Centro Regionalista, fundado em Recife por Gilberto Freyre e voltado para a preservação das tradições e dos valores da região. Em Alagoas, confundido com o Futurismo do italiano Filippo Tomaso Marinetti, levou estocadas de vozes conservadoras, como a de Lima Júnior, para quem a "poesia futurista" era "anêmica, clorótica, desordenada e fútil".

Graças à assinatura de jornais do Sul, Graciliano se inteirou da repercussão da Semana e de seus desdobramentos. Com o passar do tempo, avaliaria o legado de 22 de forma muito nítida. Como reação ao passadismo, fora perfeito, abrindo perspectivas para a renovação literária e estética. Mas, a seu ver, fracassara no trabalho de criação, praticamente limitando-se a experimentos de linguagem e ao proselitismo.

Não pouparia os modernistas de ácidas críticas pela incapacidade de construir uma obra literária de vulto, chegando a dizer que o excesso de liberdade literária gerou "os poemas de cinco minutos e os romances escritos em oito dias". Irritavam-no também o relaxamento com a gramática e os estrangeirismos assimilados por certos autores. "Como podem escrever tão mal?"

Em diversas ocasiões, destilou bílis contra o movimento, que julgava "uma tapeação desonesta". Com raríssimas exceções, "os modernistas brasileiros eram uns cabotinos; enquanto outros procuravam estudar alguma coisa, ver, sentir, eles importavam Marinetti".

Não perdoava também o espírito de clã dos líderes da Semana de Arte Moderna, que, em seu entender, estimulara o maniqueísmo intelectual.

> Os modernistas, confundindo o ambiente literário do país com a Academia, traçaram linhas divisórias, rígidas (mas arbitrárias) entre o bem e o mal. E, querendo destruir tudo que ficara para trás, condenaram, por ignorância ou safadeza, muita coisa que merecia ser salva. Vendo em Coelho Neto a encarnação da literatura brasileira – o que era um erro –, fingiram esquecer tudo quanto havia antes, e nessa condenação maciça cometeram injustiças tremendas.

Ao responder a uma enquete da revista *Dom Casmurro*, em 12 de novembro de 1942, Graciliano enfatizou a distância com a raiz do Modernismo: "Eu vendia fazendas no interior quando soube do movimento. Naquela época, lia tudo e acompanhava o barulho de longe. Apenas aplaudi". O repórter Osório Nunes indagou se não se sentia ligado à rebelião de 22. "De modo nenhum", frisou. "Eu não fui modernista nem sou pós-modernista. Sou apenas um romancista de quinta ordem. Estava fora e estou."

A despeito de não ter embarcado na canoa, e de ter birra dela, não deixou de reconhecer que as amarras do academicismo haviam sido rompidas pela voragem de 22. "A revolução concretizada na Semana teve um serviço: limpar, preparar o terreno para as gerações vindouras."

No decorrer de 1924, os dilemas existenciais voltaram a molestar Graciliano. Sentia-se só, enfadado e angustiado. Os negócios "andavam encrencadíssimos", como declararia depois. "Achei-me numa situação difícil – ausência de numerário, compromissos de peso, umas noites longas cheias de projetos lúgubres."

Apesar da insistência dos amigos para que aparecesse para jogar pôquer ou bilhar, raramente se divertia após o trabalho. A única válvula de escape à depressão eram, como sempre, as estantes de livros na sala da biblioteca que havia construído na parte lateral da casa. Quando precisava respirar, saía pedalando a bicicleta. Enredado em pensamentos sombrios, nem percebia os olhares lânguidos que algumas moças lhe dirigiam; sem que o soubesse, era um viúvo disputado.

Nessa fase de perturbação, Graciliano chegou a pensar em suicídio:

> Encontrei dificuldade séria, pus-me a ver inimigos em toda parte e desejei suicidar-me. Realmente julgo que me suicidei. Talvez isto não seja tão idiota como parece. Abandonando contas correntes, o diário, outros objetos da minha

profissão, havia-me embrenhado na sociologia criminal. Que me induziu a isso? Teria querido matar alguns fantasmas que me perseguiam?

Os tratados de sociologia criminal dos italianos César Lombroso e Enrico Ferri foram consumidos nas noites de insônia e isolamento. Neles, tentou entender o conjunto de motivações psicossociais que conduzem à patologia do crime – quem sabe em busca de elementos para a configuração de personagens que lhe rondavam a mente. Sentado na mesa da sala de jantar, fumando e bebendo café, inspirou-se para escrever. "Esforcei-me por distrair-me redigindo contos ordinários e em dois deles se esboçaram uns criminosos que extinguiram as minhas apoquentações."

No primeiro conto, intitulado "A carta", teria origem o romance *São Bernardo*, cujo protagonista, Paulo Honório, já aparecia como "um criminoso, resumo de certos proprietários rijos existentes no Nordeste". É possível, segundo Graciliano, que o personagem refletisse "alguma tendência que no autor existisse para matar alguém, ato que na realidade não poderia praticar um cidadão criado na ordem, acostumado a ver o pai, homem sisudo e meio-termo, pagar o imposto regularmente".

Reavaliado na década de 1940, o texto seria guilhotinado pelo próprio autor: "diálogo chinfrim, sintaxe disciplinada, arrumação lastimosa, uma pinoia".

Fabricou um segundo conto, "Entre grades", no qual se inspiraria mais tarde para compor seu terceiro romance, *Angústia*. O personagem principal, Luís da Silva, era neurótico e possessivo como Paulo Honório – e como este cometeria um assassinato. "Com essas duas figuras, comecei a construir uma galeria de criminosos", observaria.

Não é preciso dizer que, exigente ao extremo, reprovou o segundo conto. "Nunca vi porcaria igual", escreveria a Pinto, em 1926. "Se tiver tempo, tiro uma cópia de um deles e mando-ta, que aqui não tenho a quem mostrá-los. Naturalmente, hás de dizer-me que está uma coisa muito benfeita, e eu ficarei satisfeito e direi a mim mesmo: que artista se perdeu!"

A literatura o ajudou a sair do poço depressivo, como reconheceria: "As preocupações que me afligiam desapareceram, pelo menos adelgaçaram: ressurgi, desenferrujei a alma [...]. Aventuro-me a admitir, depois, que o suicídio se tenha de fato realizado".

Em meados de 1925, Graciliano podia ser flagrado, no fundo da loja Sincera ou em casa, rascunhando papéis – era o terceiro conto da série. Com nítida influência da prosa naturalista de Eça de Queirós, evidenciava um foco temático diferente dos anteriores: o cotidiano monótono de uma cidadezinha do interior nordestino. A narrativa centrava-se em João Valério, empregado de uma firma comercial que se torna sócio do patrão, apaixona-se pela mulher deste, Luísa, e tem com ela um caso amoroso que acaba denunciado, por carta anônima, ao marido. Desesperado, este se suicida. O romance se desfaz, e João Valério retoma sua vida parasitária.

A grande novidade é que Graciliano introduzira abundantes diálogos, tornando a narrativa ágil. Claro esforço de aprendizado na carpintaria literária. Só não esperava que o conto crescesse tanto de tamanho.

> O terceiro conto estirou-se demais e desandou em romance, pouco mais ou menos romance, com uma quantidade apreciável de tipos miúdos, desses que fervilham em todas as cidades pequenas do interior. Várias pessoas se julgaram retratadas nele e supuseram que eu havia feito crônica, o que muito me aborreceu.

E mais:

> Nessas páginas horríveis, onde nada se aproveita, um fato me surpreendeu: as personagens começaram a falar. Até então as minhas infelizes criaturas, abandonadas, incompletas, tinham sido quase mudas, talvez por tentarem expressar-se num português certo demais, absolutamente impossível no Brasil. O livro que menciono saiu cheio de diálogos, parece drama.

Durante a elaboração de *Caetés* – o conto que viraria romance –, Graciliano parecia elétrico. Em uma noite, ouvindo violão no Rancho Fundo, excedeu-se nos cálices de conhaque temperados por xícaras de café forte. O coquetel etílico deu resultado. "Chegou a inspiração!", comentou com Cícero Pereira, saindo em disparada pela escuridão.

Mais sociável, Graciliano concordou em participar do Clube dos 18. De clube, apenas o nome, porque, na verdade, era um grupo de amigos que se reuniam aos domingos para conversar e beber. A cada semana, o encontro era na residência de um deles. As mulheres ficavam de fora, e a única que conseguia assuntar era a dona da casa, pois cuidava do almoço. Certa vez, bêbados, escandalizaram Palmeira saindo à rua para brincar de cobrinha – uns empurrando os outros, em sinuosa fila indiana.

Os sócios do clube somavam forças também em coisas sérias. Por volta de 1926, o bando de Lampião ameaçava saquear a cidade. As pilhagens eram frequentes em todo o Sertão, sobretudo nas áreas em que os fazendeiros recusavam dar dinheiro aos cangaceiros em troca de segurança. A delegacia só dispunha de meia dúzia de praças, o que seria um prato feito para o assalto. Diante do pânico generalizado, o major José Lucena, comandante do destacamento policial, recorreu aos proprietários de terras, que lhe ofereceram pistoleiros, cavalos e burros para transportar as pessoas que quisessem ajudar a cavar trincheiras e fazer barricadas. Graciliano e amigos mobilizaram moradores e comerciantes para a tarefa.

A população viveu horas de apreensão, porque Lampião enviava bilhetes ameaçadores à prefeitura, ao mesmo tempo que espalhava mais de cem homens nas proximidades de Palmeira. Na crônica "Comandante dos burros", publicada pelo *Jornal de Alagoas* em 27 de maio de 1933, Graciliano recordaria o episódio, troçando do exibicionismo dos cangaceiros:

> Corriam pela estrada real, bem montados, espalhafatosos, pimpões, chapéus de couro enfeitados de argolas e moedas, cartucheiras enormes, alpercatas que eram uma complicação de correias, ilhós e fivelas, rifles em bandoleira, lixados, azeitados, alumiando.

A inesperada resistência levou Lampião a mudar de planos, tomando o rumo de Mossoró, no Rio Grande do Norte. O major Lucena relaxou a prontidão da tropa e mandou que os praças dividissem os burros emprestados pelos fazendeiros em dois lotes: um seguiu para um engenho de Viçosa e outro para um sítio de Palmeira. Até aí, nada de mais. Acontece que, tempos depois, visitando a região, o governador de Alagoas se deparou com um soldado "com duas fitas, um botão fora da casa, chapéu embicado, faca de ponta à cinta", segundo a descrição de Graciliano. O praça bateu continência e apresentou-se:
– Cabo Fulano, comandante dos burros do major Lucena.
Era o encarregado de cuidar dos animais que tinham servido para afugentar Lampião.
(Vamos dar um salto no tempo. Se em 1926 Palmeira dos Índios se livrara dos cangaceiros, não teria a mesma sorte no início de 1940, quando um bando pilharia os povoados de Lagoa da Areia e Canafístula, matando quatro pessoas e espancando outras. Graciliano escreveria, alarmado: "Até Palmeira dos Índios, lugar de ordem, recebe visitas incômodas e assusta-se em telegramas compridos. É incrível. Afinal não há razão para sangue e barulho. Que deseja essa gente?".)
Ainda em 1926, Graciliano foi nomeado presidente da Junta Escolar de Palmeira dos Índios, "prebenda que tomava tempo e não dava dinheiro". O lastimável quadro de carência do ensino o deixou perplexo. "As escolas estão pessimamente instaladas. Cada aluno leva a sua cadeira, cada professor, a sua banca", acentuava em relatório encaminhado às autoridades estaduais.
A Junta Escolar, bem ou mal, desviava-o dos aborrecimentos. Comprara um estoque grande de algodão, a 40 mil-réis a arroba. Não demoraria muito para o preço despencar para 12 mil-réis. O tecido pelo qual havia pago 5 mil-réis o metro passara a valer a metade. Não teria saída senão renegociar a dívida com os fornecedores.
O velho Sebastião tentou ajudá-lo a sair daquela encruzilhada. Em uma de suas idas a Maceió, procurou a firma que vendera os tecidos para propor uma

operação triangular: ele pagaria com o algodão de sua fazenda as promissórias e, depois, acertaria tudo com o filho. Voltou feliz da vida a Palmeira, crente de que solucionara o problema.

Faltou sensibilidade a Graciliano para perceber generosidade no gesto do pai. Irritado por não ter sido consultado sobre o acordo, recusou-se a endossá-lo, e ainda repreendeu Sebastião:

— Meu pai, não lhe dei autorização para fazer esse conchavo em Maceió. Vou pagar como puder.

No começo de 1927, Graciliano conheceu o escritor paraibano José Lins do Rego. Recém-chegado a Alagoas para trabalhar como fiscal de tributos, rumara para o interior, acompanhando o governador Pedro da Costa Rego. Os dois esticaram a viagem até Palmeira dos Índios, onde vivia o "homem que sabe mais mitologia em todo o Sertão", como dissera a José Lins o tabelião de Mata Grande. "Aquele camarada é um sabidão. Passa o dia no balcão da loja de tecidos lendo Anatole France."

Ao chegar à prefeitura de Palmeira, José Lins encontrou o "sábio sertanejo" conversando com o deputado Chico Cavalcanti sobre plantação de mamona. O prefeito os apresentou:

— Este é o professor Graciliano Ramos.

— Professor de coisa nenhuma – replicou.

Enquanto o governador falava aos correligionários, Graciliano encolhia-se em um canto da sala, "os olhos desconfiados, com um sorriso amargo na boca".

José Lins buscou um modo de se aproximar. "Quis provocá-lo, e tive medo da mitologia. Mas aos poucos fui me chegando para o sertanejo quieto, de cara maliciosa. Falou-me de uns artigos que havia lido com a minha assinatura, com tanta discrição no falar, com palavras tão sóbrias que me encantaram."

E então José Lins ficaria sabendo que ele era comerciante e ateu, tinha família grande, estivera no Rio, fizera sonetos, sabia inglês, francês, falava italiano. O sábio também entendia de Balzac, de Zola, de Flaubert, como se respirasse literatura.

DOIDICES: O AMOR E A POLÍTICA

Uma competente articulação política levou Graciliano Ramos a concorrer à Prefeitura de Palmeira dos Índios nas eleições de 1927. A sucessão municipal estava em pauta desde que o prefeito Lauro de Almeida Lima fora assassinado, em fevereiro de 1926, após desentendimento com o fiscal de tributos João Ferreira de Gusmão e Melo. Este em seguida foi fuzilado pelo delegado de polícia local. O banho de sangue traumatizou a cidade. O vice-prefeito, Manuel Sampaio Luz, assumiu para cumprir o terço restante do mandato.

À medida que se avizinhava o pleito, as forças situacionistas se reagrupavam, comandadas por um triunvirato do qual faziam parte o jornalista e deputado federal Álvaro Paes e os irmãos Francisco e Otávio Cavalcanti. Os Cavalcanti, que dominavam a política palmeirense há quatro décadas, eram aliados do governador Costa Rego, cujo principal representante na região era Paes, todos do Partido Democrata.

Depois de rodadas de discussões, a cúpula se fixou no nome de Graciliano. Bem-sucedido como presidente da Junta Escolar, tinha fama de honesto, austero e culto, e era amigo dos caciques do partido. O relacionamento com os Cavalcanti vinha desde 1910, quando os Ramos chegaram de Viçosa. E com Álvaro Paes a convivência se estreitara pelas afinidades intelectuais.

Selado o acordo, faltava armar a arapuca para o candidato. No terraço da mansão dos Cavalcanti, Graciliano sentiu as pernas tremerem ao ouvir Otávio lançá-lo a prefeito. Refeito do susto, respondeu:

— Só se Palmeira dos Índios estivesse com urucubaca...

Saiu dali com os miolos ardendo. Por que diabo foram escolhê-lo? A Prefeitura jamais estivera em suas cogitações, ainda mais agora que a retração nas vendas o obrigava a dar o couro na loja. Sem falar nas horas que sonegaria a *Caetés* e nas dores de cabeça que teria com querelas políticas.

Horas depois, o convite caiu em domínio público. Mas ele não demonstraria a mínima intenção de aceitá-lo. Se vinham lhe encher a cabeça, reagia com impropérios. Não contava, porém, com a determinação dos Cavalcanti. Várias noites, Otávio e Chico o procuraram em casa para quebrar-lhe a resistência. O homem era duro na queda. "Na vida pública já alcancei o que desejava: sou eleitor e jurado." Nem o pai conseguiria dissuadi-lo.

Quando tudo parecia perdido, Graciliano voltou atrás. Os adversários do Partido Conservador espalharam pela cidade que ele estava fugindo das urnas com medo de fracassar como prefeito e pôr a perder o seu prestígio. O sangue lhe subiu à cabeça e, repentinamente, mudou de opinião. Mandou um bilhete a Chico Cavalcanti: "Apareça o filho da puta que disse que eu não sabia montar em burro bravo!".

Ninguém apareceu e ele venceu o pleito de 7 de outubro de 1927, com 433 votos, tendo como vice-prefeito José Alcides de Morais. Detalhes relevantes: Graciliano não participou da campanha eleitoral, não fez promessas nem se envolveu em composições políticas para a escolha dos conselheiros municipais (vereadores). "Todo mundo queria que ele fosse prefeito", testemunharia Filadelpho Wanderley. "Havia confiança nele, pela sua honestidade nos negócios, por sua vida conhecida na cidade. Era um homem incapaz de cometer um ato indigno."

Os Cavalcanti, como bons coronéis, encarregaram-se de cabalar eleitores. Afinal, as eleições na República Velha eram a bico de pena – votos a descoberto e currais eleitorais mantidos a ferro e fogo pela corrupção. O próprio Graciliano, anos depois, desdenharia do processo eleitoral: "Assassinaram o meu antecessor. Escolheram-me por acaso. Fui eleito naquele velho sistema das atas falsas, os defuntos votando".

* * *

O prefeito eleito esboçava planos administrativos quando um furacão lhe arrebatou os sentidos. Em uma tarde abafada de dezembro, cruzou na rua com uma jovem de dezoito anos incompletos, que acabara de chegar de Maceió. "Foi um olhar profundo em mim", relembraria Heloísa de Medeiros Ramos, que fora a Palmeira dos Índios, em companhia da avó Australina Leite de Medeiros, para assistir à primeira missa rezada por seu primo José Leite, ordenado padre.

Graciliano perdeu o sossego e logo procurou saber com Odon Braga, seu cunhado e, por coincidência, primo da moça, quem era aquela morena de fisionomia alegre e gestos delicados. Filha de Américo Medeiros, secretário do Tribunal de Justiça de Alagoas, Heloísa estava concluindo o curso normal e, para satisfazer o desejo da mãe, pretendia estudar música no Conservatório Brasileiro, no Rio de Janeiro, com a pianista Guiomar Novais. Desde os doze anos, dedicava-se ao piano, encantando quem a ouvisse executar o *Noturno*, de Chopin.

Heloísa reviu Graciliano na casa de padre Macedo, onde ela e a avó estavam hospedadas. A pretexto de conversar com o vigário, ele apareceu quase todas as noites na praça da Matriz. A súbita paixão o perturbava: como transformar a proximidade em assédio discreto? Heloísa notou os olhares furtivos, logo insistentes. Confessaria, décadas mais tarde, que se surpreendera ao saber que ele era o prefeito eleito:

> Sempre imaginava que prefeito tinha de ser um homem gordo, de bigodes espessos, correntes de ouro sobre o estômago saliente. Em vez dessa imagem, o que vi foi um homem ágil, alto, magro, seco. O queixo quadrado, os traços marcantes e olhos profundos, com um olhar penetrante que substituía, às vezes, a voz. As mãos grandes, de longos dedos.

Amor à primeira vista? Apenas para Graciliano, que teve de se submeter ao pior dos sacrifícios para um ateu, só para vê-la: assistir às missas dominicais e até à missa do galo. Sentindo-se cortejada, Heloísa mantinha-se cerimoniosa – um simples descuido poderia ser flagrado pela avó. A primeira conversa a sós foi meteórica. Depois de muito hesitar, dirigiu-se à janela onde ela estava. Dois dedos de prosa, e só.

Na quermesse promovida por padre Macedo às vésperas do Natal, o cristal se quebrou. A brincadeira preferida dos jovens era libertar as moças "presas" na carceragem e, para isso, compravam rifas para as obras beneficentes. A paróquia deve ter arrecadado uma soma acima do previsto, porque Graciliano, atento, arrematou vários bilhetes para "libertá-la".

Finalmente, no ano-novo, Heloísa concordou em "namorar de perto", como então se dizia. O namoro teria curtíssima duração se Graciliano, cada vez mais apaixonado, não detonasse duas operações de guerra. A primeira para garantir a permanência de Heloísa e de d. Austrelina até a sua posse na Prefeitura, marcada para 7 de janeiro de 1928. E a segunda durante a recepção por ele oferecida na casa do velho Sebastião, no dia da transmissão do cargo.

Notando que padre Macedo pretendia retirar-se com Heloísa e a avó, Graciliano sugeriu que o vigário se recolhesse a orações em um quarto silencioso. E, sem aguardar pela resposta, mandou um empregado apanhar o breviário de Macedo na casa paroquial. Enquanto o padre orava, Graciliano o trancou dentro do quarto, metendo a chave no bolso. Com isso, ganhava tempo para ficar ao lado da namorada. Terminadas as suas obrigações para com Deus, padre Macedo quis sair e não pôde. O único jeito foi esmurrar a porta e gritar por socorro.

Nessa noite agitada, Graciliano propôs casamento a Heloísa. Ela ponderou, com o coração disparado, que era um pouco cedo; gostava dele, mas ainda não o amava.

— Não faz mal – disse ele. – O amor que tenho por você é tanto que dá para nós dois.

Com a partida de Heloísa nos primeiros dias de janeiro, ele quase enlouqueceu de ansiedade. Entre 16 de janeiro e 8 de fevereiro, mandou sete cartas para ela, média de uma correspondência a cada três dias. O Graciliano que se revelava nessas linhas em nada se assemelhava ao homem tido como esquisito, seco e fechado. Carinhoso e amável, desmanchava-se em confidências.

Apaga-se a luz, deito-me. O sono anda longe. Que vieste fazer em Palmeira? Por que não te deixaste ficar onde estavas? [...] Por que me quiseste? Deram-te conselhos? Por que apareceste mudada em 24 horas? Eu te procurei porque endoideci por tua causa quando te vi pela primeira vez. [...] Amo-te muito. Espero que ainda venhas a gostar de mim um pouco.

Ou ainda:

Estou numa situação dos diabos, minha filha, por tua causa. Devo repetir-te que te amo como um doido? Não repito, porque me parece que não te é agradável ser amada de semelhante maneira. Provavelmente desejarias mais circunspecção, mais conveniência. O pior é que não me dou por metade. E desde que te vi (que horror, Deus do Céu!) meti os pés pelas mãos e foi aquela chusma de disparates que bem conheces.

Após uma semana, padre Macedo retornou de Maceió dando por cumprida a missão que lhe fora confiada por Graciliano: pedir a mão de Heloísa aos pais dela. Manobra esperta. Dificilmente o pedido, feito pelo vigário, seria recusado pela família, mesmo sendo ele viúvo, pai de quatro filhos e dezoito anos mais velho do que ela. Radiante, Graciliano escreveu a Heloísa:

É verdade que és minha noiva? Não é possível, sei perfeitamente que tudo isto é um sonho, que vou acordar, que ainda estamos em princípio de dezembro, que tu não tens existência real. Esta carta nunca te chegará às mãos, porque não tens mãos, és uma criatura imaginária. A flor que me deste e que agora vejo, murcha, é simplesmente um defeito dos meus nervos. Beijando-a, tenho a impressão de beijar o vácuo. Já tiveste em sonho a consciência de estar sonhando? É assim que me acho. Vem para junto de mim e acorda-me.
[...]
Causaste uma perturbação terrível no espírito dum pobre homem que nunca te fez mal nenhum.
[...]

Amo-te com ternura, com saudade, com indignação e com ódio. Confesso-te honestamente o que sou. Se não te agradam sentimentos tão excessivos, mata-me. Mas não me mates logo: mata-me devagar, deitando veneno no que me escreveres. Provavelmente, sabes fazê-lo. Não devias ser como és.
Estou a atormentar-te, meu amor. Perdoa. Se não fosses como és, eu não gostaria de ti. És uma extraordinária quantidade de mulheres. [...]

Na carta de 24 de janeiro, em meio a juras de amor, ele falou sobre si mesmo, escamoteando suas virtudes, como se fosse um ser humano desprezível.

Sabes lá quem eu sou, donde venho, para onde vou, que tenho feito neste mundo em 35 anos duramente arrastados? Nada conheces de mim. Esperanças desaparecidas, deslumbramentos rápidos, decepções, indiferença, comiseração desalentada para com os outros – ignoras tudo. Sou um animal muito complicado, meu anjo. Por que vieste para mim? Foi a loucura que te trouxe.

O casamento foi marcado, em tempo recorde, para 16 de fevereiro – dois meses depois de o casal ter se conhecido. Uma inquietação assaltou Graciliano: quem oficiaria a cerimônia religiosa? "Conheces algum padre que possa me casar sem confissão? Não quero ajoelhar-me aos pés de ninguém", apelou a Heloísa. Padre José Leite celebraria o casamento em Maceió, dispensando o noivo da "penitência".

* * *

Bastaram 27 dias à frente da Prefeitura de Palmeira dos Índios, que ocupava um casarão colonial construído em 1919, para Graciliano perceber que a tarefa era infinitamente mais espinhosa do que imaginara. Não escondeu o desapontamento em carta a Heloísa, que ainda morava em Maceió, datada de 4 de fevereiro de 1928: "Para os cargos de administração municipal escolhem de preferência os imbecis e os gatunos. Eu, que não sou gatuno, que tenho na cabeça uns parafusos de menos, mas não sou imbecil, não dou para o ofício e qualquer dia renuncio".

As rugas franziram-lhe a testa ao examinar o balancete financeiro de seu antecessor: apenas 105 mil-réis em caixa. Era preciso pôr ordem na casa. Ele instruiu os fiscais a cobrar os impostos com rigor. As dívidas atrasadas teriam de ser pagas imediatamente, sob pena de execução judicial. E as isenções fiscais, que beneficiavam grandes proprietários, comerciantes abastados e chefes políticos, perderam validade.

No Relatório ao Governo do Estado de Alagoas, enviado ao governador Álvaro Paes em 10 de janeiro de 1929, prestando contas de seu primeiro ano de gestão, o prefeito descreveu o quadro de distorções que herdara.

Havia em Palmeira dos Índios muitos prefeitos: os cobradores de impostos, o comandante do destacamento, os soldados, outros que desejassem administrar. Cada pedaço do município tinha a sua administração particular, com prefeitos coronéis e prefeitos inspetores de quarteirões. Os fiscais, esses resolviam questões de polícia e advogavam.

Ele não contava com a relutância de contribuintes em atraso a quitar seus débitos.

> Os devedores são cabeçudos. Eu disse ao Conselho, em relatório, que aqui os contribuintes pagam ao município se querem, quando querem e como querem. [...] Certos indivíduos, não sei por que, imaginam que devem ser consultados; outros se julgam com autoridade bastante para dizer aos contribuintes que não paguem impostos.

Outra providência polêmica: determinou a limpeza de ruas e logradouros públicos, onde proliferavam animais vadios, lixo acumulado, lama e detritos. Os donos de cães e porcos, acostumados a deixá-los à solta, tomaram um susto quando os animais começaram a ser recolhidos. Mas resistiram, libertando novamente os animais.

Deram-se mal. Graciliano ordenou que todos os bichos encontrados nas ruas fossem mortos, e que se multasse quem reincidisse. Ao saber que Sebastião Ramos não acatara a ordem, mandou o fiscal multá-lo. Magoado, o pai teve de ouvir uma admoestação:

— Prefeito não tem pai. Eu posso pagar sua multa. Mas terei de apreender seus animais toda vez que o senhor os deixar na rua.

Em uma cidade de hábitos arraigados, essas ações moralizadoras despertaram logo inimizades e incompreensões, como ele assinalaria no Relatório.

> Houve lamúrias e reclamações por se haver mexido no lixo preciosamente guardado em fundos de quintais; lamúrias, reclamações, ameaças, porque mandei matar centenas de cães vagabundos; lamúrias, reclamações, ameaças, guinchos, berros e coices dos fazendeiros que criavam bichos nas praças.

Palmeira dos Índios não fugia ao figurino de cidades pequenas do Agreste, onde o poder dos grandes senhores se sobrepunha ao interesse coletivo e às normas vigentes. Graciliano, bulindo em casa de marimbondos, não escaparia das ferroadas. Até cartas anônimas com ameaças foram colocadas embaixo da porta da loja Sincera.

Mas ele não alterou seus planos, demonstrando aguda consciência das pressões à sua volta:

> Para que semelhante anomalia desaparecesse, lutei com tenacidade e encontrei obstáculos dentro da prefeitura e fora dela – dentro, uma resistência mole, suave, de algodão em rama; fora, uma campanha sorna, oblíqua, carregada de bílis. Pensavam uns que tudo ia bem nas mãos de Nosso Senhor, que administra melhor do que todos nós; outros me davam três meses para levar um tiro. Dos funcionários que encontrei em janeiro do ano passado restam poucos; saíram os que faziam política e os que não faziam coisa alguma. Os atuais não se metem onde não são necessários, cumprem as suas obrigações e, sobretudo, não se enganam em contas. Devo muito a eles. Não sei se a administração é boa ou ruim. Talvez pudesse ser pior.

O Relatório em nada reproduzia os sonolentos documentos oficiais do gênero. O estilo paraliterário apoiava-se em uma linguagem coloquial e envolvente, às vezes cáustica, na apreciação dos investimentos. Ao mesmo tempo, era conciso e absolutamente objetivo e preciso ao descrever ações empreendidas na Prefeitura:

> Gastei com obras públicas 2:908$350, que serviram para construir um muro no edifício da Prefeitura, aumentar e pintar o açougue público, arranjar outro açougue para gado miúdo, reparar as ruas esburacadas, desviar as águas, que, em épocas de trovoadas, inundavam a cidade, melhorar o curral do matadouro e comprar ferramentas. Adquiri picaretas, pás, enxadas, martelos, marões, maretas, carros para aterro, aço para brocas, alavancas etc. Montei uma pequena oficina para consertar os utensílios estragados.

Graciliano não poderia supor a repercussão de sua ousadia estilística em uma corriqueira prestação de contas.

Apesar das intimidações, o prefeito alcançou uma vitória com a aprovação, pelo Conselho Municipal, do Código de Posturas, calhamaço com 82 artigos que disciplinava os costumes na cidade, estabelecendo pesadas multas aos infratores.

> Em janeiro passado não achei no município nada que se parecesse com lei, fora as que havia na tradição oral, anacrônicas, do tempo das candeias de azeite. Constava a existência de um código municipal, coisa inatingível e obscura. Procurei, rebusquei, esquadrinhei, estive quase a recorrer ao espiritismo, convenci-me de que o código era uma espécie de lobisomem. Afinal, em fevereiro, o secretário descobriu-o entre papéis do Império. Era um delgado volume impresso em 1865, encardido e dilacerado, de folhas soltas, com aparência

de primeiro livro de leitura de Abílio Borges. Um furo. Encontrei no folheto algumas leis, aliás bem redigidas, e muito sebo. Com elas e com outras que nos dá a Divina Providência consegui aguentar-me, até que o Conselho, em agosto, votou o código atual.

As medidas previstas no Código eram avançadas, regulamentando direitos e deveres dos cidadãos e do poder público. Eis alguns: animais não poderiam andar soltos nas ruas; os comerciantes eram impedidos de açambarcar mercadorias de primeira necessidade em época de carestia; os farmacêuticos, proibidos de vender determinados remédios sem receita médica; os hoteleiros, obrigados a ter em ordem o livro de hóspedes e a afixar a tabela de preços em locais visíveis; o comércio não poderia funcionar além das 21 horas nem abrir aos feriados e fins de semana; açougueiros não poderiam vender carne de rês doente e teriam de passar a recolher impostos.

Obstinado, Graciliano cumpriu rigorosamente a lei, mesmo desgastando-se politicamente. Uma das primeiras trombadas foi com o conselheiro Capitulino José de Vasconcelos, que protestara contra os fiscais que ameaçavam fechar-lhe o açougue se não pagasse o imposto devido. Ora, Capitulino votara a favor do Código e agora não queria acatá-lo. O prefeito, irritado, revidou:

— Eu não tenho culpa de você ser burro e assinar papel sem ler. Não pleiteei a Prefeitura, não farei favores.

E encerrou o diálogo:

— Pague o imposto antes que tenha de fazê-lo pela coerção da lei.

A firmeza de Graciliano foi colocada à prova durante a construção da estrada para Palmeira de Fora. Os operários esbarraram na disposição de um fazendeiro de não permitir obras em suas terras. O prefeito compareceu ao local e mandou cortar as roças de milho. De nada valeram os protestos do latifundiário.

— Seu milho ia dar aqui a noventa dias, mas o senhor já o colheu agora. Vá à prefeitura receber o seu dinheiro.

* * *

Graciliano e Heloísa só namoraram depois de casados, já que mal se tocaram nos dois meses anteriores.

Nos fins de semana, escapuliam para longos e românticos passeios de bicicleta pelos arredores. Acampavam, improvisavam piqueniques, tomavam banhos e faziam caminhadas bucólicas pela fazenda de Sebastião Ramos. Ele só não gostava de andar a cavalo – nutria indiferença por animais de uma forma geral.

Heloísa descobriu no marido um homem gentil, embora de humor variável. Chamava-o por apelidos carinhosos: Ló, sinhá Ló, Lozinha ou Lozíssima. E ele para ela era Grace, como a família sempre o chamara. Um homem sensível capaz de levar três horas a explicar como nascem os bebês aos irmãos caçulas. Falava palavrões em abundância, mas, segundo Heloísa, "era terrivelmente tímido em relação às coisas íntimas, de um pudor muito grande".

Não tinha o menor jeito para os afazeres domésticos. "Grace passaria a vida toda mal sabendo bater um prego na parede", diria ela, que, apesar de jovem, se saía bem no desafio de ajudá-lo na educação dos quatro filhos do primeiro casamento. Desde que o pai assumira a Prefeitura, Márcio e Múcio, adolescentes, tinham ido trabalhar na loja Sincera, junto aos antigos empregados. Diariamente, Graciliano levava Júnio – que não se desenvolvia fisicamente como os meninos de sua idade – para dar voltas e voltas na praça, em um ritmo cadenciado. "Grace acreditava que aqueles exercícios fariam bem, como fizeram, à saúde do filho", lembraria Heloísa. "Veja como ele estava adiante no tempo. Hoje, as pessoas fazem caminhadas para cuidar do corpo."

À noite, quando os filhos iam dormir, Graciliano aproveitava o silêncio na sala para escrever páginas de *Caetés*. Trabalho lento, pela falta de tempo. Ao terminar um capítulo, lia para a mulher, em busca de opiniões.

Se de um lado a postura desassombrada do prefeito contrariava interesses sedimentados, por outro ganhava a simpatia da gente comum, pelas obras realizadas. Construiu três escolas nos povoados de Serra da Mandioca, Anum e Canafístula; abriu um posto de saúde; acabou com a imundície provocada pelo abate de gado miúdo no pátio da feira, instalando um abatedouro na cidade; aterrou a área que separava a cidade do bairro da Lagoa; reformou o prédio da Prefeitura.

Um de seus orgulhos era a estrada ligando o centro do município a Palmeira de Fora, com oito metros de largura. Ao deixar a Prefeitura, entregou trinta dos setenta quilômetros do prolongamento até Santana do Ipanema. Mesmo sem ter completado o projeto, calou a boca da oposição ao apresentar o balanço dos gastos: enquanto o Estado gastava, por quilômetro construído, quatro contos de réis, ele fazia a estrada – com as mesmas dimensões – investindo apenas a metade.

Graciliano lançava com mão de ferro o registro geral de despesas da Prefeitura. Ele próprio controlava, com anotações à tinta da finalidade do gasto, a quantia paga e o nome do beneficiado – como se pode comprovar no livro contábil exposto hoje na Casa Museu Graciliano Ramos, em Palmeira dos Índios.

Mas o seu modo de administrar era informal. Saía cedo para vistoriar obras, andava pelo comércio com o Código de Posturas na cabeça e não hesitava em aplicar multas de próprio punho, se constatasse irregularidades. Recebia qualquer pessoa em seu gabinete, sem hora marcada. E deixava muita gente boquiaberta ao conversar descontraidamente com o operário Alfredo Lipa, que trabalhava na obra da estrada, ou com o fiscal Antônio Muritiba. Quando tinha folga, não desprezava uma prosa com o barbeiro José Mendes Ferreira.

Não adiava para amanhã o que precisava dizer hoje. Na farmácia de José Tobias Filho, o ex-prefeito Antônio Pantaleão lembrava que passara o poder ao sucessor com dinheiro em caixa. Graciliano não fez por menos:

— Você fez isso? Muito bem. A maioria dos prefeitos que andam por aí é de ladrões. De cada dez, oito roubam.

Cobrava resultados aos auxiliares, ignorando se tinham padrinhos. Por julgá-lo incompetente, afastou do cargo o tesoureiro da Prefeitura, o que provocaria a renúncia do irmão dele, o vice-prefeito José Alcides de Morais. Pensam que Graciliano se importou?

Antônio Almeida da Silva, o Antônio Engraxate, personagem folclórico, cultivaria uma gratidão eterna pelo prefeito, que, ao ouvi-lo cantarolar uma valsinha enquanto engraxava seus sapatos, perguntou:

— Pretinho, você deseja ser músico?

O engraxate chorou de emoção quando Graciliano chamou a seu gabinete o maestro da Filarmônica 16 de Setembro e lhe pediu que ensinasse música "a esse negro, que é gente minha".

As atitudes enérgicas davam-lhe credibilidade junto aos moradores, habituados à indolência dos antecessores. Roceiros e feirantes tinham mania de urinar na porta do açougue, provocando um cheiro insuportável. O prefeito mandou construir um sanitário público, mas o problema persistia. Furioso, Graciliano colocou dois guardas de plantão em frente ao açougue para inibir (e educar) os recalcitrantes.

Às sextas-feiras, havia uma tradição na cidade: uma turba de aleijados e mendigos batia de porta em porta atrás de esmolas. Graciliano, a princípio, tolerou a mendicância. Mas, percebendo que entre os necessitados se escondiam espertalhões, tratou de separar o trigo do joio. Reuniu os pedintes em frente à prefeitura para perguntar quanto recebiam de donativos a cada sexta-feira.

— Eu lhes ofereço o dobro do que costumam ganhar para que vocês trabalhem na construção do muro em torno do aterro da lagoa — propôs o prefeito.

Um dos homens ponderou:

— Mas, meu senhor, sou aleijado...

— Você não tem as pernas, mas tem as mãos e pode trabalhar.

Nunca mais a legião de pedintes apareceu em Palmeira dos Índios. Com os presos da cadeia pública, não seria menos rigoroso. Para acabar com a ociosidade no xadrez, decidiu convocá-los para trabalhar na estrada de Palmeira de Fora para Santana do Ipanema. "Eu prendia os vagabundos, obrigava-os a trabalhar. E consegui fazer um pedaço de estrada e uma terraplenagem difícil", contaria ele em 1948.

Ao final do segundo ano de gestão, Graciliano encaminhou outro Relatório ao governador Álvaro Paes, com o mesmo apuro estilístico, a ironia corrosiva e a exatidão informativa do primeiro. As finanças estavam saneadas e a arrecadação crescera 50%, mas se queixava da insuficiência de recursos para tocar determinadas obras, como a construção do novo cemitério: "Os mortos esperarão mais algum tempo. São os munícipes que não reclamam".

O parágrafo sobre o resultado da aplicação de multas comprovava sua inflexibilidade no trato da coisa pública, combatendo transgressões de qualquer ordem e pagando, não raro, o preço das incompreensões:

> Arrecadei mais de dois contos de réis de multas. Isto prova que as coisas não vão bem. E não se esmerilharam contravenções. Pequeninas irregularidades passam despercebidas. As infrações que produziram soma considerável para um orçamento exíguo referem-se a prejuízos individuais e foram denunciadas pelas pessoas ofendidas, de ordinário gente miúda, habituada a sofrer a opressão dos que vão trepando. Esforcei-me por não cometer injustiças. Isto não obstante, atiraram as multas contra mim como arma política. Com inabilidade infantil, de resto. Se eu deixasse em paz o proprietário que abre as cercas de um desgraçado agricultor e lhe transforma em pasto a lavoura, devia enforcar-me.

As melhorias foram subordinadas à disponibilidade orçamentária. Não gastar nada além do que se arrecadava, para evitar déficit e endividamento públicos. Daí não fazer promessas para o futuro.

> Projetos. Tenho vários, de execução duvidosa. Poderei concorrer para o aumento da produção e, consequentemente, da arrecadação. Mas umas semanas de chuva ou de estiagem arruínam as searas, desmantelam tudo – e os projetos morrem. Iniciarei, se houver recursos, trabalhos urbanos. [...] Empedrarei, se puder, algumas ruas. Tenho também a ideia de iniciar a construção de açudes na zona sertaneja. Mas para que semear promessas que não sei se darão frutos? Relatarei com pormenores os planos a que me referia quando eles estiverem executados, se isto acontecer. Ficarei satisfeito se levar ao fim as obras que encetei. É uma pretensão moderada, realizável. Se não realizar, o prejuízo não será grande. O município, que esperou dois anos, espera mais um. Mete na Prefeitura um sujeito hábil e vinga-se dizendo de mim cobras e lagartos.

E, por fim, sublinhava avanços alcançados em diferentes áreas:

> Favoreci a agricultura livrando-a dos bichos criados à toa; ataquei as patifarias dos pequeninos senhores feudais, exploradores da canalha; suprimi, nas questões rurais, a presença de certos intermediários, que estragavam tudo; facilitei o transporte; estimulei as relações entre o produtor e o consumidor.

Estabeleci feiras em cinco aldeias: 1:156$750 foram-se em reparos nas ruas de Palmeira de Fora.
Canafístula era um chiqueiro. Encontrei lá o ano passado mais de cem porcos misturados com gente. Nunca vi tanto porco. Desapareceram. E a povoação está quase limpa. Tem mercado semanal, estrada de rodagem e uma escola.

Parecia cansado. Como se não bastassem os embates para extinguir os privilégios e dignificar a gestão da coisa pública, Graciliano enfrentava problemas com a loja Sincera. A crise de 1929 arrastara o país à bancarrota, fazendo ruir os alicerces da economia cafeeira. Em Palmeira dos Índios, as colheitas quebraram, as mercadorias sumiram das prateleiras das lojas que não tinham como repô-las, o poder aquisitivo diminuíra a olhos vistos. A Sincera naufragava em dívidas.

As dificuldades financeiras acumulavam-se na medida em que ele ganhava subsídios simbólicos como prefeito e não se locupletava com a corrupção. Empobrecera em dois anos de mandato.

Caso decidisse retomar as rédeas dos negócios, teria de começar praticamente do zero. Não se sentia com ânimo para a empreitada, muito menos para eternizar-se como comerciante. Com quase quarenta anos, equilibrava-se em um fio de alta-tensão, a família crescendo. Em janeiro de 1929 nascera seu primeiro filho com Heloísa, Ricardo; um ano depois, o segundo, Roberto, que morreria aos seis meses, de desidratação.

Mas uma porta, de repente, abriu-se.

Em março de 1930, o governador Álvaro Paes, seu amigo, convidou-o a assumir a direção da Imprensa Oficial do Estado, em Maceió. Desde que lera o primeiro Relatório, Paes tencionava chamá-lo para colaborar com seu governo, impressionado com a austeridade à frente da Prefeitura.

Pelo estilo inusitado, a prestação de contas do prefeito, publicada no *Diário Oficial*, causaria sensação. Para o *Jornal de Alagoas*, tratava-se de "documento dos mais expressivos e interessantes". Em uma reação em cadeia, outros periódicos alagoanos – *O Semeador* e o *Correio da Pedra* – o transcreveram. Até no Rio de Janeiro houve ecos. O *Jornal do Brasil* e *A Esquerda*, dirigido por Pedro Motta Lima, publicaram trechos.

O furor da imprensa surpreendeu Graciliano, que, anos depois, comentaria:

> Como a linguagem dos Relatórios não era habitualmente usada em trabalhos dessa natureza, e porque neles se dava às coisas seus verdadeiros nomes, causaram um escarcéu medonho. O primeiro teve repercussão que me surpreendeu. Foi comentado no Brasil inteiro. Houve jornais que o transcreveram integralmente.

O segundo Relatório, também noticiado em jornais de Maceió e do Rio, foi publicado no *Diário Oficial* com uma mensagem de louvor do governador: "A administração de Palmeira dos Índios continua a oferecer um exemplo de trabalho e honestidade, que coloca o município em uma situação de destaque".

Graciliano aceitou sem pestanejar o convite de Álvaro Paes, renunciando à Prefeitura de Palmeira dos Índios em 30 de abril de 1930, 27 meses depois de assumir o cargo. "Houve quem tivesse comemorado a sua saída. Eram pessoas que tiveram interesses contrariados, porque ele não fazia cambalachos, nem dispensava multa de ninguém", relembraria José Tobias de Almeida.

Em questão de semanas, Graciliano liquidou o estoque para fazer caixa e vendeu a loja. Dos vinte contos de réis arrecadados, dezoito foram para pagar as dívidas.

O ROMANCE ESCONDIDO NA GAVETA

Semanas antes de o marido deixar a Prefeitura, Heloísa sonhara que ele tinha recebido uma carta de um editor do Rio de Janeiro manifestando interesse por *Caetés*. Graciliano não deu importância, até porque não conhecia ninguém que pudesse ter lido o romance.

No mesmo dia, à tarde, ao passar pelos Correios, encontrou uma carta postada no Rio e ficou zonzo depois de lê-la. Por intermédio de seu secretário, Rômulo de Castro, o poeta Augusto Frederico Schmidt, dono da Editora Schmidt, consultava-o sobre a possibilidade de publicar o romance que estava escrevendo. Exatamente como no sonho de Heloísa! Não esperaria um segundo para pedir à mulher que lesse a correspondência em voz alta, pois não acreditava no que estava acontecendo.

Como alguém o descobrira naquelas paragens?

Há duas versões. A primeira reza que Schmidt tomara conhecimento dos Relatórios através dos jornais e vislumbrara no prefeito interiorano um escritor nato, que deveria ter um romance na gaveta.

A segunda, mais plausível, tem como testemunha ocular o escritor Jorge Amado, o qual fazia parte da nova geração de romancistas que se lançava pelas mãos do editor Schmidt, na qual pontificavam Marques Rebelo, José Geraldo Vieira, Rachel de Queiroz, Cornélio Pena, Amando Fontes e Lúcio Cardoso, entre outros.

Segundo Amado, os círculos literários da capital souberam de Graciliano através do pintor e desenhista paraibano Santa Rosa, que abandonara o emprego no Banco do Brasil em Maceió e se mudara para o Rio disposto a viver de sua arte:

> Santa Rosa contou de Graciliano, o relatório do prefeito de Palmeira dos Índios passou de mão em mão. Logo depois, José Américo de Almeida revelou a exis-

tência dos originais de um romance escrito pelo autor do polêmico relatório que escandalizara a burocracia provinciana e deliciara os literatos da metrópole. Ao ter conhecimento da existência do romance inédito, Augusto Frederico Schmidt enviou um telegrama [na verdade, uma carta] a Graciliano pedindo os originais para editá-los.

O que responder a Rômulo? *Caetés*, que vinha sendo escrito há cinco anos, poderia ser imediatamente composto, não fosse a obsessão de Graciliano de reescrevê-lo, cortando e substituindo palavras ininterruptamente. Desconfiado e inseguro, precisava de um tempo para remoer.

* * *

Elegantes e luxuosos Buicks, Oldsmobiles Six e Chevrolets 1928 extasiavam Maceió no outono de 1930. Graciliano e a família acabavam de se instalar na rua da Boa Vista, após uma viagem de doze horas de chuva, lama, rios cheios e atoleiros. Não apenas os reluzentes automóveis aguçavam a curiosidade de quem vinha de fora. Os sobrados, a orla marítima de encher os olhos, os cafés movimentados, o imponente Teatro Deodoro, os cineteatros que exibiam os pioneiros do cinema sonoro – tudo exalava a fragrância desconhecida.

Nem tanto para Graciliano, que ali vivera parte da juventude. A capital prometia-lhe o reingresso nos meios literários, a possibilidade de trocar a vida no comércio por um degrau na administração pública.

Maceió, com 100 mil habitantes, reunia um grupo de jovens movidos a agitação cultural. A vaga renovadora do Modernismo fornecia-lhes o oxigênio, embora não houvesse fãs incondicionais do movimento de 22. Jornalistas, poetas, romancistas e professores, quase todos seguiriam carreira literária: Aurélio Buarque de Holanda, Alberto Passos Guimarães, Valdemar Cavalcanti, Jorge de Lima, Aloísio Branco, Carlos Paurílio, Manuel Diégues Júnior, Mário Brandão, Rui Palmeira, Raul Lima, Théo Brandão, José Auto. Sem falar em José Lins do Rego, que viera trabalhar em Alagoas, e Santa Rosa.

O grupo se aglutinou a partir de uma série de eventos lítero-culturais, como a Academia dos Dez Unidos, bem-humorada paródia da Academia Alagoana de Letras; a Festa da Arte Nova, uma espécie de Semana de Arte Moderna em um só dia; e o Grêmio Literário Guimarães Passos, reduto de poetas e prosadores com menos de 25 anos.

Graciliano voltou a colaborar com o *Jornal de Alagoas* e a frequentar o Bar do Cupertino, o chamado Bar Central, em frente ao Relógio Oficial. As discussões sobre literatura e política estendiam-se até a noite, regadas a café e cigarros. Graciliano, porém, não desprezava a cachaça ou o conhaque. Das conversas, resultaram projetos comuns, como a Liga contra o Empréstimo de Livro e a primeira exposição individual de Santa Rosa.

Décadas depois, Valdemar Cavalcanti recordaria a ebulição:

> Éramos todos curiosidade e perplexidade. Queríamos ver o que estava acontecendo e o que iria acontecer, não em Maceió, nem em Alagoas, mas no Brasil e no mundo. Não só na literatura, nem na arte, nem nas ciências diversas, mas na vida. Em meio às discussões mais acesas, Graciliano era sereno, tomando a sua xícara de café e fumando o seu Selma, um cigarro após o outro. Podíamos discordar de suas ideias, mas o respeitávamos como a ninguém.

Raul Lima lembraria a mania de Graciliano de derramar um pouco de açúcar no mármore da mesa e incinerá-lo com o cigarro aceso, "disso resultando um cheiro gostoso de engenho". Vinte anos mais velho do que a maioria dos rapazes, já nessa época era chamado de velho Graça. "Tínhamos por ele grande admiração", relembraria Alberto Passos Guimarães. "Era uma pessoa reservada, de poucas palavras, mas muito bem selecionadas e exprimindo ideias claras, lúcidas e ligadas à realidade."

O assunto dominante nas rodas era o declínio do Modernismo. Os ecos da Semana esvaíam-se. O crítico Tristão de Athayde proclamava que estávamos "na véspera de qualquer coisa".

Estávamos mesmo. O ciclo do romance nordestino, iniciado em 1930, imprimiria uma nova linha à planta de 1922, através de obras muito próximas do documentário social, focalizando uma região sacrificada pelas desigualdades do modelo de desenvolvimento capitalista em implantação no país. "Nós não tínhamos a intenção de fazer romance de sentido social", sublinharia Rachel de Queiroz, autora de *O quinze*. "O que fazíamos era romance-documento, romance-testemunho."

Nessa safra, apareceram *A bagaceira*, de José Américo de Almeida; *Menino de engenho*, de José Lins do Rego; *O país do carnaval* e *Cacau*, de Jorge Amado; *Os corumbas*, de Amando Fontes; *Casa-grande e senzala*, de Gilberto Freyre.

Graciliano Ramos, em sua singularidade, acrescentará ao regionalismo o estilo requintado, a expressividade da linguagem, o vigor crítico do realismo e a densidade psicológica.

Mas como ele avaliava, então, o ciclo nordestino? Com incontornável empatia. Em artigo veiculado pelo *Diário de Pernambuco*, em 10 de março de 1935, sob o título "O romance do Nordeste", elogiou os romancistas por terem recusado importar "retalhos de coisas velhas e novas da França, da Inglaterra e da Rússia" e optado por vivenciar os problemas da terra e transpô-los literariamente:

> Era indispensável que os nossos romances não fossem escritos no Rio, por pessoas bem-intencionadas, sem dúvida, mas que nos desconheciam inteiramente.

Hoje desapareceram os processos de pura criação literária. Em todos os livros do Nordeste, nota-se que os autores tiveram o cuidado de tornar a narrativa, não absolutamente verdadeira, mas verossímil. Ninguém se afasta do ambiente, ninguém confia demasiado na imaginação. [...] Esses escritores são políticos, são revolucionários, mas não deram a ideias nomes de pessoas: os seus personagens mexem-se, pensam como nós, sentem como nós, preparam as suas safras de açúcar, bebem cachaça, matam gente e vão para a cadeia, passam fome nos quartos sujos duma hospedaria.

* * *

O governador Álvaro Paes deu carta branca ao diretor para sanear a Imprensa Oficial. Graciliano teria de cortar gastos, apurar irregularidades e enxugar o quadro de pessoal. Uma de suas primeiras medidas foi convocar ao trabalho funcionários fantasmas – os que só apareciam para assinar o ponto. Revisores e gráficos se assustaram com o rigor do novo diretor, que exigia provas tipográficas sem erros, oficinas limpas e absoluto cumprimento do horário. Reformulou também o sistema de folgas na revisão, como relembraria Raul Lima:

> Antes de sua posse, sendo três os revisores noturnos do *Diário Oficial*, e bastando dois para o serviço, havíamos estabelecido um acordo pelo qual nos revezávamos. Graciliano cancelou a folga. Diminuiu meu tempo para namorar, mas aumentaram as possibilidades de enriquecimento cultural. É que, todas as noites, ao descer de seu gabinete no primeiro andar do velho sobrado da rua da Boa Vista, ele parava à porta da salinha da revisão e ficava por um bom tempo a conversar.

Assim que pôs o serviço em dia, Graciliano, entre um despacho e outro, passou a corrigir os originais de *Caetés*. Um dos visitantes mais assíduos em seu gabinete era o professor de português, filólogo e contista Aurélio Buarque de Holanda, que se divertia com o seu modo extravagante de fazer julgamentos: "Graciliano fazia, nas suas xingações, largo consumo de certos vocábulos e frases que depois viria a desprezar, como borracheira, campanudo, palhada, pêle-mêle, abaixo de péssimo...".

Certa tarde, falavam sobre clássicos da literatura, quando o diretor da Imprensa Oficial atalhou:

– *O Ateneu*? Uma borracheira, não é assim? *Canaã* é abaixo de péssimo. Até o Eça de Queirós às vezes tem muita palhada.

A respeito de *Memórias póstumas de Brás Cubas*, de Machado de Assis, Aurélio ouviria, em dois dias seguidos, avaliações opostas.

No primeiro:
— Ótimo! Já passei da metade. Formidável! Que simplicidade, que força! O desgraçado do velho escrevia bem como todos os diabos. Que humor!

E no seguinte:
— Uma palhada! Muito lugar-comum disfarçado! Negro burro, metido a inglês, a fazer umas gracinhas chocas, pensando que tem humor! Não vale nada, uma porcaria!

Com o passar dos anos, Aurélio desvendaria o enigma das contraditórias sentenças de Graciliano. Ele gostava de provocar e escandalizar o interlocutor. Seu método preferido era fazer blague ou cometer, propositalmente, juízos paradoxais. Denunciava-se, segundo o filólogo, pelas "mãos que se moviam num jeito de quem finca — como se quisesse fincar na gente aquelas inefáveis impressões críticas".

Voltemos à Imprensa Oficial. Ao anoitecer, Graciliano trancava as janelas de sua sala, de onde divisava uma pobre paisagem de telhados e quintais. No verão, o calor era agravado por uma lâmpada de pelo menos duzentas velas que trouxera de casa, para facilitar a rígida revisão dos originais do *Diário Oficial*. Em uma ocasião, Aurélio se queixou do abafamento, apontando para fora:
— Não gosta de olhar isto aqui, os telhados, os fundos de quintal?
— Telhados? Para ver amores de gatos?

* * *

A Revolução de 30, que se propunha a erradicar as elites oligárquicas da República Velha (particularmente a paulista) e a sedimentar o processo de formação de um Estado nacional, não deveria estar nos cálculos de Graciliano. Muito antes de eclodir o levante que entregaria a Getulio Vargas o controle político do país, o então prefeito de Palmeira dos Índios colocaria o dedo no formigueiro de sucessão presidencial. Para irritação dos chefes políticos locais, dera garantias ao comício que os partidários da Aliança Liberal realizaram na praça da Independência. Os Cavalcanti, que apoiavam Júlio Prestes, julgaram uma insolência a intromissão dos seguidores de Vargas em seu reduto eleitoral.

Acontece que os organizadores do *meeting* (como se chamavam os comícios) eram Pedro Motta Lima, amigo de infância de Graciliano, e Maciel Pinheiro. A praça ficaria tomada de gente — *meeting* em dia de semana, com oradores de fora, era algo inusitado em Palmeira. Além de ter permitido o evento, Graciliano ofendeu os dogmas dos Cavalcanti ao visitar, no dia seguinte, Motta Lima, hospedado na casa do chefe da oposição, Pedro Soares da Motta. Não por solidariedade política (afinal, votaria em Júlio Prestes), mas apenas para rever o velho amigo de Viçosa.

Graciliano convidou-o a passar o carnaval na cidade, como seu hóspede. Pedro não só aceitou como desfilou, ao lado do prefeito, em carro aberto, durante o corso. Os Cavalcanti pularam de ódio, como testemunharia José Tobias de Almeida:

> Chamaram o Graciliano de tudo porque fizera aquilo sem consultar o Chico Cavalcanti, que, afinal de contas, era o chefe político da região. Se hoje, no Sertão, não se pode hospedar um sujeito de oposição, imagine há 63 anos. Graciliano, que era um homem franco, não deu bola para os comentários. Ao convidar o Pedro, ele nada mais estava fazendo do que colocar a amizade acima da política.

Mesmo com a convulsão política que se seguiu ao assassinato de João Pessoa, em julho de 1930, pouca gente em Maceió acreditava em uma sublevação para depor o presidente Washington Luís e impedir a posse de Júlio Prestes. Graciliano não era exceção. A prova mais eloquente disso são as cartas enviadas a Heloísa, que se recuperava em Pilar do trauma da perda do segundo filho.

Até 4 de outubro, não há uma linha sequer a respeito. Mas, três dias depois, desfechado o movimento revolucionário, ele se apressou em tranquilizar a mulher.

> Ló: Naturalmente deve ter aparecido por aí alguma notícia a respeito da revolução. E, para que v. não fique assustada, escrevo-lhe dizendo que acho a sua terra perfeitamente habitável. Andei realmente com um pouco de medo, mas depois que falei com seu Américo, compreendi que não havia perigo nenhum. Não há, parece-me, inimigos do governo em Maceió. E se houvesse alguns, estou certo de que o dr. José Carneiro, sozinho, bastaria para dar cabo deles. Estamos otimamente, no melhor dos mundos possíveis. E demos um tiro nessa história de revolução, que não rende nada, e passemos a assunto mais interessante.

O clima era tenso em Maceió. A Polícia Militar de prontidão, os bancos fechados, boatos em cada esquina. Dizia-se que o estado seria varrido por duas colunas do Exército, às quais se juntaria o 20º Batalhão de Caçadores, sediado na capital. No dia 9, folhetos atirados de um teco-teco conclamavam o povo a aderir ao "movimento cívico-militar", que baniria do comando do país "a sinistra quadrilha de celerados que, à sombra do poder, não tinha o escrúpulo de expor o Brasil, pelos seus desmandos, ao desprezo dos povos cultos".

Na correspondência de 10 de outubro, transparecia a preocupação de Graciliano com o avanço das tropas revolucionárias, que haviam tomado Pernambuco e Paraíba.

> Vamos continuar como estamos. De resto, penso que nós aqui não corremos nenhum perigo. Uma cidade que tem homens como o dr. José Carneiro pode, sem risco, esperar a visita de todos os revolucionários do mundo. Imagina que

ele, o dr. Lima Júnior, o prefeito atual e alguns outros se têm multiplicado nestes últimos dias, tomando, com admirável calma e energia, todas as medidas relativas à tranquilidade pública e à defesa do estado. Não me parece que os pernambucanos, ocupados como estão com os seus negócios internos, queiram vir agora brigar com a gente. Não vêm. E se vierem, o dr. José Carneiro, sozinho, corta as cabeças deles todos. A ordem, a paz, a legalidade, o governo constituído, as nossas instituições e outras besteiras que o *Jornal de Alagoas* tem publicado até hoje não sofreram, segundo os telegramas do barbadíssimo presidente Washington, alteração apreciável. E se tudo isso for por água abaixo, que diabo perco eu? Tu pensas que sou alguma coisa, Ló? Se a gangorra virar, deixo isto e vou plantar mamona. É um conselho que Álvaro Paes me tem dado muitas vezes. Se eu não fosse tão burro, já estaria engaravatando a terra e criando porcos. Bem, esta carta está muito comprida, e eu tenho de escrever um boletim que o Álvaro Paes me encomendou e traduzir os telegramas que vêm do Rio.

Ao pedir a Graciliano que redigisse um folheto para acalmar a população face às notícias alarmistas, Álvaro Paes sabia que aquela era a última providência a seu alcance. Não podia contar com o Batalhão de Caçadores e temia que, entre os oitocentos praças da Polícia Militar, muitos tivessem sido atraídos pelo canto de sereia dos oficiais simpatizantes do tenentismo que guiava a Revolução. Como se isso não bastasse, a PM dispunha de armamento simplório: quatro metralhadoras pesadas, duas metralhadoras leves e cerca de mil fuzis máuser, fabricados entre 1895 e 1908. Seria impossível resistir às forças que dominavam o Nordeste, do Maranhão à Paraíba, além do Norte e de boa parte do Sul.

A madrugada em claro passada por Graciliano, no Palácio dos Martírios, foi exclusivamente um ato de solidariedade ao amigo governador. Os panfletos exortavam a população a manter-se tranquila, pois o governo do estado assegurava a defesa da ordem. Os revolucionários eram chamados de "almas do outro mundo".

As "almas do outro mundo" levaram Álvaro Paes a abandonar o cargo no dia seguinte, "para evitar derramamento de sangue". Transportava na bagagem 460 contos de réis do Tesouro do estado para entregar, no Rio, ao Ministério da Fazenda. Atitude insólita para quem se opusera à Revolução. Enquanto isso, três pelotões de sessenta soldados do tiro de guerra de Garanhuns, Pernambuco, em um carro e seis caminhões do Exército, entravam em Maceió para proclamar a vitória, sem a menor resistência. Uma multidão ocupou as ruas para festejar.

Graciliano se recolheu à casa, assaltado por dúvidas reveladas a Heloísa em 11 de outubro:

Ló: na última carta que me escreveste mostraste algum receio por estarmos aqui. Procurei tranquilizar-te. E agora venho dizer-te que o perigo passou, se é que houve perigo. Não te assustes. Lê esta carta em reserva, não a mostres a ninguém. São duas horas da manhã. Por volta de meia-noite fui ao palácio e encontrei tudo deserto. A guarda tinha desaparecido, as pessoas que lá em cima haviam passado uma semana sem poder dormir tinham desaparecido também. Sem luta, sem um tiro. É possível que assim esteja certo. Não sei. O que sei é que preciso dormir um pouco para continuar os meus *Caetés*.

E explicitava o desprezo pelo xadrez político:

Essa coisa de política é bobagem, e eu não entendo disso. Agora que estamos em sossego, talvez me seja possível trabalhar. [...] Adeus por hoje, meu coração. Não acredites nos boatos que aparecerem por aí. Não há perigo, nenhum perigo. O pano desceu, está finda a peça. Eu, como tu sabes, não representei nenhum papel: sou miúdo demais. Em toda esta porcaria o que eu sinto é o Álvaro Paes sair-se mal. Ouve: passa aí mais alguns dias. Vou acertar isto aqui no *Diário Oficial* e quando tudo estiver pronto, vou encontrar-te.

O pano desceu, mas a peça não estava finda para Graciliano e uns poucos aventureiros que, sem explicação convincente, resolveram esboçar uma resistência em Palmeira dos Índios. Há quem diga que a ideia partira dos Cavalcanti, que teriam mandado emissário à capital em busca de aliados. Seja como for, Graciliano acabou detido nas proximidades da cidade e transferido para uma cela no Batalhão dos Caçadores, onde passou uma noite. As tropas que o prenderam, comandadas pelo capitão Agildo Barata, tinham como missão chegar à Bahia pelo Sertão de Alagoas e Sergipe. Graciliano recordaria o episódio em seu livro *Memórias do cárcere*:

Chegamos ao quartel do 20º Batalhão de Caçadores. Estivera ali em 1930, envolvera-me estupidamente numa conspiração besta com um coronel, um major e um comandante de polícia, e 24 horas depois achava-me preso e só. Dezesseis cretinos de um piquete de Agildo Barata haviam fingido querer fuzilar-me. Um dos soldadinhos que me acompanhavam chorava como um desgraçado. Parecera-me então que a demagogia tenentista, aquele palavrório chocho, nos meteria no atoleiro. Ali estava o resultado: ladroagens, uma onda de burrice a inundar tudo, confusão, mal-entendidos, charlatanismo, energúmenos microcéfalos vestidos de verde a esgoelar-se em discursos imbecis, a semear delações.

Temendo uma batida policial, Heloísa e as cunhadas Marili e Otília enterraram os originais de *Caetés* embaixo de um pé de sapoti, no quintal da casa de Otília, em Jaraguá. Na noite seguinte, para alívio geral, Graciliano retornou são e salvo da noite maldormida na cadeia.

Com a reviravolta política, iniciou-se a caça às bruxas; Graciliano não escapou de um processo na Junta Estadual de Sanções, sob a acusação de ter aplicado indevidamente um conto e 20 mil-réis, quando prefeito de Palmeira dos Índios. Mesquinha retaliação política. Os auditores vasculharam os balancetes da Prefeitura e nada conseguiram provar contra a sua proba administração. A denúncia, considerada improcedente, seria arquivada. Identificava os inimigos: "Os homens que estão no governo não têm interesse em satisfazer-me. Far-me-ão o mal que puderem, o que é razoável. Eu faria o mesmo".

Nem a absolvição lhe serviu de alento no arrastado e monótono 1931. Graciliano perdia-se em conjecturas. Até quando suportaria o emprego na Imprensa Oficial? Evidenciou o descontentamento em carta a Sebastião Ramos, de 3 de agosto: "A verdade é que não vou ao Palácio dos Martírios senão forçado, e os negócios daqui da Imprensa são resolvidos pelo telefone ou por ofício". A desorganização governamental o incomodava além do tolerável:

> O que nos falta é um plano de trabalho, uma orientação segura, coisa que só será obtida por gente que conheça as necessidades e as possibilidades do estado. Isso não se conseguirá nunca nos mexericos das repartições, necessita entendimento com os homens que produzem.

Acreditava que seria sumariamente demitido da Imprensa Oficial, por suas ligações com o governo anterior, mas o interventor Tasso Tinoco o manteve no cargo.

* * *

Antes de 1930 terminar, Graciliano enviou a Augusto Frederico Schmidt os originais de *Caetés* – com atraso de quatro meses no prazo combinado. Em maio ou junho daquele ano, remetera um capítulo a Schmidt, que o submetera aos críticos Tristão de Athayde e Agripino Grieco. Os elogios foram transmitidos a Graciliano por Rômulo de Castro, em carta de 17 de junho, na qual informava que a editora havia desistido de publicar *Caetés* em forma de folhetim. O livro, segundo Rômulo, "obterá um êxito formidável". Schmidt colocou um adendo, entusiasmado: "Estou absolutamente certo do sucesso de seu livro, autorizando-me a pensar assim o capítulo que mandou ao Rômulo. A edição deve ser grande. Quem sabe se o senhor não logrará o êxito de *A bagaceira*, por exemplo?".

Caetés já vinha sendo divulgado na imprensa alagoana. Valdemar Cavalcanti fora dos primeiros a noticiar: "Alagoas vai dar um grande romance, um forte romance da vida nordestina apanhado por Graciliano Ramos". O semanário *Novidades*, porta-voz da nova geração de literatos, publicara com alarde um capítulo.

Em carta a Heloísa, de 7 de outubro, Graciliano parecia confiar no romance, apesar do tom irônico. "Mandei ontem ao Rômulo cinco capítulos dessa obra-

-prima que vai revolucionar o país. Isso é que vai ser uma revolução dos mil diabos, você há de ver. As outras são revoluções de bobagem."
Ele não contava com a demora de Schmidt em lhe dar um retorno da leitura. Provavelmente iludira-se com *Caetés*, especulava Graciliano em carta ao cunhado Luís Augusto de Medeiros.

> A coisa é esta: eles imaginaram que aquilo era realmente um romance e começaram a elogiá-lo antes do tempo. Quando viram que se tinham enganado, tiveram acanhamento de desdizer-se. Compreendo perfeitamente a situação deles e, para não entrarmos em dificuldades, não toco mais no assunto.

De Heloísa não conseguiu esconder a amargura. Como no dia em que o *Jornal de Alagoas* noticiou o nascimento de sua filha Luísa, referindo-se a ele como "brilhante escritor conterrâneo".
– Escritor sem livros? – desabafou.
Chegou a animar-se com a carta enviada pelo jornalista e crítico literário Prudente de Morais, neto, elogiando *Caetés*, que lera por recomendação de Schmidt. Prudente provocou polêmica ao afirmar que o romance brasileiro "se ressentia da pouca densidade da nossa vida social, que não oferecia suficiente matéria romanceável".
Graciliano respondeu com uma "esplêndida carta, bem característica de seu temperamento", como recordaria Prudente:

> Ele me falava da alegre surpresa que fora a palavra de um desconhecido, que o correio lhe trouxera em momento de dúvida e depressão. Recebia com desconfiada reserva a opinião elogiosa, mas lia com vidro de aumento as duas ou três ressalvas críticas. E contestava formalmente minha esboçada teoria sobre o romance. [...] Nada disso, dizia ele: um país tão grande, com tanta gente, tanto assunto! Não, eu estava completamente errado: matéria existe, e muita; se não sabíamos aproveitá-la, era por incapacidade pessoal, era por burrice.

Depois de muito aguardar, Graciliano foi notificado de que as provas tipográficas do romance já estavam na revisão. Segundo Rômulo de Castro, a publicação atrasara por causa da crise no mercado editorial. Trocando em miúdos: nada evoluíra durante meses de angustiante espera.
A desculpa não resistiu por muito tempo. Através do poeta Jorge de Lima, que se correspondia com Schmidt, Graciliano ficou sabendo que tão cedo o livro não seria impresso. A editora precisava firmar-se primeiro, para colocar novos títulos na praça.

UM GOLPE NA ALIENAÇÃO

A Imprensa Oficial estava com os dias contados no horizonte de Graciliano. Além da massacrante rotina burocrática, não tolerava mais o autoritarismo dos interventores. Pediu demissão em 26 de dezembro de 1931. A gota d'água fora as pressões que vinha sofrendo para cortar, por medida de economia, 50 mil-réis da gratificação do guarda-livros Erausto Campeio.

Não havia emprego à vista na capital. Que indicação mais segura senão retornar a Palmeira dos Índios? Heloísa permaneceria com Ricardo e Luísa na casa do pai, em Maceió.

Graciliano sentia o mundo lhe faltar aos pés. Recomeçar a vida do zero, aos 39 anos. Pelas janelas do vagão da Great Western que o conduzia de volta ao Agreste, contrabalançava a visão da realidade com o único desejo capaz de lhe atiçar à vida: antes do Natal, mexera nos papéis e encontrara o conto "A carta", escrito em 1924.

Era o reencontro com Paulo Honório.

O verão de 1932 rachava o chão de Palmeira dos Índios. Graciliano reabriu a sua casa no Pinga-Fogo, "sem ofício nem esperanças, enxergando em redor nuvens e sombras". A família estava dividida: os filhos do primeiro casamento viviam ora com ele, ora na fazenda do avô; Heloísa e os filhos em Maceió.

Como nasceu *São Bernardo*? A esta pergunta, feita por João Condé em 1943 para a série "Arquivos implacáveis" da revista *O Cruzeiro*, Graciliano respondeu com um depoimento datilografado em papel ofício e anexado à folha de rosto do romance:

> Há muitos anos, como os negócios estavam ruins, enchi os dias compridos de inverno escrevendo um conto bem ordinário, com ladroagens e mortes. Os negócios foram de mal a pior, deixei o comércio e arranjei outra profissão. Em 1932, utilizei o assunto da narrativa – os crimes e um desastre conjugal se esti-

raram pelas 218 páginas que estão aqui. Da primeira história, restam apenas as personagens mais importantes. Perderam-se as descrições, muitos adjetivos etc.

Autorizado pelo padre Macedo, refugiava-se diariamente na sacristia da Igreja de Nossa Senhora do Amparo para escrever os primeiros capítulos de *São Bernardo*. Essa adaptação do argumento original a uma nova estrutura narrativa seria assim descrita por ele:

> Nessa crítica situação voltou-me ao espírito o criminoso que, em 1924, havia-me afastado as inquietações – um tipo vermelho, cabeludo, violento, de mãos duras, sujas de terra como raízes, habituadas a esbofetear caboclos na lavoura. As outras figuras da novela não tinham relevo, perdiam-se a distância, vagas e inconsistentes, mas o sujeito cascudo e grosseiro avultava, no alpendre da casa-grande de S. *Bernardo*, metido numa cadeira de vime, cachimbo na boca, olhando o prado, novilhas caracus, habitações de moradores, capulhos embranquecendo o algodoal, paus-d'arco floridos a enfeitar a mata. E, sem recorrer ao manuscrito de oito anos, pois isto prejudicaria irremediavelmente a composição, restaurei o fazendeiro cru a lápis, na sacristia da igreja enorme que o meu velho amigo padre Macedo andava a construir. Surgiram personagens novas e a história foi saindo muito diversa da primitiva.

O protagonista, Paulo Honório, descende do coronelismo rural que perdurava como resíduo feudal em pleno processo de transição para o capitalismo. O problema da terra surge como emblema de uma sociedade atrasada, desigual e injusta, cujos valores dominantes são a propriedade, a exploração da mão de obra, a despersonalização do indivíduo e a distinção política pela supremacia econômica.

Graciliano entrelaçará a denúncia da opressão e dos conflitos sociais que caracterizaram a afirmação da hegemonia burguesa com um minucioso arcabouço psicológico dos personagens.

Senhor da fazenda São Bernardo, Paulo Honório conserva de sua antiga condição de trabalhador alugado o hábito de falar pouco e de não saber usar "palavras compridas e difíceis da gente da cidade". Quando resolve contar a sua história – ajuste de contas com uma "vida estúpida" –, chega a recorrer a pessoas esclarecidas, mas desiste ao ler os dois capítulos escritos pelo jornalista Azevedo Gondim: "Vá para o inferno, Gondim. Você acanalhou o troço. Está pernóstico, está safado, está idiota. Há lá quem fale dessa forma!"

Não se escreve como se fala, pondera Gondim, mas Paulo Honório não tem tempo a perder. Conciso, direto e contundente, narrará como quem fala. E, ao fazê-lo, permitirá a Graciliano um exercício – milimetricamente perfeito – de recriação de linguagem. Em *São Bernardo* relata a escalada de um homem cruel, amoral, de ambições desmedidas, mandante de assassinatos, causador do suicídio da mulher, Madalena, a quem sufocara com ciúmes tolos, incompreensões mesquinhas e retaliações pérfidas. Um indivíduo obcecado pela ideia de apoderar-se da fazenda, plantar algodão e mamona, investir na avicultura, adquirir um rebanho bovino, fazer de seus domínios uma fortaleza inexpugnável.

Como nota o crítico João Luiz Lafetá, para Paulo Honório todo valor se transforma, ilusoriamente, em valor de troca. Em sua mente, está ausente a abstração de toda qualidade sensível das coisas. "E toda relação humana se transformará – destruidoramente – em uma relação entre coisas, entre possuído e possuidor."

A reificação alastra-se à vida privada do personagem, que diz:

> Creio que nem sempre fui egoísta e brutal. A profissão é que me deu qualidades tão ruins. E a desconfiança terrível que me aponta inimigos em toda parte! A desconfiança é também consequência da profissão. Foi este modo de vida que me inutilizou. Sou um aleijado. Devo ter um coração miúdo, lacunas no cérebro, nervos diferentes dos outros homens.

Nas suas várias dimensões, Paulo Honório é mesmo um aleijão. O patrão perverso que subjuga os que lhe estão à volta, como Padilha, que transforma em empregado depois de tomar-lhe as terras, a quem devota ódio pelas ideias socialistas e pela amizade "perniciosa" com Madalena. O marido que, mesmo com remorso pelas iniquidades praticadas contra a mulher, admite sua incapacidade de modificar-se. O pai que confessa não ter amizade ao filho pequeno. O narrador que, em vão, busca nas palavras o sentido perdido da existência, em meio à derrocada nos negócios após 1930. O ser humano que se vê irremediável e tragicamente mergulhado na mais profunda solidão.

Em síntese, *São Bernardo* representa, na obra de Graciliano, o ponto de passagem do naturalismo pessimista de *Caetés* para o realismo crítico e humanista, que, como assinala Carlos Nelson Coutinho, haveria de ser "o fundamento de sua práxis artística ulterior". O salto dado entre os dois romances, ainda segundo Carlos Nelson, poderia ser atribuído tanto a razões biográficas – o fato de ter, com a ida para Maceió, assumido uma participação efetiva na vida social de seu tempo – como às mudanças ocorridas no país a partir de 1930.

A analogia com a conjuntura histórica, na visão de Carlos Nelson, justifica-se porque as transformações "pelo alto" (de cima para baixo) introduzidas pela Revolução permitiram perceber com precisão as forças sociais em choque na realidade brasileira. Diz ele:

> Ao invés da descrição extensiva de fragmentos do real (como em *Caetés*), *São Bernardo* apresenta – como seu núcleo central – o conflito que opõe, por um

lado, as forças que reduzem o homem a uma vida mesquinha e miserável no interior da alienação do "pequeno mundo" individual, e, por outro, as forças que impulsionam o homem a descobrir um sentido para a vida em uma "abertura" para a comunidade e a fraternidade, e na superação da solidão. Em suma, trata-se do conflito entre as forças da alienação e do humanismo, encarnadas nas classes sociais brasileiras.

Quando escrevia o capítulo 19 do romance, Graciliano sofreu uma queda. Com febre e fortes dores na perna direita, interrompeu o trabalho e seguiu para Maceió, onde os exames indicaram o diagnóstico: psoíte (inflamação do músculo na região ilíaca). Internado às pressas no Hospital São Vicente de Paula, foi operado para extrair o abscesso que se formara.

A recuperação transcorreu lentamente. "Quarenta e tantos dias com um tubo de borracha a atravessar-me a barriga, delírios úteis na fabricação de um romance e de alguns contos, convalescença morosa."

Os delírios que o acometeram no leito seriam reproduzidos nos contos "Paulo" e "O relógio do hospital" – publicados mais tarde em seu livro *Insônia* – e em um dos capítulos do romance *Angústia*. A primeira dessas obsessões: supunha-se dois – um são e outro doente. Queria que salvassem a parte boa e mandassem a ruim para o necrotério. Atormentavam-lhe também "as pancadas do relógio", que "tomavam forma, ganhavam nitidez e mudavam-se em bichos".

Ao relembrar, em *Memórias do cárcere*, as aflições da fase pós-operatória, ele diria que, no hospital, achara-se próximo ao desespero, "sem saber como pagar a operação e o tratamento longo; necessário endividar-me, e esta ideia fixa agravava as dores atrozes da ferida".

Em 30 de maio de 1932, ao deixar o São Vicente de Paula, descreveu seu estado em carta ao pai:

> Ando com dificuldades, as pernas meio entorpecidas, as dores são terríveis e ainda estou com a barriga aberta a derramar pus. Quando dou alguns passos, paro, coberto de suor. [...] Creio que ainda demorarei algum tempo: não poderei fazer a viagem e estou em tratamento. [...] Mas parece que vou melhorando. Tenho uma fome danada, uma fome de fazer medo.

Revigorou-se durante a convalescença na casa do sogro. Sempre resmungando contra as exigências do tratamento. "Estou agora tomando banhos de luz, raios ultravioleta. Julgo que não servem de nada, mas o nome é bonito."

Finalmente, em agosto regressou a Palmeira dos Índios para terminar *São Bernardo* no Pinga-Fogo, "ouvindo os sapos, a ventania, os bois de seu Sebastião Ramos". A perna ainda doía, o que dificultava as caminhadas prescritas pelo médico para acelerar a recuperação. A perturbá-lo também a falta de perspectivas de vida, que o mantinha separado da mulher e dos filhos. Às vezes, enervava-se a ponto de extravasar com Heloísa, em 23 de agosto:

> Se as coisas continuarem como vão, precisarei cavar a vida em outro estado. Relativamente à sua doença e à falta de dinheiro, está visto que, eu não sabendo nada, não lhe poderia mandar o necessário. Apesar da quebradeira, sempre lhe arranjaria alguma coisa. É o que faço agora. Vão 100 mil-réis. Tenha paciência: é impossível conseguir mais, que estou cheio de embaraços por todos os lados. Sobre sua vinda para aqui, vamos deixar de tolices. Necessito consolidar-me, talvez emigrar, como já disse. [...] Julgo que você não imagina que eu esteja aqui preguiçando por gosto. De qualquer maneira, preciso sair deste beco, o que é difícil.

Uma de suas raras válvulas de escape foram as três crônicas que escreveu, sem receber remuneração, para o semanário *Novidades*. A mais interessante é "Sertanejos", na qual criticava a importação de modismos culturais, em detrimento de nossas tradições populares. Na ânsia pelo progresso, argumentava ele, os habitantes do Sertão eram compelidos a mudar seus hábitos. "Viam encantados as fitas americanas [...], dançavam o *charleston*, ouviam *jazz*, conheciam o *box* e o *flirt*. Até nos jogos de cartas esqueceram o honesto sete e meio e adotaram, sem nenhuma vergonha, as ladroeiras do pôquer." E finalizava:

> Para que esse bando de coisas de nomes esquisitos? Não era melhor que continuássemos a cultivar o terço, o reisado, o pastoril, a quadrilha, a cavalhada, o bozó pelo Natal, as sortes em noites de S. João? Isto é nosso e barato. O resto é dos outros e caro.

Como saía pouco de casa, Graciliano acompanhou pelo rádio o desenrolar da Revolução Constitucionalista de 1932, que pregava a redemocratização do país, com a convocação de uma Assembleia Constituinte. As elites paulistas tencionavam restaurar a sua influência no processo político, em declínio desde 1930. A população, movida pelo idealismo, aderiu em massa ao movimento, que, sem o esperado apoio de Minas Gerais e Rio Grande do Sul, acabaria derrotado pelas tropas federais. O hábil Getulio Vargas manobrou em duas frentes: prendeu, deportou ou cassou os líderes do levante; mas, no ano seguinte, tratou de compor-se com as oligarquias insurgentes, reduzindo em 50% a dívida bancária dos produtores de café, além de convocar a Constituinte para 1934.

O impacto inicial da Revolução Constitucionalista levou Graciliano a achar que "a encrenca no Sul não durará dois ou três anos". Não demonstrou a menor simpatia pela causa paulista e chegou, ironicamente, a se imaginar no *front*.

> Se não fossem os meus achaques, eu me fardaria também e iria combater os paulistas. Creio que havia de ficar muito bonito fantasiado de herói. Infelizmente não ando uma légua a pé. O que me consola é ter na barriga a cicatriz da operação e poder, às vezes, olhando para ela, enganar-me e imaginar que conquistei um ferimento na trincheira, com glória.

Essa oposição enfatiza o total descompromisso de Graciliano com as forças oligárquicas da República Velha, das quais circunstancialmente se aproximara quando da eclosão da Revolução de 30. Na verdade, ao resistir à ascensão da Aliança Liberal ao poder, ele opunha-se ao tenentismo, que, como vimos, acusara de demagógico e sem projeto consequente para o país. Jamais apoiaria o regime de Vargas, mas também descartaria a solução insurrecional paulista.

* * *

As cartas enviadas a Heloísa, entre agosto e novembro de 1932, documentavam o paciente, meticuloso e apaixonado trabalho de ourives levado a efeito em *São Bernardo*. Graciliano esclarecia cada passo dado, com pleno conhecimento do que articulava no papel. Dessa vez, ele não conseguiu ocultar a consciência do valor da obra – pelo contrário, é flagrante o entusiasmo.

1º de setembro:

> Continuo a consertar as cercas do *S. Bernardo*. Creio que está ficando uma propriedade muito bonita. E se Deus não mandar o contrário, qualquer dia terei que apresentá-la ao respeitável público. O último capítulo, com algumas emendas que fiz, parece que está bom.

15 de setembro:

> Vai sair uma obra-prima em língua de sertanejo, cheia de termos descabelados. O pior é que de cada vez que leio aquilo corto um pedaço. Suponho que acabarei cortando tudo.

4 de outubro:

> Encontrei muitas coisas boas da língua do Nordeste, que nunca foram publicadas, e meti tudo no livro. Julgo que produzirão bom efeito. O pior é que há umas frases cabeludíssimas que não podem ser lidas por meninas educadas em convento. Agora que não há aqui em casa nenhuma senhora para levar-me ao bom caminho, imagine o que não tenho arrumado na prosa de seu Paulo Honório. Creio que está um tipo bem-arranjado. E o último capítulo agrada-me. Quando

o li depois dos consertos, espantei-me. Realmente suponho que sou um sujeito de muito talento. Veja como ando besta.

8 de outubro:

Resta-me agora o *S. Bernardo*. Tenho alguma confiança nele. As emendas sérias foram feitas. O trabalho que estou fazendo é quase material: tolice, substituição de palavras, modificação de sintaxe.

1º de novembro:

O *S. Bernardo* está pronto, mas foi escrito quase todo em português, como você viu. Agora que está sendo traduzido para o brasileiro, um brasileiro encrencado, muito diferente desse que aparece nos livros da gente da cidade, um brasileiro de matuto, com uma quantidade enorme de expressões inéditas, belezas que eu mesmo nem suspeitava que existissem. Além do que eu vou passando para o papel. O velho Sebastião, Otavio, Chico e José Leite me servem de dicionários. O resultado é que a coisa tem períodos absolutamente incompreensíveis para a gente letrada do asfalto e dos cafés. Sendo publicada, servirá muito para a formação, ou antes para a fixação da língua nacional. Quem sabe se daqui a trezentos anos eu não serei um clássico? Os idiotas que estudarem gramática lerão *S. Bernardo*, cochilando, e procurarão nos monólogos de seu Paulo Honório exemplos de boa linguagem.

Ainda em novembro:

O *S. Bernardo* está muito transformado, Ló. Seu Paulo Honório está magnífico, você vai ver. O diabo é que as folhas estão cheias e não há mais lugar para fazer emendas. Se eu morresse hoje ninguém poderia ler aquilo.

Modéstia: trezentos anos para *São Bernardo* tornar-se um clássico! Logo na primeira edição seria consagrado. E, como se não bastasse um personagem do calibre de Paulo Honório, Graciliano brindaria os leitores com a extensa pesquisa linguística sobre as expressões do "brasileiro de matuto".

Como nota Osman Lins, ao recorrer aos ritmos e matizes populares da língua, o romancista consegue "imitar a escrita possível de um homem inculto e ríspido" como Paulo Honório. Lilian Manes de Oliveira vai além em seu estudo sobre *São Bernardo*: mostra-nos que Graciliano operou com rara competência a fusão da língua falada com a língua escrita. Na primeira, há uma profusão de brasileirismos e regionalismos; na segunda, pontua-se o texto com vocabulário erudito e rigorosa correção gramatical.

Com o romance quase concluído, Graciliano retornou a Maceió para o nascimento de sua filha Clara, em novembro de 1932. Alegria também pelo reencontro com Heloísa, após meses de confinamento em Palmeira dos Índios. Confinamento é a palavra exata: poucas vezes fora visto fora do Pinga-Fogo. Lá mesmo dava as aulas no curso noturno que retomara para ganhar algum dinheiro.

Na casa do sogro, pôde descansar e terminar o período de convalescença. O local da cirurgia ainda o incomodava, mas aguentou bem a viagem de trem. A motivá-lo, a possibilidade de ficar longe dos fuxicos de Palmeira. "Isto por aqui está um horror. Está medonho. A gente emburra com uma rapidez extraordinária."

A ida para a capital seria uma viagem sem volta. Em janeiro de 1933, o novo interventor, capitão Afonso de Carvalho, também literato, convidou-o a assumir a Instrução Pública do Estado (equivalente à atual Secretaria de Educação), um dos cargos mais complicados da administração. Mas Graciliano o aceitou sem delongas, até porque não tinha muita escolha.

Três fatores provavelmente influenciaram na escolha de Graciliano para dirigir a Instrução Pública: seu nome gozava de prestígio no meio literário, frequentado por Afonso de Carvalho; sua gestão na Imprensa Oficial era tida como exemplar; e o relatório apresentado ao Estado pela Junta Escolar de Palmeira dos Índios, em 1926, quando Graciliano a presidia, tivera ressonância na área de ensino da capital.

Seja como for, Graciliano jamais perdoaria o interventor por tê-lo nomeado; anos depois, sua língua ferina consideraria o ato um "disparate administrativo que nenhuma revolução poderia justificar". Nem tanto, como veremos adiante.

O DOSTOIÉVSKI DOS TRÓPICOS

Em mangas de camisa, o diretor da Instrução Pública chegou ao grupo escolar de um bairro populoso de Maceió. Salas vazias, crianças invisíveis. As oito professoras, sem ter o que fazer, conversavam no gabinete da diretora. Quando Graciliano se apresentou, o silêncio varou as paredes.

– Por que a escola não está funcionando? – perguntou.

A diretora gaguejou para explicar que o regulamento não permitia a entrada de alunos descalços e sem uniformes. O bairro era paupérrimo, os pais não podiam fazer despesas e, por isso, os filhos ficavam sem estudar. Com a fisionomia contraída, o diretor balançou a cabeça e se retirou.

Horas depois, ordenou a compra de sapatos para todos os alunos. A encomenda foi entregue com uma circular assinada por Graciliano, determinando que as professoras percorressem o bairro, casa por casa, e dissessem aos pais que as crianças já podiam frequentar as aulas.

Logo, a escola parecia outra: salas superlotadas, porém com alunos sentados no chão por falta de mesas e cadeiras. Para contornar o problema, Graciliano mandou colocar caixotes até que o mobiliário fosse adquirido. Não se contentou com isso. Fardos de sarja azul e morim branco, para a confecção de uniformes, encheram os depósitos da Instrução. Relembrando a época da loja Sincera, ele próprio pegou a tesoura e cortou a fazenda, conforme as medidas. Com a ajuda de dois funcionários, embrulhou as peças, escrevendo em cada uma o nome dos alunos.

A partir daí, Graciliano trocou a burocracia no Palácio dos Martírios por inspeções sem aviso prévio, nas quais detectava as carências e buscava soluções. Sem carro oficial a servi-lo, saía cedo de casa, na praça do Montepio (hoje Joaquim Leão), e mal tinha tempo para almoçar.

Os resultados não tardaram. Em poucos meses, triplicou o volume de material escolar distribuído gratuitamente; aumentou o número de vagas instituindo o regime de turnos; criou o serviço de fiscalização de ensino; ampliou as Juntas Escolares; e iniciou a seleção de novos professores para preencher as lacunas no quadro.

Uma autêntica corrida para recuperar o terreno perdido pela incúria dos governos passados, como ressaltaria em relatório de 1935: "Depois da Revolução, adotaram o sistema de criar grupos escolares que, para bem dizer, só existiam nos decretos. Armava-se um grupo no papel, nomeava-se o corpo docente e depois se procurava uma casa, sem nenhuma aparência de escola".

O segredo de sua eficiente gestão na Instrução Pública foi, segundo o escritor Carlos Moliterno, "o sentido realista de ver as coisas, dando aos problemas educacionais as dimensões que a realidade exigia". O interventor Afonso de Carvalho se rendeu a seus esforços, em setembro de 1933, durante visita do presidente Getulio Vargas a Maceió. Ao discursar, Carvalho exibiu como trunfo o aumento das matrículas escolares: 10.278, o que equivalia à frequência de dois semestres no ano anterior.

Mas nem sempre as relações com o interventor foram um mar de rosas.

Certa vez, Graciliano o levou a uma escola da periferia onde se procurava reverter a situação de abandono. As carências ainda existentes desagradaram Afonso de Carvalho.

– O senhor me traz aqui para ver essa miséria toda?

Graciliano retrucou:

– É o que tenho para mostrar.

Os dois se desentenderam quanto à construção de novas escolas. O interventor, por razões políticas, queria ampliar a rede. O diretor da Instrução Pública ponderava que era preciso, primeiro, reformar as unidades existentes. Ao recordar a controvérsia, Graciliano comentaria com o escritor Emil Farhat: "Cansei-me de receber relatórios contando como os bichinhos desmaiavam de fome nas escolas das zonas mais pobres. Necessidade havia era de se fazer cozinhas nas escolas que já existiam".

O meio-termo contentaria a gregos e troianos. À medida que reparava escolas caindo aos pedaços, Graciliano construía outras em Murici, Pão de Açúcar, Atalaia, São José da Laje e Delmiro Gouveia, assim como iniciaria obras em Maceió, Rio Largo, Coruripe, São Miguel de Campos, Anadia, Quebrangulo e Santana do Ipanema.

Rígido na aplicação das normas – exatamente como na Prefeitura de Palmeira dos Índios –, Graciliano intimou o amigo e poeta Jorge de Lima a assumir a cadeira de literatura e línguas latinas no Liceu Alagoano. Como queria professores de qualidade, promoveu concurso para Théo Brandão ensinar higiene e puericultura na Escola Normal. E trabalhou pela readmissão do médico e professor Álvaro Dória no Liceu.

As professoras rurais concursadas trabalhavam em condições adversas, recebendo salários de fome. Quando Graciliano autorizou a equiparação às professoras da capital, a chiadeira das normalistas foi enorme. Mas ele não se abalou e confirmou a medida de justiça.

A sua aversão ao clientelismo, aos favorecimentos e ao tráfico de influência provocou descontentamentos. Chefes do interior às vezes exigiam transferências de professoras a seu bel-prazer. Como atender aos pedidos sem dramas de consciência? Resistia o quanto podia e isso, evidentemente, solapava-lhe a sustentação no governo.

Secretário do prefeito Edgard de Góis Monteiro, Aurélio Buarque de Holanda encaminhou a Graciliano uma senhora idosa que desejava um lugar de florista na Escola Profissional Feminina. Após ser recebida na Instrução Pública, ela retornou aborrecida, mostrando o cartão que Graciliano endereçara à diretora da Escola.

— Olha, seu secretário, eu não posso levar este cartão. Já não sou menina e nunca na minha vida sofri uma desfeita. Aquele homem quis fazer pouco de mim.

Aurélio, que bem conhecia Graciliano, não se importou tanto quanto ela ao ler o cartão por ele assinado: "d. Carmen. A portadora pretende um lugar de florista nessa escola. Há disso por aí? Diz ela que sabe fazer flores tão perfeitas que enganam as abelhas".

Graciliano procurava driblar também as professoras do interior que pleiteavam remoção para outras escolas, muitas vezes por simples desavenças pessoais. Em uma ocasião, ouviu pacientemente a cantilena de uma delas contra o presidente da Junta Escolar de Quebrangulo.

— Se a senhora não está satisfeita lá, pode-se dar um jeito. Posso transferi-la para Jacaré dos Homens.

A professora se alarmou:

— Pelo amor de Deus, seu diretor! Um fim de mundo! É sair do purgatório para o inferno.

Graciliano apontou no mapa Jacaré dos Homens.

— Está vendo? É perto. A senhora exagera.

Tragou o cigarro observando o desalento da mulher.

Mas a maior celeuma foi a sua portaria proibindo que o Hino de Alagoas – "uma estupidez com solecismos" – fosse cantado nas escolas públicas. Uma decisão radical e intempestiva que o incompatibilizaria com meio mundo. Acusado de impatriótico, não se perturbou: "Tenho horror aos patriotas, aos hinos e aos toques de corneta. Sem dúvida, essas coisas são indispensáveis, por enquanto, mas isto não me levava a gostar delas. Horríveis".

A proibição do hino, na opinião do escritor alagoano Paulo de Castro Silveira, biógrafo de Graciliano, além de ter afrontado uma tradição cívica, foi um ato infeliz e injusto: "A letra não chega a ser um primor. Mas não existe tanta agressão à sintaxe".

Décadas mais tarde, Heloísa Ramos comentaria o episódio:

> Não conheço ninguém que fosse mais patriota do que o Grace, mas qualquer pessoa de bom-senso, com um mínimo de gosto, acharia uma lástima a letra que falasse "Alagoas, estrela radiosa/ que refulges ao sorrir de manhã/ alma pulcra de nossos avós...". Já imaginou isso cantado todo dia de manhã? Ele tinha mais é que proibir. Mas nas noites do Rio, anos depois, quando saía com amigos, o Zé Lins do Rego e outros, acabavam todos nas dunas da praia de Ipanema, morrendo de rir e cantando o Hino de Alagoas.

(Recuemos no tempo. Vinha de longe a birra de Graciliano com hinos. Em uma crônica publicada em *O Índio*, em fevereiro de 1921, ele dirigia impropérios contra exaltações descabidas em linguagem rebuscada: "O Brasil pode gabar-se de possuir uma coisa como em nenhuma parte talvez exista: canções belicosas. Gente de espinhaço mole, pernas bambas, cachaço envergado, cantando hinos guerreiros! E que hinos! É um cogumelar de patriotadas de fazer cair o queixo. Bojudas, infladas de palavrões difíceis; cabeludas, incompreensíveis – as patriotices rimadas são a causa das enxaquecas de muita gente que tem ouvidos para ouvi-las, mas não tem estômago suficientemente forte para digeri-las".)

* * *

E *Caetés?*

Graciliano passou 1932 a ponto de explodir com a demora na publicação do livro. A cada cobrança, Schmidt reiterava a promessa de editá-lo. Irritado com a protelação, Graciliano exigiu por carta a imediata devolução dos originais, como informava a Heloísa em 8 de outubro de 1932:

> Promessas como essa o Schmidt tem feito às dúzias: não valem nada. Escrevi a ele rompendo todos os negócios e pedindo a devolução duma cópia que tenho lá. Assim é melhor. A publicação daquilo seria um desastre, porque o livro é uma porcaria. Não me lembro dele sem raiva. Não sei como se escreve tanta besteira. Pensando bem, o Schmidt teve razão e fez-me um favor.

Por que Schmidt não se decidia? De fato a editora atravessava turbulências financeiras, mas a verdade nua e crua é que o editor simplesmente perdera os originais e não tinha coragem de comunicar-lhe o fato.

Ao receber a carta de Graciliano, Schmidt entrou em parafuso. O escritor José Geraldo Vieira, ao chegar à editora, encontrou-o andando de um lado para o outro e repetindo aos berros:
– Caetés! Caetés! Caetés!
Rodando na cadeira giratória, perguntou:
– Será que o esqueci no táxi ontem, quando fui em casa de Nazaré Prado?
Daí a pouco imaginava ter deixado os papéis em um banco da barca para Paquetá. Não adiantava forçar a mente – tinham sumido mesmo. Graciliano incumbiu Alberto Passos Guimarães, temporariamente vivendo no Rio, de procurar Schmidt em seu nome para reaver os originais. Santa Rosa e Jorge Amado inventaram, para intimidar o editor, que Alberto fora contratado por Graciliano para processá-lo, caso não devolvesse o texto.
Schmidt foi salvo pelo gongo. Em uma revista minuciosa, achou *Caetés* no mais prosaico dos esconderijos: em sua capa de chuva.
Antes que os originais seguissem para Maceió, foram lidos por Jorge Amado. No início de 1933, Jorge partiu no pequeno navio *Baependi* com destino a Maceió, para conhecer Graciliano, tão empolgado estava com o romance. Fez uma escala em Aracaju, para ver uma namorada, e de lá seguiu até o porto fluvial de Penedo, no rio São Francisco, em Alagoas, de onde um carro, conseguido por Valdemar Cavalcanti, conduziu-o a Maceió.
"Eu queria comunicar de viva voz ao ex-prefeito de Palmeira dos Índios, cujo nome ainda não tinha qualquer ressonância junto aos leitores e aos críticos, a minha admiração por *Caetés*", lembraria Jorge, na época com vinte anos.
Ele jamais esqueceu a primeira vez que viu Graciliano, na mesa de um bar, tomando café preto em xícara grande, cercado pelos intelectuais da terra. "Todos eles reconheciam a ascendência do autor ainda inédito, que era o centro da roda", contaria. "Ficamos amigos imediatamente. Levou-me para jantar em sua casa, onde conheci Heloísa e a criançada." A imagem de Graciliano se arquivou em seu cérebro: "chapéu palheta, a bengala, o cigarro, face magra, sóbrio de gestos".
Jorge se entrosou com os jovens escritores alagoanos, comeu sururu até enjoar e descobriu, nas noites de boêmia, ciceroneado por Aurélio Buarque de Holanda, Lindinalva, a loura com sardas no rosto que recriaria em *Jubiabá*.
Mas não fora a Alagoas apenas para fazer turismo literário. Augusto Frederico Schmidt havia lhe pedido que persuadisse Graciliano a devolver *Caetés*, prometendo que prontamente iria para o prelo. Jorge entabulou conversa, mas o diretor da Instrução Pública se esquivou: "Em 1933 Jorge Amado me visitara em Alagoas, dissera que Schmidt queria editar o livro, mas não me convinha o negócio; julgava-me então capaz de fazer obra menos ruim, meses atrás concluíra uma novela talvez aceitável [*São Bernardo*]".

Em segredo, Jorge convenceu Heloísa a entregar-lhe os originais. E assim o livro voltaria às mãos de Schmidt, sem que Graciliano desconfiasse. Quando o complô lhe foi revelado, já era tarde.

A Schmidt Editora lançou o romance em dezembro de 1933. Na dedicatória, uma homenagem aos três artífices da publicação: Jorge Amado, Alberto Passos Guimarães e Santa Rosa (autor da capa). Estreia tardia: nosso autor acabara de fazer 41 anos.

A repercussão da obra não poderia ter sido melhor. O severo crítico Agripino Grieco, de *O Jornal*, não mediu elogios: "*Caetés* é um belíssimo trabalho, dos que mais me têm deliciado nestes Brasis, em qualquer tempo. Romance bem pensado, bem sentido, bem escrito e com o mínimo de romance possível".

No *Boletim de Ariel*, importante revista literária do Rio de Janeiro, Aurélio Buarque de Holanda ressaltou a técnica apurada de Graciliano: "Escreve como quem passa telegrama, pagando caro por palavra. Seu livro é excelentemente construído: nele nada se perde e nada falta".

José Lins do Rego foi além, no *Jornal de Alagoas*: "*Caetés* é o que há de mais real e amargo sobre as nossas gentes das cidades pequenas, uma crônica miúda e intensa sobre o brasileiro que não anda em automóvel e não veste casaca".

Nem com essas linhas de louvor Graciliano pouparia *Caetés*; até o último de seus dias, menosprezaria o livro. Em se tratando de uma pessoa que preferia diminuir-se a reconhecer publicamente o talento, é preciso dar o devido desconto ao fel derramado. As dedicatórias nas futuras edições darão uma exata noção de sua aparente aversão.

A Moacir Werneck de Castro: "Moacir, esta coisa horrível foi reproduzida por necessidade".

A Raul Lima: "Meu velho Raul: aqui lhe trago de novo esta literatura de Palmeira dos Índios, uma desgraça, é claro".

A Nelson Werneck Sodré: "Nelson, vai aí esta porcaria".

A Cassiano Nunes: "Peço-lhe que não leia esta droga. É pavorosa".

A Antonio Candido: "A culpa não é apenas minha: é também sua. Se não existisse aquele seu rodapé [resenha de Candido elogiando *Caetés*], talvez não se reeditasse isto".

Candido observa que "raras vezes se encontrará escritor de alto nível que deprecie tão metodicamente a própria obra", acrescentando: "Há em Graciliano uma espécie de irritação permanente contra o que escreveu; uma sorte de arrependimento que o leva a justificar e quase desculpar a publicação de cada livro, como ato reprovável".

O historiador Nelson Werneck Sodré aduziria que "a autocrítica era demasiado rigorosa, porque *Caetés*, não sendo o melhor Graciliano, era melhor que o resto que se escrevia no país, na época".

Primeira experiência de fôlego, *Caetés* deve ter embaçado a lupa perfeccionista de Graciliano. O excesso de diálogos, por exemplo, dá-nos a impressão de estarmos lendo uma peça de teatro. E há, como em toda prosa naturalista, o absoluto predomínio da descrição de quadros em detrimento da análise da totalidade social. Sem contar a indisfarçável influência de Eça de Queirós, apontada por críticos como Agripino Grieco, Wilson Martins, Antonio Candido, Aurélio Buarque e Prudente de Morais, neto. "O romance é construído sob a visível inspiração do partido adotado por Eça de Queirós, em *A ilustre casa de Ramires*, com a alternância de dois planos na narrativa – o da suposta realidade e o do livro que o 'narrador' estaria escrevendo", anotaria Prudente.

O romancista português, com efeito, seria lido várias vezes por Graciliano. "Eça é um dos meus deuses", confessou a Aurélio Buarque. Com notório exagero, revelou ter lido *Os Maias* nada menos que cinquenta vezes! Apertado, reduziu a dez o espantoso número.

* * *

Se *Caetés* transmite a impressão de preâmbulo na obra de Graciliano, *São Bernardo* prova o seu inegável amadurecimento. Esgrime, com segurança e inventividade, a técnica narrativa e o veio estilístico. Antes mesmo de o livro ser editado, Graciliano exprimiu a consciência do voo mais alto. Em carta a Aloísio Vilela, de 8 de março de 1934, afirmou, com a costumeira contenção: "É um romance que não descontenta; creio que está apresentável. Talvez me engane, mas acho-o muito diferente do outro".

Diferente até na relativa rapidez com que chegou às livrarias. Gastão Cruls, escritor e proprietário da Ariel Editora, responsável pelo *Boletim de Ariel*, enviou-lhe, em 29 de março de 1934, uma carta propondo publicação até agosto ou setembro, com 2 mil exemplares. Condições do contrato: 10% de direitos autorais sobre o preço bruto da edição, sendo 5% seis meses após o lançamento e 5% quando a edição estivesse totalmente esgotada.

Datilografado por Valdemar Cavalcanti, *São Bernardo* atrasaria dois meses, sendo publicado em novembro de 1934, com tiragem de mil exemplares apenas. "Se o seu *Caetés* não tivesse tido uma tão má divulgação e distribuição, eu não hesitaria em fazer 2 mil exemplares", alegou Cruls.

Agripino Grieco voltou a elogiar: "Leia-se o romance sem apriorismo, admita-se a maneira do autor, sem rebeldia em aceitá-lo tal qual é, e reconhecer-se-á que ele é um notável romancista".

Octavio Tarquínio de Sousa, que via em Graciliano "a narrativa despojada de qualquer ornato", característica de Machado de Assis, sublinhou a capacidade do autor de construir um personagem com a "humanidade e a marca de autenticidade" de Paulo Honório. "É o livro de um escritor perfeitamente senhor de seu ofício, cujos personagens nada têm de fantoches, vivendo e movendo-se no quadro social ou no ambiente doméstico de sua formação, em carne e osso, integrados na condição humana."

Carlos Lacerda, iniciando a carreira na *Revista Acadêmica*, também aplaudiu: "O que havia de excessivamente Machado de Assis em *Caetés* perdeu a sua rigidez em *São Bernardo*. Aí tudo está quente, pulando nas mãos do romancista, pronto para saltar e ganhar mundo, impulsionado pela força da verdade que encerra".

São Bernardo provocou uma polêmica entre Jorge Amado e Augusto Frederico Schmidt, que havia escrito uma resenha no *Diário de Notícias* com senões ao livro. Jorge saiu em defesa de Graciliano no *Boletim de Ariel*, atribuindo "a má vontade" de Schmidt a "motivos de política literária". Que eram basicamente três, segundo o escritor baiano: Schmidt se incompatibilizara com Graciliano pelos problemas surgidos com *Caetés*; procurara atingir a concorrência de outra editora; e criticara um livro que não havia lido, "como velho costume seu". Schmidt evitou a tréplica.

Nas cartas a Heloísa, que passava temporada em Palmeira dos Índios, Graciliano comentou artigos publicados em Minas Gerais e no Pará, mal disfarçando a vaidade de ter sido comparado ao mestre russo Fiódor Dostoiévski. Ambos, de acordo com os críticos, empreendiam um mergulho nas profundezas mais escuras da alma humana. "O paraense ataca a minha linguagem, que acha obscena, mas diz que eu serei o Dostoiévski dos Trópicos. Uma espécie de Dostoiévski cambembe, está ouvindo?"

O PRENÚNCIO DO CAOS

Em meados de 1935, Graciliano desengavetou o romance que começara a esboçar meses antes. É o que contaria a Heloísa (ainda em Palmeira dos Índios) em 22 de março de 1935:

> Acabo de almoçar e, como é natural, bebi um bocado de aguardente. Vou dormir. Em seguida retomarei o trabalho interrompido há cinco meses. Julgo que continuarei o *Angústia*, que a Rachel acha excelente, aquela bandida. Chegou a convencer-me de que eu devia continuar a história abandonada. Escrevi ontem duas folhas, tenho prontas 95. Vamos ver se é possível concluir agora esta porcaria.

Rachel é Rachel de Queiroz, jovem romancista cearense que se mudara para Maceió depois de se casar com o poeta alagoano José Auto. A presença dela no grupo de escritores do Café Central chocou o conservadorismo. "Era muito escandaloso, porque naquela época mulher não ia a bar. E olha que eu só tinha 24 anos e estava sempre acompanhada de meu marido", recordaria Rachel.

De Graciliano, ela guardou a lembrança de "um amigo impecável, muito bom companheiro, de grande lealdade e gentil". Ao primeiro contato, pareceu-lhe fechado e solene. Até jogando pôquer, em casa de José Lins do Rego, com Gilberto Freyre e Olívio Montenegro, ambos a passeio em Maceió, volta e meia Graciliano não dispensava um tratamento cerimonioso:

– Vossa Excelência quer cartas?

Mas a impressão de rigidez no trato se desfazia nos bate-papos com os intelectuais. O Graciliano retraído se soltava quando ficava meio alto após alguns copos de cachaça. Os amigos provocavam e ele desatava a falar, principalmente de literatura. Com uma ponta de pessimismo, encerrava a discussão exclamando:

– Isso tudo é uma palhaçada!

No ambiente familiar, o homem austero se desmanchava de afeto pelos filhos pequenos. Clara, de dois anos, desde cedo era agarrada com o pai. Certo dia, Rachel entrou na sala e só faltou morrer de rir. Graciliano estava sentado com Clara no colo, resmungando alguma coisa. Logo, a menina repetiria, como um papagaio, o que o pai dizia:

– Filho da puta, filho da puta!

Segundo Rachel, ele era o único do grupo cujos textos não passavam pelo crivo implacável de Aurélio Buarque de Holanda.

> Desconfio que Graciliano sabia mais português que Aurélio. Embora ainda não fosse dicionarista, Aurélio era filólogo e supervisionava nossos livros. Quando a gente acabava de escrever, tinha uma briga enorme com ele. Era o que chamávamos de a "matança das vírgulas", porque ele exigia que colocássemos as vírgulas nos lugares certos. Os barbarismos mais selvagens Aurélio conseguia evitar, mas sempre com brigas. Às vezes, salvávamos alguma coisa, como começar frases com pronomes indiretos. Isto Aurélio já aceitava. Não é à toa que, como lexicógrafo, foi um dos mais avançados do país, no sentido de assumir e permitir o coloquial, estimulando-nos a criar com brasilidade. A nossa geração, aproveitando as destruições da Semana de Arte Moderna, encontrou o terreno limpo e pudemos escrever como queríamos.

Rachel insistia para que Graciliano concluísse o livro. "De vez em quando [Rachel] dizia-me desaforos por não me resolver a meter a cara no *Angústia*, que ela acha melhor que os outros dois. Falta de entusiasmo. Sapequei uma folha ontem à noite, mas frio, bocejando."

Escavando tempo em meio às suas obrigações na Instrução Pública, Graciliano engatou a marcha do romance, alternando momentos efusivos com dúvidas atrozes sobre a qualidade do trabalho. Em plena semana santa, parecia a mil. "Quinta-feira passei o dia numa excitação dos pecados", contaria a Heloísa.

> Terminei a sua carta às dez horas. Pois daí até meio-dia, e das quatro da tarde à uma da madrugada, escrevi com uma rapidez que me espantou. Nunca trabalhei assim, provavelmente um espírito me segurava a mão. A letra era minha, embora piorada por causa da pressa, mas é possível que aquilo fosse mesmo feitiçaria. Ou efeito de aguardente.

Passava os fins de semana em casa (mudara-se para a rua da Caridade, perto da praia de Pajuçara), recolhido como um monge. Só abria exceção para o bate-papo com Aurélio Buarque, nas tardes de domingo. Certa vez, o filólogo surpreendeu o amigo de cuecas, na azáfama de *Angústia*:

Eu olhava pelo buraco da fechadura da porta de entrada, que dava para um alpendre, onde usava ficar o escritor, sentando a uma mesa nua, na qual se via, entre outras coisas, um maço de cigarros Selma, uma garrafa de aguardente, não me lembro bem se também uma garrafa térmica ou um bule, com café. Com a cachaça e o fumo, era o café um de seus materiais de trabalho – quase tão indispensável quanto o papel, a pena, o tinteiro, o dicionário de Aulete e uma régua. [...] A régua servia-lhe para os cortes de palavras, frases, períodos inteiros considerados inúteis. Que Graciliano não se limitava a riscá-los à mão livre, não; era um minucioso trabalho de desenhista: aplicava a régua na parte correspondente ao extremo superior das letras, passava um traço; no extremo inferior, novo traço; depois, enchia de tinta, inutilizando-o, sereno, com vagar, acaso com volúpia, o espaço entre dois riscos.

Graciliano aludiu a essa devoção à literatura em carta a Heloísa, de 3 de abril de 1935, como se fosse uma doença da qual não conseguia se curar.

Somos uns animais diferentes dos outros, provavelmente inferiores aos outros, duma sensibilidade excessiva, duma vaidade imensa que nos afasta dos que não são doentes como nós. Mesmo os que são doentes, os degenerados que escrevem história fiada, nem sempre nos inspiram simpatia: é necessário que a doença que nos ataca atinja outros com igual intensidade para que vejamos nele um irmão e lhe mostremos as nossas chagas, isto é, os nossos manuscritos, as nossas misérias, que publicamos cauterizadas, alteradas em conformidade com a técnica.

Dada a opção definitiva pela atividade literária, não admitia retornar a Palmeira dos Índios, hipótese levantada na correspondência com a mulher:

Comprando algodão ou vendendo fazenda, construindo o terrapleno da lagoa ou entregando os diplomas às normalistas, hei de fazer sempre romances. Não dou para outra coisa. Ora, aqui há uns dois ou três indivíduos que falam comigo. Aí não há nenhum.

* * *

Sob o pano de fundo da Maceió da década de 1930, *Angústia* é o terceiro romance narrado na primeira pessoa. Frustrado e solitário, o protagonista Luís da Silva apaixona-se por Marina, sua vizinha, moça fútil que sonha em ascender socialmente através do casamento. Luís, funcionário público enredado na falta de perspectivas, pede-a em casamento, mas não realiza o seu desejo, porque Marina se deixa seduzir por Julião Tavares, homem de posses, dinheiro e posição social.

O desesperado sentimento da derrota impele Luís da Silva a tramar o assassinato do rival, o que leva a cabo, estrangulando-o.

Na visão de Antonio Candido, trata-se do livro tecnicamente mais complexo de Graciliano: "Senhor dos recursos de descrição, diálogo e análise, emprega-os aqui num plano que transcende completamente o naturalismo, pois o mundo e as pessoas são uma espécie de realidade fantasmal, colorida pela disposição mórbida do narrador".

Luís da Silva integra-se ao rol de personagens – João Valério, Paulo Honório e, mais tarde, Fabiano – através das quais Graciliano desenvolve uma das ideias-força de sua obra: a permanente atitude de resistência face ao destino e à ordem estabelecida. Resistência passiva, se circunscrita ao mundo interior, ou ativa, se pressupõe a busca da afirmação individual ou social. Observa o crítico português Fernando Cristóvão:

> Todas as personagens que estão empenhadas nessa luta são rebeldes e pessimistas quanto à ordem estabelecida. O combate nada tem de heroico, e as personagens combatem sozinhas contra inimigos numerosos e de grande poder. Não há verdadeiras alianças, e os afrontamentos terminam em fuga para o anti-herói, sem o glorificante das "retiradas estratégicas", até porque não há planos nem estratégia.

Ao lado da intenção recorrente de examinar o psiquismo humano, Graciliano capta a atmosfera exterior sombria da primeira metade da década de 1930, transformando a província em microcosmo dos conflitos que assolavam o Brasil e o mundo, com a ascensão do fascismo, a recessão brutal após a crise de 1929 e as contradições que marcavam a transição da sociedade semicolonial brasileira para a etapa capitalista.

Nesse quadro adverso, Luís da Silva espelha, em sua impotência trágica, a consciência do despreparo das massas para assegurar uma efetiva transformação social. Desconfia e descrê da ação coletiva para redirecionar o processo político, hegemonizado pela burguesia emergente em associação com as oligarquias remanescentes da República Velha e com os interesses internacionais. E por que as mudanças de fato não se processavam? Porque ainda inexistia no país, segundo Carlos Nelson Coutinho, uma classe burguesa orgânica que estivesse em condições de promover uma autêntica revolução democrática.

Graciliano problematiza assim a ideia de revolução, que desde 1930 permeava o imaginário coletivo. Quando Luís da Silva reflete sobre a via revolucionária, é catapultado pelo ceticismo. "História! Esta porcaria não endireita. Revolução no Brasil! Conversa! Quem vai fazer a revolução? Os operários? Espere por isso. Estão encolhidos, homem. Os camponeses votam no governo, gostam do vigário." Como não reconhece à volta a perspectiva da libertação, o seu desequilíbrio interior distorce a realidade e o impele à obsessão do crime como saída para o impasse – o que nada mais é do que uma manifestação patológica de alienação e de conformismo.

Para arrancar alguma coisa sobre o andamento de *Angústia*, os amigos tinham de carregar pedras. Rachel de Queiroz o provocava dizendo que era o Flaubert brasileiro. Ele apenas sorria, enigmático. "A gente suspeitava as reações dele, porque raramente as externava", sublinharia Rachel.

Talvez a pressão psicológica advinda do próprio romance – o filho Ricardo Ramos arriscaria dizer, décadas depois, que fora "o seu livro mais sofrido" – tenha levado Graciliano a exceder-se na bebida.

Certo dia, em um acesso alucinatório, jogou fora os originais. Foi um corre-corre dos diabos. Heloísa, que por feliz coincidência estava em Maceió, chamou Rachel, e as duas, feito loucas, saíram atrás dos papéis. Rememoraria Rachel:

> Como diretor da Instrução Pública, ele era o mais consciencioso dos homens. Fora do trabalho, porém, estava bebendo além da conta. *Angústia* era movido a cachaça. Uma manhã, Heloísa, muito apreensiva, me chamou lá e fomos procurar os originais. Ele os havia jogado fora depois de uma noite especialmente angustiado. Afinal, achamos os papéis, bastante sujos, no meio de uma cesta com restos de frutas e legumes, no quintal. Limpamos os papéis e passamos uma descompostura muito grande nele. Com aquela cara antipática, não disse nada. No fundo, ele estava gozando o alarme que tinha provocado.

Os amigos se desforraram. José Lins do Rego – que costumava dizer que Graciliano escrevia com máquina de costura, pois tinha uma letra bem desenhada – ofereceu uma versão completamente diferente sobre o sumiço de *Angústia*. Segundo ele, Graciliano enrolara os originais em papel impermeável, escolhera no quintal uma lata bem limpa para depositar o livro, cobrindo-o com folhas. Depois, fizera um escarcéu. "Era uma molecagem do Zé Lins, o *enfant terrible* de nosso grupo, que nos divertia a todos. Graça ficava enfurecido quando ouvia essa história", relembraria Rachel.

José Lins, logo depois transferido para o Rio de Janeiro, acabou sendo intermediário nos entendimentos entre Graciliano e o editor José Olympio para a publicação de *Angústia*. Vindo de São Paulo, José Olympio acabara de instalar no Rio a sua prestigiosa editora.

Como planejava lançar o romance ainda em 1935, aproveitando a projeção de *Caetés* e *São Bernardo*, José Olympio recorreu a Jorge Amado, que trabalhava no setor de publicidade da editora, pedindo-lhe que intercedesse para apressar a entrega dos originais. Jorge despacharia a carta para Maceió: "Botaremos no prelo imediatamente. Sairá logo. É verdade que você já acabou o livro? Se é, mande por avião. É para *esse* seu velho amigo escrever dizendo o que é o *Angústia*, contando sua vida e seus planos".

Para um artesão como Graciliano, a exiguidade de prazo se constituía em barreira intransponível. José Olympio teve de esperar seis meses até que o romance lhe pousasse nas mãos. Curioso é que o capítulo final de *Angústia* – o solilóquio de Luís da Silva – saiu num vômito. Mais de dez páginas impressas, sem um parágrafo. Começou a trabalhar de manhã e entrou pela noite.

Em compensação, perdeu nada menos que 27 dias para concluir o capítulo em que Julião Tavares é assassinado por Luís da Silva. O crime repugnou o próprio autor, que confessaria tê-lo descrito à custa de excitantes – "o maço de cigarros ao alcance da mão, o café e a aguardente em cima do aparador". Esse momento da escritura de *Angústia* ficou tão entranhado em Graciliano que, ao recordá-lo em *Memórias do cárcere*, transpôs para o papel até a paisagem que o circundava na época: "Rumor das ondas, do vento. Pela janela aberta entravam folhas secas, um sopro salgado; a enorme folhagem de um sapotizeiro escurecia o quintal".

Durante a revisão do romance, Graciliano recebeu carta do tradutor argentino Benjamín de Garay, pedindo-lhe exemplares de *Caetés* e de *Angústia*. Garay vivera e trabalhara como jornalista no Rio e em São Paulo, conhecendo escritores brasileiros, com os quais se corresponderia ao regressar à Argentina. Em Buenos Aires, ele se dedicava à difusão de nossa literatura, traduzindo cerca de trinta livros, entre os quais *Os sertões* e *Casa-grande e senzala*. As resenhas sobre *Caetés* publicadas pelo *Boletim de Ariel* chamaram a sua atenção. Como lera uma nota sobre *Angústia*, imaginava que a obra já tivesse sido lançada; por isso solicitou um exemplar na carta datada de 18 de julho de 1935. Graciliano respondeu em 17 de agosto, enviando *Caetés* e *São Bernardo*, de que o argentino não ouvira falar.

Em cartas seguintes, Garay insistiu para que lhe remetesse algum conto, mas Graciliano esclareceria em 13 de dezembro:

> Muito lhe agradeço a lembrança amável de publicar uma página minha nessa revista de trezentos mil exemplares. Mas é o diabo, seu Garay. Eu nunca escrevi contos, e nem sei se me seria possível, enchendo-me de boa vontade, arranjar uma história decente. Não lhe serviria um capítulo de romance? Estou agarrado com unhas e dentes ao meu *Angústia*...

Garay desejava mesmo um conto para publicar em jornal ou revista de Buenos Aires. Não restava a Graciliano outra alternativa senão desviar-se momentaneamente de *Angústia* para bolar uma história – o certo é que não perderia os pesos prometidos pelo argentino.

* * *

No explosivo ano de 1935, só os incautos colocavam a cabeça em paz no travesseiro. As tensões políticas, no Brasil e no mundo, exacerbavam-se. O setor industrial tornara-se o centro dinâmico da economia brasileira, ampliando o contingente de trabalhadores urbanos. O pacto com as elites costurado por Getulio Vargas assegurava a base de apoio para a expansão capitalista sob a égide de um Estado forte, mas impedia maior participação popular nas esferas decisórias. Por outro lado, as reivindicações sociais e trabalhistas ganhavam ímpeto com o surto de industrialização. No plano internacional, a escalada fulminante do fascismo na Europa contribuía para inquietar os espíritos.

A polarização ideológica entre esquerda e direita ficou claramente delimitada. A Ação Integralista Brasileira (AIB), fundada em 1933, e a Aliança Nacional Libertadora (ANL), criada em março de 1935, desenvolveram uma mobilização de massas sem precedentes no período republicano, pregando a urgente transformação social do país. As receitas eram absolutamente antagônicas. A AIB, pró-fascista e anticomunista, opunha-se à democracia liberal e defendia o modelo corporativo do Estado Novo português. A ANL propugnava a tática de frente popular, aglutinando comunistas, socialistas e liberais contra a maré fascista, o imperialismo e o latifúndio.

Os comunistas, que exerciam hegemonia dentro da ANL, acabavam de receber importantes adesões de ex-militares, à frente dos quais Luiz Carlos Prestes, escolhido presidente de honra da Aliança. O herói da Coluna ingressara no PCB por imposição de Moscou, depois de ter sua filiação vetada pelo Comitê Central, dominado por tendências ultraesquerdistas e obreiristas. Embalada por comícios e atos públicos que reuniam milhares de pessoas, a ANL não demorou a radicalizar suas posições, não só em confrontos de rua com os integralistas, mas no famoso manifesto à nação de Prestes, em 5 de julho de 1935. O "governo podre de Vargas" era definido como principal adversário dos aliancistas, que deveriam se preparar para o "assalto ao poder, que amadurece na consciência das grandes massas".

Uma semana depois da divulgação do manifesto, Graciliano interrompeu os despachos na Instrução Pública, perplexo com a notícia de que Vargas, apoiado na nova Lei de Segurança Nacional (LSN), decretara o fechamento da ANL. Uma resposta incisiva e autoritária a Prestes e aos embates entre aliancistas e integralistas.

No Bar Central, a crise política tornou-se assunto obrigatório. O grupo de literatos era praticamente todo antifascista e antigetulista. Apenas três pessoas tinham vínculos com o comunismo: Alberto Passos Guimarães, secretário regional do PCB; Rachel de Queiroz havia rompido com o partido e se aproximado dos trotskistas, juntamente com seu marido, José Auto. Os demais, segundo Rachel, "eram quase todos cor-de-rosa, isto é, esquerdizantes que não chegavam a ser vermelhos". Mas nem Alberto apoiava a luta armada contra Vargas, embora tivesse de acatar a linha oficial.

Graciliano encarava a ANL com um misto de simpatia pela mobilização antifascista e profundas reservas quanto à sua prática política, como relataria em *Memórias do cárcere*: "A Aliança Nacional Libertadora surgia, tinha uma vida efêmera em comícios, vacilava e apagava-se. Estaria essa política direita? Assaltavam-me dúvidas. Muito pequeno-burguês se inflamara, julgando a vitória assegurada, depois recuara".

Ele desconfiava da coligação de interesses divergentes em uma frente única ("isso me parecia um jogo perigoso") e não acreditava no êxito de uma rebelião para a tomada do poder. "Em geral, a revolução era olhada com medo ou indiferença. [...] Muitos anos seriam precisos para despertar essas massas enganadas, sonolentas." Apontava deficiências no trabalho da ANL: "Organização precária. Agitação apenas, coisa superficial. Reuniões estorvadas pela polícia, folhas volantes, cartazes, inscrições em muros, pouco mais ou menos inúteis".

Os comunistas, mesmo na clandestinidade, intensificavam a agitação nos quartéis, onde crescia a insatisfação da baixa oficialidade e dos soldados com o duro regime de trabalho e as constantes transferências por motivos políticos.

No segundo semestre de 1935, preocupado com o clima de enfrentamento, Graciliano escreveu a Heloísa: "A encrenca política está num beco sem saída: ninguém sabe como esta porcaria vai acabar. É melhor pensar em outra coisa. Enfim, tudo vai muito mal, no pior dos mundos possíveis. É preciso que o Alberto endireite isto".

Por acaso sugeria que o comunismo pudesse endireitar o país? Vamos por partes. Não há dúvida de que, desde a Revolução de 1917, Graciliano fora mordido pelos ideais marxistas. Não só lera textos de Marx, Engels e Lenin em italiano e francês, como se integrara à utopia libertária despertada pela vaga bolchevique.

Em carta escrita em 1926 a Joaquim Pinto da Motta Lima Filho, comentando a súbita conversão do amigo ao marxismo, deixara entrever que, anos antes, tentara guiá-lo ao comunismo. "Mais interessante é te haveres tornado comunista, um comunista com Deus e almas do outro mundo. Ora aí está como a gente é. Antigamente, quando eu abria o livro de Karl Marx, tu tapavas os ouvidos, querias refugiar-te nos *Fatos do espírito humano*."

A despeito da influência de Eça de Queirós em seus primeiros escritos, Graciliano cultivava os clássicos russos – Dostoiévski, Tolstoi, Górki e Gógol. Seu conterrâneo, Brena Wanderley, lembraria que, em fins da década de 1920, ainda em Palmeira dos Índios, Graciliano não ocultava suas inclinações:

> Certa vez, confessou-me a sua admiração pelo povo russo e pelo socialismo. Recomendou-me a leitura de Marx e depois Dostoiévski, que lia em francês. Muitas vezes criticava fortemente o governo. Era um revoltado com as injustiças que se cometiam em nosso país. Sofria com o drama dos nordestinos. Talvez fosse comunista no termo lato, mas antes de tudo amava o Brasil como bom patriota.

Nas *Memórias*, Graciliano explicitaria suas convicções naquela época em que o nazifascismo arrebanhava multidões: "Não sou de ideais, aborreço empolas. O que eu desejava era a morte do capitalismo, o fim da exploração. Ideal? De forma nenhuma. Coisa inevitável e presente: o caruncho roía esteios e vigas da propriedade".

Apesar da inclinação pelo socialismo, ele não tinha qualquer vínculo com os comunistas, como afiançaria Rachel de Queiroz: "Era um homem com tendência igual à que se chama hoje de social-democrata. Colocava-se, como nós, contra os poderosos, contra o governo, contra a opressão. Talvez fosse até mais anarquista do que qualquer outra coisa".

Alberto Passos Guimarães ratificaria:

> As posições dele eram as de um liberal progressista. Não admitia um passo além disso. Suas ideias, em certos pontos, coincidiam com as nossas, mas ele não era comunista. Tinha opiniões próprias, independentes e bem elaboradas, mas não radicais ou revolucionárias. Não era homem de conversa fiada.

Se tivesse pensado em cooptá-lo, Alberto esbarraria em obstáculos dentro do próprio PCB. Os militantes da seção alagoana reproduziam o sectarismo que prevalecia no partido em escala nacional. Adeptos da luta armada e do grevismo levavam às últimas consequências a oposição aos governos Getulio Vargas e Osman Loureiro. Ora, Graciliano, como diretor da Instrução Pública, observava lealdade a Loureiro, cuja administração era tachada de "semi-integralista e reacionária" pelos comunistas.

E ainda restaria à frente de Alberto uma verdadeira Cordilheira dos Andes – o temperamento arredio do amigo. É o que lemos em *Memórias do cárcere*: "Desculpava-me a ideia de não pertencer a nenhuma organização, de ser inteiramente incapaz de realizar tarefas práticas. Impossível trabalhar em conjunto. As minhas armas, fracas e de papel, só podiam ser manejadas no isolamento".

Um documento significativo sobre a visão de Graciliano nesse período é a carta enviada ao crítico Oscar Mendes, em 5 de abril de 1935. A pretexto de agradecer a resenha sobre *São Bernardo* publicada na *Folha de Minas*, discorreu sobre as relações entre literatura e política, criticando os novelistas russos modernos que transformavam "a literatura em cartaz, em instrumento de propaganda política". Os ficcionistas brasileiros, a seu ver, também deveriam combater o proselitismo.

> O que é certo é que não podemos, honestamente, apresentar cabras de eito, homens da bagaceira, discutindo reformas sociais. Em primeiro lugar, essa gente não se ocupa com semelhante assunto; depois, os nossos escritores, burgueses, não poderiam penetrar a alma dos trabalhadores rurais.

Ele se referiu ainda ao tema palpitante do momento: a possibilidade de uma revolução no Brasil. A sua análise é simultaneamente séria e irônica; aspira à transformação social, mas suspeita que, como escritor, não se adapte ao figurino revolucionário.

> O senhor não quer nenhuma revolução. Eu desejo que as coisas mudem, embora me pareça que isto não me trará vantagem. Pergunto a mim mesmo que trabalho me dariam se o cataclismo chegasse agora. Não sendo operário, não poderia fabricar nenhum objeto decentemente. Faria um livro, com dificuldade, matutando, trocando palavras.

E completou, com o exagero peculiar: "Creio que a revolução social me levaria à fome e ao suicídio. Mas como, segundo o Evangelho, nem só de literatura vive o homem, é razoável que se procure o bem-estar dos outros trabalhadores".

Contrariando a linha de frente popular, a Internacional Comunista (IC) aceitou a tática da luta armada no Brasil, baseada nos informes ufanistas sobre a viabilidade de um levante apresentados pelos delegados brasileiros no VIII Congresso. A IC endossou a visão golpista, mas, como enfatizaria Prestes, a responsabilidade pela rebelião desencadeada em 23 de novembro de 1935 fora da própria direção do PCB, iludida por avaliações voluntaristas e dissociadas da realidade concreta.

O movimento revolucionário irrompeu em Natal e dois dias depois em Recife, surpreendendo o comando do PCB. Em solidariedade, Prestes ordenou, na madrugada de 27 de novembro, a sublevação do 3º Regimento de Infantaria e da Escola de Aviação Militar, no Rio, logo sufocada. Em Natal, com apoio popular, os revoltosos administraram a cidade por quatro dias, sendo presos depois pelo Exército. Em Recife, houve até uma marcha do quartel do Socorro ao centro da cidade, afinal dissolvida pelas tropas governistas.

No fim de semana em que se precipitaram os fatos, Graciliano havia se trancado em casa para dar a versão final ao capítulo de *Angústia* em que Julião Tavares é morto. Enviara carta a Heloísa prometendo isolar-se do mundo:

> Ignoro completamente o que se passa da porta do corredor para fora. Presumo que não houve nenhum terremoto. Pelo menos aqui seu Américo não me disse nada a este respeito. Mas se houve algum aqui na rua do Macena e não quiseram trazer-me uma notícia assim desagradável, espero tomar conhecimento do desastre na segunda-feira.

Enfim, não imaginava que o movimento pudesse ser desencadeado. Nos dias que o antecederam, estivera ocupadíssimo com a elaboração do orçamento da Instrução Pública para 1936, que previa dois terços dos recursos disponíveis para pagamento de pessoal e um terço para obras e aquisição de material escolar.

Osman Loureiro colocara a polícia de prontidão, mas os praças não precisaram sair dos quartéis, porque, em Alagoas, a repercussão do levante se limitou aos muros pichados por militantes comunistas conclamando o povo a aderir. O primeiro boletim do PCB local após o assalto ao poder em Natal era triunfalista: "O povo está absolutamente pronto para fazer o mesmo, não só no Rio Grande do Norte, mas em todo o Brasil!".

> Essa euforia, na verdade, escondia divergências internas no partido, a começar por Alberto Passos Guimarães, para quem a insurreição fora um erro político. Semanas antes, ele havia conversado com Graciliano e as posições coincidiram no sentido de que não havia condições objetivas para a eclosão de uma revolução. "Havia um ambiente favorável à esquerda, mas não para a tomada do poder", pontuaria Passos Guimarães.

Como tínhamos visto, Graciliano temia pela sorte da ANL, tanto pelas falhas de organização como pela precipitação de certas facções. O fracasso confirmou suas apreensões. Em correspondência a Heloísa, de 14 de dezembro de 1935, comentou: "Não tenho lido jornais, ignoro a guerra dos pretos, a política, a trapalhada revolucionária e agora reacionária que há por aí além".

Em *Memórias do cárcere*, ele se estenderia nas reflexões sobre o insucesso da ação armada:

> Viera a derrota – e agora queria persuadir-me de que findara um episódio e a luta ia continuar. Certamente haveria mais precaução no desempenho do segundo ato. E aquele revés tinha sido conveniente, pois não existia probabilidade de se aguentar no Brasil uma revolução verdadeira. Se ela vencesse internamente, os nossos patrões do exterior fariam a intervenção. Uma escaramuça, portanto.

A repressão aos comunistas foi feroz. Com respaldo no Exército de Góis Monteiro e de Eurico Gaspar Dutra, Vargas decretou estado de sítio, suspendendo as garantias constitucionais. As perseguições se disseminaram por toda parte, superlotando as prisões com parlamentares, professores universitários, sindicalistas, militares, jornalistas, intelectuais e quem pudesse ser alcançado pela pecha de subversivo. Só em Recife foram para a cadeia 3 mil pessoas. No Rio, o navio *Pedro I* se transformou em prisão flutuante para abrigar os excedentes da Casa de Detenção. A Polícia Política institucionalizou a tortura em seus porões. O comunista alemão Harry Berger, que viera para o Brasil colaborar na preparação do levante, enlouqueceria com os maus-tratos sofridos.

Quem poderia se tranquilizar diante de um quadro aterrador como esse? Graciliano não participara nem da ANL nem da insurreição, mas se alarmava com a constatação de que tínhamos sido atirados ao mais selvagem dos regimes – uma ditadura de fato. O obscurantismo era tamanho que, no carnaval de 1936, as batalhas de confetes só foram permitidas nos clubes. Assim Graciliano descreveria nas *Memórias* o cenário repressivo:

> Tudo se desarticulava, sombrio pessimismo anuviava as almas, tínhamos a impressão de viver numa bárbara colônia alemã. Pior: numa colônia italiana. Mussolini era um grande homem, e escritores nacionais celebravam nas folhas as virtudes do óleo de rícino. [...] Uma beatice exagerada queimava incenso defumando letras e artes corrompidas, e a crítica policial farejava quadros e poemas, entrava nas escolas, denunciava extremismos. [...] O Congresso apavorava-se, largava bambo as leis de arrocho..

Mas não se podia abater totalmente, porque precisava finalizar *Angústia*, mandar os contos para a Argentina e dar conta do expediente na Instrução Pública. Em meio a essa balbúrdia mental, desacertos com Heloísa azedavam-lhe o humor. Daí às explosões descontroladas seria um passo, como nesta carta à mulher:

> Esperei-a sexta-feira e sábado. Álvaro Paes me disse que você viria sexta-feira. Imagine se tenho razão para estar assustado. Para lhe ser franco, devo dizer que acho tudo isso muito irregular. Estou quase a pensar que seria melhor uma separação definitiva. Que diabo faz você em Palmeira? É irritante. Estaria melhor na rua do Macena, com sua família. Seria mais decente. Assim como você quer, a coisa tem a aparência de abandono.

Os ciúmes de Heloísa o aborreciam, mas ele reconhecia que as dificuldades financeiras complicavam as coisas. Tinham de evitar gastos, não passeavam nem davam festas. Heloísa questionou esse célebre ciúme em uma entrevista ao *Jornal do Brasil*, em 15 de junho de 1984:

– O Grace é que era ciumento, mas ele não admitia. Dizia que era zelo de todos os homens, e que a ciumenta era eu. Mas eu não me achava.

Seja como for, os problemas conjugais seriam café pequeno perto das tormentas que se prenunciavam.

UMA VÍTIMA DA ORDEM

No começo de 1936, telefonemas anônimos para a Instrução Pública procuravam, "com veladas ameaças", o endereço de Graciliano. Ele desprezou a intimidação, mas as chamadas continuaram, o que o levou a deixar um recado para os interessados: poderiam encontrá-lo diariamente na repartição, das 9 às 12 horas e das 14 às 17 horas. Se preferissem, teriam chance de achá-lo no Palácio dos Martírios até a meia-noite; após o expediente, revisava *Angústia*.

Apesar da frieza com que reagira às ameaças, intimamente se preocupava. Quem estaria por trás daquilo? Com certeza eram "picuinhas de algum inimigo débil".

Um fato estranho tinha sido a publicação, na coluna de José Silveira na *Gazeta de Alagoas*, em 8 de dezembro de 1935, de uma nota mencionando supostas irregularidades na Instrução Pública. Quatro dias depois, Graciliano remeteu uma carta a Silveira, em tom diplomático, esclarecendo o preenchimento das vagas na Escola Normal de Maceió. Segundo o colunista, muitos alunos foram excluídos por falta de critérios na seleção, e os matriculados ainda tiveram de pagar taxas. Graciliano confirmou que trezentos inscritos disputaram as 112 vagas fixadas pelo Decreto 1.898, mas assegurou que o processo de escolha observara rigorosamente o regulamento. Quanto às taxas, informou que nenhum aluno da rede pública era obrigado a pagar um centavo sequer para se matricular.

Ele aproveitou para prestar contas sobre sua gestão na Instrução Pública: aumento de matrículas no curso primário – de 9.691, em 1933, para 12.286, em 1934 –, menor evasão escolar, inauguração de uma biblioteca no grupo Diégues Júnior, além da distribuição de uniformes e sapatos. "Este ano [1935] só em um dia demos 3 mil metros de fazenda às crianças pobres daqui e do interior."

Na verdade, urdia-se uma trama contra Graciliano, através de intrigas e pressões.

Na noite de 21 de fevereiro, depois de assinar aquele que seria seu último despacho como diretor da Instrução Pública – designando professores para compor bancas examinadoras para o concurso de admissão ao curso normal em São José da Laje –, entrou em seu gabinete Rubem Loureiro, filho do governador. Acanhado, olhando pela janela que dava para o jardim do palácio, Rubem lhe explicou que Osman se encontrava em dificuldades e precisava substituí-lo no cargo, mas não queria demiti-lo sem motivo e, por isso, pedia o seu afastamento voluntário. "Evidentemente era aquilo o início de uma perseguição que Osman não podia evitar: constrangido por forças consideráveis, vergava; se quisesse resistir, naufragaria", diria Graciliano.

Não esperou um minuto para recolher papéis na gaveta e retirar-se. Mas não se demitiria; o governador é que teria de dispensá-lo. No fundo, não se surpreendera com a decisão de Osman. Em dois anos, haviam passado pelo cargo oito pessoas, e ele resistira por três anos, mesmo descontentando uns e outros, sem se dobrar às pressões. Até a execução do hino proibira. E não comparecera à solenidade pela Semana da Pátria, como registrara em carta a José Lins do Rego: "Isto por aqui está uma peste. Hoje a *Gazeta de Alagoas* me atacou porque não fui ouvir um discurso do Armando Wucherer sobre a pátria, no dia 7 de setembro. Imagine".

Os integralistas, cada vez mais influentes, deviam ter pedido a sua cabeça. Mas não só eles. E as "incapacidades abundantes" que seus atos na Instrução Pública vez por outra contrariavam? "Essas incapacidades deviam aproveitar-se de qualquer modo, cantando hinos idiotas, emburrando as crianças. O emburramento era necessário. Sem ele, como se poderiam aguentar políticos safados e generais analfabetos?"

Um redemoinho de aflições o fustigava. Sem emprego, teria de recomeçar a vida, de preferência longe de Alagoas; o casamento com altos e baixos; "uma penca de filhos, alguns bem miúdos" para sustentar; o romance a exigir-lhe suor até o ponto final; os integralistas doidos para tirar-lhe o sangue feito vampiros. Nem o revólver emprestado pelo poeta José Auto servia-lhe de proteção – com apenas três balas, estava escondido em uma gaveta, difícil de ser encontrado. Na carteira, um conto e duzentos para sobreviver.

Na manhã de 3 de março de 1936, depois de entregar os originais de *Angústia* à datilógrafa Jeni, Graciliano recebeu a visita desagradável de uma parenta. "Essa pessoa indiscreta deu-me conselhos e aludiu a crimes vários praticados por mim. Agradeci e pedi-lhe que me denunciasse, caso ainda não o tivesse feito. A criatura respondeu-me com quatro pedras na mão e retirou-se."

Duas pessoas o alertaram de que poderia ser preso a qualquer momento. A primeira foi Luccarini, seu ex-funcionário na Instrução Pública. E a segunda, Alberto Passos Guimarães, através de um bilhete que lhe fizera chegar. Na clandestinidade desde novembro, Alberto soubera que o recém-nomeado comandante da 7ª Região Militar, general Newton de Andrade Cavalcanti, ordenara um cerco aos "comunistas" nas capitais do Nordeste, inclusive Maceió.

"Newton Cavalcanti era integralista e tremendamente reacionário", recordaria Alberto. "Chegou ao conhecimento do partido que Graciliano era uma das pessoas visadas. Fiz um bilhete dizendo que se cuidasse porque havia o perigo de ser preso. Mas ele não deu bola."

Inexplicavelmente, Graciliano aguardou em casa que fossem buscá-lo.

> Se quisesse andar alguns metros, chegaria à praia, esconder-me-ia por detrás de uma duna, lá ficaria em segurança. Se me resolvesse a tomar o bonde, iria até o fim da linha, saltaria em Bebedouro, passaria o resto do dia a percorrer aqueles lugares que examinei para escrever o antepenúltimo capítulo do romance. Não valia a pena. Expliquei em voz alta que não valia a pena.

Nas *Memórias*, confessaria que o desalento com a vida era tamanho que a perspectiva de ser privado da liberdade não o perturbava tanto.

> Naquele momento a ideia da prisão dava-me quase prazer: via ali um princípio de liberdade. Eximira-me do parecer, do ofício, da estampilha, dos horríveis cumprimentos ao deputado e ao senador; iria escapar a outras maçadas, gotas espessas, amargas, corrosivas. Na verdade, suponho que me revelei covarde e egoísta: várias crianças exigiam sustento, a minha obrigação era permanecer junto a elas, arranjar-lhes por qualquer meio o indispensável. Desculpava-me afirmando que isto se havia tornado impossível.

Heloísa, que regressara a Maceió, ainda tentou dissuadi-lo a não se entregar, mas ele preferiu arrumar a mala. "No fundo era a ilusão do pequeno-burguês. Nem ele nem eu estávamos preocupados, achávamos que ele voltaria logo. Ele fez a mala com pijamas, cuecas, como se fosse voltar em poucos dias", observaria ela.

Um último apelo para que fugisse foi feito por seu filho Júnio, que, tal como o irmão Márcio, militava na União da Juventude Comunista. Em vão.

Às sete da noite, Graciliano recebeu, de terno e gravata, um oficial do Exército.

– Que demora, tenente! Desde meio-dia estou à sua espera.

– Não é possível! – espantou-se o oficial.

– Como não? Está aqui a valise pronta, não falta nada.

Reconheceu no tenente o mesmo homem que, um mês antes, fora à Instrução Pública pedir a aprovação de uma sobrinha reprovada no concurso para admissão ao curso normal. O oficial havia insistido para que se nomeasse uma banca especial para reexaminá-la, mas Graciliano terminantemente se recusara. Um dia da caça, outro do caçador.

O tenente testou a sua confiança:
— Vai apenas essa maleta? Aqui entre nós posso dizer: acho bom levar mais roupa. É um conselho.

Graciliano se despediu de Heloísa e entrou no automóvel desconfiado de que tinham cessado suas "prerrogativas bestas de pequeno-burguês".

* * *

Por que Graciliano foi preso?

Só é possível responder se considerarmos a brutalidade da coerção política após a rebelião de novembro. O aparato repressivo atuou com tal desenvoltura que escapou ao controle do Palácio do Catete. Sob a capa da manutenção da "ordem pública", o governo neutralizou as dissensões, esfacelou a esquerda e fez submergir a mobilização alcançada pela ANL.

As consequências do levante não poderiam ter sido mais funestas: a opinião pública massacrada pela propaganda anticomunista; a eficácia da ordem liberal contestada; e as forças democráticas acuadas e desmanteladas. Nesse quadro, as prisões em massa e os expurgos no serviço público e nas Forças Armadas encontraram eco junto à maioria silenciosa. Era preciso varrer do mapa o "perigo vermelho", vociferavam as altas patentes militares. Isso significava que o conceito de segurança interna deveria prevalecer sobre os direitos e garantias individuais.

Graciliano foi detido no "arrastão" comandado pelo general Newton Cavalcanti, um dos próceres da linha-dura no Exército e com quem o líder integralista Plínio Salgado se orgulhava de ter "amizade sincera e confiança recíproca", além da mais perfeita "comunhão de ideias e sentimentos relativos à salvação do Brasil das garras do comunismo, do capitalismo internacional e das sociedades secretas".

Os "arrastões" eram verdadeiras operações de guerra para prender, indiscriminadamente, suspeitos de terem colaborado com o levante. Estima-se que 35 mil pessoas tenham sido detidas, muitas delas sem processos formais. Na prática, o que se pretendia era retirar de circulação todo e qualquer cidadão que algum dia tivesse torcido o nariz para o governo Vargas — como era o caso de Graciliano. Para conseguir o seu intento, o comando militar estimulava as delações e valia-se tanto dos fichários da Polícia Política como dos informes dos chefes integralistas estaduais. Com base na Lei de Segurança Nacional, foram instaurados 6.998 processos, com indiciamento de mais de 10 mil pessoas, das quais 4.099 condenadas pelo Tribunal de Segurança Nacional.

Newton Cavalcanti fora designado para a 7ª Região Militar, sediada em Recife, no bojo do remanejamento no alto escalão do Exército. O objetivo era fortalecer a lealdade ao governo no momento em que se desencadeava a ação repressiva. Ligado ao integralismo e ferrenhamente anticomunista, ajudou a reorganizar a Liga de Defesa Nacional, convocando a nação para uma cruzada contra a "ideologia bolchevique": "Não é só a polícia que deve combater o comunismo. Somos todos nós. É o governo, são as famílias, é a sociedade, é cada cidadão".

Os métodos truculentos contra o "extremismo de esquerda" transformaram Cavalcanti em figura de proa do regime. "Não sei falar, só sei agir. Qualquer barulho comunista acabarei à bala", disse ele em Fortaleza. Com costas quentes, o general atropelou a justiça, ordenando que fossem novamente presas as pessoas soltas por *habeas corpus* concedidos por juízes de Natal e Maceió. "São elementos perniciosos à ordem pública e à estabilidade do regime", justificou.

É bem verdade que, mesmo prestigiado, Cavalcanti estava longe de ser uma unanimidade. O historiador e general da reserva Nelson Werneck Sodré, à época um jovem oficial que se opunha à marcha para a ditadura, era um dos que sentiam asco só de ouvir a sua voz. Para Sodré, a prisão de Graciliano – de quem se tornaria amigo em 1937 – foi "pura perseguição política":

> Não foram os problemas locais que determinaram a prisão de Graciliano; foram questões de ordem ideológica. Na Instrução Pública, ele seguia à risca os seus princípios, era igual para todos, premiava os que mereciam, defendia os professores – era um homem de primeira ordem. Havia desgostosos, pessoas que foram feridas em seus interesses. A tarefa de prendê-lo, o oficial a executou a mando do general Newton Cavalcanti, cujo nome eu evito declinar para que não sobreviva ao esquecimento. Mesmo quando escrevi o prefácio de *Memórias do cárcere*, não mencionei o nome dele; não quero salvá-lo da merecida obscuridade em que deve jazer. Foi um dos homens mais facinorosos e imbecis que esta terra já produziu, uma mancha no Exército brasileiro. Como comandante da 7ª Região Militar, e já adepto do integralismo, tratou de fazer uma limpeza de todos aqueles que suspeitava serem simpatizantes do comunismo. Nessa leva foi apanhado o Graciliano.

De fato, não havia motivos concretos para a prisão. Tanto que Graciliano jamais seria processado ou acusado publicamente por algum deslize.

Mas pretextos não faltavam, por mais tolos ou torpes que fossem. Poderiam imputar-lhe "graves" delitos de opinião, como escrever um ou outro artigo na imprensa alagoana criticando a situação dominante. Ainda assim, teriam dificuldade em indiciá-lo, porque não atacava ninguém diretamente nem ofendia a ordem constituída. Era sutil. Em 17 de fevereiro de 1935, por exemplo, alvejou os literatos que viviam a cortejar os poderosos, receitando "o sorriso como excelente remédio para a crise". Tal literatura, dizia ele, "é exercida por cidadãos gordos, banqueiros, acionistas, comerciantes, proprietários, indivíduos que não acham que os outros tenham motivo para estar descontentes".

Poderiam puni-lo também pelo "crime" de ser amigo de "subversivos" perigosos. Dois – Valdemar Cavalcanti e Alberto Passos Guimarães – seriam processados com base na Lei de Segurança Nacional. Rachel de Queiroz ficaria incomunicável, de outubro de 1936 a janeiro de 1937, em um quartel do Corpo de Bombeiros do Ceará.

Se tivessem violado a correspondência para Heloísa, talvez encontrassem elementos para trancafiá-lo por heresias contra os chefes de 1930. Vejam esta carta de março de 1935: "Tudo se esculhambou por causa da ideologia dos revolucionários marca Juarez Távora. Depois tudo se endireita, porque a revolução daqui foi miudinha, uma revolução besta, sem mártires, sem santos, sem doutores".

Na falta de provas documentais, poderiam invocar as mais disparatadas alegações: seus filhos Márcio e Júnio eram comunistas fichados; como diretor da Instrução Pública contrariara privilégios de figurões, despertando rancores; *Caetés* e *São Bernardo* não se enquadravam nos cânones morais e políticos vigentes; lia autores russos... Não fora ele que proibira o hino do estado nas escolas públicas e se recusara ao chamado patriótico do 7 de setembro?

Esse absurdo sumário de culpa deve ter passado pela mente de Graciliano. Horas antes de o tenente do Exército vir buscá-lo, especulava:

> É degradante. Demais eu estaria certo de não haver cometido falta grave? Efetivamente não tinha lembrança, mas ambicionara com fúria ver a desgraça do capitalismo, pregara-lhe alfinetes, únicas armas disponíveis, via com satisfação os muros pichados, aceitava as opiniões de Jacob [ativista em Maceió] [...]. E se quisessem transformar em obras os meus pensamentos, descobririam com facilidade matéria para condenação. Não me repugnava a ideia de fuzilar um proprietário. Era razoável que a propriedade me castigasse as intenções.

Horas depois, impotente diante dos coqueiros da praia de Pajuçara que desfilavam à janela do carro do Exército que o conduzia à cadeia, prosseguiria o interrogatório dentro de si. "Tinha-me alargado em conversas no café, dissera cobras e lagartos do fascismo, escrevera algumas histórias. Apenas. Conservara-me na superfície, nunca fizera à ordem ataque sério, realmente era um diletante."

* * *

De Pajuçara, Graciliano foi levado para o Batalhão dos Caçadores, onde estivera preso uma noite em 1930. O interrogatório deveria ser cheio de alçapões, pensava ele. Cartas e escritos comprometedores o apunhalariam pelas costas; testemunhas o desmascarariam. Mas ninguém o molestou nas horas passadas no quartel.

Na manhã seguinte, de chofre, o sentinela mandou que se preparasse para viajar. No trem ordinário da Great Western, rumou, com outros detidos, para Recife. Despedida imprevista – as estações sumiam no traçado da linha férrea. "Nenhuma saudade, nenhuma dessas meiguices românticas, enervadoras: sentia-me atordoado, como se me dessem um murro na cabeça."

Em uma das paradas, a lembrança mais dolorosa da viagem forçada. Um conhecido seu, o deputado e usineiro José da Rocha, que o vira de relance no vagão, informado de seu destino, exclamou:

– Comunista!

Engoliu em seco a palavra dita em tom de repulsa. "Este resumo aniquilava-me. Ingrato. E qualquer acréscimo, gesto ou vocábulo era redundância", assinalaria nas *Memórias*. "Absurdo: eu não podia considerar-me comunista, pois não pertencia ao partido; nem era razoável agregar-me à classe em que o bacharel José da Rocha, usineiro, prosperava. Habituara-me desde cedo a odiar essa classe, e não escondia o ódio."

Sempre achara o Exército "uma inutilidade". Paradas, ordens do dia e toques de corneta eram "uma chatice arrepiadora". Mas quando chegou preso ao Forte das Cinco Pontas, em Recife, pensou que seus movimentos dependeriam agora dos regulamentos e das imposições marciais. Poderia ter sido pior se o tivessem recolhido a uma cela – alojaram-no em um dormitório reservado a oficiais, em companhia do loquaz capitão Francisco Alves da Mata, também detido em Alagoas.

Para espantar o ócio, Graciliano anotava as ocorrências diárias desde Maceió, com letras bem pequenas, economizando ao máximo as poucas folhas de papel de que dispunha. "Só me abalanço a expor a coisa observada e sentida", diria ele nas *Memórias*, convencendo-se a registrar o testemunho direto do cárcere. "A cadeia não é um brinquedo literário. Obtemos informações lá fora, lemos em excesso, mas os autores que nos guiam não jejuaram, não sufocaram numa tábua suja, meio doidos. [...] Impossível conceber o sofrimento alheio se não sofremos."

No forte, travaria contato com o capitão José de Figueiredo Lobo, "moço grave, de olhos ligeiramente estrábicos, fumando por uma longa piteira". Encarregado dos presos políticos, Lobo transmitiu secamente as instruções, andando de um lado a outro, com gestos rijos. Parecia insensível e frio.

Na segunda visita, Lobo o deixou ressabiado ao dizer:

– Respeito as suas ideias. Não concordo com elas, mas respeito-as.

– Quais são as minhas ideias?

– Ora, ora! – resmungou o capitão, retirando-se.

Como se adiantara em condenar suas ideias? O que Graciliano não sabia é que Lobo, amante da literatura, conhecia-o de nome por ter lido e apreciado *Caetés* e *São Bernardo*. Mas, naquela incômoda situação, não podia quebrar a disciplina militar e perder-se em discussões literárias com um preso sob sua responsabilidade.

Por via transversa, evidenciou a admiração secreta pelo romancista, mandando apanhar em sua casa roupas de cama e toalhas limpas para ele. Diariamente, a pretexto de vistoriar o local, procurava estreitar a convivência. Percebia que Graciliano media as palavras para não se enredar. "Como bom nordestino, ele era muito desconfiado, julgava que meus diálogos eram para espioná-lo. Estava com horror à farda", relembraria, na década de 1970, o general reformado Lobo.

Aos poucos, Graciliano formou uma impressão favorável do oficial. "A linguagem clara, modos francos, às vezes estabanados, a exceder os limites da polidez incomum, diziam-me que ali se achava um homem digno." O caráter de Lobo ficou patenteado quando da saída de Graciliano do forte. Cumprida a formalidade de notificar os presos de que embarcariam no dia seguinte em um navio do Lloyd Brasileiro, para destino ignorado, Lobo discretamente ofereceu ajuda financeira a Graciliano – um cheque em branco a ser preenchido pelo prisioneiro e descontado no banco pelo próprio capitão.

Ajudante de ordens do general Euclides Figueiredo na Revolução Constitucionalista de 1932, Lobo tivera de se exilar, sendo depois anistiado. Também por isso se compadecia da situação de Graciliano. "Eu sabia que ele ia ser transferido para uma prisão no Rio de Janeiro", contaria o general reformado. "Ia viajar sem dinheiro, sem saber quanto tempo a viagem demoraria, quanto tempo ficaria preso, quando seria solto. Quis ajudá-lo com algumas economias que guardava no banco."

Perplexo, Graciliano se limitou a uma "recusa chocha", pensando estar sendo vítima de uma pilhéria. Lobo insistiu:

– Não lhe estou oferecendo dinheiro. Estou facilitando-lhe um empréstimo. E não é lá grande coisa, as minhas reservas são pequenas. Naturalmente não há prazo: paga-me lá fora quando se libertar. Sai logo, isso não há de ser nada.

Com "as orelhas em fogo", Graciliano abriu mão da oferta. "Achava-me diante de uma incrível apostasia, não me cansava de admirá-la, arrumava no interior palavras de agradecimento que não tinha sabido expressar."

O gesto humanitário calou fundo em seu coração. Aquele homem não se confundia com a imagem de "oficial do Exército opressor" que, até então, se embaralhava em sua cabeça. "A exceção nos atrapalha, temos de reformar julgamentos", admitiria.

Dias antes, Graciliano havia conhecido o protótipo da embófia na caserna: Newton Cavalcanti. Nas *Memórias*, sem citar o nome do general, descreveria a cena patética do único encontro entre ambos.

Finda a apresentação, o homem alto pregou-me um olho irritado:
– Comunista, hein?
Atrapalhei-me e respondi:
– Não.
– Não? Comunista confesso.
– De forma nenhuma. Não confessei nada.

Espiou-me um instante, carrancudo, manifestou-se:
— Eu queria que o governo me desse permissão para mandar fuzilá-lo.
— Oh, general! — murmurei. — Pois não estou preso?

Cavalcanti deu-lhe as costas com desprezo. A ameaça de ser fuzilado não chegou a traumatizá-lo.

Eu era bem insignificante e a minha morte passaria despercebida, não serviria de exemplo. E se me quisessem elevar depois de finado, isto seria talvez prejudicial à reação: dar-me-iam papel de mártir, emprestar-me-iam qualidades que nunca tive, úteis à propaganda, embrulhar-me-iam em folhetos clandestinos, mudar-me-iam em figura notável.

Meia-volta volver. Como um exercício militar, os presos de Alagoas foram para o Norte; de Recife, um giro de 180 graus em direção ao Sul. Sob intenso calor, embarcaram no vapor *Manaus*, "um calhambeque horrível". Em alto-mar, o capitão Mata descobriu que estavam sendo recambiados para o Rio de Janeiro.

Durante os dias de encarceramento no Forte das Cinco Pontas, nenhum interrogatório nem vestígio de processo. Por que as autoridades se comportavam daquele jeito? Pelo menos, pensava Graciliano ainda no cais, havia sido bem tratado. Não tardaria a queimar a língua.

O *Manaus* equivaleu a um afogamento nas trevas. No primeiro degrau da escada para o porão, Graciliano sentiu um objeto roçar-lhe as costas — a pistola de um guarda que, sadicamente, espetava-o, com o dedo no gatilho. Apavorado, apressou os passos para juntar-se à multidão de presos pelos corredores, animais enxotados para as jaulas.

Ao entrar no porão, lívido, o segundo choque:

Certamente a perturbação visual durou um instante, mas ali de pé, sobraçando a valise, a abanar-me com o chapéu de palha, tentando reduzir o calor, afastar o cheiro horrível de suor e amoníaco, um pensamento me assaltou, fez-me perder a noção de tempo. Que homens eram aqueles que se arrumavam encaixados, tábuas em cima, embaixo, à frente, à retaguarda, à esquerda, à direita? Imaginei-os criminosos e vagabundos.

A maioria havia sido presa em Recife e Natal após a insurreição de novembro, inclusive os membros do meteórico governo revolucionário do Rio Grande do Norte. Em meio ao fedor e à fornalha, as visões mais horripilantes lhe atravessaram os olhos, na madrugada passada em claro. Homens amassados sobre malas e trouxas, ou simplesmente arriados no chão infecto. Um negro a masturbar-se sem pudor. Centenas de redes se embaralhando, no milagre da multiplicação do espaço. "Tínhamos de andar em zigue-zagues e curvaturas, evitando os choques dos balanços, passando por baixo dos punhos. A porcaria aumentava consideravelmente."

Estirado em uma tábua de madeira, Graciliano engatinhou para alcançar um copo de água que aplacasse a garganta seca. Nos acessos ao convés, revezavam-se os olhos vigilantes de 45 praças armados de fuzis-metralhadoras.

Na breve escala em Maceió, um conhecido conseguiu passar-lhe um pacote com roupas, a mando de Heloísa, que tentara em vão avistá-lo. Por um instante, o coração apertou: e os filhos, como estariam? O vapor zarpou mudo.

Dali até o desembarque no Rio, com passagem por Salvador, Graciliano ouviu discussões estéreis sobre a Aliança Nacional Libertadora; relatos repetitivos sobre a rebelião de Natal; conselhos para evitar a ação dos larápios que se misturavam aos revolucionários. Na barafunda do porão, havia também vagabundos e ladrões. As diferenças sociais suprimiam-se. Propositalmente, a repressão nivelava homens que queriam mudar o mundo e homens que viviam para roubar o mundo. Amontoados, desqualificavam-se todos.

Graciliano sofreu com a comida intragável, o odor insuportável de urina, os enjoos, as dores na perna operada anos antes e uma hemorragia intestinal. Arranjou papel e lápis para prosseguir nas anotações, mal acomodado em um cubículo cedido por um padeiro, onde havia um beliche, mesa estreita e cadeira. E se afligiu por estar ali, quando lá fora muitas pessoas se apinhavam sobre malotes e trouxas. Difícil empreitada no ambiente sórdido, com gente a bisbilhotar-lhe da porta. A cabeça escapulindo da tarefa. Nem os goles de aguardente, comprado pelo triplo do preço no comércio clandestino que prosperava no *Manaus*, conseguiram tornar o trabalho menos vagaroso.

* * *

Quando o navio entrou na Baía de Guanabara, em 14 de março de 1936, correram como faíscas rumores de que o itinerário terminaria na temida Colônia Correcional de Dois Rios, na Ilha Grande. "A mais simples referência ao desgraçado lugar gelava as conversas e escurecia os rostos", contaria Graciliano. Rebate falso. Atracaram no cais da praça Mauá. Centenas de curiosos se postavam no salão de desembarque para ver a chegada dos 116 presos – 114 homens e duas mulheres. Olhavam-nos como a bichos no zoológico.

Desde que Prestes e sua mulher, Olga Benario, caíram nas garras do todo-poderoso chefe de polícia Filinto Strubing Müller, os êxitos na caçada aos "extremistas de novembro" disputavam as primeiras páginas dos jornais com a sangrenta ofensiva dos fascistas italianos na Etiópia. No dia seguinte à chegada dos presos ao *Manaus*, por exemplo, o *Correio da Manhã* noticiou o fato com a seguinte manchete: "Os sucessos de novembro". Dolorosa ironia.

Sob forte aparato de segurança, os prisioneiros foram transportados em lotações para a Casa de Detenção, na rua Frei Caneca, depois de perambularem por presídios superlotados. A falta de vagas nas cadeias era um problema tão grave que oficiais do Exército e da Aeronáutica, detidos após a rebelião, permaneciam no navio *Pedro I*, requisitado ao Lloyd Brasileiro e fundeado na Baía de Guanabara. Outra leva de "extremistas" ocupava os cárceres da Ilha das Flores.

Filinto orgulhava-se de, em quatro meses de trabalho insano, ter atirado nos xadrezes cerca de 3 mil pessoas supostamente envolvidas no levante, sendo 901 civis e 2.146 militares, e isso somente na jurisdição do Rio de Janeiro. O combate sem trégua à "subversão" contava com a colaboração de agentes do serviço secreto britânico e, dizia-se, da Gestapo de Hitler. Uma coluna de guerra que invadia, sem mandado judicial, casas e locais de trabalho, incentivava delações com benesses e obtinha confissões sob tortura. Advogados desdobravam-se por *habeas corpus*, inclusive para os estrangeiros que haviam participado da insurreição, como Harry Berger e sua mulher Elisa, Rodolfo e Carmen Ghioldi e Olga. Os pedidos eram sistematicamente negados por um Poder Judiciário cujas prerrogativas definhavam a cada dia.

Alheia aos castigos infligidos aos presos políticos, a maioria da população enfrentava o arrocho da política econômica do ministro da Fazenda, Oswaldo Aranha, que concedia facilidades cambiais aos bancos. O Rio mal se refizera das enchentes de verão e já se anunciava um inverno rigoroso. Os letreiros dos cinemas talvez fossem o termômetro mais confiável para medir a pressão atmosférica, exibindo filmes como *A dança dos ricos*, *Sublime obsessão* e *Calma, pessoal*.

Vamos reencontrar Graciliano na fila para a triagem na Casa de Detenção. Apenas três funcionários preenchiam, com mau humor e impaciência, os prontuários da horda de nordestinos. O tumulto era inevitável. Na sua vez, o questionário empacaria no item "religião".

– Pode inutilizar esse quesito.

– Não posso fazer isso. Todos se explicam.

– O senhor não vai me convencer de que eu tenho uma religião qualquer. Faça o favor de escrever. Nenhuma.

Depois de muita relutância, o funcionário, irritado, anotou, no espaço em branco, a palavra sugerida pelo preso. Vencido o óbice, Graciliano perguntou por que fora assinalada, à margem de sua ficha, uma cruz a lápis vermelho.

– Quer dizer que o senhor vai para o Pavilhão dos Primários. É uma prisão diferente.

Que vantagem poderia auferir com aquilo? Ressabiado, indagou a um guarda que o escoltava:

– Melhor ou pior que isto aqui?

– Melhor, melhor. Vivem lá cantando e berrando como uns doidos.

UM ESTRANHO NO NINHO

O pavilhão, em forma de U, era uma construção ampla, de dois andares, com cinquenta cubículos, onde se comprimiam cerca de duzentos presos envolvidos na insurreição, a maioria jovens militares. Dividiam os xadrezes com professores, médicos, jornalistas, advogados, sindicalistas, operários e funcionários públicos. Em uma cela dupla do pavimento superior, encontravam-se dez mulheres, entre elas Olga Benario, Beatriz Bandeira, Maria Werneck de Castro, Nise da Silveira, Eneida de Moraes, Elisa Ewert (com traumas mentais pelas torturas sofridas na Polícia Especial), Eugênia Álvaro Moreyra e Carmen Ghioldi.

Quando os prisioneiros do *Manaus* entraram no enorme salão do andar térreo, sujos, barbados e abatidos pela estafante viagem, foram apanhados de surpresa por uma ruidosa manifestação de boas-vindas. Passaram no meio de duas filas formadas por quarenta homens que, de punhos erguidos, cantaram o Hino Nacional, depois *A Internacional* e o Hino da Aliança Nacional Libertadora. O refrão deste último, superposto à melodia do Hino da Independência, era de arrepiar: "Aliança, Aliança/ Contra vinte ou contra mil!/ Mostremos nossa pujança/ Libertemos o Brasil!". A Graciliano não passara despercebido que os presos do comitê de recepção vestiam pijamas ou apenas cuecas, e usavam tamancos.

Apesar da precariedade das condições carcerárias – comida intragável, celas apertadas, higiene sofrível –, os presos haviam conquistado franquias. Podiam circular, até sete horas da noite, pelo pátio central, batizado de Praça Vermelha. O Coletivo, eleito democraticamente, não só os representava junto à direção do presídio, como organizava protestos e greves de fome. Cabia a ele fazer a ponte com o mundo exterior, através das famílias, e distribuir doces, frutas, bolos e biscoitos que as visitas traziam. Promovia também cursos de matemática, filosofia, marxismo, línguas, história e alfabetização, ministrados por prisioneiros ilustres como Rodolfo Ghioldi, Agildo Barata, os professores Leônidas de Rezende, Hermes Lima, Castro Rebelo e Luís Carpenter Ferreira, este com oitenta anos, e o médico Valério Konder. "Era necessário que tivéssemos todas as horas ocupadas", relembraria Eneida.

Uma solução engenhosa facilitava a comunicação entre a Praça Vermelha e as celas do segundo andar – inclusive a das mulheres. O "voador" era uma engrenagem semelhante à de um elevador, só que improvisada com linhas de crochê e carretéis transformados em roldanas. Bilhetes e exercícios dos cursos de marxismo ministrados por Ghioldi e Olga subiam e desciam discretamente entre os dois pavimentos.

Graciliano foi se ambientando com reserva e prudência. Conversava pouco, não se aproximava de grupos. "Contenho-me ao falar a desconhecidos, acho-os inacessíveis, distantes; qualquer opinião diversa das minhas choca-me em excesso; vejo nisso barreiras intransponíveis – e revelo-me suspeitoso e hostil. Devo ser desagradável, afasto as relações."

Uma adaptação de hábitos: aprendeu a equilibrar-se nos tamancos e a comer só com colher – garfo e faca eram luxos. A comida, aliás, causava-lhe fastio, mas a engolia para arrefecer a fraqueza contraída no *Manaus*. Ao sacrifício de dormir em colchão estreito e duro, somavam-se as picadas dos percevejos que infestavam a detenção.

À noite, acostumou-se a ouvir a P. R. ANL, a Voz da Liberdade, a "estação de rádio" improvisada pelos presos. O locutor oficial da Rádio Libertadora era o jovem médico Manuel Venâncio Campos da Paz Júnior, voz possante que lia o *script* do dia. O início das "transmissões" obedecia a um ritual: primeiro, todos cantavam *A Internacional* e, depois, o hino da ANL.

A criatividade da Libertadora encantou Graciliano. "Não era apenas um divertimento arranjado com o fim de matar o tempo e elevar o ânimo dos presos: vieram notícias de jornais, comentários, acerbas críticas ao governo, trechos de livros, o Hino do Brasileiro Pobre, algumas canções patrióticas, sambas."

O toque irreverente ficava por conta do jornalista Aparício Torelly, o Barão de Itararé, humorista de mão-cheia que dirigira o *Jornal do Povo*, empastelado pela polícia. Aporelly, como o chamavam, contava piadas satirizando a situação política do país. Só se referia, por exemplo, ao carrancudo general Góis Monteiro como "Gás Morteiro" e adorava compor paródias a músicas famosas como *Cidade maravilhosa* e *O orvalho vem caindo*.

Antes do toque de silêncio, a voz suave e doce de Beatriz Bandeira relaxava os espíritos, entoando canções francesas. Uma das preferidas era esta: "Não sei por quê/ Estás triste ao meu lado/ Sem nada dizer./ Sinto em mim o coração amargurado/ Na ilusão de um velho sonho reviver/ O silêncio que nos fala do passado". Décadas depois, emocionada, Beatriz recordaria: "Durante bastante tempo não dei grande valor àquele meu hábito de cantar para os colegas de prisão. Hoje, guardada a distância crítica, posso entender melhor como a música tinha o poder mágico de união, de identificação. O cárcere ficava menos árido".

Rodolfo Ghioldi, encarregado pelo Coletivo de saudar os revolucionários do Nordeste, foi um dos primeiros presos a espicaçar a curiosidade de Graciliano. De cueca, subiu alguns degraus da escada e arrancou aplausos e lágrimas ao proclamar, em um arrebatado discurso de trinta minutos, em sonoro castelhano, sua crença inabalável na vitória das forças democráticas contra o fascismo, aqui e no exterior.

Graciliano se tomou de verdadeiro espanto com a facilidade de expressão daquele homem franzino e carismático. E o procurou em sua cela para parabenizá-lo. Ghioldi, com ardor cívico, cumprira a tarefa confiada pelo Coletivo. Na verdade, não acreditava em uma só das palavras triunfalistas que pronunciara – ele sabia que Hitler, Mussolini, Franco e Salazar, bem como seus discípulos no governo brasileiro, ainda estavam longe de perder terreno. Mas cedera aos argumentos de que era preciso incutir ânimo nos companheiros. Por isso, mentiu quando perguntado por Graciliano se tinha convicção no que acabara de falar em público.

– Eu acredito em rigorosamente tudo o que falei para vocês.

Graciliano insistiu:

– Não sei exatamente qual é a sua história, mas eu sou do Nordeste e conheço bem o meu povo. E esse é um povo que está tão atrasado, tão embrutecido pela miséria, que creio que não poderá fazer a revolução jamais.

Ghioldi tentou demovê-lo:

– O mujique russo era muito mais atrasado que o nordestino e, no entanto, fez uma revolução que vai mudar a face do mundo. A revolução não depende apenas do grau cultural de um povo. E sem esses camponeses russos, atrasados e embrutecidos, não teria existido a Revolução Russa.

Sem se convencer, Graciliano desviou o assunto.

* * *

Decorridas as primeiras semanas, Graciliano tratou de se mexer contra a depressão. Tomava aulas de inglês e rudimentos de russo, lia muito, jogava xadrez e pôquer, entabulava esquivas conversas literárias. Ficou assombrado com a rapidez com que o russo naturalizado brasileiro Rafael Kamprad, o Sérgio, entendido em filosofia e matemática, lia o que lhe caísse às mãos, sem se ater a pormenores ou extravasar emoções.

"Isso me desagradava. São as minúcias que me prendem, fixo-me nelas, utilizo insignificâncias na demorada construção das minhas histórias. [...] Comovo-me em excesso, por natureza, e, por ofício, acho medonho alguém viver sem paixões."

Já se podia ver Graciliano em pequenas rodas, ainda que calado e fumando. A primeira impressão que ele causara a Francisco Chermont, ligado à ANL e filho do combativo senador Abel Chermont, fora a de "um misantropo, quase hostil a qualquer convivência". Mas o tempo se encarregaria de modificar aquele conceito. "Embora de temperamento retraído, Graciliano gostava de ouvir tudo o que lhe contávamos. Falava baixo e pausadamente. Nós o estimávamos por sua modéstia e compostura."

Com Hermes Lima, a identificação foi imediata.

– O senhor, aqui? – reagiu Graciliano, ao ser apresentado ao professor, a quem conhecia de artigos na imprensa.

– Passei a noite nessa miséria só para satisfazer a vontade de saudá-lo.

Graciliano riu e, segundo Hermes, soltou um palavrão simpático que era bom começo de amizade. Daí em diante, os dois eram vistos sempre juntos. "Hermes Lima foi a pessoa mais civilizada que já vi", diria. Admiração recíproca:

> Graciliano aparentava asperezas de mandacaru e era, pessoalmente, seco de físico e de maneiras. Elas o defendiam da mistura, da promiscuidade, defendiam seu direito não tanto de ser só como de ser ele próprio. Precisava dar crédito, sentir afinidade, para vencer, de alguma sorte, o pudor de falar de si mesmo.

Talvez Hermes não imaginasse que, por trás do Graciliano introvertido, a vagar de pijama, silencioso, pelos corredores, estava um arguto observador da espécie humana confinada no Pavilhão dos Primários. Com olhos de lince, fixou personalidades e sensibilidades. Apreendeu, no mundo infame do presídio, dramas, aspirações, frustrações e destroços, ocultos ou visíveis. Como se fosse um rastreador da alma alheia, averiguou palavras e gestos, cotejou reações, dissimulações e verdades.

Nessa galeria de seres esculpidos por um artista exigente, perfeccionista, às vezes compreensivo e geralmente mordaz ou amargo, vão-se sucedendo contrastes morais, intelectuais e políticos, inclusive de próceres comunistas.

Rodolfo Ghioldi:

> Era Rodolfo que nos amparava no desânimo. [...] Enquanto ele discorria, eu lhe examinava as gengivas, banguelas, os dentes escassos. E zangava-me. Estupidez invalidar uma criatura assim, matar uma inteligência. Fraco e doente, Rodolfo nos animava.

Agildo Barata:

> Esquisita pessoa, Agildo. Minguado, mirrado. A voz fraca e a escassez de músculos tornavam-no impróprio ao comando. A sua força era interior. Dizia a palavra necessária, fazia o gesto preciso, na hora exata.

Antônio Maciel Bonfim, o Miranda, ex-secretário-geral do PCB acusado de delatar camaradas sem o menor escrúpulo:

> Sabia dizer tolices com terrível exuberância. Se lhe faltava a expressão, afirmava a torto e a direito, desprezando o contexto, vago e empavonado: "Isto é muito importante". Isso me incomodava e aborrecia. Pois aquele animal do interior, sertanejo baiano, estava assim vazio, não tinha nada para comunicar-nos além da importância cretina?

Aparício Torelly:

> Tencionava compor a biografia do Barão de Itararé. [...] Correram semanas. Não se resolvia, porém, a iniciar a obra, coordenar as ironias abundantes que lhe fervilhavam no interior. Absorvia-se na improvisação, exibia fragmentos já lançados no hebdomadário. Impossível dedicar-se a tarefa longa, julguei.

Castro Rebelo:

> Meia-idade, nariz semítico, falava martelando o pormenor e detestava conclusões apressadas. A erudição acompanhava-o nos casos mais simples.

Leônidas de Rezende:

> Vivia retraído, murcho, deitado, a engordar, logros e desânimos ocultos debaixo da coberta; distinguiam-se apenas um olhar cansado e um sorriso fraco.

Eneida de Moraes:

> Quem seria aquela mulher de fala dura e enérgica? [...] Quem seria a criatura feminina de pulmões tão rijos e garganta macha?

Referiu-se, com fina ironia, aos militares que participaram do levante no Rio e que, na cadeia, mantinham-se ajustados ao molde dos quartéis:

> Tinham sido eliminados do Exército, mas ainda vestiam farda, guardavam hábitos da caserna; eram assíduos na ginástica, não se tinham eximido à hierarquia e à disciplina; deram-me a impressão de olhar para os paisanos com desdém, julgá--los fracos e imóveis; o espírito de casta ainda permanecia.

A Luiz Carlos Prestes, Graciliano reservou três páginas simpáticas, que oscilavam entre o ceticismo sobre a Coluna (ainda que destacando o mérito da rebeldia contra a ordem instituída) e o magnetismo pela "figura de apóstolo" que reconhecia no líder comunista encarcerado pela ditadura Vargas:

> Eu não tinha opinião firme a respeito desse homem. Acompanhara-o de longe em 1924, informara-me da viagem romântica pelo interior, daquele grande sonho, aparentemente frustrado. Um sonho, decerto: nenhum excesso de otimismo nos faria ver na marcha heroica finalidade imediata. Era como se percebêssemos na sombra um deslizar de fantasma ou sonâmbulo. Mas essa estranha figura de apóstolo disponível tinha os olhos muito abertos, examinava cuidadosamente a vida miserável das nossas populações rurais, ignorada pelos estadistas capengas que nos dominavam. Defendia-se com vigor, atacava de rijo; um magote de vagabundos em farrapos alvoroçava o exército, obrigado a recorrer aos batalhões patrióticos de Floro Bartolomeu, ao civismo de Lampião. Que significava aquilo? Um protesto, nada mais. Se por milagre a Coluna alcançasse a vitória, seria um desastre, pois nem ela própria sabia o que desejava. Sabia é que estava tudo errado e era indispensável fazer qualquer coisa. [...] Depois de marchas e contramarchas fatigantes, o exílio, anos de trabalho áspero. E quando, num golpe feliz, vários antigos companheiros assaltaram o poder [Revolução de 1930] e quiseram suborná-lo, o estranho homem recusava o poleiro, declarara-se abertamente pela revolução.

Os nervos de Graciliano foram colocados à prova na estreia como membro do Coletivo. A contragosto aceitara a eleição, temendo não se ajustar a certos métodos de decisão. "Afirmativas enérgicas, lançadas por duas ou três pessoas, bastavam para fingir um julgamento coletivo." Fora assim quando Bagé, um dos mais exaltados, praticamente impusera no grito uma greve de fome inconsequente. Ghioldi discordara da intempestiva proposta, mas se curvara à deliberação de uma maioria questionável.

Das cinco sugestões apresentadas por Graciliano à discussão, quatro foram derrubadas. O estivador Desidério, porta-voz da ala obreirista, desdenhou:

– Besteira. O companheiro é um burocrata e está querendo meter dificuldades no trabalho.

A ira recalcada por pouco não transbordou, mas preferiu a resistência passiva à contenda verbal. "Aceitei o revés como quem bebe um remédio amargo." Não adiantaria revidar porque a lógica de Desidério era compensatória – a sua posição de superioridade no Coletivo descontava a inferioridade intelectual e social.

Em outra ocasião, o autocontrole não funcionou. Desde a chegada dos militares presos no navio *Pedro I*, o esquema das refeições mudara. Os faxineiros

do presídio apenas traziam os caixões de comida, que passou a ser servida por alguém escolhido pelo Coletivo. Naquele dia, era o capitão Euclides de Oliveira, que nos tempos de caserna brindava os colegas com Bach e Mozart no violão. Na sua vez, Graciliano propôs a Euclides trocar uma banana e uma laranja por duas bananas, com o que não concordou o capitão. Ao vê-lo parado na fila, impedindo a passagem dos outros presos, Euclides perguntou:
— Que é que há?
— Estou esperando a sobremesa.
— Já dei.
— Perfeitamente. Deu, mas não concordou em trocá-la. Eu restituí, não se lembra?
— Já dei.
— O senhor está equivocado. Ora essa! — disse Graciliano, indignado. — O senhor julga que lhe venho furtar duas bananas? Que é isso?

Em meio ao alvoroço, Graciliano voltou à cela, onde, em um acesso de cólera, jogou o prato no chão. Outro preso, o capitão Walter Pompeu, recriminou-lhe a grosseria contra Euclides, sendo prontamente rechaçado:
— Ele é que foi grosseiro comigo.
Pompeu caiu na asneira de dizer:
— E depois ele é um capitão do Exército. Você devia pensar nisso.
Graciliano se ergueu tomado de ódio:
— Um capitão do Exército, sim, senhor. Devia ter pensado. Você também é capitão. Na sua presença ficamos de pé, firmes, em posição de sentido, fazendo a continência. Somos cabos. "Pronto, seu capitão!" É o que vocês desejam. Capitães. Gente horrorosa. Vocês são todos umas pestes.

* * *

Nesse instante, Euclides entrou no cubículo para desculpar-se pelo ocorrido, entregando-lhe as duas bananas. Surpreendido com o gesto, Graciliano assistiu impassível aos dois capitães retirarem-se após o incidente. "O meu juízo a respeito dos militares desmoronava-se, um sujeito de farda aplicara-me lição bem rude."

Testemunha do episódio, o então tenente da Aviação Gay da Cunha consideraria circunstancial a animosidade para com os militares: "Nós, os tenentes e capitães presos, éramos muito jovens, tínhamos a metade da idade dele e a arrogância da juventude". Apolônio de Carvalho, outro ex-tenente, concordaria com Gay: "Graciliano tinha o senso da dignidade, de autonomia e independência, mas também traços de militante. Claro, ele não podia aprovar a atitude dos militares, ainda mais que olhávamos os outros prisioneiros com o queixo erguido, prepotentes".

* * *

Na primeira semana de maio de 1936, Heloísa de Medeiros Ramos deixou os filhos pequenos com o pai e a irmã Helena em Maceió e tomou um vapor para o Rio. Dois meses praticamente sem notícias de Graciliano. O único sinal de vida fora um bilhete enviado em 27 de março, que, antes de ser postado, passou, como de praxe, pelo crivo dos censores da Delegacia Especial de Segurança Política e Social. Nele, Graciliano falava sobre o dia a dia na prisão:

> Heloísa: Até agora vou passando bem. Encontrei aqui excelentes companheiros. Somos 72 no pavilhão onde estou. Passamos o dia em liberdade. Hoje comecei a estudar russo. Já você vê que aqui temos professores. O Hora estuda alemão. Entre os livros existentes, encontrei um volume do *Caetés*, que foi lido por um bando de pessoas. Companhia ótima. Se tiver a sorte de me demorar aqui uns dois ou três meses, creio que aprenderei um pouco de russo para ler os romances de Dostoiévski. Nas horas vagas jogo xadrez ou leio a *História de Portugal*. Julgo que sou um dos mais ignorantes aqui. Pediram-me uma conferência sobre a literatura do Nordeste, mas não tenho coragem de fazê-la. As conferências aqui são feitas de improviso, algumas admiráveis. Tudo bem. As camas têm percevejos, mas ainda não os senti. Quanto ao mais, água abundante, alimentação regular, bastante luz, bastante ar. E boas conversas, o que é o melhor. Não lhe pergunto nada, porque as suas cartas não me seriam entregues. Abraços para você e para todos. Beijos nos pequenos.

O Rio de Janeiro foi uma aventura para Heloísa. Aos 26 anos, partira sozinha para uma grande cidade desconhecida, com um conto de réis na bolsa. O convívio com Graciliano havia mudado a cabeça dela, tornando-a uma mulher consciente politicamente. "Grace nunca dizia para eu pensar dessa ou daquela forma, pois tinha horror ao tom professoral. Recomendava-me a leitura de alguns livros ou então contava as coisas e esperava o efeito. Foi assim ao me explicar a Revolução Russa. Fui compreender Marx dessa forma."

Logo ao desembarcar, Heloísa se hospedou no Hotel Catete, onde estava a madrinha de Helena, dirigindo-se em seguida ao complexo penitenciário da Frei Caneca para obter o cartão que lhe daria acesso ao Pavilhão dos Primários. As visitas eram restritas a um dia da semana, por apenas trinta minutos. Ansiosa por se comunicar com o marido, deu uma gorjeta a um guarda para entregar-lhe um envelope fechado.

Ao abri-lo, Graciliano se transtornou. Heloísa colocara dentro do envelope uma fotografia dos três filhos do casal. "Num assombro, olhei as figurinhas distanciadas por tantos sucessos imprevistos; devo ter ficado minutos sem nada entender, suspenso", confessaria. "Num instante as crianças me apareceram vivas e fortes: tinham deixado a praia, a areia branca de Pajuçara, feito longa viagem, transposto diversas grades – e estavam no cubículo 35."

Atrás da foto, Heloísa escrevera algumas linhas, informando que chegara ao Rio e iria visitá-lo. Em uma reação incompreensível, e por ele próprio definida como bestial, Graciliano exclamou:

– Que diabo vem fazer no Rio essa criatura? Que estupidez!

A presença da mulher no Rio abalou os alicerces de um homem compulsoriamente entregue à inércia. "Percebi no aviso a ameaça de aborrecimentos e complicações inevitáveis", diria ele, com um pessimismo que logo se dissolveria como sal na água. O reencontro perturbava-o porque teria de encarar os embaraços causados por sua prisão à família e ao próprio casamento. "Medonho confessar isto: [na prisão] chegamos a temer a responsabilidade e o movimento."

A realidade exterior, de repente, invadia o seu exíguo espaço existencial, reavivando um turbilhão de inquietações adormecidas. Problemas conjugais voltariam a aflorar? Como poderia sustentar a família com alguns mil-réis esgotando-se no bolso? Por que submeter Heloísa à dureza da vida no Rio e às hostilidades da burocracia policial? Como ser o mesmo homem se os seus desejos sexuais, inexplicavelmente, haviam desaparecido? "Achava-me inútil: não serviria para nada à criatura. Para nada, para nada. Repetia essa convicção obtusa", afirmaria nas *Memórias*.

No dia da visita, as perturbações caíram por terra – mais uma evidência de que o ceticismo crônico não era para ser levado muito a sério. Desde cedo, contava os segundos na expectativa de revê-la. Ao ser chamado à secretaria, arrumou-se depressa e saiu em disparada pelo pátio, onde "os pardais se escondiam nas ramagens curtas e mofinas, educadas a tesoura".

De longe, avistou Heloísa, sentada em um dos bancos largos, e sentiu o coração apertar ao vê-la chorando, exatamente como na despedida na estação da Great Western, em Maceió. O longo abraço de saudade arrancou lágrimas também de Luccarini, antigo auxiliar de Graciliano na Instrução Pública, que, em tratamento de saúde no Rio, decidira prestar-lhe solidariedade e a distância observava a cena.

Heloísa contou a Graciliano que, em 7 de março, enviara a Benjamín de Garay o conto "A testemunha". Em uma carta a lápis, escrita no Forte das Cinco Pontas, recomendara à mulher que não esquecesse de providenciar a remessa. E até a primeira visita permanecera na dúvida se o conto seguira para Buenos Aires. "Permitiria o correio, obediente à censura, a exportação dessas letras? Era uma história repisada, com voltas infinitas em redor do mesmo ponto, literatura de peru." Traduzido por Garay, "A testemunha" foi publicado em junho de 1936 em *El Hogar*.

* * *

Determinada a guerrear pela libertação do marido, Heloísa percorreu os Ministérios da Guerra e da Justiça, o Palácio do Catete e a Chefatura de Polícia em busca de dados sobre sua situação penal. Estupefata, comprovou a inexistência de qualquer acusação formal ou processo.

A mesma iniquidade, diga-se de passagem, o regime praticou contra os professores Hermes Lima, Castro Rebelo, Leônidas de Rezende e Luís Carpenter. Como Graciliano, foram privados da liberdade e escorraçados, sem responder sequer a um interrogatório. Em seu livro de memórias, Alzira Vargas do Amaral Peixoto, filha e auxiliar direta de Getulio Vargas, apresentou as razões apontadas pelo pai para comprometer-se com essa ignomínia. Vargas lhe teria dito: "Foi uma exigência dos chefes militares. Consideraram uma injustiça serem punidos os oficiais presos de armas na mão, enquanto os instigadores de tudo, os intelectuais que pregavam as ideias subversivas, continuavam em liberdade."

As mulheres dos prisioneiros, organizadas em comitê, não esmoreceram na resistência ao arbítrio. Como elementos de ligação, levavam e traziam cartas e relatórios, estabeleciam contatos com parlamentares, personalidades e advogados, arrecadavam fundos, denunciavam os maus-tratos e apoiavam as famílias. "Eram tantas as tarefas que não sentia o tempo passar", diria Heloísa.

Ela e Maria Barata, mulher de Agildo, costumavam levar manifestos com reivindicações ao deputado Café Filho, que os divulgava na Câmara. Convencida de que estava sendo seguida por policiais, Heloísa tomou cuidado para não descobrirem onde morava – na pensão não sabiam que era mulher de preso político. Pegava três conduções para ir do presídio ao Catete, procurando fazer itinerários diferentes.

As visitas semanais movimentavam o Pavilhão dos Primários. A ansiedade dos presos era tanta que muitos acordavam de madrugada para iniciar os preparativos. Os homens barbeavam-se com esmero, vestiam roupas limpas e engraxavam os sapatos. Na ala feminina, os cuidados com a aparência eram redobrados: maquiavam-se e perfumavam-se para receber os maridos e parentes. Os casais mal podiam se tocar, dada a estreita vigilância, mas aproveitavam o tempo escasso para trocar afetos e esperanças, falar dos filhos, repassar notícias e saborear um chocolate que fosse juntos.

Para agradar Graciliano, Heloísa ia sempre arrumada, cabelos penteados e unhas feitas. Os dois haviam se reconciliado plenamente – se é que algum dia tinham deixado de apostar que caminhariam juntos. Ela exultou ao informá-lo de que providenciara a remessa por via aérea dos originais de *Angústia*, por insistência do editor José Olympio. Ao ser preso em 3 de março, Graciliano havia finalizado o livro, mas não o despachara para o Rio, pois faltava conferir a cópia datilografada com os manuscritos. Preocupado com a possibilidade de a polícia revistar seus pertences, pedira à mulher que enterrasse os papéis no quintal da casa de sua irmã Otília – exatamente como ocorrera com *Caetés* em 1930.

Ao saber que *Angústia* estava na composição, Graciliano temperou a satisfação com pitadas de descrença. "A edição encalharia no depósito, a amarelar, roída pelos bichos. Não se venderiam cem exemplares." Seu maior receio, porém, era de que o livro fosse apreendido, já que não passava de um "autor excomungado pelas normas vigentes".

Mas procurou acalmar a preocupação, menosprezando o valor da obra. "Asilava-me numa esperança débil: a narrativa era medíocre, tão vagabunda que passaria facilmente despercebida. Os sujeitos da ordem não esbanjariam tempo com ela." A apoquentá-lo também a impossibilidade de fazer uma revisão final, para "suprimir as repetições e os desconchavos".

* * *

Em meados de junho, Heloísa cogitou viajar a Alagoas para rever os filhos. Graciliano estrilou:

— Se até agora não aconteceu nada com as crianças, é porque elas podem se aguentar sem você um pouco mais.

Ela não tardou a verificar o acerto de sua decisão de telegrafar ao pai comunicando que adiara o regresso. Em questão de dias, aumentaram os rumores de que vários presos da Casa de Detenção seriam levados para a Colônia Correcional Dois Rios, na Ilha Grande, litoral sul do estado do Rio de Janeiro.

O pânico tomou conta do Pavilhão dos Primários ao ser divulgada a lista de prisioneiros transferidos para a Ilha Grande. Nem Rodolfo Ghioldi se arriscou a fazer um discurso otimista: pronunciou duas ou três palavras de despedida. A Colônia Correcional era sinônimo de violências, torturas e até assassinatos. As celas se enchiam de medo a cada relação lida pelos guardas. "Quando a lista aparecia, chegava-me à grade, atento à leitura, esperando que me chamassem. Isto não se dava – e despedia-me dos homens em fila, a bagagem no chão, de banda, recolhia-me", recordaria Graciliano.

Incluído na primeira leva, Francisco Chermont voltou da Ilha Grande uma semana depois. Parecia um farrapo humano, a ponto de não ser reconhecido. O seu relatório sobre os horrores da Colônia demoliu a todos. O pavilhão se apagou em silêncio lúgubre.

Certa noite, um guarda surgiu no corredor para anunciar, com enfado, mais remanejados para a Ilha Grande. Habituado àquela chorumela, Graciliano não se apavorava tanto como no início. Se tivesse de ir, já teria ido. Ledo engano. Ao ouvir seu nome entre os convocados, estremeceu. O guarda lhe exibiu a relação datilografada – era um dos primeiros citados. "Mas por que diabo me mandavam para aquele inferno?", ainda se perguntaria.

Atarantado, arrumou a bagagem de qualquer jeito. As mãos frias e úmidas. Depois de se despedir dos companheiros nos cubículos, olhou em volta da Praça Vermelha e constatou que viajariam com ele os revolucionários de Natal. Mau agouro: o pesadelo do *Manaus* iria recomeçar?

A UM PASSO DO ABISMO

"Estado de guerra prorrogado por 90 dias." Essa era a manchete do jornal que Graciliano comprara na plataforma da estação da Central do Brasil, antes de entrar no trem que o levaria a Mangaratiba e, de lá, à Ilha Grande. A Câmara dos Deputados curvara-se à exigência das Forças Armadas, atirando o país ao precipício da ditadura. A justificativa dada por Getulio Vargas era cômica se não fosse séria: persistiam as ameaças "das centrais do comunismo internacional" à estabilidade das instituições.

Graciliano jogou o jornal no chão imundo do vagão. E pensou, indignado: "Guerra a quem, malandros? A quem, filhos de umas putas?".

Do Pavilhão dos Primários, ele e dezesseis presos – quatro nordestinos e doze paranaenses, a maioria oficiais – haviam sido levados para o Pavilhão dos Militares. Ali notaram sinais de que as coisas começavam a se degradar. Em celas apertadas e molhadas, recebiam café muito ralo e pães sem manteiga.

O nervosismo aumentou quando viram, em cubículos próximos, um amontoado de prisioneiros que acabavam de regressar da Ilha Grande. Não eram mais que trastes – corpos em chagas, cabeças raspadas.

– Vivemos lá como bichos – disse um deles, Tamanduá.

Ex-integrante do Coletivo, Medina cochichou no ouvido de Graciliano:

– Boa experiência, creia; material abundante. Seria magnífico você estudar aquilo.

Atormentado, Graciliano tentou evadir-se relendo as quarenta ou cinquenta páginas com anotações feitas sobre o Pavilhão dos Primários. Certamente os papéis não escapariam à revista na Ilha Grande. Onde ocultá-los na bagagem?

Após cinco dias de ansiedade, as dúvidas se dissiparam: todos partiriam para a Colônia Correcional. "Carregados de embrulhos, redes, malas e sobretudos, gente do Sul e do Norte, pobres-diabos, não valíamos nada, éramos lixo", avaliaria.

No trem de segunda classe, a viagem se desenrolou como um cortejo fúnebre. De que adiantava a paisagem deslumbrante da Costa Verde, a Baía de Sepetiba ao fundo, se o mandavam para o sorvedouro?

Da estação de Mangaratiba seguiram para o atracadouro, onde tomaram uma lancha para a ilha. No meio do mar, Graciliano atirou na água "as folhas de papel cobertas de letras miúdas". Meses de esforço inutilizados pelo receio de complicar-se ainda mais. Por um instante, ele se lembrou de que, no passado em Alagoas, costumava atear fogo a escritos que reputava ordinários.

Os devaneios foram interrompidos no confuso desembarque na Ilha Grande. A escolta policial rapidamente organizou a fila para que os presos se pusessem a caminhar até a Colônia. Ao se recordar do relato de Francisco Chermont sobre o acidentado percurso da primeira leva de prisioneiros – os que caíam eram açoitados pelos guardas –, Graciliano procurou o sargento para dizer que não poderia andar em marcha acelerada pelos doze quilômetros de serra. A perna operada doía como nunca.

O sargento lhe ofereceu um cavalo, mas, diante da recusa, ordenou à escolta que andasse devagar. Antes de afastar-se, o homem o aconselhou a guardar em local seguro todo o dinheiro que tivesse; se cometesse a tolice de levar apenas os 5 mil-réis consentidos, passaria fome na Colônia.

A cada pincelada, o quadro horripilante que o esperava ia adquirindo contornos nítidos. Se um sargento dissera aquilo, a realidade deveria ser muito pior. A penosa caminhada, a subir ladeiras, sob sol fumegante, agravou as dores. Como sempre fazia para se conter, mordeu os lábios até arrancar a pele. Em uma birosca à beira do caminho, o vício de fumar o impeliu a comprar um milheiro de cigarros e diversas caixas de fósforo. Os guardas, estatelados, não atinaram que aquilo era uma provisão para os dias de intempérie.

Vista à distância, a Colônia Correcional era uma agressão ao paraíso ecológico da ilha: enormes galpões junto aos quais cercas de arame farpado delimitavam o verdadeiro campo de concentração. Desde a rebelião de 1935, o número de presos confinados lá disparara de 298 para 1.388 em 1936.

"Por que me encontrava ali?", repetia-se Graciliano. "Impossível adivinhar a razão de sermos transformados em bonecos." Em minutos, recolheram de sua bagagem objetos pessoais, lápis e papel. Mas deixaram os cigarros e fizeram vista grossa aos mil-réis que excediam a cota permitida de dinheiro.

Antes de lhe rasparem a cabeça, vagou atônito pela imundície do galpão onde serviam a comida. Tábuas soltas em cima de cavaletes: as mesas. O ar empesteado pelo cheiro de algum animal morto. Atmosfera repugnante. Não tocou no prato.

Os presos acotovelavam-se em galpões sórdidos, seminus e tosquiados. Não se distinguiam ladrões e assassinos dos prisioneiros políticos – todos eram inimigos da "ordem pública". O relatório de Chermont a todo instante lhe azucrinava, pela brutal veracidade. Cerca de novecentos indivíduos em um curral de arame, desprovidos de hábitos civilizados: vestiam roupas pelo avesso, não aparavam as unhas, mal se lavavam, alimentavam-se como porcos e faziam as necessidades fisiológicas em uma pocilga infecta. "A educação desaparecera completamente, sumiam-se os últimos resquícios de compostura, e os infelizes procediam como selvagens. Na verdade, éramos selvagens", testemunharia.

O regime de trabalho forçado os obrigava a varrer o presídio, carregar tijolos e capinar. Alguns ajudavam na cozinha e cuidavam de um simulacro de horta – geralmente eram os homossexuais e/ou informantes. Os mais espertos, marginais de grosso calibre, atuavam como força auxiliar na disciplina e na repressão.

Ninguém ali tinha direitos, como enfatizou, aos berros, o chefe da guarda, "um tipinho de farda branca e vesgo":

– Escutem. Nenhum direito. Quem foi grande esqueça-se disso. Aqui não há grandes. Tudo igual. Os que têm protetores ficam lá fora. Ninguém vem se corrigir aqui. Vocês vêm morrer.

Apenas os doentes em estágio avançado escapavam das tarefas.

Sentindo dores atrozes, o corpo enfraquecido pelo jejum, Graciliano tentou imaginar para que raio de serviço o enviariam. O tenente o examinou de cima a baixo e acabou dispensando-o.

– Que idade tem o senhor? – perguntou um dos guardas.
– Calcule.
– 65 anos.
– Por aí, pouco mais ou menos – disse Graciliano.
Tinha apenas 43 anos.

* * *

Em meio ao sofrimento, Graciliano ganhou dois amigos, ambos ladrões. Gaúcho, um especialista em arrombamentos, fazia lembrar uma ave de rapina. Bastou conhecê-lo melhor para afeiçoar-se a uma criatura que não tinha o menor pudor de contar em minúcias seus golpes. Com 32 entradas na Casa de Detenção, orgulhava-se de ter aprendido com a própria mulher a técnica de destrancar fechaduras. "A firmeza, a ausência de hipocrisia, a coragem de afirmar, tudo revelava um caráter", sublinharia Graciliano.

Ele acabou se envolvendo em um incidente por causa de Gaúcho. Não suportando mais dormir sobre uma esteira no chão, comprou uma cama suja e fétida do ladrão, que, por sua vez, dela se apossara à força após a morte de um preso. Um dos comunistas nordestinos que integrava o Coletivo da Colônia o interpelou, dizendo que companheiros mais doentes precisavam da cama. Graciliano concordou em cedê-la, mas o homem ainda o admoestou:

— Você fala como se fosse dono dela. Quem lhe deu ordem?

Graciliano perdeu as estribeiras.

— A cama é propriedade minha, sim. Dei 7 mil-réis a Gaúcho por ela. Daqui não saio, entende? Sou um proprietário.

Com Cubano, "um sujeito de meia altura, encorpado, grave, de fala macia", a amizade percorreu um traçado sinuoso. Cúmplice dos guardas, ele tinha plenos poderes sobre a massa carcerária. Um cão de fila, na definição de Graciliano. Era dele o berro animal que atordoava os presos:

— Formatura geral!

Ao lado dos guardas, Cubano chamava um a um pelo número – o de Graciliano era 3.535 –, observando, ameaçador, os pobres coitados de braços cruzados. O ritual repetia-se várias vezes ao dia, com o claro propósito de aniquilar os prisioneiros. O sadismo era tanto que os guardas chegavam a ordenar 35 formaturas em um só dia.

O desprezo por Cubano começou a ser revertido no dia em que este exigiu de Graciliano que entrasse na fila para o almoço. A comida, como de hábito, repugnava-o, e ele preferia ir para a cama descansar. Cubano o vinha observando há tempos: a magreza excessiva, a fisionomia abatida, a mão sempre alisando a perna doente.

— Obrigado, não quero almoçar.

— Eu não estou perguntando se o senhor quer, estou mandando. Entre na fila.

Graciliano esbravejou contra a ordem.

— Eu não posso deixar o senhor morrer de fome. Vai à força.

Inesperadamente, os dois se atracaram, e a luta corporal só foi interrompida pelos gritos desesperados de um preso que saía de um galpão com a barriga sangrando. Desgrudado de Cubano, Graciliano desabafou:

— Vai para o inferno! Eu posso comer vendo uma desgraça desta?

Horas depois, mais calmo, concluiu que Cubano nada mais fizera senão manifestar-lhe apreço. Ao jeito violento dele, é verdade. "Tinha um coração humano, sem dúvida, mas adquirira hábitos de animal."

A partir daí, conversavam amiúde, e Cubano o dispensou das formaturas, guardou seus pertences em local seguro e, sabendo que Graciliano tencionava escrever sobre a prisão, apresentou-o a Paraíba, um vigarista da pior espécie que o abasteceria de histórias.

O Coletivo solicitou os préstimos de Graciliano para corrigir um relatório denunciando maus-tratos. Meticuloso, levou dois dias para dar a tarefa por encerrada, depois de gastar os últimos resíduos de paciência até convencer membros do Coletivo de que o texto precisava ser emendado em regra.

Extenuara-se com uma simples revisão. A saúde se arrasava vertiginosamente. Dores, náuseas, torpor. As pontadas de febre o emborcavam em delírios terríveis.

Não se aguentava em pé por muito tempo. "O meu fim estava próximo, com certeza. E abandonavam-me naquele inferno."

* * *

Heloísa soube da transferência para a Ilha Grande quase por acaso. Ao chegar à portaria da Casa de Detenção, ela não encontrou o guarda que costumeiramente levava frutas ou algum bilhete para Graciliano, em troca de gorjeta. Ainda o aguardou alguns minutos, mas acabou dirigindo-se ao policial de serviço, a fim de ter informações sobre o marido.

O homem de unhas grandes e pretas, depois de consultar a lista de detentos, disse:
– Minha senhora, não há ninguém preso aqui com esse nome.
Aturdida, ela replicou:
– Como não? É meu marido. Graciliano Ramos.
O nome realmente não constava na lista. Heloísa ficou sem ação. Já se encaminhava à rua quando ouviu alguém gritar à saída do presídio:
– Levaram o Graciliano para a Ilha Grande! Para a Ilha Grande!
A voz desesperada era do capitão José Brasil, companheiro de Graciliano no *Manaus* e no Pavilhão dos Primários. Ele estava sendo levado para o camburão, quando a viu e gritou, obrigando a escolta a agarrá-lo.

Heloísa sentiu calafrios. Em um lampejo, ligou para José Lins do Rego, que a mandou procurar o banqueiro Edgard de Góis Monteiro, ex-prefeito de Maceió, parceiro de Graciliano no pôquer e irmão do poderosíssimo general Pedro Aurélio de Góis Monteiro.

Ela voou para o escritório de Edgard no Banco de Crédito Real, na esquina das ruas Visconde de Inhaúma com Teófilo Otoni. O encontro foi rápido e tenso. Ao ouvi-la, o banqueiro alisou a cabeleira branca com força e exclamou:
– Querem matar o Graciliano!
Mas a acalmou:
– Pode deixar que hoje vou jantar com o Pedro Aurélio e tratarei disso. Vá para o hotel, tome uma Cafiaspirina e descanse. Aguarde notícias minhas.

Oito dias depois, Heloísa foi avisada de que o marido estava de volta à Frei Caneca.

* * *

Manhã de 29 de junho de 1936.
Aliviado com a certeza de que seria recambiado para o Rio, Graciliano descobriu um impacto de luzes e cores na Colônia Correcional.

No pátio branco, as árvores enfileiradas, marciais, despojavam-se das folhas amarelas, que voavam lentas na aragem branda. Havia no céu um desperdício de tintas. O negrume ferruginoso nos montes próximos ganhava tons dourados. E a distância, verdes e finas, as piteiras imergiam num banho luminoso.

No diálogo de despedida com o diretor suplente da Colônia, o gosto de vingança por tantas humilhações:

— Levo recordações excelentes, doutor. E hei de pagar um dia a hospitalidade que os senhores me deram.

— Pagar como?

— Contando lá fora o que existe na Ilha Grande.

— Contando?

— Sim, doutor, escrevendo. Ponho tudo isso no papel.

— O senhor é jornalista?

— Não, senhor. Faço livros. Vou fazer um sobre a Colônia Correcional. Duzentas páginas, ou mais. Os senhores me deram assunto magnífico. Uma história curiosa, sem dúvida.

Com o rosto crispado de sombras, o diretor afastou-se, resmungando:

— A culpa é desses cavalos que mandam para aqui gente que sabe escrever.

As quarenta páginas de anotações que havia escrito se perderam em um esconderijo no forro da cama. "Quando as achassem, haveria um fuzuê dos diabos." Na guarita da Colônia, abraçou demoradamente Cubano e Gaúcho, bandidos que humanizara com sua compaixão. Um dos soldados da escolta, com pena do seu estado lastimável, levou-o na garupa do cavalo até a lancha, sob chuva fina e intermitente.

Na Polícia Central, Graciliano foi novamente fotografado e fichado. Passou a noite na cela de um setor intermediário, com a impressão de estar ouvindo ao longe o rumor de vozes amigas como a de Rodolfo Ghioldi. Alucinação passageira. Os companheiros de Detenção haviam sido espalhados pela Frei Caneca: a liderança do Coletivo fora mandada para a galeria da Casa de Correção e cerca de oitenta prisioneiros, remanejados para a antiga Sala da Capela, transformada em pavilhão carcerário.

Na manhã seguinte, Graciliano tomou um susto ao mirar-se no espelho:

— Que vagabundo monstruoso!

De fato, a magreza, a falta de cabelos e as olheiras profundas davam-lhe uma aparência deformada. Exatamente como a de Francisco Chermont.

Ao entrar na Sala da Capela — imenso alojamento com dezenas de camas de um lado e de outro, uma mesa comprida ao meio, bancos corridos e janelas para o pátio –, teve uma surpresa agradável: lá estavam Aporelly, Castro Rebello, Leônidas de Rezende, Hermes Lima, Agildo Barata, Maurício de Lacerda, Roberto Sisson, Hercolino Cascardo, Apolônio de Carvalho, entre outros. Todos se comoveram ao vê-lo tão espezinhado fisicamente. Agildo o abraçou chorando e passou a mão na sua cabeça raspada como se afagasse uma criança.

Imediatamente, providenciaram biscoitos, maçãs, pães e bules de café, leite e chá, devorados sofregamente por um organismo debilitado. Depois de onze dias na Ilha Grande, dormiu o sono dos justos – e sem os lençóis manchados de hemoptises que cobriam os colchões da Colônia.

Parecia até o Pavilhão dos Primários. Os presos da Sala da Capela ainda discutiam sobre a rebelião de 1935 e a Guerra Civil Espanhola, esperavam notícias sobre os processos em julgamento no aberrante Tribunal de Segurança Nacional, jogavam xadrez e liam o quanto podiam. Alguns faziam exercícios sincopados; outros não se desgarravam das partidas de bridge. E um pequeno grupo entretinha-se fabricando cadeiras em uma improvisada oficina de carpintaria dentro de uma sala contígua.

Um dos primeiros a quem Graciliano se afeiçoou foi Antero de Almeida. Um dos jovens tenentes que participaram do motim no Forte de Copacabana em 27 de novembro de 1935, Antero estava preso na Sala da Capela depois de passar pela Casa de Detenção e pelas masmorras do navio *Pedro I*. A amizade nasceu depois que Graciliano soube que Antero era um dos poucos ali que sabia jogar *crapaud*, um jogo de paciência a dois, trazido da França. Passavam horas entretidos, conforme Antero:

> Graciliano era muito tímido, muito sossegado. Uma pessoa muito agradável, nada agressiva. Ele me chamava e dizia: "Vem cá, vamos jogar um crapozinho?". Não era de muita conversa nem de muitos amigos. Era seco, casmurro, mas de bom trato. Passava boa parte do dia escrevendo a lápis. De vez em quando falava sobre o que viu na Ilha Grande e nos outros lugares em que esteve preso, mas raramente nas rodas que se formavam na sala e no pátio.

As palestras sobre filosofia e marxismo continuavam sendo dadas, inclusive por Febus Gikovate sobre o polêmico Leon Trotski. Apesar de fazer restrições a Trotski ("a vaidade imensa me enojava; o terceiro volume da autobiografia dele me deixara impressão lastimosa"), Graciliano não tratava Gikovate com o desprezo de outros comunistas presos; pelo contrário, elogiaria a aplicação intelectual com que passava os dias a traduzir o que lia em francês, para se acertar com o português.

Graciliano custou a livrar-se das sequelas da Ilha Grande. As pontadas nas pernas tornavam a afligi-lo, o mal-estar prendia-o à cama. A primeira visita de Heloísa, porém, reanimou-o. Por mais que imaginasse os padecimentos do marido, ela se chocou com o seu estado, como registraria em carta ao irmão Luís Augusto, de 6 de julho de 1936:

> Achei-o envelhecidíssimo, se bem que se mostrasse alegre, querendo conversar coisas agradáveis. Quinta-feira o major Nunes [diretor da Casa de Correção]

levou-o a um médico a pedido de Grace. Foi examinado minuciosamente. Grace tinha quase certeza que estava tuberculoso ou cardíaco. O médico respondeu que tudo ia bem, apenas uma grande depressão nervosa.

Com a febre e as dores, Graciliano foi transferido, a pedido de Heloísa, para a enfermaria. Lá terminou os contos "O relógio do hospital" e "Dois dedos", enviados a Benjamín de Garay em Buenos Aires, e aguardou com enorme expectativa a publicação de *Angústia*, que estava sendo impresso depois de seguidos atrasos.

Garay enviara a Heloísa 100 mil-réis (25 pesos) pelo conto "A testemunha" – primeiro texto de Graciliano editado no exterior. Ao receber a notícia, resmungaria: "Diabo! A minha cotação lá é baixa. Em todo o caso isso veio em boa hora: estou sem dinheiro".

Tão importante quanto o pagamento, fora a intenção manifestada por Garay, em correspondência a Heloísa de 4 de julho de 1936, de iniciar entre os intelectuais argentinos, uruguaios, colombianos e paraguaios um movimento de solidariedade a Graciliano, exigindo de Vargas a sua libertação.

Em um dos cubículos da enfermaria, encontravam-se adoentadas Eneida de Moraes e Nise da Silveira. Com elas, Graciliano destravou a língua exorcizando os fantasmas da Colônia Correcional.

Eneida recordaria:

Na enfermaria, ele era o que merecia mais ternura de todos nós; no começo, ele me irritava, negava tudo o que eu afirmasse, inclusive em literatura. Se eu dizia bem da obra de Machado de Assis, ele resmungava: "Burro!". Se eu falava de Górki, repetia: "Burro!". Depois, tornamo-nos amigos. Um dia, mostrei-lhe, ainda na prisão, um de meus contos, e ele disse: "Desenvolve, trabalha, há matéria, e muito boa, para uma novela, sua burra".

Avisadas de que Heloísa iria novamente visitá-lo, Eneida e Nice armaram um complô para deixá-los a sós. Há seis meses as circunstâncias tolhiam o casal. Primeira providência: convencer Graciliano a mudar o pijama.

– Vai tomar banho, homem. Tua mulher vem te visitar hoje – disse Eneida com seu jeito austero e brincalhão.

De pijama trocado, os fiapos de cabelos molhados, parecia menos abatido, à espera de Heloísa.

Com a complacência do guarda de serviço, o português Bragança, os dois trancaram a porta de ferro do cubículo e se isolaram no amor.

* * *

A *Revista Acadêmica*, fundada em 1933 e dirigida por Murilo Miranda e Moacir Werneck de Castro, rompeu o silêncio acerca de Graciliano, noticiando o lançamento de *Angústia*, em agosto de 1936, com uma foto do autor no alto de página. Sensibilizados com o drama do romancista, diversos intelectuais movimentaram-se a seu favor. O crítico Octavio Tarquínio de Sousa exaltou em *O Jornal* as qualidades literárias demonstradas por Graciliano no novo livro. Anos depois, Tarquínio contaria ter pedido destaque para a resenha, como uma forma de demonstrar publicamente simpatia por um "escritor que estava sendo vítima da prepotência do governo".

Com tiragem de 2 mil exemplares, que renderia a Graciliano um conto e quatrocentos réis em um momento de aperto financeiro, *Angústia* chegou à enfermaria pelas mãos de Heloísa. A ansiedade terminara. Os poucos volumes foram distribuídos aos companheiros, mas depois ele se arrependeria de tê-lo feito, irado com os erros de revisão.

No maior segredo, Heloísa, Nise e Eneida organizaram uma festa para comemorar a publicação do romance. Com a anuência do major Nunes, alagoano e admirador do romancista, ajeitaram um almoço caprichado, juntando as mesas do salão e decorando a enfermaria com vasos de flores. Ao voltar do terraço, onde fora apanhar sol, Graciliano se espantou com os preparativos:

– Que presepada é esta?

Falou isso, mas não demorou a trocar de roupa e pentear os cabelos nascentes para participar ao seu modo da farra. Ranzinza, proibiu discursos: "Sou incapaz de juntar meia dúzia de palavras em público". Heloísa o deixou intrigado com o pacote cilíndrico e pesado que lhe trouxera de presente. Ao abri-lo, quase caiu para trás: uma garrafa de aguardente cuidadosamente enrolada em chusmas de algodão.

A ótima repercussão de *Angústia* era mais um motivo para a algazarra. Menos, é claro, para Graciliano, a reclamar pelos cantos pelas vírgulas esquecidas na composição e por palavras trocadas no texto publicado. (Quase uma década depois, em 12 de novembro de 1945, em uma carta a Antonio Candido, ainda praguejava: "Não se conferiu a cópia com o original. Imagine. E a revisão preencheu as lacunas metendo horrores na história. Só muito mais tarde os vi".)

Para Mário de Andrade, "*Angústia* como que revaloriza o pensamento com os botões, pondo afinal numa prática tangível a noção dos seres iguais". Jorge Amado acrescentou:

> São semiloucos os homens desse livro? Não, evidentemente não. São criaturas normais, estão bem situadas no tempo e no espaço, e o romancista, para nos dar essa angústia e essa amargura, não precisou fabricar figuras exageradas de alucinados, não precisou utilizar os figurinos de Dostoiévski: os seus heróis não falam por exclamações e por gestos.

Na opinião do crítico Dias da Costa,

> Graciliano, sem enfeites, sem fantasias, criou dois mundos maravilhosos: um, esse mundo objeto onde se movem Luís da Silva, Marina, Vitória, seu Ramalho, Moisés, Julião Tavares; outro, esse mundo exclusivo de Luís da Silva, onde ele se perde de vez em quando, vacilando angustiosamente entre a razão e a loucura.

Palavras que Graciliano reputou como "louvores fáceis". Chegou a dizer a Antonio Candido, na carta de 1945:

> Forjei o livro em tempo de perturbações, mudanças, encrencas de todo o gênero, abandonando-o com ódio, retomando-o sem entusiasmo. [...] Naturalmente seria indispensável recompor tudo, suprimir excrescências, cortar pelo menos a quarta parte da narrativa. A cadeia impediu-me essa operação. [...] Quando um modernista retardatário e pouco exigente me vem seringar amabilidades a *Angústia*, digo sempre: "Nada impede que seja um livro pessimamente escrito. Seria preciso fazê-lo de novo".

Apesar da autocrítica impiedosa e injusta diante da qualidade do romance, os elogios calaram fundo em um homem alquebrado e que vinha sendo pisoteado sem culpa. O reconhecimento da crítica deve ter ecoado ainda mais forte, porque *Angústia* era um de seus xodós. Por mais que repetisse que não tinha preferência por qualquer um dos livros, seu filho Ricardo sempre acreditou que ele morria de amores pelo romance:

> Falava nele de maneira diferente, o tom mudava e as palavras também, a gente notava. Um envolvimento maior, talvez uma ligação mais pessoal com o livro. Relendo suas dedicatórias familiares, que são sempre informais, bem-humoradas e tendentes à glosa pelo próprio, vejo que a exceção é *Angústia*. E lembro que mais de uma vez, convidado a seguir na mesma linha, quando chegava a vez desse romance, desviava-se para o seco, o sóbrio, o sério. Quem sabe o seu livro mais sofrido?

De todo modo, há controvérsia a respeito. A pelo menos dois interlocutores – o jornalista Osvaldo Peralva e o poeta Vinicius de Moraes –, Graciliano declarou que preferia *São Bernardo*. A Vinicius, ainda acrescentou:
– Em 1932, fiz minhas duas obras-primas: *São Bernardo* e Clarita [a filha Clara, nascida naquele ano].

* * *

Uma noite, gritos sacudiram a Frei Caneca. Os presos do Pavilhão dos Primários, inconformados com a decisão do governo Vargas de deportar Olga

Benario e Elisa Berger para a Alemanha nazista, haviam se sublevado para tentar impedir o desfecho trágico. O último *habeas corpus* acabara de ser ignorado pelo Supremo Tribunal Federal. O barulho ensurdecedor mobilizou a Sala da Capela e a enfermaria; em instantes, a Correção se somaria aos protestos, aderindo ao "canecaço" – canecas de alumínio batidas vigorosamente contra as grades. No Pavilhão dos Primários, os ferrolhos das fechaduras das celas foram quebrados, as camas feitas em pedaços, garrafas vazias e objetos atirados contra o pátio do presídio. Nem as bombas de gás lacrimogêneo jogadas pela polícia de choque de Filinto Müller arrefeceram os ânimos.

Enquanto uma comissão de presos, liderada por Valério Konder, iniciava negociações com a direção da Casa de Detenção, o complexo penitenciário ameaçava explodir de tensão. A gritaria também não cessava próximo a Graciliano, que a tudo acompanhava sentado na cama, fumando um cigarro atrás do outro, a ponto de enlouquecer de ódio. Em tom quase inaudível, murmurou:

– Como isso é possível? Levá-las para a Alemanha, bandidos!

O seu rosto deformado pela raiva confundia-se com o dos companheiros, que se queimavam de indignação. "Em duro silêncio, sentia na alma um frio desalento", confessaria ele, inquirindo-se sem encontrar resposta: "Mas por que haviam dado preferência a duas criaturas débeis?". Ao pensar em Olga em adiantada gravidez, esfregava as mãos tentando controlar o suor que escorria. "Teria filhos entre inimigos, na cadeia." E repugnava-se constatando a covardia de Getulio Vargas: "A subserviência das autoridades reles a um despotismo longínquo enchia-me de tristeza e vergonha".

A solução encontrada para o impasse fora levar Olga e Elisa para a maternidade do Hospital Gaffrée e Guinle, acompanhadas de dois presos – Campos da Paz Júnior e Maria Werneck de Castro – que fiscalizariam o cumprimento do acordo de mantê-las sob cuidados médicos. Simples ardil. No meio do trajeto, Campos da Paz e Maria Werneck foram separados de Olga e levados para um camburão. O comboio seguiu para o Cais do Porto, onde os policiais embarcaram a mulher de Prestes, à força, no navio *La Cortina*, que a entregaria à Gestapo.

Em suas perambulações pelo Ministério da Justiça, Heloísa conseguira obter de um alto funcionário a certeza de que Graciliano não seria processado. Consolo. Era preciso, agora, um advogado para apresentar recurso cabível. José Lins do Rego e Rodrigo Mello Franco sugeriram Sobral Pinto, católico praticante que assumira com destemor a defesa dos comunistas Luiz Carlos Prestes e Harry Berger.

Graciliano relutou em assinar a procuração, alegando que não teria como pagar os honorários de Sobral. Afinal, concordou, sem saber que o advogado, generosamente, não cobrava um centavo em casos humanitários como o seu. Os dois se encontraram dias depois, no presídio, quando então, pela primeira vez desde que o prenderam em Maceió, interrogaram Graciliano. O diálogo:

— Não há processo, doutor.
— Dê graças a Deus. São uns idiotas. Se eu fosse chefe de polícia, o senhor estaria aqui, regularmente, com processo.
— Onde é que o senhor ia achar motivo para isso?
— Nos seus romances, homem. Com as leis que fizeram por aí, os seus romances dariam para condená-lo.

Na verdade, Sobral Pinto sabia que muito pouco poderia fazer por Graciliano, depois que o estado de guerra sustara a concessão de *habeas corpus* a presos políticos. Mas, para confortá-lo e também para provar que não era por medo que deixava de requerer em seu favor, Sobral solicitou ao Tribunal de Segurança Nacional (TSN) uma investigação sumária para apurar se havia provas que pudessem incriminá-lo. Assim agindo, o Tribunal poderia, segundo o advogado, "evitar que perdurem por mais tempo injustiças patentes como as que vêm ferindo o requerente".

Assinalou que nunca haviam explicado a Graciliano "as razões que o privaram de sua liberdade, separaram-no do convívio de sua família, afastaram-no de suas funções e o impediram de prover a manutenção própria e a dos que vivem às suas expensas". E acrescentou: "A única coisa que o requerente sabe que se lhe atribui – e isto em virtude do encontro casual que teve com o general Newton Cavalcanti – é que esse militar lhe empresta a qualidade de comunista perigoso".

Após protestar contra os vexames impostos ao seu cliente – como o de ter sido misturado, na Ilha Grande, "aos mais destacados elementos da escória social" –, Sobral Pinto sustentou que nada existia na vida pessoal ou pública de Graciliano que justificasse a suspeição levantada por Newton Cavalcanti. "Sua atividade, quer como diretor da Instrução Pública, quer como escritor, orientou-se sempre por uma linha de severa austeridade, aferida pelos critérios da moral tradicional do nosso país", completaria.

A Corte de exceção engavetou o ofício, obviamente porque inexistia delito.

* * *

Mas nem tudo estava perdido. A intelectualidade, com raríssimas exceções, vinha insistindo na libertação dos presos políticos. Em novembro de 1936, a Associação Brasileira de Imprensa (ABI) fez gestões junto a Filinto Müller para a soltura dos jornalistas não denunciados pelo TSN.

Vários jornais se manifestaram pela imediata revisão dos casos de centenas de pessoas que continuavam presas sem culpa formada. Embora alinhado a Vargas, o *Diário Carioca*, dirigido por José Eduardo Macedo Soares, irmão do chanceler José Carlos Macedo Soares, destacou-se como ponta de lança da campanha. J. E. Macedo Soares assinou, em 25 de novembro, o editorial de primeira página, "Interesses da Justiça", afirmando que "os presos por simples opinião ou por ligeiras suspeitas que não subsistiram nas averiguações dos inquéritos devem ser imediatamente soltos, para não se transformarem em vítimas de atroz e insuportável perseguição". A seu ver, o TSN não poderia perder tempo "pescando cocorocas e baiacus, quando sua verdadeira finalidade é pôr no seco tubarões e espadartes".

A pressão surtiu efeito: Leônidas de Rezende, Hermes Lima, Castro Rebelo, Luís Carpenter e Aparício Torelly foram postos em liberdade. Os cinco se despediram emocionados dos companheiros de confinamento. Ao abraçar Graciliano, Aporelly cochichou, sorrindo:

– Tenho vontade de partir-lhe a cabeça só para ver o que tem dentro!

A Câmara dos Deputados aprovou, por 149 votos a 4, moção de Octavio Mangabeira solicitando a Vargas liberdade para os presos impronunciados. Até o líder do governo, Pedro Aleixo, votou a favor. Ao saudar a decisão do presidente de acatar o pedido dos parlamentares, J. E. Macedo Soares mandou um recado à linha-dura, no editorial "Contra a injustiça": "Os que querem confundir a Justiça com a inquisição [...] rebaixam a ordem jurídica em que se assenta a civilização e preparam, assim, os caminhos da violência e da tirania".

Na edição de 22 de dezembro, Augusto Frederico Schmidt, intelectual respeitado pelo regime, saiu em defesa de Graciliano, apelando para que o soltassem.

> O sr. Graciliano Ramos é um dos nomes mais significativos das letras novas do Brasil. Romancista de altos méritos, não transformou absolutamente a sua arte em instrumento de ação política, conservando-a, pelo contrário, num plano livre e puro. [...] Se foi preso, por engano de pessoa, estou certo de que as nossas dignas autoridades não insistirão em apartá-lo da sociedade que ele tanto dignifica.

O artigo teve grande repercussão e motivou Schmidt a repisá-lo cinco dias depois.

> Escrevi há poucos dias algumas palavras de protesto contra a prisão, tão demorada, de um notável escritor, o sr. Graciliano Ramos, sobre cuja inocência, como participante no movimento comunista que teve o seu epílogo em 27 de novembro de 1935, foram-me prestados os depoimentos mais fidedignos. É que sou dos que ainda acham que a justiça é indispensável à ordem e ao equilíbrio das sociedades.

Schmidt não fora o único a se empenhar por Graciliano. Antes dele, José Lins do Rego e José Olympio vinham fazendo contatos junto às autoridades para conseguir a sua soltura. Recebido no Palácio do Catete por Herman Lima, escritor e auxiliar de gabinete da Presidência da República, José Lins pediu que transmitisse um pedido a Vargas:

— Você diga ao presidente que ele precisa mandar soltar o Graciliano Ramos. Graciliano está preso há um ano, tem sofrido os maiores horrores de prisão em prisão. Esse martírio não pode continuar.

No dia seguinte, em sua residência no Palácio Guanabara, Getulio Vargas, de roupão azul, fumando o indefectível charuto enquanto despachava a papelada, mirou um ponto imaginário no ar antes de responder a Herman:

— Você diga ao Zé Lins que nesse caso do comunismo eu não mandei prender ninguém, mas também não mando soltar ninguém. Isso é lá com a polícia. Mas autorizo-o a falar com o general Pinto, dizendo-lhe de minha parte que indague ao Filinto Müller se há alguma coisa apurada contra o Graciliano, e, do contrário, naturalmente que soltem o homem.

O caudilho, no seu estilo dissimulado, buscava atribuir a outrem a responsabilidade pelas arbitrariedades – quando, na verdade, repartia o poder com o aparelho repressivo. "Era um prisioneiro como nós; puxavam-lhe os cordões e ele se mexia, títere, paisano movido por generais", observaria Graciliano nas *Memórias*, com certa benevolência.

As instruções dadas a Herman apenas comprovam o clima surrealista e em que vivíamos: qual Pôncio Pilatos, o presidente da República lavava as mãos para os abusos que se praticavam no país. Se mandara verificar a situação de Graciliano, é porque sabia que prisões ilegais como a dele e de tantos outros poderiam acabar indispondo o governo com a opinião pública.

Herman Lima cumpriu a incumbência sem delongas. O general Francisco José Pinto, chefe do Gabinete Militar, acionou Filinto para que consultasse as autoridades alagoanas. As 16 horas do dia 11 de janeiro de 1937, o chefe de polícia recebeu em seu gabinete o seguinte telegrama assinado pelo secretário do Interior de Alagoas, Corrêa das Neves: "Resposta oficial 370. Informo V. Exa. não haver inconveniente libertação de Graciliano Ramos. Atenciosas saudações".

No dia seguinte, Filinto Müller despachou o telegrama para a Delegacia Especial de Segurança Política e Social com a ordem: "Ponha-se em liberdade".

Segunda parte
O TESTEMUNHO DO TEMPO

Graciliano Ramos por Cássio Loredano.

A LIBERDADE COM OS BICHOS

A liberdade anunciada, paradoxalmente, mergulhou Graciliano em aflições.

> Era absurdo confessar o desejo de permanecer ali, ocioso, com receio de andar nas ruas, tentar viver, responsabilizar-me por qualquer serviço. Longo tempo me esforçara por justificar a preguiça: todos os caminhos estavam fechados para mim, nenhum jornal me aceitaria a colaboração, inimigos ocultos iriam prejudicar-me. Escasseavam agora as evasivas covardes.

Quem daria emprego a um ex-preso político? Poderia viver de escrever no Rio? Mas escrever o que e para quem? Como sustentar mulher e filhos sem uma ocupação definida?

Não poderia, porém, sucumbir a pensamentos sombrios, que elegiam o descompromisso da cadeia como contraponto às tormentas lá de fora. "Indispensável regressar à humanidade, fiar-me nela; impossível satisfazer-me com partículas de humanidade, poeira."

Em um dos últimos bilhetes escritos a Heloísa na Casa de Correção, encontramos a definição de pelo menos um sentido de vida: "Não pretendo voltar a Alagoas. Peça os conselhos de seu Américo para que as coisas não fiquem muito ruins. Vou ver se consigo trabalhar para o José Olympio ou outro editor".

Na manhã de 13 de janeiro de 1937, um frio no estômago: em minutos Graciliano atravessaria o portão de aço da Frei Caneca. Mais de cem pessoas já haviam sido libertadas desde a campanha desencadeada em novembro.

Depois dos abraços, deixou a Sala da Capela com um sorriso esmaecido e o alvará de soltura na mão. Um táxi o levou à casa dos tios de Heloísa, no Méier, onde ela o aguardava. Naquele tempo, os presos eram soltos sem comunicação prévia à família, de modo que fora impossível à mulher saber ao certo quando ele ganharia a liberdade.

Recebido com carinho, Graciliano não escondia as marcas deixadas por dez meses e dez dias de cárcere: fios de cabelos ralos e grisalhos, o corpo muito magro, rugas e olheiras a sobrecarregá-lo de anos. Do Méier, ele e Heloísa foram para a ampla casa de Naná e José Lins do Rego, na rua Alfredo Chaves, no Humaitá. Os amigos se alegraram de hospedá-los por algum tempo, até que Graciliano recuperasse a saúde e superasse os traumas da prisão.

Passeando de bonde com Heloísa, reviu a cidade, que evoluíra muito desde que a deixara em agosto de 1915. Em longas caminhadas pela praia de Ipanema, ainda habitada por casas e mansões, os dois passaram a vida a limpo, conversando tudo o que não puderam falar durante quase um ano. Heloísa o incentivou a retomar a carreira literária, aconselhando-o a restabelecer o contato com Benjamín de Garay, que poderia, quem sabe, encomendar-lhe uns contos.

Em 26 de fevereiro de 1937, Graciliano escreveu ao tradutor argentino: "Afinal cá estou eu novamente em circulação e talvez em estado de servir, se é que não tenho qualquer peça importante do interior estragada". Propôs a Garay escrever "uns dois ou três contos por mês", o que talvez fosse muito para o seu ritmo lento, mas precisava como nunca de dinheiro. "Você não me conseguiria mais de 25 pesos por conto, Garay?"

Enquanto aguardava a resposta, aceitou a sugestão, feita por José Lins do Rego e endossada por Heloísa, de participar do concurso de literatura infantil promovido pelo Ministério da Educação e Cultura (MEC). Fez ponta no lápis e atiçou a imaginação para escrever *A terra dos meninos pelados*.

* * *

Heloísa partiu para Maceió em 25 de janeiro, com o plano de trazer as filhas menores, Clara e Luísa. Decisão definitiva: ficariam no Rio. Ela venderia a casa de Pajuçara e, com o dinheiro, poderiam se manter em uma pensão. Graciliano jamais voltaria ao Nordeste, nem para o enterro da mãe, em 1943.

Os sentimentos por Alagoas eram ambíguos. Ora chamava, em tom de blague, o seu estado de "terra chinfrim", ora dava indícios de nostalgia. Possivelmente ainda não superara os ressentimentos pela perseguição política ou pelas incompreensões familiares após a sua prisão. Não faltaram vozes a excomungá-lo pela fama de comunista. E houve, em Palmeira dos Índios, quem mandasse queimar livros seus, com medo de represálias.

Em *Memórias do cárcere*, ele tentaria explicar-se, de forma vaga: "Alagoas não me fizera mal nenhum, mas, responsabilizando-a pelos meus desastres, devo ter-me involuntariamente considerado autor de qualquer obra de vulto não reconhecida".

Chegou a fazer pilhéria de sua terra, em conversa com o jornalista sergipano Joel Silveira. "Por que não se inundavam Alagoas e Sergipe para criar um golfo entre Pernambuco e Bahia?"

– Um golfo? – estranhou Joel.

– Todo grande país tem um golfo. Aí, sim, o Brasil era capaz de ir em frente. Pois é. O Golfo das Alagoas!

Ferido nos seus brios, Joel protestou:

– E por que não Golfo de Sergipe?

Graciliano tragou demoradamente o cigarro.

– Ora, o nome a gente discute depois. O importante é fazer o golfo.

A filha Clara, entrevistada por *O Globo* em 1972, diria que a atitude de falar mal do Nordeste "era só aparente". "Ele era um sertanejo. Não tinha sotaque algum, mas a construção de suas frases e seu vocabulário eram totalmente nordestinos. E comia sempre seu feijãozinho com farinha de mandioca e pimenta."

Em fins da década de 1940, a caminho do trabalho, Ricardo Ramos comentou com o pai as belezas do Rio.

– Você acha mesmo? – replicou Graciliano.

O filho devolveu a provocação:

– Então você prefere a caatinga a isto aqui?

– Prefiro, é mais bonita. Sinto assim.

Para Heloísa, o modo irreverente com que Graciliano se referia a Alagoas "era apenas o jeitão dele de gostar". E explicaria: "Grace tinha amor à terra. Achava chinfrim mas adorava. Já que não podia viver lá, dizia aquelas coisas. Tudo amor".

José Lins o introduziu nos redutos da intelectualidade carioca. Naquele tempo, as pessoas procuravam-se mais, porque não havia televisão a aprisioná-las dentro de casa. O rádio ainda não alcançara o apogeu, o cinema falado engatinhava, raramente uma peça teatral ficava em cartaz por mais de duas semanas. Os grandes jornais é que formavam opinião, com influência comparável, nas suas devidas proporções, à da mídia eletrônica atual.

Os intelectuais frequentavam as principais livrarias do centro da cidade, como a José Olympio, a Católica e a Garnier. Em cafés como o Amarelinho, o Vermelhinho e a Taberna da Glória, discutia-se no atacado e no varejo. E, aos sábados e domingos, os escritores e artistas costumavam reunir-se em almoços que se prolongavam até o fim da tarde, nas casas de Aníbal Machado, Álvaro Moreyra, Candido Portinari e José Lins do Rego. "Havia o que se pode chamar de vida literária", relembraria o jornalista e escritor Francisco de Assis Barbosa. Os hábitos também eram mais amenos: bebia-se chope, andava-se de bonde e as únicas drogas experimentadas eram o lança-perfume de carnaval e o estimulante Pervitin.

Graciliano cumpriu boa parte desse roteiro. Almoços em casa de Álvaro Moreyra, no célebre endereço da rua Xavier da Silveira, 99, em Copacabana;

bate-papos nos cafés, nos quais se tornou amigo de Candido Portinari, Rodrigo Mello Franco de Andrade, Rubem Braga e Manuel Bandeira; e idas à *Revista Acadêmica* a convite de Murilo Miranda, Lúcio Rangel, Moacir Werneck de Castro e Carlos Lacerda. No consultório médico de Jorge de Lima, na Cinelândia, conheceu Murilo Mendes e Alceu Amoroso Lima.

Com o passar dos meses, descobriu o prazer da roda literária na Livraria José Olympio, com José Américo de Almeida, Octavio Tarquínio de Sousa, Marques Rebelo, José Lins do Rego, Jorge Amado, Prudente de Morais, neto, Josué Montello, Adalgisa Nery e Amando Fontes, entre outros.

Falava-se de literatura a granel, mas também espinafrava-se o governo Vargas, temia-se a ascensão do fascismo e vinham à baila problemas pessoais. Oportunidades de trabalho surgiam nesses contatos. Graciliano, por exemplo, arranjou crônicas e resenhas literárias para o *Observador Econômico e Financeiro, O Jornal, Revista do Brasil* e *Lanterna Verde*. Rodrigo Mello Franco lhe encomendou legendas para gravuras de publicações do Serviço do Patrimônio Histórico. Nada que acalmasse suas apreensões financeiras – a imprensa remunerava muito mal –, mas o ócio se reduzia e podia mandar uns trocados para Maceió.

Um dos primeiros textos publicados após a prisão foi a crônica "Norte e Sul", de abril de 1937, na qual reaparecia o Graciliano mordaz de outros tempos. Ele rejeitava, com uma carga atômica de ironia, os ataques de certas "criaturas empalhadas em bibliotecas" contra romancistas nordestinos que priorizavam as questões sociais em seus livros, como José Lins do Rego, Jorge Amado, Rachel de Queiroz e Amando Fontes.

> Os inimigos da vida torcem o nariz e fecham os olhos diante da narrativa crua, da expressão áspera. Querem que se fabrique nos romances um mundo diferente deste, uma confusa humanidade só de almas, cheias de sofrimentos atrapalhados que o leitor comum não entende. Um espiritismo literário excelente como tapeação. [...]
> E a literatura se purificará, tornar-se-á inofensiva e cor-de-rosa, não provocará o mau humor de ninguém, não perturbará a digestão dos que podem comer. Amém.

Nas cartas a Heloísa, mesclava o relato da vida no Rio com recaídas de melancolia.

> Estou num dia de chateação medonha. Seria melhor não escrever, mas, como tomei a obrigação de mandar-lhe algumas linhas por semana, cumpro a promessa. Nada fiz depois da sua partida. Apenas acabei de emendar *Os meninos pelados* e não sei se prestam. Vi hoje uns desenhos admiráveis que o Santa vai mandar para o mesmo concurso de coisas infantis. Os meus meninos não valem nada diante das figuras do nosso amigo, um circo de cavalinhos formidável.

Heloísa, José Lins do Rego e José Olympio puxavam-lhe as orelhas quando o ceticismo se manifestava. Geralmente, isso ocorria quando se lamentava (da boca para fora) de ter escolhido a literatura como ofício.

– Homem, depois de *Angústia*, você é um escritor consagrado. Ponha isso na sua cabeça! – disse José Lins.

Graciliano desconversava. Mas ficou atordoado ao saber, por Murilo Miranda, que a edição de maio da *Revista Acadêmica* seria toda dedicada à sua obra, contemplada com o Prêmio Lima Barreto. Os artigos eram assinados pelos três membros da comissão julgadora – Mário de Andrade, Aníbal Machado e Álvaro Moreyra – e por onze colaboradores, entre eles Oswald de Andrade, Rubem Braga, Peregrino Júnior, Jorge Amado e Nicolau Montezuma (pseudônimo de Carlos Lacerda).

Portinari desenhou o retrato de Graciliano na folha de rosto. Uma peça de arte que motivou este comentário a Heloísa: "Não sei se já lhe disse que Portinari me fez um retrato maravilhoso. Bandeira me disse há dias que muita gente anda com dor de corno por causa desse retrato. É formidável. Murilo quis metê-lo na revista e ficar com ele. Tem graça. O retrato vale mais que o prêmio".

A *Revista Acadêmica* era uma publicação de vanguarda, com posições antifascistas e de esquerda, embora sem vínculo partidário. O fato de contar em seu Conselho Diretor com escritores de tendências diversas – Aníbal Machado, Mário de Andrade, Arthur Ramos, José Lins do Rego, Rubem Braga – realçava a sua projeção. A censura pairando no ar limitava seu raio de ação, mas não a impedia, por exemplo, de se solidarizar com a República espanhola difundindo textos de Antonio Machado e poemas de García Lorca.

A premiação de Graciliano revestia-se de inegável significado político. Prestigiava-se um homem que acabara de sofrer barbaridades na cadeia. Na carta de agradecimento a Murilo Miranda, em 11 de junho, com aguda lucidez, Graciliano mencionou esse aspecto como preponderante para sua indicação.

> Parece que não houve precisamente a intenção de julgar um romance, nem saber se o autor dele poderia fazer trabalho menos mau. Estou convencido de que me quiseram dar uma compensação. Aníbal Machado, Álvaro Moreyra e Mário de Andrade desfizeram agravos e combateram moinhos reais. Eu estava sendo triturado por um desses moinhos. E a solidariedade de alguns intelectuais brasileiros teve para mim significação extraordinária.

No parágrafo final, uma profissão de fé democrática sumamente oportuna, pois o TSN, naqueles dias, iniciava o sumário de culpa de uma legião de presos políticos:

> Penso que o prêmio não foi concedido a mim, mas a várias centenas de criaturas que se achavam como eu. Não se tratou de literatura, evidentemente. O que

não quer dizer que, achando a decisão injusta, como acho, eu não a considere um ato de coragem indispensável num momento de covardia generalizada, ato imensamente útil, se não a mim, pelo menos a outros, que poderão respirar com alívio e dizer o que pensam.

Uma semana após o carnaval, Rubem Braga o ajudou a mudar-se para a pensão onde morava, à rua Corrêa Dutra, 164, no Catete. O bairro conservava os sobrados do Rio antigo e relíquias arquitetônicas como o Templo Positivista e o Palácio São Joaquim; ao mesmo tempo abrigava pensões familiares, o clube High Life, célebre por seus estupendos bailes carnavalescos, e a badalada Taberna da Glória. Sem falar que ficava a algumas quadras da Lapa boêmia e do Castelo, onde despontavam arranha-céus.

A pensão fora a solução perfeita para Graciliano, que não queria abusar da hospitalidade de José Lins do Rego nem podia alugar uma casa. Mas já chegou se queixando do cheiro de carne frita que vinha da cozinha.

– Isto aqui parece pior que a Casa de Detenção!

Dividiu o acanhado quarto de fundos com o jornalista Vanderlino Nunes, ex-companheiro de prisão. O quarto de frente, ocupado por Rubem e sua mulher, Zora Seljan, dava para o prédio onde moravam as futuras cantoras Linda e Dircinha Batista. Os demais vizinhos eram jovens intelectuais em início de carreira, como Moacir Werneck de Castro, Lúcio Rangel, Gentil Noronha e Barreto Falcão; um intendente naval e sua mulher; dr. Richard, procurador aposentado e meio surdo; a falante d. Laura e sua filha de quatro anos; um investigador de polícia; e d. Gilda, uma senhora bondosa que morreria de tuberculose.

Logo se formou um grupo inseparável: Graciliano, Rubem, Zora, Moacir, Lúcio e Vanderlino. Diariamente, encontravam-se no quarto de um deles (a pensão não tinha sala de estar) para conversar sobre literatura, jogar xadrez, reclamar do governo, do custo de vida e dos salários de fome. Eventualmente engrossavam a roda os atores Procópio Ferreira e Carmen Santos. Zora rememoraria:

> Graciliano era gentil e afável, embora tivesse fama de carrão. Conosco ele se divertia muito. Como não havia televisão, as pessoas apreciavam o prazer de uma boa conversa por horas e horas. Nós tínhamos certos receios diante da situação política do país, mas a vida era diferente da de hoje em dia. Éramos espirituosos, zombávamos das coisas. O Graça gostava de anedotas picantes.

Segundo Moacir, ninguém pertencia ao Partido Comunista, desmantelado pela repressão, mas a maioria era simpatizante do socialismo e da União Soviética. Contribuía para isso a atmosfera carregada da época, com a expansão do nazifascismo e o namoro do governo Vargas com os países do Eixo.

"A luta contra o avanço fascista era o centro, não nos preocupávamos muito com os expurgos stalinistas", relembraria Moacir. "Para nós, acolher qualquer fato explorado pela propaganda anticomunista contra a União Soviética era levar água ao moinho da reação."

Um dos mais engajados, Moacir militava na Federação Vermelha dos Estudantes, sucursal da Juventude Comunista. Mesmo sem ter participado da rebelião de novembro, vivera clandestino uns meses na fazenda da família em Vassouras, ao lado do primo e amigo Carlos Lacerda, então comunista. Graciliano, a seu ver, era "um simpatizante muito firme da causa antifascista", mas sempre cético.

> Qualquer coisa que você dissesse sobre o quadro sombrio do país caía como a sopa no mel. Ele queria levar tudo às extremas consequências do pessimismo. Tinha passado por aquela provação terrível na Ilha Grande, mas não dramatizava o sofrimento. Os aspectos centrais da passagem dele pela prisão eu só vim a saber quando da publicação de *Memórias do cárcere*, bem mais tarde. E olha que éramos muito amigos na pensão.

O quarto de Graciliano ficava no fundo do corredor. Próximo à janela, havia uma mesinha com a perna bamba escorada por um grosso dicionário, duas cadeiras, um velho armário de pinho envernizado, duas camas. Ao entrar no aposento, era preciso cuidado para não esbarrar em quem estava dentro. Banheiro, só no corredor, e coletivo. Um grande escritor em dormitório típico de estudante pobre.

Elvira, a dona da pensão, viúva de militar, devotava desprezo às mulheres dos civis: "Essas paisanas..." Fascinada pelo Cassino da Urca, certa vez decidiu arriscar suas economias. Era o dia do seu aniversário e ela ganhou na roleta. Voltou a jogar, no dia do aniversário da filha, lucrando de novo. Eufórica, apostou as fichas no número da sepultura do marido – e perdeu tudo. Quem pagou a conta foram os hóspedes. Durante uma semana, a comida minguou à mesa. E ainda tiveram de ouvi-la lastimar-se pelas dívidas e pressões dos credores.

Não havia jeito de d. Elvira aprender o nome de Graciliano – chamava-o de Brasiliano. "Ele é um escritor importante. A senhora precisa prestar atenção ao falar o nome dele", exigia Rubem Braga. Ela prometia corrigir-se, mas no dia seguinte não perdoava: "Seu Brasiliano...". No início, Graciliano reclamou da troca, mas depois se conformou.

– Eu pago tão pouco que ela pode me chamar como quiser.

Quase toda manhã, bem cedo, Rubem Braga o via abrir o pequeno armário de pinho no quarto da pensão para apanhar no fundo a garrafinha de cachaça. Tomava um gole em jejum. Jamais o viram bêbado na pensão. "Às vezes, antes do jantar, ele aparecia assim meio tonto, mas nunca de porre", lembraria Moacir Werneck. Na hora das refeições, o prato de Graciliano invariavelmente era um monte de arroz, feijão, farinha e carne, acompanhado por uma ou duas cervejas hamburguesas. Ele divertia-se escandalizando dois hóspedes – o dr. Richard e o investigador de polícia – com seus julgamentos peremptórios. Os amigos sabiam que eram simples provocações, mas os outros não tinham obrigação de conhecer suas mazelas. Em uma noite, o investigador lhe perguntou o que achava de Victor Hugo.

– Victor Hugo? Uma besta!

O rapaz, que cultivava veleidades literárias, calou-se, decepcionado.

Graciliano vivia zombando de Rubem e Vanderlino porque gostavam de apagar a luz do banheiro e ficar espiando da janela a vizinha tirar a roupa, mostrando o belo corpo moreno. Uma noite, os dois não conseguiram entrar no banheiro, pois Graciliano lá estava trancado. Rubem e Vanderlino desconfiaram de que o velho Graça, como o chamavam, estava de tocaia, aguardando que a moça se trocasse. Foram a uma janela ao lado da do banheiro e ouviram-no exclamar:

– Peste!

Justamente na sua vez de apreciar as curvas da morena, quem entrara no quarto para trocar de roupa fora "uma cafetina de carnes brancas e bambas". Não largaram do pé dele por uns bons dias.

Graciliano gostava de dizer na pensão que detestava poesia. "Não leio, não entendo, sou burro, não percebo." Conversa mole. Certa manhã, Lúcio Rangel o surpreendeu a calçar os sapatos recitando em voz alta os versos de Manuel Bandeira: "Bembelém/ Viva Belém/ Nortista gostosa/ Eu te quero bem".

*　*　*

No segundo carnaval no Rio (o primeiro fora em 1915), Graciliano mostrou a cidade ao filho Múcio, que viera de Alagoas, e assistiu na praça Onze ao desfile dos "pretos do morro" (escolas de samba) em companhia de Oswald de Andrade e sua mulher, Julieta Bárbara, aos quais fora apresentado por Aparício Torelly. Feita a camaradagem, Oswald insistiu para que fosse trabalhar em São Paulo. O crítico Sérgio Milliet, fã ardoroso de *Angústia*, poderia arranjar-lhe emprego na Divisão de Documentação do Departamento de Cultura da Prefeitura.

Embora desejasse ficar no Rio, Graciliano chegou a considerar a ideia. Talvez por isso tenha aceitado ir a São Paulo com José Lins do Rego, a convite de uma agência de publicidade.

Da estada na Pauliceia, restaram lembranças esparsas dos passeios de automóvel pelo Brás, Anhangabaú, Liberdade e Santo Amaro, dos banquetes entediantes com a "plutocracia paulista" no Automóvel Clube e das conversas literárias com Oswald. No mais, assistiu a *O gordo e o magro*, testemunhou Oswald e José Lins se reconciliarem, leu notas nos jornais chamando-o de "Gratuliano de Brito" e ouviu, contrafeito, elogios a *Caetés* e silêncio sobre *Angústia*. Do emprego e de Sérgio Milliet, vagas referências por Oswald. Uma estada quase inútil, não fosse a promessa do representante de uma agência de notícias de encomendar-lhe artigos.

Na volta ao Rio, retocou *A terra dos meninos pelados*, que venceria em setembro o concurso do MEC. No dia em que formalizou a inscrição, tomou um susto ao encontrar no elevador o ministro da Educação, Gustavo Capanema, que o reconheceu e esboçou um cumprimento. Graciliano se retraiu e, para não ter de acompanhá-lo, subiu no elevador até o último andar. Dialogou sobre o edital do concurso com o chefe de gabinete de Capanema, o poeta Carlos Drummond de Andrade, "um sujeito seco, duro como osso", de quem se tornou amigo.

José Lins do Rego o recriminou por ter evitado o ministro da Educação, que afinal de contas era aberto ao diálogo e nomeara intelectuais para cargos importantes em sua pasta. Graciliano abordou o episódio em carta a Heloísa: "Zélins acha excelente a nossa desorganização, que faz que um sujeito esteja na Colônia hoje e fale com ministros amanhã; eu acho ruim a mencionada desorganização, que pode mandar para a Colônia o sujeito que falou com o ministro".

Não supunha que pudesse cruzar outra vez com Capanema.

* * *

Em 7 de maio de 1937, Heloísa recebeu uma carta em que o marido se confessava desorientado com a perspectiva de a família vir morar na pensão:

> Quando nos separamos, ficamos certos de que eu teria tempo para cavar a vida, para esperar o fim das vacas magras, e dois meses depois você muda e quer que vivamos pelo menos cinco pessoas numa pensão com 200 mil-réis, que é o produto dos cinco artigos a que alude. Eu esperava resolver isso com calma, e como você me tinha prometido um prazo longo para tentar fixar-me aqui, fiei-me nisso e apesar de todos os aborrecimentos havia dias em que não andava muito desanimado. Mas a resolução de nos juntarmos agora desorienta-me.

Admitiu até voltar a Alagoas, se esta fosse a solução desejada pela mulher.

> Posso abandonar tudo isto e voltar para Alagoas. Será um desastre completo e chegarei aí morto de vergonha. Mas se você achar conveniente, irei dentro de uma semana. Abandonarei todos estes sonhos, sairei daqui sem me despedir de ninguém, passarei em Maceió algumas horas, escondido, e seguiremos todos para o sertão onde criaremos raízes, não falaremos em literatura nem consentiremos que os meninos peguem em livros.

Heloísa contornou a situação. Luísa e Clara iriam para o Rio e Ricardo ficaria com o avô Américo e a tia Helena. Teriam de morar os quatro – Graciliano, ela e as filhas – no quarto de pensão. A possibilidade de reunir quase toda a família compensava o sacrifício.

Como Vanderlino Nunes ia deixar a pensão, Graciliano não teve de mudar de quarto para alojar a família. O máximo que fez foi providenciar uma cama de casal.

* * *

Cem dias depois de ter sido posto em liberdade, Graciliano iniciou um novo projeto literário. Escrevera um conto baseado no sacrifício de um cachorro, que presenciara, quando criança, no Sertão pernambucano. "Procurei adivinhar o que se passa na alma duma cachorra. Será que há mesmo alma em cachorro? Não me importo. O meu bicho morre desejando acordar num mundo cheio de preás. Exatamente o que todos nós desejamos."

Depois de mandar o conto "Baleia" para o suplemento literário de *O Jornal*, ele se arrependeu, achando que não tinha qualidade. Mas não sustou a publicação, porque precisava dos 100 mil-réis. Pelo mesmo motivo, enviou cópia para Benjamín de Garay, que lhe pedira "contos regionais, umas histórias do Nordeste".

Os habitués da Livraria José Olympio estranharam o sumiço de Graciliano. Pode parecer irreal, mas o fato é que, por uns dois ou três dias, o nosso romancista não colocou os pés fora da pensão. Tinha-se convencido de que dera um escorregão com o conto da cachorra. Bobagem. Na tarde em que tomou coragem para enfrentar os monstros sagrados da roda literária, Affonso Arinos, Augusto Frederico Schmidt e José Lins do Rego o aguardavam com palavras de admiração. José Maria Belo o chamou a um canto:

– Graça, você acredita que eu chorei com o sacrifício da Baleia?

– Será que estava tão piegas assim? – respondeu Graciliano, quase em uma recaída.

As opiniões favoráveis o incentivaram a prosseguir a história, esboçando o perfil dos donos de Baleia: uma família de retirantes – Fabiano, a mulher, sinhá Vitória, e os dois filhos – que chega a uma fazenda abandonada, ali vivendo miseravelmente durante o período de bonança. Emergem os dramas familiares e os conflitos com o poder opressor – os fazendeiros e a polícia. Fabiano é surrado e preso por uma noite. Acossados pela seca, eles são forçados a peregrinar novamente pelo solo árido do sertão, como judeus errantes em busca de uma inalcançável terra da promissão. Nesse trajeto, Baleia, que estaria com hidrofobia, precisa ser sacrificada por Fabiano, em um capítulo memorável. E Fabiano reencontra-se com o soldado amarelo, o mesmo que o prendera um ano antes, mas desta vez em superioridade frente a um inimigo combalido. Pensa em matá-lo, mas hesita. Por piedade e aparente respeito pela autoridade, ajuda-o a encontrar o caminho na caatinga. "Governo é governo", diz Fabiano.

O processo de composição do romance – o único que escreveu na terceira pessoa – foi, por razões de ordem financeira, dos mais originais da literatura brasileira. A conta da pensão e as despesas duplicadas com a vinda da família o obrigaram a escrever os capítulos como se fossem contos. Era um artifício para ganhar dinheiro, publicando-os isoladamente em jornais e revistas, à medida que os produzia. Chegou a publicar o mesmo conto, com título alterado, em outros periódicos. Dos treze capítulos, oito saíram nas páginas de *O Cruzeiro, O Jornal, Diário de Notícias, Folha de Minas* e *Lanterna Verde*, além de *La Prensa*, de Buenos Aires, através de Garay.

Examinando os originais, Francisco de Assis Barbosa comprovou a ausência de seguimento na narrativa. "Baleia", o nono capítulo, foi o primeiro a ser escrito, em 4 de maio. Um mês e meio depois, escreveu "sinhá Vitória", o quarto capítulo. E "Mudança", o primeiro na ordem de apresentação, só ficou pronto em 16 de julho. As etapas do livro, portanto, não obedeceram a um esquema preestabelecido. Os episódios foram se amontoando, até que Graciliano os ordenasse para publicação, a pedido de José Olympio.

Um romance desmontável, cujas peças podem ser destacadas para a leitura e seriadas de mais de uma maneira. Como telas de uma exposição que têm vida própria, independent das demais.

Apesar de estruturado em uma sucessão de quadros aparentemente autônomos e contraditórios, o romance tem a regê-lo uma rigorosa unidade temática, uma completa harmonia interior cunhada, segundo Antonio Candido, "pelo demiurgo que os animou".

O sentimento da terra nordestina é o fio condutor da narrativa, materializado nos ásperos e cruéis embates do homem com a natureza da região. Fazendo uma conexão do passado com o presente, Graciliano rememora os anos de seca na infância em Buíque exatamente em uma época (fim da década de 1930) em que se acelera a migração interna do Nordeste para o Sul.

Inspirava-o não propriamente o meio ambiente (tanto que escreveria, em 1944, a João Condé: "Fiz um livrinho sem paisagens"), mas a dilacerante consciência da condição humana rarefeita na caatinga.

> O que me interessa é o homem, o homem daquela região aspérrima. Julgo que é a primeira vez que *esse* sertanejo aparece em literatura. Os romancistas do Nordeste têm pintado geralmente o homem do brejo. É o sertanejo que aparece na obra de José Américo e José Lins. Procurei auscultar a alma do ser rude e quase primitivo que mora na zona mais recuada do sertão, observar a reação desse espírito bronco ante o mundo exterior, isto é, a hostilidade do meio físico e da injustiça humana. Por pouco que o selvagem pense – e os meus personagens são quase selvagens – o que ele pensa merece anotação. Foi essa pesquisa psicológica

que procurei fazer; pesquisa que os escritores regionalistas não fazem nem mesmo podem fazer, porque comumente não conhecem o sertão, não são familiares do ambiente que descrevem.

Só Deus sabe o esforço de Graciliano para concretizar o romance. Vivendo em um quarto minúsculo com a mulher e as filhas, restava-lhe como alternativa acordar de madrugada para escrever. Levantava-se na ponta dos pés, lavava o rosto, sentava-se à mesa repleta de livros. Acendia o abajur de lâmpada fraca, embebia a caneta no tinteiro e, lentamente, escrevia, com letra bem legível, nas folhas de papel sem pauta. Era costume seu tirar da carteira os cigarros Selma, amassar as pontas até que a cortiça saísse toda e acendê-los com palitos de fósforo. De vez em quando, abria o armário e tomava um trago de cachaça.

A labuta prosseguia até as primeiras horas da manhã. Desacostumado ao barulho das crianças, reclamava:

– Essas pestes!

Se as filhas insistiam nas travessuras, ralhava a seu feitio:

– Quietas, excomungadas do diabo!

À tarde, para que o marido pudesse dormir, Heloísa levava as filhas ao Largo do Machado. Quando retornavam, Graciliano aplicava suas economias de tempo com as meninas. O jeito rabugento desaparecia por completo. Terno, afastava a montanha de papéis que jazia na mesa para mostrar a elas os distantes lugares assinalados nos mapas dos dicionários, inventando deliciosas histórias.

"Ele parecia ser um sujeito ríspido, mas no fundo era um banana", recordaria Moacir Werneck de Castro. "Escondia-se, talvez porque tivesse vergonha de sua bondade, de seus gestos nobres, de suas atitudes sentimentais."

Horas depois, metodicamente, Graciliano punha-se a rever os manuscritos da madrugada. Riscava sem dó as palavras indesejáveis. Para sentir a sonoridade do texto, lia os capítulos em voz alta para Heloísa. De tanto ouvir o pai repetir as mesmas passagens, Luísa, de seis anos, e Clara, de cinco, aprenderiam a recitar de cor: "Uma, duas, três, quatro, havia mais de cinco estrelas no céu".

Ao todo, seis árduos meses de trabalho. A cada capítulo terminado, Zora Seljan levava as laudas datilografadas para os jornais que iriam publicá-los. Até para receber dinheiro recorria frequentemente à amiga. "O Graça saía pouco, não queria circular muito por aí, ainda receoso com os problemas políticos", deporia Zora, sua inseparável parceira no xadrez.

Poucos amigos sabiam que os contos eram partes de um romance. "Ele escreveu na maior moita", recordaria Rachel de Queiroz. "Quando recebi o livro já editado, fiquei uma fera e disse-lhe todos os palavrões possíveis. Perguntei-lhe: 'Então, seu cachorro, você joga uma obra-prima em cima de nossos pobres livrinhos?'. Ele riu muito, ficou na maior alegria com a minha bruta admiração pelo seu trabalho."

Que título dar ao livro? A gráfica chegou a compor *O mundo coberto de penas*, o mesmo do penúltimo capítulo. Augusto Frederico Schmidt sugeriu *Vidas amargas*, Graciliano pensou também em *Fuga*, mas Daniel Pereira, irmão de José Olympio e responsável pela editoração, deu o palpite vencedor.

– Graciliano, esse título, *O mundo coberto de penas*, não tem nada a ver com seu romance. Tinha de ser alguma coisa que retratasse melhor esses seus personagens, que têm umas vidas secas...

Lançado em março de 1938, *Vidas secas* assombrou a crítica. Álvaro Lins foi taxativo: "Um mestre da arte de escrever, acrescento sem nenhum medo de estar errado. E essa categoria Graciliano a conquistou com as vidas secas que povoam o seu mundo romanesco. Um mundo árido, sombrio e desértico". Já Lúcia Miguel Pereira assinalou que "a grande força do autor é a sua capacidade de fazer sentir a condição humana intangível e presente na criatura a mais embrutecida".

Astrojildo Pereira acrescentou: "Vidas secas, vidas brutas, vidas limitadas, vidas de cristãos e de bichos misturados no mesmo plano de sofrimento e abandono. Desconfio até que são da mesma substância".

A "humanização" de Baleia e até de um papagaio foi lembrada por Franklin de Oliveira ao apontar "uma trágica isomorfia entre bichos e homens" no romance.

> Os homens são incapazes de exprimir um mínimo de sua humanidade que, de tão precária, fixa-se ao nível da animalidade. No esgarçado universo da incomunhão humana, a figura da cadelinha Baleia instaura um símbolo: a humanidade ainda não é privilégio dos homens. Eles não transpuseram a fronteira que dá ingresso ao humano: os dois meninos de *Vidas secas* sequer têm nome.

O livro poderia até encalhar no estoque, mas pelo menos Fabiano, sinhá Vitória, Baleia e os dois meninos apareciam em carne e osso nas vitrinas, realçando o desejo de humanização que Graciliano perseguira ao criá-los, tal como confessara em carta a Benjamín de Garay: "O meu bárbaro pensamento é este: um homem, uma mulher, dois meninos e um cachorro, dentro de uma cozinha, podem representar muito a humanidade. E ficarei nisto, enquanto não me provarem que os arranha-céus têm alma".

A GLÓRIA EM PLENA CRISE

Todo mês, um malabarismo para pagar a pensão. Graciliano equilibrava-se precariamente com as colaborações para jornais e revistas. Os rendimentos das terras que lhe couberam por herança do pai (o velho Sebastião morrera em 18 de novembro de 1934, em Palmeira dos Índios), ele os tinha passado à mãe, na forma de usufruto vitalício. E se não houvesse esse impedimento, ainda assim não alienaria a propriedade, pois achava injusto tirar o sustento dos que nela trabalhavam.

Chance de emprego estável lhe proporcionou Augusto Frederico Schmidt, amigo generoso que no Natal lhe enviara uma cesta de bebidas importadas. Na verdade, Schmidt atendera a um pedido do jornalista Pompeu de Souza, que voltara de uma visita a Graciliano impressionado com suas agruras financeiras. No mesmo dia, Schmidt recorreu a seu círculo de amizades para conseguir uma colocação.

Graciliano compareceu à entrevista com o diretor da empresa, "cidadão minúsculo" e "desajeitado como um pato", segundo a crônica "O sr. Krause". Tudo acertado, nem chegaria a assumir o cargo.

No dia marcado, encontrou o patrão a esperar irritado pelo elevador. Em um acesso de histeria, o homem socou a porta e insultou o ascensorista, como se este fosse responsável pela engrenagem da máquina. Indignado, Graciliano subiu até o último andar e de lá retornou à pensão. Preferível perder o emprego a conviver com um indivíduo boçal como aquele. "Aqueles modos grosseiros ofendiam-me cruelmente. Pareceu-me que os gritos roucos e os desaforos eram para mim."

Ao chegar em casa, disse a Heloísa:

– O homem é um cavalo. Eu não me acertaria com ele quinze minutos. Não suporto quem pisa nos de baixo.

* * *

Em 10 de novembro de 1937, Getulio Vargas comandou o golpe de Estado que implantou o Estado Novo. Há meses, ele vinha pacientemente urdindo a trama que culminaria com a sua manutenção no poder, respaldado pelos chefes militares. Para dispersar os inimigos e amealhar o apoio popular, usou como maior trunfo a "ameaça vermelha". O impacto do Plano Cohen – que forjava uma conspiração comunista – fora bem medido: o Congresso restabeleceria o estado de guerra, esvaziando a campanha sucessória e preparando terreno para o golpe.

Na pensão da rua Corrêa Dutra, o clima era de apreensão. Graciliano suava frio só de imaginar a possibilidade de ser novamente detido. Como não havia rádio na pensão, ele e Moacir Werneck de Castro seguiram para o apartamento de Murilo Miranda, a duas quadras dali. Nas esquinas, grupos de populares passavam adiante os boatos. E tropas do Exército haviam cercado os palácios Monroe e Tiradentes, sedes do Senado e da Câmara dos Deputados.

Murilo e os dois amigos viveram momentos de grande tensão, grudados ao rádio de válvulas. "Foi uma coisa assustadora", lembraria Moacir. "Os locutores a todo instante interrompiam a programação para dar as últimas notícias. O Graciliano ficou quieto num canto, concentrado no rádio. Senti que ele estava com medo de que fosse começar tudo de novo."

A *Voz do Brasil* confirmou o golpe. A nova Constituição – batizada de "Polaca" por basear-se em dispositivos autoritários da Carta da Polônia – era um primor de barbaridades. Vargas governaria por decretos-leis, o Congresso ficaria entregue às traças, a imprensa censurada e os direitos e garantias individuais suspensos.

Graciliano, fumando nervosamente, levantou-se da poltrona e rompeu a mudez:

– Senhores, estamos fodidos!

Por medida de segurança – receava que a polícia viesse prendê-lo –, dormiu em uma pensão próxima onde morava o alagoano Simeão Leal. Heloísa tomou outra providência: depois que Elvira se recolheu para dormir, foi na ponta dos pés até a cozinha apanhar um facão e uma pedra de amolar. Pelo sim ou pelo não, a "arma" ficou escondida debaixo da cama. Graciliano passou a noite em claro e voltou cedinho à pensão, preocupado com a mulher e as filhas.

Desde que saíra da Casa de Correção, mantivera-se afastado de reuniões políticas. José Lins do Rego não perdia oportunidade de atemorizá-lo, alertando que, solto há meses, provavelmente não fora esquecido pela repressão. A única manifestação pública de Graciliano seria a assinatura do manifesto "Os intelectuais brasileiros e a democracia espanhola", publicado na edição de *Dom Casmurro* de 2 de setembro de 1937. O texto dizia:

> Nós, intelectuais brasileiros, patriotas e democratas, fiéis à nossa consciência, não podemos silenciar mais ante o que se passa nas terras desgraçadas da Espanha.

Esta nossa atitude tem apenas o sentido de uma pura demonstração de amor à liberdade e à cultura, tão ameaçadas pelas hordas do fascismo internacional, no país que deu ao patrimônio da humanidade figuras como Goya e Cervantes.

Só saía de casa para ir à Livraria José Olympio, esporadicamente à casa de amigos ou para passear com Heloísa e as crianças. Em uma ida a Ipanema, Heloísa percebeu que um homem, sentado na última fila do bonde, não tirava os olhos deles. Ao retornar da caminhada na praia ao ponto final, na rua Henrique Dumont, ela notou o sujeito sentado no mesmo lugar. Claro, estavam sendo seguidos. Para não estragar o humor de Graciliano, só lhe relatou o ocorrido na pensão.

Os cuidados redobraram com o correr dos meses. Algumas pensões do Catete eram alvos de constantes batidas. Dizia-se que ali viviam estudantes e ativistas que tentavam reorganizar o esfacelado PCB. A polícia invadiria mais de uma vez a pensão vizinha à de Graciliano, no número 168 da Corrêa Dutra, para vasculhar os quartos onde moravam quatro rapazes suspeitos de ligações com o partido. De tanto ter a casa revirada, Angelina, a dona do estabelecimento, decidiu não consertar mais as fechaduras dos armários e gavetas arrombados. Se os policiais aparecessem de novo, pelo menos não lhe trariam despesas com chaveiro.

Nesse clima opressivo, Vargas finalmente pôde executar o seu projeto de modernização autoritária, apoiado nas Forças Armadas e em um vago sentimento nacionalista. Não hesitou em trair os aliados da véspera, decretando o fechamento de todas as agremiações políticas, inclusive a Ação Integralista Brasileira. Desiludidos, os integralistas tentaram ir à forra, atacando o Palácio Guanabara, na madrugada de 11 de maio de 1938, para depor Vargas. A intentona frustrada só fortaleceria o governo.

* * *

O ano de 1938 não alterou os problemas financeiros de Graciliano, como deixou claro em carta de 12 de novembro a Nelson Werneck Sodré:

A resposta à primeira [carta] foi escrita, mas perdi-a e tive preguiça de fazer outra, o que teria sido muito difícil, porque eu andava com a vida encrencadíssima. Um horror, seu Nelson, um buraco. Se as coisas melhorarem, preciso escrever bem um cento de cartas.

O que lhe restava senão um conto aqui, uma crônica acolá? Alguma esperança com a literatura, apesar da retração nas vendas. "Estou novamente de braços cruzados, esperando um milagre", escreveria ao filho Júnio.

Conto com a Divina Providência e com o êxito, que naturalmente vai ser grande, dos livros agora publicados. [...] O mês passado eu tinha a impressão de que o negócio de livros ia por água abaixo: nosso amigo José Olympio andava triste, chorava como um bezerro desmamado, e eu tinha vontade de oferecer-lhe uns níqueis quando o via. Parece que a coisa está melhorando.

No segundo semestre de 1938, por interferência de amigos como Prudente de Morais, neto, Graciliano foi nomeado para exercer temporariamente a função de assistente-técnico na secretaria-geral da Universidade do Distrito Federal (UDF). Com validade de 6 de outubro a 31 de dezembro, o contrato assegurava remuneração mensal de 900 mil-réis. A UDF, fundada por Anísio Teixeira e vinculada à Prefeitura, era a menina dos olhos dos setores liberais da intelectualidade. Mas o ministro Capanema, no afã de centralizar o ensino superior, tudo fez até fechá-la, por decreto presidencial, em janeiro de 1939. O horizonte para Graciliano na UDF era pouco promissor, e as tarefas burocráticas, enfadonhas. De todo modo, desempenhou o cargo "com a necessária dignidade", segundo Prudente.

A ótima acolhida de *Vidas secas* consolidou o reconhecimento de Graciliano como romancista de primeira linha, ainda que o livro tenha vendido pouco. Para o crítico Otto Maria Carpeaux, a sua "mestria singular" residia na perfeição do estilo. "É muito meticuloso. Quer eliminar tudo o que não é essencial: as descrições pitorescas, o lugar-comum das frases feitas, a eloquência tendenciosa. Seria capaz de eliminar os seus romances inéditos, eliminar o próprio mundo."

O filólogo Aurélio Buarque de Holanda avaliou que o "implacável rigorismo linguístico e estilístico" não impedia Graciliano de desprezar "caturrices e preciosismos ridículos". Tal como a Carpeaux, a elegância e a correção do estilo o impressionavam: "Elegância discreta, sem estridências; correção que o impelia a fugir do lugar-comum, da ambiguidade, do pleonasmo, da repetição viciosa, da tautologia, do eco, da colisão, da cacofonia, como o diabo da cruz".

Segundo o filólogo, além da perfeição na estrutura técnica, havia em Graciliano um rigor não menos lógico no tratamento da psique das personagens, que se traduzia por vezes "em exagerado gosto do equilíbrio e em paixão despótica da ordem". Obcecado em compreender as formulações do psiquismo humano, o romancista às vezes extrapolava. Em conversa com Aurélio, revelou não tolerar Hamlet, de Shakespeare. Ante o espanto, esclareceu:

– Não suporto aquilo. Aquela personagem não tem lógica. É absurda.

– Mas isto era da sua própria natureza – objetou o amigo.

– Não. É um louco mal estudado. A loucura tem a sua lógica.

Álvaro Lins ressaltou a sólida inventividade do autor de *São Bernardo* na tessitura dramática, "fazendo de cada um de seus livros uma obra independente, sempre com elementos particulares e características próprias, sem se repetir, sem transmitir nunca a sensação de que um deles está prolongando o outro através de aspectos semelhantes". Isso, em seu entender, "é um resultado da sua arte literária, da sua capacidade de utilizar, com o máximo proveito, todos os elementos de observação, inspiração, imaginação e cultura de que dispõe conscientemente".

Requisitado por jornais e revistas, Graciliano despistou os repórteres que lhe indagavam sobre os próximos projetos. "Certamente não ficarei na cidade grande. Prefiro sair. Apesar de não gostar de viagens, sempre vivi de arribada, como um cigano. Projetos não tenho. E estou no fim da vida, se é que se pode dar a isso o nome de vida", diria a Joel Silveira, de *Vamos Ler*.

A *Revista Acadêmica* lhe pediu que listasse os dez melhores romances brasileiros: *Inocência*, de Taunay; *Casa de pensão*, de Aluísio Azevedo; *Dom Casmurro*, de Machado de Assis; *Jubiabá*, de Jorge Amado; *Os corumbas*, de Amando Fontes; *Doidinho*, de José Lins do Rego; *As três Marias*, de Rachel de Queiroz; *Amanhecer*, de Lúcia Miguel Pereira; *O amanuense Belmiro*, de Cyro dos Anjos; e *Os caminhos da vida*, de Octávio de Faria.

A mesma revista quis depois saber quais os dez melhores do mundo. A lista de Graciliano: *Dom Quixote*, de Miguel de Cervantes; *Viagens de Gulliver*, de Jonathan Swift; *Gargantua*, de François Rabelais; *As ilusões perdidas*, de Honoré de Balzac; *Ana Karenina*, de Leon Tolstoi; *Candide*, de Voltaire; *Crime e castigo*, de Dostoiévski; *Pickwick*, de Charles Dickens; *Os sete enforcados*, de Leonid Andreiev; e *Os Maias*, de Eça de Queirós.

* * *

Graciliano se transformou em uma das celebridades da José Olympio, que acabara de reeditar *São Bernardo*. Apesar da crise, a editora continuava sendo a meca da produção cultural brasileira. "Para um escritor, ver livro seu lançado por José Olympio era o máximo", recordaria Nelson Werneck Sodré. Não eram poucos os que se valiam de pistolões para chegar até ele.

Com seu jeito paternal, José Olympio conquistara a confiança da intelectualidade. Como frisam os remanescentes da época, mais do que editor, era conselheiro e amigo de quase todos. "José Olympio era um homem tão simples que certa vez o vi parado na Cinelândia vendo a vida passar. Boêmio sem beber, o que era muito raro", lembraria o pintor Augusto Rodrigues.

De fato, a rua do Ouvidor, 110, não era unicamente o endereço de escritores, mas de artistas e intelectuais que se contaminavam pelo ambiente fervilhante. O relacionamento de José Olympio com o governo não o inibia de publicar adversários do autoritarismo. Isso se refletia no pluralismo de suas publicações. Notórios esquerdistas como Graciliano, Hermes Lima e Jorge Amado repartiam os prelos com figuras de proa do Estado Novo, como Cassiano Ricardo, Menotti Del Picchia e Azevedo Amaral.

Até morrer, Graciliano frequentou ininterruptamente a livraria. Com lugar cativo para "despachar" todo santo dia: um banco de madeira envernizada localizado nos fundos da loja. Os depoimentos dos contemporâneos coincidem na descrição de seus hábitos. Aparecia no meio da tarde, sentava-se com as pernas entrelaçadas, os olhos semicerrados, o ar distante – e fumando os infalíveis Selma. Figura enigmática, atenta a tudo e a todos. "Os olhos vivos por trás dos óculos, de aros finos e escuros, eram a sua arma de penetração psicológica", acentuaria Franklin de Oliveira. "Magro, moreno tirante a avermelhado, Graciliano era quase a encarnação de sua prosa – uma prosa descarnada, óssea, nervos só."

Opinava com parcimônia, em voz baixa, ora irreverente, sempre próximo ao ceticismo. O folclore sobre seu pessimismo era alimentado por tiradas pontiagudas, que visavam mais escandalizar do que qualquer outra coisa.

Uma tarde, José Lins do Rego queixou-se do custo de vida:

– Desse jeito, vamos acabar pedindo esmolas.

– A quem? – fulminou Graciliano.

Conta a lenda que Otto Maria Carpeaux o teria saudado em plena rua do Ouvidor:

– Bom dia, Graça!

– Você acha mesmo?

O temperamento retraído, a franqueza cortante, a autodepreciação (quase sempre de ordem tática), as amargas experiências de vida e a atmosfera carregada de sua ficção desenhavam-no, para alguns, como um ser negativo por excelência. "Não posso concordar com essa visão", assinalaria Heloísa. "Grace tinha suas crises, lógico que tinha. Podia até mudar de humor: uma hora parecia otimista; outra hora, pessimista. Mas sempre acreditou nos homens e teve esperanças."

Coabitavam em Graciliano a fibra agreste, o travo cortante da ironia e a extrema cordialidade. Dependendo do momento, um item prevalecia. "Tinha dias terríveis, absolutamente trancado em si mesmo. Inútil falar-lhe", recordaria Franklin de Oliveira.

Mas, quando estava de boa maré, era o mais sarcástico dos seres vivos. Uma tarde, ao entrar no ônibus, Zora Seljan viu-o sentado na frente e cumprimentou-o de longe.

– Como vai, Graciliano?

E ele gritou:

– Brocha, completamente brocha!

Zora corou de vergonha.

O escritor Peregrino Júnior fez um dos retratos mais bem delineados de Graciliano:

> Ele era seco, contido, sóbrio, não raro mesmo áspero. Gostava de conversar com os amigos mais íntimos – e que excelente conversador! –, correto, fluente, simples, às

vezes usando alguns termos bem típicos, como "ruim como o diabo", "uma peste" e "idiota". Não tolerava intimidades gratuitas, nem o contato efusivo dos derramados.

Gentil com as mulheres, não dispensava beijar-lhes as mãos, meio solene: "Minha senhora...". Incomodava-se, porém, com o perfume francês da elegante escritora Adalgisa Nery. Certa vez, chegou a espirrar quando ela passou perto dele.
– Adalgisa, você está empesteando os livros com esse perfume...
Imprevisível, aceitou o convite do jovem escritor Antônio Carlos Villaça para um memorável passeio de automóvel à Quinta da Boa Vista. Sentado ao lado dos pais do rapaz, absorveu calado a paisagem. A visão noturna da Quinta o fez lembrar-se, com nostalgia, da primeira vez em que lá estivera. "Não venho aqui há trinta anos. Vim muito em 1915, sozinho, quando era revisor de jornal." Ao descer do carro, ele beijou, empertigado, a mão da mãe de Villaça. "O mestre Graça era um sertanejo civilizadíssimo", definiria Villaça. "Oscilava entre o palavrão e o gesto requintado."

No burburinho da José Olympio, os dias turvos da vida nacional eram repassados à boca pequena. A cada ato arbitrário do Estado Novo, surgiam vozes de protesto. A intelectualidade reprovava a aproximação de Vargas com a Alemanha nazista e os atentados aos direitos humanos.

A José Olympio, antes de mais nada, era um centro de convívio intelectual, "um lugar onde se encontra excelente e abundante material para um romance", segundo Graciliano. Os escritores deixavam e recebiam correspondência, marcavam encontros, atendiam jovens romancistas e poetas, arranjavam empregos, descontavam cheques. E até trocavam tapas, como ocorreu certa vez entre Marques Rebelo e Osvaldo Orico. Cansado de protagonizar anedotas contadas por Rebelo, Orico resolveu interpelá-lo, e o caldo entornou.

Mas a regra, segundo Graciliano, era a coexistência pacífica entre "crentes e descrentes, homens de todos os partidos, em carne e osso ou impressos nos volumes que se arrumam nas mesas, muitos à esquerda, vários à direita, alguns no centro".

Ali o poder e a oposição pareciam aproveitar um intervalo para dialogar, como retrataria Graciliano em célebre crônica sobre a livraria.

> Há um ar de família naquela gente. Octavio Tarquínio deixa de ser ministro e Amando Fontes deixa de ser funcionário graúdo. Vemos ali o repórter e víamos o candidato a presidente da República, porque José Américo aparecia algumas vezes. Lins do Rego é figura obrigatória e Marques Rebelo procura vítimas, distribui veneno a presentes e ausentes.

Enfim, segundo Carlos Drummond de Andrade, "aquilo era uma loja de livros, à primeira vista; mas tinha alma".

Anos depois, a José Olympio foi palco do reencontro de Graciliano com o capitão José Lobo, que o ajudara no Forte das Cinco Pontas, em Recife. Guilherme Figueiredo, cunhado de Lobo, o levou à presença do romancista.

– Lembra-se deste homem?

Graciliano o fitou com ar fechado.

– Não sei quem é, não.

José Lobo deu um ligeiro sorriso:

– Se eu lhe tivesse maltratado, o senhor nunca se esqueceria de mim. Eu sou o capitão Lobo.

– Capitão Lobo! Me perdoe!

E saíram abraçados para um café.

Outro célebre acontecimento envolveu o escritor João Guimarães Rosa. José Olympio incluiu Graciliano na comissão julgadora do Concurso de Contos Humberto de Campos, integrada por Prudente de Morais, neto, Marques Rebelo, Peregrino Júnior e Dias da Costa. Os cinco, segundo Graciliano, "murchos com o golpe de 10 de novembro, indispostos ao elogio, enfastiados". Inscreveram-se sob pseudônimo 63 candidatos.

Alguém perguntou a Graciliano:

– Quanto é que você ganha por esse trabalho todo?

– Ganho um amigo e cerca de sessenta inimigos.

Ele intrigou-se com o alentado volume de quase quinhentas páginas inscrito por um certo Viator. Quem era o autor daqueles doze contos "sérios em demasia"? O cenário montanhoso lhe fornecia boa pista: talvez fosse um médico mineiro com vocação para literato. Nem todos os contos de *Sagarana* tinham a mesma qualidade literária – alguns eram prolixos e descosturados –, mas revelavam talento de escritor.

Até a votação, hesitou, optando afinal por *Maria Perigosa*, de Luís Jardim. É possível que tenha pesado contra *Sagarana* a sua extraordinária riqueza verbal, que contrastava com a economia vocabular tão ao gosto de Graciliano.

O mesmo dilema cindiu o júri. Graciliano e Dias da Costa votaram em *Maria Perigosa*; Prudente e Marques Rebelo, em *Sagarana*. O voto de minerva por Luís Jardim veio de Peregrino Júnior.

Inconformado com o resultado, Marques Rebelo atribuiu a derrota de *Sagarana* à interferência de Graciliano junto a Peregrino Júnior e Dias da Costa. Tanto não era verdadeira a acusação que Graciliano propusera a José Olympio editar as duas obras, dado o seu inegável valor. Ao relembrar o episódio, Peregrino Júnior o defendeu: "Graciliano desincumbiu-se de sua tarefa com aquela clareza de manhã nordestina, e a retidão do cacto que se recorda, indisfarçado, na caatinga".

Viator era o mineiro Guimarães Rosa, médico por formação, mas diplomata de carreira, que se encontrava ausente do país. Na ficha de inscrição, Rosa só se identificara pelo pseudônimo. Desapontado com o seu sumiço, Graciliano insistiu junto a José Olympio para localizá-lo, mas as tentativas deram em nada. Como se estivesse com remorso por tê-lo preterido, escreveu dois artigos exaltando a arte de Rosa e sustentando que, fora os excessos, os contos dariam um ótimo livro.

O mistério foi desfeito seis anos depois, quando, apresentados por Ildefonso Falcão, Graciliano e Guimarães Rosa dialogaram:

– O senhor figurou num júri que julgou um livro meu em 1938.
– Como era seu pseudônimo?
– Viator.
– Ah! O senhor é o médico mineiro que andei procurando. Sabe que votei contra o seu livro?
– Sei – respondeu Rosa sem ressentimento.

Graciliano recordaria o desfecho da conversa: "Achando-me diante de uma inteligência livre de mesquinhez, estendi-me sobre os defeitos que guardara na memória. Rosa concordou comigo. Havia suprimido os contos mais fracos. E emendara os restantes, vagaroso, alheio aos futuros leitores e crítica".

Quando *Sagarana* foi publicado em 1946, das 500 páginas, restavam 365 impecáveis. Graciliano acertara na mosca.

* * *

O modelo de *Vidas secas* – contos avulsos que confluíram para um romance – começou a ser reproduzido ainda em 1938. Graciliano pretendia transpor para o papel as recordações da infância traumatizante. O *Diário de Notícias* publicaria, em 18 de outubro, a primeira investida, com o título de "Samuel Smile". Três dias depois, no mesmo jornal, sairia "Astrônomos". E a 15 de novembro apareceria "O menino da mata e o seu cão piloto", desta vez em *O Jornal*.

No quarto conto da série, Graciliano percebeu o filão a explorar, como revelaria a *Vamos Ler*:

> A 1º de maio de 1939 veio a lume "Um cinturão". Só aí formei vagamente o projeto de, reavivando cenas e fatos quase apagados, tentar reconstruir uns anos de meninice perdida no interior. A 3 de junho de 1939 compus "Fernando", o trigésimo terceiro capítulo da série; a 14 de setembro escrevi "Nuvens", o primeiro capítulo que abre este meu livro de memórias. Até o ano passado [1944] trabalhei como caranguejo, adiantando-me, atrasando-me com largas paradas, rápidos acessos de entusiasmo.

E acrescentaria:

Consumi, portanto, quase seis anos a pingar 279 páginas. Prometi dá-las ao editor em dois anos, mas, de prorrogação em prorrogação, estirei muito o prazo, o que decerto não melhorou o produto. Deve ter piorado: uma coisa feita com tantos intervalos sairia cheia de hiatos e repetições. Esforcei-me por corrigir isso, provavelmente sem êxito.

Desde janeiro de 1936, *Infância* estava em suas cogitações. Em carta a Heloísa, datada de 28 daquele mês, contava que lhe viera "uma ótima ideia" para um livro.

> Ficou-me logo a coisa pronta na cabeça, e até me apareceram os títulos dos capítulos, que escrevi quando saí do banheiro para não esquecê-los. [...] Provavelmente me virão ideias para novos capítulos, mas o que há dá para um livro. Vou ver se consigo escrevê-lo depois de terminado o *Angústia*.

A retomada do trabalho restabelecia o curso interrompido pela prisão. E, se publicava o livro em capítulos, era porque precisava de dinheiro. Escrevia a metro para completar o orçamento familiar. A impossibilidade de sobreviver apenas da literatura era cada vez mais evidente. A descrença entorpecia-lhe o espírito, como se deduz na carta ao escritor paraense Dalcídio Jurandir, de 22 de junho de 1939:

> Não nos enriquecemos nem entraremos na Academia, mas estou certo de que morreremos depressa. Em todo o caso, continuamos a trabalhar, nem sei para quê. Estou com vários livros começados, todos ruins. É possível que não chegue a concluir nenhum, vou entregando pedaços deles nos jornais, porque enfim preciso viver. Nestes últimos meses tenho levado uma vida muito semelhante à do meu Luís da Silva, um pouco pior que a dele. Talvez esta medonha encrenca determine um pouco deste pessimismo. Que quer você? Não consigo separar as minhas desgraças miúdas das obras, as grandes, e o resultado é este: vingo-me na literatura, que até hoje só me tem rendido aborrecimentos, prisões, inimigos, calúnia...

Um anjo da guarda lhe estendeu a mão. Sabendo dos problemas, Carlos Drummond de Andrade conseguiu com Capanema a sua nomeação para inspetor de estabelecimentos de ensino secundário do Distrito Federal. Capanema, em plena política de atração de intelectuais para a órbita do MEC, levou o decreto pronto para Getulio Vargas assiná-lo.

— Não é o ideal, mas é o que posso lhe oferecer agora — comunicou Drummond em telefonema a Graciliano.

Dupla ironia: o ex-preso político no Ministério da Educação, centro nevrálgico do Estado Novo; e o ditador nomeando para um organismo governamental um homem fichado na Polícia Política como "escritor suspeito de exercer atividade subversiva". Exatamente assim Graciliano, Jorge Amado e Álvaro Moreyra eram enquadrados no informe confidencial prestado por Filinto Müller a Capanema, a respeito da revista *Diretrizes*.

Não há dúvida de que Graciliano aceitou a nomeação por absoluta necessidade. "Nenhum de nós estranhou ou cobrou isso dele, porque o Graça estava precisando muito, era um cargo técnico, completamente apolítico", asseveraria Rachel de Queiroz. Embora isso não o exima integralmente da contradição de ingressar em um governo que o perseguira e pelo qual sentia asco, é preciso ver que se tratava de uma função subalterna e burocrática, com salário dos mais modestos.

Em 29 de agosto de 1938, antes de ser nomeado inspetor federal de ensino, Graciliano chegou a escrever a Getulio Vargas. A carta, jamais postada, pode ser lida como uma espécie de desabafo íntimo sobre as vicissitudes que enfrentara desde que deixara a Instrução Pública em Alagoas, fora preso arbitrariamente, transferido para o Rio de Janeiro e atirado no bestial presídio da Ilha Grande. Em uma lauda manuscrita, Graciliano explicitou a revolta com as provações que lhe viraram a vida de cabeça para baixo. Daí o tom bastante irônico, sem em momento algum resvalar em desrespeito a Vargas. O que talvez não fosse mesmo necessário, pois, ao transformar o chefe do Estado Novo em interlocutor, revelava o alvo de seu inconformismo. É como se dissesse: não preciso atacá-lo, porque as injustiças que descrevo de alguma maneira o incriminam.

Graciliano queixou-se da forma como o afastaram da Instrução Pública e em seguida o detiveram e o encarceraram. Aventou a hipótese de seu trabalho ter sido "julgado subversivo", mas aproveitou para ressaltar avanços alcançados em sua gestão, contrapondo-se à falta de razões objetivas para as punições:

> Ignoro as razões por que me tornei indesejável na minha terra. Acho, porém, que lá cometi um erro: encontrei 20 mil crianças nas escolas e em três anos coloquei nelas 50 mil, o que produziu celeuma. Os professores ficaram descontentes, creio eu. E o pior é que se matricularam nos grupos da capital muitos negrinhos. Não sei bem se pratiquei outras iniquidades. É possível. Afinal o prejuízo foi pequeno, e lá naturalmente acharam meio de restabelecer a ordem.

Depois, referiu-se à cadeia de violências que o vitimara, a partir da prisão sem processo ou culpa formada.

> Creio que não servi direito: por circunstâncias alheias à minha vontade, fui remetido para o Rio de maneira bastante desagradável. Percorri vários lugares estranhos e conheci de perto vagabundos, malandros, operários, soldados, jor-

nalistas, médicos, engenheiros e professores da Universidade. Só não conheci o delegado de polícia, porque se esqueceram de interrogar-me. Depois de onze meses abriram-me as grades, em silêncio, e nunca mais me incomodaram. Donde concluo que a minha presença aqui não constituía perigo.

Reclamou da falta de emprego a que acabou condenado pelos algozes e disse que não lhe restara alternativa senão adotar, "em falta de melhor, uma profissão horrível: esta de escrever, difícil para um sujeito que em 1930 era prefeito na roça". No limite da astúcia irônica, aludiu ao fato de Vargas ser seu "colega de profissão" por ter publicado, pela Editora José Olympio, uma coletânea de discursos, com tiragem recorde de 50 mil exemplares:

> V. Excia. é um escritor. Mas, embora lance os seus livros com uma tiragem que nos faz inveja, não vai ganhar muito e sabe que neste país a literatura não rende. Andaria tudo bem se tivéssemos exportação, pois o mercado interno é lastimável. Um *bluff* a exportação. [...] Enfim não possuímos literatura, o que temos é diletantismo, um diletantismo produtor de coisas ordinariamente fracas.

Despediu-se assim: "Apresento-lhe os meus respeitos, senhor presidente, e confesso-me admirador de Vossa Excelência".

Ao terminar esta última frase, é bem provável que Graciliano tenha puxado ao canto da boca um sorriso de escárnio. Os amigos da Livraria José Olympio sabiam o quanto lhe repugnava a ditadura comandada por Vargas. Na frente de Joel Silveira, Graciliano cuspiu no chão, enojado:

– Uma cachorrada!

A única vez que Graciliano se encontrou, casualmente, com Getulio Vargas foi meses depois de sair da cadeia, em 1937, em um quarteirão próximo ao Palácio do Catete. Ele ainda morava na modestíssima pensão da rua Corrêa Dutra. O relato do escritor Antonio Carlos Villaça, em seu livro de memórias *Os saltimbancos da Porciúncula*, jamais foi desmentido:

> Uma noite, saiu Graciliano para dar o seu passeio pela praia do Flamengo. Na volta, mais ou menos dez horas, entrou na rua Barão do Flamengo, já deserta. E veio vindo em sua direção um senhor baixinho, gorducho, de paletó e gravata, solitário. Reconheceu-o. Era Getulio. Dava a sua volta, depois do jantar. "Boa noite", disse ele. Graciliano não respondeu.

O CARÁTER DENTRO DO DIP

Uma pensão na rua Carvalho Monteiro, no Catete: eis o novo endereço dos Ramos. O quarto era bem maior que o da Corrêa Dutra, mas Clara e Luísa continuavam dormindo no cômodo dos pais. À noite, Graciliano reunia-se para analisar o horizonte da guerra com um grupo de amigos, como Valdemar Cavalcanti, Jorge Medauar, Osvaldo Alves, Otávio Dias Leite, Emil Farhat e Luís Augusto de Medeiros.

A hospedagem lá durou poucos meses. As crises de tosse de Graciliano preocupavam Heloísa. O marido tinha compleição física débil, sofrera o diabo nas prisões, fumava muito e trabalhava bastante. A suspeita acabou se confirmando: em um acesso, ele manchou o lenço com sangue.

Heloísa agiu rápido para alojar a família em um apartamento de dois quartos na rua Resedá, 13, na Lagoa. As filhas, assim, não corriam perigo de contágio. Para ajudar no aluguel e no tratamento do marido, ela conseguiu, através de Eneida de Moraes, emprego no Colégio Universitário da Universidade do Brasil, na Urca, dirigido pelo escritor Abgar Renault.

A superalimentação e o repouso reergueram Graciliano. Além do périplo diário pelas escolas, publicou, pela Editora Globo, *A terra dos meninos pelados*; traduziu *Memórias de um negro*, do norte-americano Booker Washington; e revisou a segunda edição de *Angústia*, que saiu em 1941.

As condições de trabalho em casa haviam melhorado com a mudança. Improvisou em seu quarto um miniescritório, evocado pela filha Clara no livro *Mestre Graciliano: confirmação humana de uma obra*.

É o móvel mais arrumado da casa esse *bureau* colegial, onde simetricamente se dispõem os dicionários, em pilhas baixas; o vidro de tinta Sardinha; o mata-

-borrão; uma régua, pequena, de uns trinta centímetros; os maços de Selma, uns sobre os outros; alguns cigarros soltos, enfileirados, do jeito como se disciplinam os palitos de fósforo.

A escrivaninha, segundo ela, "é mais cheia de não-me-toques que uma peça rara de museu: ele próprio a espana, com uma folha de papel, sem que lhe modifique a disposição dos objetos".

A rotina de Graciliano era sempre igual. Escrevia de manhã, barbeava-se por volta de onze e meia, recitando Manuel Bandeira, Miguel Torga e Verlaine, almoçava e, à tarde, inspecionava colégios. Eventualmente ia ao cinema, escolhendo a dedo o que ver, como comédias de Frank Capra – verdadeiras parábolas sobre homens comuns forçados a enfrentar a ganância e a corrupção dos ricos e poderosos. Seus atores favoritos eram Katharine Hepburn, Leslie Howard e Charles Chaplin. Não escondia a paixão por desenhos animados de Walt Disney, particularmente *Fantasia*, a que assistiria novamente com as filhas. Seria apresentado ao moderno cinema brasileiro através de *O descobrimento do Brasil*, de Humberto Mauro. Ao teatro, raramente ia, a não ser quando Procópio Ferreira trazia ingressos de cortesia para suas peças.

Curtia mesmo ficar em casa, de pijama e chinelos, lendo. Detestava telefone e campainha. Se quisessem agradá-lo, bastava colocar à mesa feijão com carne-seca e arroz. Não ligava para doces e frutas. Nos afazeres domésticos era uma lástima. "Grace não pregava um prego certo na parede", diria Heloísa. Mexia com as filhas, chamando Clara de "barata descascada" e Luísa de "minha mulata". Era o seu modo de ser carinhoso.

Gostava que Heloísa lhe desse o máximo de atenção e costumava dizer que o serviço doméstico às vezes embrutecia as mulheres. Uma vez, vendo que uma das filhas fazia tricô, implicou:

– Por que você não compra uma blusa pronta? Lucraria mais lendo um bom livro.

Não suportava hipocrisia. Quando saiu no Brasil *O amante de Lady Chatterley*, muitos maridos proibiram as mulheres de ler aquela "pornografia". Com Heloísa ocorreu o contrário: Graciliano comprou o livro para ela.

Segundo Zora Seljan, Graciliano ria e, no fundo, encantava-se com o jeito enciumado da mulher: "Heloísa tinha muito ciúme de Rachel de Queiroz e de Lia Corrêa Dutra. Às vezes, ela dizia-lhe: 'Você é o Jacó, não podendo ter a Rachel, está se pegando com a Lia'. Graça divertia-se e até cultivava um pouco esse ciúme, elogiando a Lia, sua amiga literária."

Em outras coisas, Graciliano era o desligado em pessoa. Doente de cama, Heloísa se queixou da falta de atenção:

– Puxa, você não traz nada da rua para mim...

– Mas do que é que você gosta, minha filha?

– De maçã.

Depois de algum tempo, ela teve de mandá-lo parar de trazer maçãs, pois não aguentava mais nem o cheiro.

Certa tarde, Graciliano apareceu mancando de uma perna. "Acho que é reumatismo", disse. O sexto sentido levou Heloísa a checar o sapato dele: tinha um prego virado para dentro. Cada vez que espetava o dedão do pé, pisava em falso.

Em matéria de música, era literalmente surdo. Só se arriscava a cantarolar a modinha "Pinião, pinião, pinião,/ pinto correu com medo do gavião". Com a vitrola tocando, aproximou-se de Clara:

– Que música é esta?

– *A dança do fogo.*

– Bonito...

Na segunda vez em que ouviu a música, comentou:

– A gente sente até as labaredas...

Com as meninas nem parecia o pai severo do passado. Respeitava inclusive a inclinação religiosa de Clara. Aos poucos, ele voltava a conviver com os filhos do primeiro casamento. Márcio, arredio igual ao pai, viera para o Rio trabalhar como revisor de jornal e residia em pensão; Júnio mandava cartas de Minas; Múcio, o mais extrovertido, ingressara na Marinha e via o pai com certa frequência; e Maria Augusta, desquitada, mudara-se para o Rio, trabalhava fora e moraria um tempo com Graciliano. Ricardo continuava em Maceió, criado pelo avô e pela tia. Uma família desarticulada por circunstâncias adversas – a morte prematura de Maria Augusta, a ida de Graciliano para Maceió, o período de prisão e os transtornos para sobreviver.

Ricardo passou as férias de 1939 para 1940 no Rio. Aos dez anos, não tinha qualquer lembrança física do pai (vira-o pela última vez em 1936). Bom aluno no colégio, acabara de ingressar no ginásio sem fazer exame de admissão e estava ansioso para mostrar o boletim escolar.

– Está bom – disse Graciliano após examinar as notas. – Mas o ensino de Alagoas não vale nada.

Ricardo baixou os olhos.

– Não estou dizendo isso para contrariar você, não. É que fui diretor da Instrução Pública e sei que o ensino lá não presta. De forma que esse boletim não tem muita importância, não.

Quando já pensava em guardar o boletim, o pai o surpreendeu:

– Você não quer fazer o exame de admissão no colégio em que trabalho?

O pensamento de Ricardo foi instantâneo: "Dessa vez eu me ferrei!".

Fora aproveitar as férias no Rio e agora arrumava essa encrenca.

– Se o senhor quiser, eu faço – respondeu sem convicção.

– Pois então está combinado.

Sagaz, Ricardo impôs uma condição:
— Eu só não vou estudar, porque estou de férias.
E lá foram os dois pegar o bonde, no Tabuleiro da Baiana, para o Colégio 28 de Setembro, no Méier, onde Graciliano atuava como inspetor de ensino. No primeiro dia, provas escritas de cinco matérias; no segundo, provas orais. Quando saíram as notas, a barba de Graciliano cresceu: o filho tirara dez em tudo.
Alegre, Ricardo arriscou uma piada:
— Papai, o ensino aqui parece que é pior que o de Alagoas...
Com um sorriso matreiro nos lábios, Graciliano não passou recibo:
— Não é nada disso, não. Fizeram isso porque você é meu filho.

* * *

O pacto de não agressão entre União Soviética e Alemanha, assinado em fins de agosto de 1939 pelos chanceleres Vyacheslav Molotov e Joachin von Ribbentrop, representou um desastre moral para os comunistas. De uma hora para outra, o discurso antifascista precisou contorcer-se para tentar justificar o injustificável. Como se a guerra não fosse mais para salvar a democracia frente ao avanço do nazismo, e sim para fortalecer "as potências coloniais". No Brasil, houve reações exaltadas contra a manobra de Stalin, mas o Birô Político do PCB insistiu que era necessário defender a União Soviética das possíveis agressões do imperialismo internacional.
A turbulência, contudo, não abalou as convicções democráticas da ampla maioria da intelectualidade. Graciliano conservou intacto o repúdio ao nazifascismo, tendo escrito, em maio de 1940, uma crônica fabulosa sobre os horrores do expansionismo hitlerista, intitulada "Conversa fiada":

> A vida vai-se tornando insuportável – e o morro que ali se eleva sobre as casas fronteiras perde a consistência. Realmente não nos achamos em segurança. Esse ataque à Holanda e à Bélgica perturba-nos, tira-nos o apetite. Mesquinhos, estávamos protegidos pela nossa pequenez, protegidos como ratos em tocas. Não podemos agora confiar nisso. Na rua estreita e silenciosa há sinais de ruína. As crianças que patinavam desapareceram. Será que os homens fortes irão matá-las?

Vargas formalizou a aproximação com o bloco liderado pela Alemanha a bordo do encouraçado *Minas Gerais*. "Novas forças se erguem no mundo ocidental", trombeteou o ditador, assanhando os germanófilos encastelados nas Forças Armadas e no aparelho estatal.
O conflito mundial incorporava-se ao cotidiano, e suas consequências respingavam no Brasil, com racionamento de combustível e de energia. Prudente

de Morais, neto, lembraria a tarde em que Graciliano, com um jornal debaixo do braço, sentara-se ofegante em seu banco na livraria, reclamando:

– A situação está uma peste. Os Aliados ganham nos vespertinos, perdem nos matutinos.

Segundo Clara Ramos, Graciliano se mostrava otimista em relação à vitória das forças aliadas. Quanto mais os nazistas anexavam territórios, mais ele acreditava em uma reviravolta, observando as frentes de combate em um mapa aberto em sua mesa de trabalho.

A contenção de gastos imposta pela guerra também atingiu os jornais, cuja receita publicitária vinha caindo a olhos vistos. Graciliano se queixou ao filho Júnio, em 8 de agosto de 1940, de que as colaborações diminuíam:

> Nestes miseráveis tempos que atravessamos até os contos idiotas que eu fazia para *O Jornal* e para o *Diário de Notícias* foram escasseando e sumiram-se de todo. Tenho escrito uns horrores para uma revista vagabunda, mas essas misérias dão pouco trabalho e vendem-se a 100 mil-réis, exatamente o preço de um conto. Uma desgraça, tudo uma desgraça. Afinal, quem nos obriga a viver, a fabricar romances, a tirar retratos?

Convidado por Samuel Wainer, integraria o Conselho de Redação da revista *Diretrizes*, ao lado de Otávio Malta, Jorge Amado, Álvaro Moreyra, Joel Silveira, Francisco de Assis Barbosa e Aparício Torelly. Wainer, deslumbrado com o acesso ao clube dos intelectuais de esquerda, orientava a revista em uma linha antifascista, com cautelas diante da censura. Era o segundo conselho editorial a contar com o nome de Graciliano; o primeiro fora o da *Revista Acadêmica*. Reconhecimento intelectual, mas nada que o livrasse da insegurança financeira.

No decorrer de 1941, uma luz piscou no fim do túnel. O professor e jornalista Almir de Andrade, frequentador da José Olympio, fora encarregado por Lourival Fontes, o homem forte do Departamento de Imprensa e Propaganda (DIP), de editar a revista *Cultura Política*.

O DIP se tornara peça-chave na execução do projeto ideológico do regime, difundindo massivamente as realizações do Estado Novo e azeitando o culto à personalidade de Vargas, apresentado como "pai dos pobres". O ideal de Capanema era atingir as camadas populares por meio de um "aparelho vivaz de grande alcance, dotado de forte poder de irradiação e infiltração, tendo por função o esclarecimento, o preparo, a orientação, a edificação: numa palavra, a cultura de massa". A censura à imprensa e à produção cultural constituía ponto vital para o êxito dessa estratégia.

O complexo de doutrinação do DIP englobava o rádio (*Voz do Brasil* e *Rádio Nacional*), os cinejornais inspirados nos congêneres alemães e italianos, a música (grandes concentrações orfeônicas em datas nacionais, idealizadas pelo maestro

Villa-Lobos), os jornais encampados pela União (*A Manhã, A Noite, A Noite Ilustrada* e *O Estado de S. Paulo*) e o sistema escolar (reformulação de currículos, obrigatoriedade do ensino de moral e civismo e distribuição de milhões de cartilhas, autênticos manuais de propaganda do regime).

Para galvanizar o grande público, valia tudo. Getulio Vargas era popularizado, em marchinhas carnavalescas feitas de encomenda, como o "malandro" – o político hábil que dá rasteiras nos adversários e sempre acaba levando a melhor. Ele ria gostosamente das anedotas que fingiam satirizá-lo nas revistas da praça Tiradentes. Fingiam porque os *scripts* eram previamente examinados pelo DIP. Até o samba-exaltação foi utilizado pelo regime para estimular o trabalho e o respeito às instituições. Ataulfo Alves e Wilson Batista compuseram duas pérolas: *O bonde de São Januário* ("O bonde de São Januário leva mais um operário/ Sou eu que vou trabalhar") e *É negócio casar* ("O Estado Novo veio para nos orientar/ no Brasil não falta nada/ mas precisa trabalhar").

Os sambistas se enganavam. Faltava alguma coisa, sim: uma revista que, de um lado, atraísse a intelectualidade crítica em relação ao governo e, de outro, legitimasse o projeto cultural do Estado Novo (a tutela do aparelho estatal sobre as manifestações artísticas). Com esse objetivo, a dupla Vargas/Capanema criaria órgãos de fomento à cultura, como o Serviço Nacional de Teatro, o Serviço do Patrimônio Histórico, o Conselho Nacional de Cinema e o Instituto Nacional do Livro. No seu discurso de posse na Academia Brasileira de Letras em 29 de dezembro de 1943, o ditador convidou os intelectuais a colaborarem, dando-lhes a garantia de que a política não era mais a "madrasta da inteligência", como na República Velha.

O DIP pagava subsídios mensais às empresas jornalísticas, a título de publicidade, assegurando a distribuição de notícias favoráveis ao governo em mais de 950 veículos, entre jornais, revistas, agências de notícias e emissoras de rádio. Vargas fazia da isenção para a importação de papel de imprensa outro instrumento de pressão sobre as empresas, pois corriam o risco de ficar sem matéria-prima as empresas que ousassem questionar as políticas governamentais.

Segundo Joel Silveira, esses métodos de controle da opinião e censura geravam consequências sérias em termos de cooptação de jornalistas e intelectuais (mesmo os independentes ou de esquerda), coerção ideológica e intimidação política:

> O mercado de trabalho era limitadíssimo, porque os jornais tinham tudo pronto da Agência Nacional. Vinha tudo mastigado. As redações tinham quatro ou cinco pessoas que faziam o jornal todo. Vinha tudo pronto, com ordem, inclusive, de publicar em tal página, com tal destaque. O DIP chegava ao ponto de dizer que tipo devia ser usado: negrito, corpo 9, à esquerda. E qualquer sinal de rebeldia cortavam o papel e a publicidade. A publicidade o governo controlava, digamos,

60% e ao mesmo tempo intimidava as empresas privadas. Ninguém queria ficar contra o Banco do Brasil.

Assim, o DIP instituiu uma espécie de mercado de trabalho paralelo para jornalistas e intelectuais, visto que os cofres públicos tinham condições de remunerar bem aqueles que atuassem nas publicações oficiais, enquanto a maioria das empresas jornalísticas vivia com problemas de caixa, agravados por um mercado consumidor acanhado e um volume de publicidade comercial relativamente baixo. As publicações do DIP pagavam por cinco laudas 100 mil réis, enquanto nos principais jornais o salário mensal de um bom redator não ultrapassava 800 mil-réis. Diante de tal quadro, não é difícil entender por que Graciliano, José Lins do Rego, Vinicius de Moraes, Erico Verissimo, Mário de Andrade, Manuel Bandeira, Carlos Drummond de Andrade, Gilberto Freyre, Murilo Mendes, Tristão de Athayde, Cecília Meireles, Adalgisa Nery e tantos outros escreviam para publicações governamentais.

O plano da revista *Cultura Política*, delineado por Cassiano Ricardo, um dos cérebros do estadonovismo, e Almir de Andrade, seduziria escritores liberais e de esquerda. Por três razões básicas: não se exigia alinhamento político automático; os artigos poderiam versar sobre temas literários e estéticos; a remuneração era das mais compensadoras – de 200 a 400 mil-réis por matéria –, com a certeza de pagamento em dia. A sustentação doutrinária ficaria por conta de pensadores identificados com o viés totalitário.

Com uma média de 250 a 300 páginas por edição, *Cultura Política* circularia, mensalmente, de abril de 1941 a agosto de 1944. A redação funcionava no quarto andar do Palácio Tiradentes, antiga sede da Câmara dos Deputados, fechada pela ditadura e agora ocupada pelo DIP. Outros dois veículos associavam-se à propaganda oficial: as revistas *Ciência Política* e *Atlântico*, esta publicada conjuntamente com o Secretariado da Propaganda Nacional de Portugal, braço ideológico do ditador Oliveira Salazar. Através do intercâmbio cultural, seriam veiculadas na *Atlântico* e em suplementos literários portugueses colaborações de Graciliano (crônicas e contos), Cecília Meireles, Affonso Arinos de Mello Franco, Erico Verissimo, Carlos Drummond de Andrade, Mário de Andrade, Gilberto Freyre, José Lins do Rego, Jorge de Lima, Álvaro Lins, Tristão de Athayde, Luís da Câmara Cascudo, Murilo Mendes, Adalgisa Nery, Abgar Renault, Augusto Frederico Schmidt, Manuel Bandeira e Vinicius de Moraes, entre outros.

O editorial do primeiro número de *Cultura Política* explicitava o compromisso com "uma nova concepção de cultura", diferente da pregada pelo Estado liberal, que "teria efetuado uma perigosa abstração ao separar o homem, cujo domínio é o da cultura, do cidadão, cujo domínio é o da política". O Estado Novo defendia "a necessidade de unificar as esferas política e social através do estabelecimento de uma cultura política". O editorial salientava ainda que a "revista não tem partidos e há de procurar sempre espelhar tudo o que é genuinamente brasileiro".

De início, Graciliano hesitou diante do convite de Almir de Andrade, receando comprometer-se politicamente. Por outro lado, não poderia desconsiderar a oferta de trabalho. A definição de suas tarefas – revisão de originais e uma crônica mensal para a seção "Quadros e costumes do Nordeste" – indicava que ele não precisaria alugar a pena à apologia do regime. Poderia escrever sobre o que quisesse, ressalvados os enfoques conflitantes com a ideologia vigente.

Havia outras duas seções fixas na revista: "Quadros e costumes do Centro-Sul", a cargo de Marques Rebelo, e "Quadros e costumes do Norte", entregue a Basílio de Magalhães. O apelo regionalista não era gratuito; incentivava-se o conhecimento da realidade brasileira através da valorização do elemento regional e da tradição passadista, em detrimento de uma perspectiva universalizante e atualizada da cultura nacional. À primeira vista, portanto, Graciliano, Rebelo e Basílio, homens de formações políticas distintas, estariam irmanados nas páginas.

Ilusão de ótica. Basta consultar as crônicas de Graciliano, reunidas no livro póstumo *Viventes das Alagoas*, para constatar a inexistência de uma frase sequer de loas ao autoritarismo. Getulio Vargas é ignorado. Do mesmo modo, pode-se comprovar o seu grau de ironia ao falar de mazelas sociais que persistiam sem solução, apesar da retórica redentora que permeava o discurso oficial. Por exemplo, em 1943, não se intimidou por estar em uma revista oficial e escreveu artigo com o sugestivo título "Milagres", no qual fulminava os "tabus" que alimentavam conformismos e inércias frente aos problemas do país. Relido setenta anos depois, o texto revela-se extraordinariamente atual:

> Faltam-nos muitas coisas, e o pior é que não nos esforçamos para obtê-las. Esperamos que nos venham de fora: do céu, da Rússia, dos Estados Unidos ou da Itália. Milagres. Quem reduzirá o aluguel das casas e elevará o câmbio? O governo, provavelmente. Não podemos viver sem tabus: eleições, por exemplo, o voto secreto. O essencial é que o país tenha um homem, ou antes um super-homem, um herói. Enquanto ele não chega, contentamo-nos imaginando alguns. Os que estão perto diminuem e os que estão longe aumentam, o que parece um disparate, mas não é.

Antes, já fora contundente a respeito da demagogia reinante:

> Romancistas, críticos, historiadores e sociólogos trabalham sem descanso, às vezes com demasiada pressa, queixando-se todos, jurando que não vale a pena

escrever e que isto é um país absolutamente perdido. Talvez seja. Há tanta gente procurando salvá-lo que só por milagre ele deixará de escangalhar-se.

Postura muito diferente da euforia de Basílio de Magalhães ao saudar *Cultura Política* por ter despertado "uma falange primaveril de inteligência do marasmo anterior, sacudida e propelida por aspirações de uma pátria de maior potencialidade sinérgica e de maiores glórias".

Graciliano compilou casos do cotidiano nordestino, abordando o casamento, o Natal, o teatro mambembe, o engenho de cana-de-açúcar, o júri, o carnaval, o jogo do bicho e uma galeria de tipos interioranos.

Em estudo sobre esses textos, o crítico Raul Antelo anota:

"Os quadros e costumes do Nordeste" ordenam-se em torno de duas funções principais. De um lado, há os que ensaiam o memorialismo, mais ou menos na linha do que seriam *Infância* e *Memórias do cárcere*; de outro, a viagem, a descrição de outros costumes. Em ambos os casos, desponta o olhar adulto do escritor já ambientado no Rio.

Em algumas crônicas, a malícia política recheia os flagrantes, permitindo-lhe explorar criticamente os arcaísmos de um país que se pretendia modernizar. Uma delas, intitulada "D. Maria Amália", de 1º de outubro de 1941, abordava a influência ostensiva que a mulher de um chefe político exerce nos negócios públicos, tornando um governador sua presa fácil. Eis um trecho:

Os homens acreditavam nas promessas, mas d. Maria Amália não se deixava embromar: examinava as coisas por miúdo, reclamava paga, toma lá, dá cá. E o seu nariz bicudo farejava os decretos que se ocultavam nas diretorias, nas secretarias e nas oficinas da Imprensa Oficial. Esta figura antipática e exigente cresceu tanto que tomou para o governador as proporções duma calamidade. D. Maria Amália tornou-se um símbolo. Foi a representação da nossa trapalhada econômica, social e política.

A parte retrógrada do Brasil semicolonial, que acabaria soterrada pelo rolo compressor da transição para o capitalismo, está admiravelmente retratada em "A decadência de um senhor de engenho" (9 de agosto de 1942). O naufrágio de Joaquim Pereira, dono da fazenda Ingá, começara com o fim da escravidão e do Império e consumara-se com a crise agrária na República Velha e as mudanças políticas depois de 1930. Da sociedade que o produziu, restaram ruínas – e só sua barba à dom Pedro II resistia às lembranças do tempo longínquo em que não assinava papel porque sua palavra bastava.

O aparelho judiciário obsoleto mereceu tintas fortes em "Está aberta a sessão do júri", de 12 de dezembro de 1942. O empavonado dr. França, juiz de uma comarca sertaneja, falava com "linguagem arrevesada e arcaica das ordenações" e não admitia jurados com roupa clara, "para não prejudicar a decência do veredicto". Ele é o centro de uma alegoria sobre a justiça fechada em sua imponência hierárquica, formalista e conservadora nos hábitos, mas lenta e infensa às contingências da humanidade.

> Dr. França possuía um espírito, sem dúvida, espírito redigido com circunlóquios, dividido em capítulos, títulos, artigos e parágrafos. E o que se distanciava desses parágrafos, artigos, títulos e capítulos não o comovia, porque o dr. França estava livre dos tormentos da imaginação.

Um bom exemplo do descompromisso de Graciliano com o passadismo são as cinco crônicas sobre o cangaço – questão ainda atual na década de 1940. A seu ver, a multiplicação de cangaceiros decorria de fatores sociais (a opressão do latifúndio sobre populações marginalizadas) e econômicos (o agravamento do quadro de miséria no Sertão).

Não endossava as violências cometidas pelos bandos e chegaria a comemorar a morte de Corisco. Mas batia na tecla de que, sem reverter a pobreza aguda do Nordeste, era ingenuidade imaginar que o problema se resolveria com o extermínio dos Lampiões. Com ironia, dizia que a reação dos cangaceiros poderia servir para superarmos "a vergonha de nossa decadência" e resolvermos os problemas sociais. "O que nos consola é a ideia de que no interior existem bandidos como Lampião. Quando descobrirmos o Brasil, eles serão aproveitados. E já agora nos trazem, em momentos de otimismo, a esperança de que não nos conservaremos sempre inúteis."

O segundo encargo de Graciliano em *Cultura Política* foi mais intricado, não propriamente pela missão de copidescar textos de outros redatores. Aborrecia-o remendar artigos que enalteciam o Estado Novo. Certa vez, Eneida de Moraes o admoestou por esse complexo de culpa:

– Mas, Graça, precisas viver, que diabo! Só sabes escrever, que outra coisa poderias fazer?

– Mas é sujeira – respondeu ele com acrimônia.

Nem todos os artigos copidescados por Graciliano serviam aos desígnios do regime. O proselitismo político ocupava, digamos, metade das páginas. O restante era destinado à cultura, com ensaios, críticas literárias e de artes. "Apesar de editada pelo DIP, a *Cultura Política* era feita com muita inteligência", lembraria Nelson Werneck Sodré. "Almir de Andrade conseguia dosar a apologia ao Estado Novo com ensaios de intelectuais independentes e de gabarito. Hoje é uma fonte indispensável para quem quer conhecer a época."

Não raro, Graciliano irritava-se com os erros gramaticais. O poeta Lêdo Ivo testemunhou uma de suas explosões de impaciência diante da burrice alheia. Na ânsia de bajular, o autor do artigo fora abundante em conjunções adversativas: "Mas, no entanto, contudo, todavia, o Estado Nacional...".
Graciliano não se conteve:
– Mas, no entanto, contudo, todavia... é a puta que o pariu!
A verdade é que a longa permanência na *Cultura Política* se converteu em emprego estável para Graciliano. Acima de tudo, ali obtinha remuneração constante que lhe permitia saldar o orçamento.

Há quem diga que ele teria se deixado levar pelo canto de sereia do esquema Capanema, exatamente como os que, direta ou indiretamente, atuaram em órgãos, publicações e projetos culturais do governo. De fato, as relações da elite intelectual com o regime foram marcadas pela ambiguidade. Escritores e artistas detestavam o Estado Novo e o fascismo, mas recebiam dos cofres públicos por serviços prestados na órbita do Ministério da Educação. A dependência econômica expunha a fragilidade de boa parte da intelectualidade diante do assédio do poder e abria brechas para a colaboração no interior do aparelho do Estado. Eram ponderáveis os obstáculos ao pleno exercício da vida intelectual em uma sociedade periférica que chegaria à década de 1950 com metade da população ainda analfabeta. A universidade despontava (a Universidade de São Paulo fora fundada em 1934 e a Faculdade Nacional de Filosofia, no Rio de Janeiro, em 1939), as chamadas indústrias culturais estavam longe de se estruturar e o rádio só se converteria em mídia de massa na segunda metade dos anos 1940. Quando um livro vendia duas ou três tiragens consecutivas de mil ou 2 mil exemplares, a imprensa o celebrava como *best-seller*. Nessa moldura, era impossível viver de literatura, o que levava os escritores, via de regra, aos empregos públicos, além de buscarem fonte de renda adicional, prestígio e legitimação no jornalismo.

Resta saber se a natureza da colaboração ao Estado Novo se confundia com adesismo e cumplicidade político-ideológica. Na maioria dos casos, não aconteceu isso, ainda que tenha servido, indiretamente e no limite até sem consciência, à legitimação do projeto unificado e conservador de educação e cultura apregoado por Vargas e executado com perícia incomum pelo ministro Capanema. "Ninguém defendia o Estado Novo; eram colaborações literárias, crônicas, resenhas", atesta Joel Silveira.

Com sabedoria, Antonio Candido separa os intelectuais que "servem" dos que "se vendem", para que não surjam juízos apressados sobre casos distintos de atuação na órbita do poder:

> Conviria acentuar mais que um Carlos Drummond de Andrade "serviu" o Estado Novo como funcionário que já era antes dele, mas não alienou por isso a menor

parcela da sua dignidade ou autonomia mental. Tanto assim, que as suas ideias contrárias eram patentes e foi como membro do gabinete do ministro Capanema que publicou os versos políticos revolucionários de *Sentimento do mundo* e compôs os de *Rosa do povo*. [...] Outros que nem vale a pena nomear, para poderem repousar com menos infelicidade no seio de Deus, eram pura e simplesmente vendidos, sem alma nem fé.

Vários intelectuais serviram ao Estado Novo e não alienaram a mínima parcela que fosse de seus padrões de dignidade ou de autonomia estética e artística. Oscar Niemeyer e Lucio Costa poderiam ser condenados por detalharem o projeto de Le Corbusier para o novo prédio do Ministério da Educação? Portinari se comprometeu por ter dado estatuto de obra de arte aos murais daquele edifício? Seria mais conveniente Rodrigo Mello Franco e Mário de Andrade recusarem os empregos no Serviço do Patrimônio Histórico? Sérgio Buarque de Holanda errou ao exercer cargos de chefia no Instituto Nacional do Livro e na Biblioteca Nacional? João Cabral de Melo Neto, João Guimarães Rosa, Vinicius de Moraes, Antonio Houaiss e Ribeiro Couto não deveriam ter trabalhado como diplomatas no Ministério das Relações Exteriores? Lúcio Cardoso, Clarice Lispector e Antonio Callado pecaram por ter sido redatores da Agência Nacional?

É evidente que nenhum deles se locupletou com o regime autoritário nem comprometeu suas convicções. Questionado a respeito de seus vínculos com Capanema, Drummond reagiu: "Eu, que era simpático à esquerda, preferi carregar o fardo burocrático do MEC para que fossem possíveis as reformas que resultaram em organismos como o Instituto Nacional do Livro". Está claro que a opção de Drummond e de outros companheiros de geração foi a de interferir "por dentro" na gestão da cultura, com um sentido reformista. No caso de Graciliano, esse sentido se dilui porque não desempenhou cargo executivo.

Não se deve menosprezar a ambiguidade do próprio governo. Se desejasse dissolver as células esquerdistas e liberais que gravitavam em torno de Capanema, bastaria a Vargas consultar os fichários da Polícia Política para exonerar toda a assessoria do MEC. Óbvio que lhe interessava a parceria – era uma ponte de comunicação com a esquerda. De uma forma ou de outra, neutralizava diatribes e garantia legitimidade às ações do Ministério. O pragmatismo dominava a lógica do Catete: desde que não pretendesse subverter a ordem estabelecida, o intelectual poderia cultivar suas veleidades fora das repartições.

Talvez por isso fosse tênue o patrulhamento contra quem aceitava funções culturais no governo. "Só ficava mal o indivíduo que se entregava, aderia sem pudor ao Estado Novo", esclareceria Guilherme Figueiredo. Os intelectuais tinham a uni-los sentimentos mais fortes, segundo Rachel de Queiroz: a ojeriza ao nazifascismo e a solidariedade aos perseguidos. "A divisão, naquele momento, era entre oprimidos e opressores, e ninguém podia ficar contra um intelectual por ter sido acusado de comunista e escrever com altivez para uma revista oficial."

A convivência dos contrários era facilitada pelo clima de abertura propiciado por Capanema – o acesso a seu gabinete prescindia de atestado ideológico. A intimidade com os escritores permitia, por exemplo, a Mário de Andrade passar, por carta, uma descompostura no ministro pelo desmantelamento da Universidade do Distrito Federal.

Finalmente, impõe-se a pergunta: Graciliano teria motivos para arrepender-se de sua colaboração na *Cultura Política*? Moacir Werneck de Castro, um dos que não foram cooptados, responderia peremptório:

> Ele não tinha por que se envergonhar de ter trabalhado lá. Se você examinar atentamente o que escrevia, verificará que não havia a menor conotação política naquelas crônicas de costumes do Nordeste. Já o Marques Rebelo, um sujeito ranheta, para ser agradável, fazia concessões ao regime. Mas o Graciliano... A dignidade com que ele se comportou é mais um elemento contra uma certa tese defendida por alguns sociólogos, segundo a qual a submissão do intelectual ao poder o transformava num servidor do regime. Trata-se de uma besteira que deturpou a história. Isso é um esquema que cientistas sociais inventam para fazer suas teses. Não era nada disso. Os intelectuais não eram contestadores na forma, faziam um trabalho que muitas vezes os apontava como comunistas, não por convicções explícitas, mas porque defendiam posições estéticas de vanguarda.

A rigidez de princípios de Graciliano, segundo Guilherme Figueiredo, "não se alteraria um centímetro" com a experiência na revista do DIP.

> Era um homem que, até então, vivia numa atividade enorme, desdobrando-se em mil: inspetor de ensino, escrevia coisas, traduzia, sobrevivia com muita dificuldade. Quem não sabia disso, meu Deus? Se aceitou o convite para a *Cultura Política*, sofreu demais com isso. Essas coisas são sempre duras; escrever para onde não se quer é horrível.

Segundo Guilherme, mesmo sendo funcionário público e revisor de *Cultura Política*, Graciliano jamais deixou de se solidarizar com presos políticos do Estado Novo. Toda vez que saía um livro seu, enviava um exemplar autografado para o general Euclides Figueiredo, pai de Guilherme, que cumpria pena na Casa de Correção. Condenado pelo Tribunal de Segurança, o general fora cassado e dado como morto; sua mulher recebia o montepio do Exército, como viúva.

Emocionado com o gesto de Graciliano, Euclides usou o expediente de sempre para mandar-lhe uma mensagem: dobrou um pedacinho de papel, com letras bem miúdas e, sem que o guarda visse, colocou-o discretamente na meia do filho. Artifício seguro para vencer a triagem idiota da portaria do presídio. Os agentes apreendiam tudo que cheirasse a comunismo – até o clássico *O vermelho e o negro*, de Stendhal, que Guilherme pretendia levar para o pai.

O COMPLÔ DA REPARAÇÃO

A evolução da guerra influenciava decisivamente o quadro interno. Pressionado pela opinião pública após o afundamento de navios brasileiros por submarinos alemães, Getulio Vargas mudou de lado, passando a apoiar os Aliados. Desde a entrada dos Estados Unidos no conflito, em 1941, Vargas afastara-se gradualmente do Eixo. A "política de boa vizinhança" do presidente Franklin Roosevelt colhia frutos em toda a América Latina. Aqui, o ditador não perdeu a chance de barganhar: em troca da instalação de bases na costa brasileira, os norte-americanos financiariam a montagem do nosso parque siderúrgico, fundamental à industrialização, e o reequipamento militar.

Do quartel da Polícia Especial onde estava enclausurado, Luiz Carlos Prestes recomendou aos democratas que cerrassem fileiras com o governo no esforço de guerra contra o fascismo. A maioria dos jornais tomou o partido dos países que combatiam o nazismo, rompendo a cadeia de silêncio até ali imposta pelo DIP. A gradual liberalização da imprensa não era fato isolado; a partir do segundo semestre de 1942, a correlação de forças no Palácio do Catete se alterou progressivamente. A linha-dura perdeu terreno com as exonerações do ministro da Justiça, Francisco Campos; do chefe de polícia, Filinto Müller; do chefe do Estado-Maior do Exército, general Góis Monteiro; e do diretor do DIP, Lourival Fontes.

A nova conjuntura, de certo modo, sancionava a aproximação da intelectualidade progressista com Vargas, mantidas, evidentemente, as divergências quanto à política interna. Jorge Amado, militante fiel do PCB, defendeu que escritores antifascistas atuassem nos organismos ligados à cultura, para aprofundar a resistência democrática.

A relativa distensão inspirou a homenagem prestada a Graciliano por ocasião de seu cinquentenário, em 27 de outubro de 1942. A comissão organizadora era integrada por Augusto Frederico Schmidt, Octavio Tarquínio de Sousa, Álvaro Lins, José Lins do Rego, José Olympio e Francisco de Assis Barbosa.

O jantar, realizado no restaurante Lido, em Copacabana, marcou época – cerca de cem dos mais expressivos intelectuais e artistas do país compareceram ou manifestaram adesão. "Foi uma maravilha aquela noite", recordaria Joel Silveira. "Discursos, bebedeira até de madrugada. Você olhava em volta e só via grandes escritores."

A festa tinha o deliberado propósito de desagravar Graciliano pelas humilhações sofridas na prisão. Para realçar esse caráter, os organizadores convidaram o ministro Gustavo Capanema a presidir a solenidade, durante a qual o romancista receberia da Sociedade Felipe de Oliveira o prêmio de 5 mil cruzeiros pelo conjunto de sua obra.

"Nós fizemos um complô para levar o Capanema, e ele topou na hora", relembraria Francisco de Assis Barbosa.

> Sendo um homem do Estado Novo, sua presença daria ao evento o sentido de reparação pelo que o regime havia feito contra esse grande escritor. Graciliano colaborava na revista *Cultura Política*, mas jamais abdicara de suas ideias. A rigor, ele não serviu ao Estado Novo, pois se manteve firme e coerente com tudo o que pensava.

Tímido até o último fio de cabelo, Graciliano ficou atarantado só de imaginar-se alvo de todos os olhares e comentários. Isso na aparência, porque por dentro esbanjava contentamento. Não fosse assim, teria recusado o dinheiro que os amigos lhe deram para comprar um impecável terno de casimira inglesa com o qual compareceu à homenagem. A quantia arrecadada antecipadamente superara os gastos com o jantar, e a comissão organizadora julgara mais do que justo presenteá-lo.

A caminho do restaurante, Carlos Drummond de Andrade se encontrou no ônibus com o jornalista e escritor José César Borba. Tão recatado quanto Graciliano, Drummond arriscou um palpite sobre o comportamento do amigo no jantar:

– O Graciliano vai se sentir incomodado com o peso dessa demonstração pública de apreço por ele. Não é homem para essas coisas.

O metabolismo do velho Graça tinha mesmo de se alterar. Até o cardápio do jantar era para mexer com o seu coração: creme de aspargos à *Caetés*, filé de robalo à *São Bernardo*, peru à *Angústia*, torta de maçãs à *Vidas secas*, arroz e café.

Pouco dado a liberar emoções, Graciliano transparecia satisfação em cada sóbrio cumprimento. Rompia-se naquela noite a couraça de sisudez, como observaria José César Borba:

> Cordial, satisfeito, conversando num pequeno grupo com alguns amigos, parecia esquecido de que era o homenageado. Ou até, intimamente, talvez duvidasse de tudo, inclusive da realização da homenagem: última esperança de um tími-

do. Depois do jantar, meia-noite, pôde outra vez se recolher a outro limitado número de amigos, e acalmar definitivamente o seu pudor das manifestações.

Coube a Augusto Frederico Schmidt o discurso de saudação. Linhas dignas de um grande poeta, que agradaram a gregos e troianos:

> Pediram a um homem gordo que saudasse no seu cinquentenário a um homem seco. Pediram a um homem que tem pecado às vezes por falar que dissesse a um homem capaz de longos silêncios o quanto esse homem é admirado. Pediram-me que lhe traduzisse, meu caro Graciliano Ramos, a nossa compreensão pela sua figura e pela sua obra, a você que tem sido tão duramente incompreendido. Pediram-me que falasse em nome de muitos a um homem solitário e que a vida provou, não raro, amargamente. E aqui estou eu extremamente comovido, consciente de que não posso errar nesta missão que me confiaram.
> É que esta noite não se repetirá, é uma noite única para a sua vida, Graciliano. É uma noite de reparação, é uma noite em que devemos trazer a você, que é um ser tão desconfiado, a convicção de que sua existência, que você considera tão melancolicamente, é a existência que se realizou plenamente, é a existência de um homem que venceu, que se afirmou, que soube crescer sozinho, graças à sua força, graças a essa natureza retorcida, áspera, inconformada e cheia de dignidade que é a sua natureza, graças mesmo a esses sofrimentos que a vida, sem economia, lhe proporcionou, graças às injustiças que madrugaram para você e o foram sempre seguindo, até essa injustiça suprema de lhe tirarem a liberdade sem motivo, por um período certamente fecundo para sua experiência de romancista.

No agradecimento, Graciliano começou fazendo blague:

> Confessando honestamente haver contraído uma dívida insolúvel para com os escritores nacionais e estrangeiros (felizmente esta palavra hoje pouco significa), é prudente limitar-se a uma referência coletiva, dizer que estou assombrado e tentar, se isto for possível, se não justificar, pelo menos explicar esta reunião.

A maior parte do discurso dedicou a uma revisão espirituosa de sua trajetória, desde o momento em que foi "pescado no sertão de Alagoas" pela dupla Schmidt-Rômulo de Castro.

> Seria melhor que eu tivesse continuado a envelhecer na cidadezinha poeirenta, jogando o xadrez e o gamão, tratando dos meus negócios miúdos, ouvindo as intermináveis arengas das calçadas, refugiando-me à tarde na igreja matriz, enorme, onde fiz dezenove capítulos de *São Bernardo*. Seria melhor. Infeliz-

mente, não me foi possível orientar-me. Os acontecimentos forçaram-me a deslocações imprevistas.

Relatou as circunstâncias adversas que o envolveram desde que saiu preso de Maceió, "sem pagar passagem", até ser trazido para o Rio, "num navio sem significância". Na plateia, a expectativa era que aproveitasse a ocasião para desforrar-se do Estado Novo, mas ele apenas ironizou a cadeia.

> Muitos inconvenientes. E algumas vantagens: não íamos ao cinema, não concorríamos para homenagens indébitas a valores improvisados, não nos aborrecíamos com aluguel de casa, enfim éramos forçados a cultivar a economia, a mais útil das virtudes agora. Não nos alimentávamos em demasia. Também não nos atrapalhávamos. Deram-nos um longo repouso, quase espiritual – e isto muito contribuiu para melhorar os nossos costumes.

Como o ator que se retira sorrateiramente de cena ao término do espetáculo, para não se expor indefeso aos aplausos, Graciliano finalizou sua fala atribuindo a homenagem à "existência de algumas figuras responsáveis por meus livros – Paulo Honório, Luís da Silva e Fabiano". As últimas palavras:

> Apenas fiz o que pude para exibi-los, sem deformá-los, narrando, talvez com excessivos pormenores, a desgraça irremediável que os açoita. É possível que eu tenha semelhança com eles e que haja, utilizando os recursos de uma arte capenga adquirida em Palmeira dos Índios, conseguido animá-los. Admitamos que artistas mais hábeis não pudessem apresentar direito essas personagens, que, estacionando em degraus vários da sociedade, têm de comum o sofrimento. Neste caso, aqui, reduzo-me à condição de aparelho registrador – e nisto não há mérito. Acertei? Se acertei, todo o constrangimento desaparecerá. Associo-me aos senhores numa demonstração de solidariedade a todos os infelizes que povoam a Terra.

Em março de 1943, a Editora Alba publicou *Homenagem a Graciliano Ramos*, coletânea dos discursos pronunciados no jantar e dos artigos saídos na imprensa por ocasião do cinquentenário. O volume se tornou uma relíquia, já que foram impressos apenas quinhentos exemplares. Além dos discursos de Schmidt e de Graciliano, incluía textos de Rodrigo Otávio Filho (em nome da Sociedade Felipe de Oliveira), Francisco de Assis Barbosa, Otto Maria Carpeaux, Laura Austregésilo, José Lins do Rego, Astrojildo Pereira, José César Borba, Guilherme Figueiredo, Osório Borba e Rubem Braga.

* * *

Embora fiel, Graciliano poderia ter sido um amante mais constante da literatura se não se defrontasse com uma rival: a escassez de tempo. Inspetor de ensino, revisor e cronista, ainda cumpria a obrigação de escrever contos avulsos (capítulos de *Infância* e do futuro livro infantil *Histórias de Alexandre*) para atender às despesas de casa.

Participou também do romance *Brandão entre o mar e o amor*, escrito a dez mãos. A ideia, de Aníbal Machado, ganhara de pronto a adesão de Rachel de Queiroz, Jorge Amado, José Lins do Rego. Oito mãos – faltavam as duas de Graciliano, que não pensou duas vezes em juntar-se à brincadeira.

O processo de elaboração seria curiosíssimo: um autor preparava o capítulo e passava-o a outro, que tinha de dar sequência à trama. "O problema é que cada um fazia o seu capítulo encrencando mais a história para o companheiro seguinte resolver", recordaria Rachel. Quando chegou a vez dela – era a última –, o recurso foi matar todos os personagens, pois não havia mais nada a fazer.

Concluído em cinco semanas, o romance foi publicado inicialmente em capítulos pela revista *Diretrizes*, que lançou um concurso premiando os leitores que descobrissem o autor de cada capítulo. Ninguém descobriu, no capítulo "Mário", a marca retilínea de Graciliano. A Livraria Martins, de São Paulo, publicou a obra posteriormente.

Ainda em 1942, Graciliano inscreveu no concurso de obras didáticas do MEC o texto *A pequena história da República*, que escrevera entre 1938 e 1940. Tratava-se de uma breve revisão crítica dos principais acontecimentos no Brasil entre 1889 e 1940, em tom de farsa e ópera bufa. No Estado Novo, aquele atrevimento poderia dar cadeia. Eis o balanço sobre a Revolução de 30: "Como seria possível fazer uma revolução sem programa? Derrubar para quê? Conversa fiada, tempo gasto à toa, perdas de vida e fazenda – e, no fim, conquistado o poder, ficarem todos olhando uns para os outros, indecisos".

Como não queria arder nas chamas da inquisição, Graciliano arquivou o texto – inédito até 1960, quando a revista *Senhor* o divulgou. Talvez para consolá-lo, José Olympio lhe passou a incumbência de avaliar uma profusão de textos enviados à editora. Uma tarefa de esfolar: "É maçada. Recebo dezenas de originais. São principiantes, geralmente dos estados, que desejam, é claro, alguns elogios. Já me aconteceu receber, na mesma semana, originais do Piauí e de Goiás. Eu devia fazer como José Lins: afirmar sem leitura que tudo é magnífico".

A figura austera e esquiva de Graciliano costumava frear o ímpeto de jovens escritores em busca de conselhos e opiniões abalizadas. Era comum o indivíduo ficar olhando da vitrina da livraria a confraria de intelectuais conversando toda tarde, sem coragem de empurrar a porta e chegar perto dos ídolos.

Corria a fama de um Graciliano ríspido e impaciente com os iniciantes. Não era bem assim. Quando notava que a pessoa era desprovida de talento, tratava de despachá-la logo, lacônico: "Muito bem. Continue". Mas, se percebia potencialidades, permitia-se comentários e, em certos casos, chamava a si a responsabilidade de orientar o promissor literato.

Vários testemunhos são elucidativos a esse respeito, como o de Guilherme Figueiredo. Com o aval de Menotti Del Picchia, enviara de São Paulo a José Olympio os originais de seu primeiro romance, *Trinta anos sem paisagem*, baseado na experiência de repórter no Tribunal de Justiça, cobrindo um crime que abalara o país. Vindo ao Rio meses depois, Guilherme, a mando do editor, procurou Graciliano, que lera e recomendara o livro.

– Pensei que você fosse mais velho – disse Graciliano, fitando o jovem de 23 anos.
– Por que, mestre?
– Porque seu livro é de uma pessoa mais velha.
– Então é ruim assim?
– Não, não. É muito bom. Velha no sentido de uma experiência que eu não imaginava que você tivesse. O romance parece ter sido escrito por um bacharel criminalista.

Os dois conversaram o resto da tarde sobre literatura francesa, Graciliano espantado com os conhecimentos do rapaz sobre Balzac e Stendhal. "Descobri uma pessoa afável como nunca poderia imaginar", afirmaria Guilherme.

Graças à acolhida de Graciliano, as estreias de Dalcídio Jurandir (com *Chove nos campos de Cachoeira*) e de Breno Acioly (com *João Urso*) não passaram despercebidas da crítica. E, se não fossem os seus puxões de orelha, a jornalista e escritora Yvonne Jean não se livraria dos defeitos de principiante:

> Ele foi franco comigo, dizendo que meus primeiros artigos não prestavam, não valiam nada, eram muito mal escritos. Mas explicou por que, corrigiu, discutiu. Foi a primeira ajuda positiva que recebi do mundo das letras, porque, até então, cada vez que mostrava meus rabiscos a um entendido só ouvia que eram formidáveis, magníficos, esplêndidos.

Outro a ficar boquiaberto seria Gasparino Damata, ex-marinheiro, que escrevera um livro com impressões de uma viagem às Antilhas, encaminhado a Graciliano por um amigo comum. Damata nunca poderia supor que, ao visitá-lo na José Olympio, fosse reconhecido pelo nome:

> Encontramo-nos depois no Bar Lallet e vi que ele lera os originais. Senti que o romancista queria falar; pediu duas cervejas, acendeu novo cigarro e em poucos minutos bebíamos satisfeitos – ele muito sorridente, sorriso ainda medido e economizado, mas contando piadas danadas sobre mulheres. Descobri que Graciliano, como todo bom e genuíno sertanejo, apenas com as pessoas que lhe agradavam

abria-se todo, era uma criança. Daquele homem azedo, ríspido e amargurado que inventaram, nem a sombra!

Não apenas os iniciantes recorriam a ele. Eneida de Moraes, que secretamente incursionava pela ficção, pediu-lhe uma opinião sobre o conto "Guarda-chuva": "O velho Graça encheu-me de entusiasmo", recordaria ela. "Aconselhou-me tanto que o conto quase perturba a minha vida. Seu estímulo fez-me escrever outros, e ainda incluiu-me numa antologia de contistas brasileiros."

Quem modelava os textos sem erros gramaticais exercia sobre ele poder de sedução. Foi o caso do pernambucano José Carlos Borges, vencedor do concurso de contos promovido pela revista *Dom Casmurro* em 1940. Graciliano não apenas lhe deu o voto, como prefaciou o livro *Neblina*:

> O sr. José Carlos Borges não comete os deslizes em que são férteis os campeões da lei gramatical. Também não pratica os erros voluntários de certos cidadãos que, escrevendo sistematicamente às avessas, são puristas falhados, tentam forjar uma língua capenga e falsa.

Talvez o episódio mais significativo da série tenha sido o da escritora baiana Alina Paim. De passagem pelo Rio antes de viajar para o I Congresso dos Escritores, que se realizou em janeiro de 1945, em São Paulo, Alina lhe entregou um exemplar do primeiro romance, *Estrada da liberdade*. Só um ano depois voltaria a procurá-lo.

Graciliano a recriminou por ter sumido:

– Eu li seu livro, mas se passou um ano e eu não tenho na memória o que queria lhe dizer. Não se incomode. Vou ler o livro outra vez e lá para o fim da semana volte aqui.

No dia combinado, Alina entrou como uma bala na livraria para ouvir de Graciliano que o romance tinha naturalidade, enfocava os assuntos com coragem, mas se ressentia de maior domínio da técnica narrativa. Ele a incentivou a concluir o segundo livro, *A sombra do patriarca*, que se desenrolava em uma usina de cana do Nordeste. "Isso mesmo, fale de sua gente", recomendaria.

Depois de lê-lo, Graciliano deu o veredicto:

– Olha, a primeira parte é fraca. Agora, a segunda parte é completamente outra. Você achou o seu caminho!

Devolveu os originais indicando onde Alina claudicara. "A qualidade essencial de quem escreve é a clareza, é dizer uma coisa que todos entendam da forma que você quis. Para escritor que é de ofício autodidata, isso custa anos, porque não está na gramática, nem em livro algum", ensinou.

A terceira experiência emocionou Alina Paim. Graciliano marcou encontro às nove horas da manhã na estação dos bondes para Santa Teresa. Queria discutir o romance *Simão Dias* um dia inteiro, em um local tranquilo. "Deve estar uma calamidade para ele pedir um dia todo", pensou ela.

Durante a viagem, para desespero de Alina, Graciliano permaneceu mudo. Quando chegaram ao ponto final, no Silvestre, foram para um restaurante, vazio àquela hora. Graciliano pediu algo para beber e advertiu o garçom para não ser mais importunado. Não suportando mais a ansiedade, ela perguntou:

– Como é, Graciliano?

Ele deu um tapa na pasta antes de sentenciar:

– Acho esse romance bom.

– E por que levou tanto tempo para dizer isso?

– Porque hoje você vai aprender coisas para o resto da vida.

Novamente o texto trazia correções gramaticais e pontos assinalados para discussão sobre a estrutura de cenas e personagens. Depois de horas de lição, que, segundo a romancista, nortearam para sempre a sua carreira, Graciliano observou:

– Eu acabo de lhe dar um presente. Você chegaria a tudo isso, mas levaria de seis a oito anos cometendo erros até ter o domínio completo do idioma. Eu acabo de lhe dar seis a oito anos de ganho de experiência.

Revisado o livro, a recompensa para Alina: ele aceitou assinar o prefácio de *Simão Dias*.

* * *

Esse cidadão apaixonado pelos desvãos das letras era refratário a expressar-se fora do papel. Ao longo da vida, não concedeu mais do que uma dezena de entrevistas. Quando procurado, recorria a alguma manobra diversionista: "Mas por que eu? Não tenho nada para dizer...".

Francisco de Assis Barbosa foi um dos jornalistas que conseguiu quebrar a sua resistência em meados de 1942. Em seu livro *Achados ao vento*, relatou a experiência:

> Homem de poucas palavras, Graciliano Ramos é um problema para o repórter que se propõe a biografá-lo. O autor de *São Bernardo* nada tem de expansivo. Ainda que amabilíssimo, encolhe-se todo diante do jornalista. Tem medo, penso eu, de parecer herói a fornecer dados para a posteridade. Nada de poses. Nada de convencionalismos.

Assis Barbosa arrancou de Graciliano uma apreciação comparativa sobre estilos de criação:

> Não sou como José Américo, que primeiro escreve na cabeça e depois transporta o livro para o papel. A obra de criação, para mim, é quase sempre imprevista. E espontânea. Refaço tudo, depois. Escrever dá muito trabalho. A gente muitas

vezes não sabe o que vai fazer. Sai tudo diverso do que se imaginou. Lembro o caso do Zé Lins, por exemplo. Zé Lins pretendia contar a história de *Usina*. No fim do quarto ou quinto capítulo, enveredou sem querer por outro lado. *Usina* acabou sendo o quinto volume da série que o romancista, depois, intitulou "Ciclo da cana de açúcar".

Dias antes de completar cinquenta anos, em 27 de outubro de 1942, Graciliano voltou a falar a Francisco de Assis Barbosa. Na reportagem publicada por *Diretrizes*, o jornalista descreveu as etapas do processo de elaboração dos textos, a partir dos originais que lhe foram mostrados pelo romancista:

> Via de regra, Graciliano escreve em papel sem pautas, de um só golpe, ao calor da composição. A forma definitiva vem depois. Emenda muito. E até mesmo quando passa a limpo, com a sua letra explicativa de escrevente de cartório, corta muita coisa, tudo o que depois vai achando ruim. Às vezes, risca linhas inteiras. As palavras morrem sob o traço forte de tinta de uma igualdade assombrosa, como feito à régua.

Graças à paciência e à determinação do jovem jornalista Newton Rodrigues, os leitores da revista *Renovação* tiveram o privilégio de flagrar Graciliano discorrendo sobre os rumos da literatura brasileira. Deus conhece o sacrifício imposto a Newton para obter a entrevista. Graciliano tentou de tudo para desvencilhar-se do assédio. Mas a perícia do repórter prevaleceu, e ele acabou falando.

Publicado na edição de maio-junho de 1944, portanto no declínio do Estado Novo, o depoimento é preciso pelo que contém de apreciações críticas sobre as relações entre os romancistas ditos sociais e as massas. A entrevista vinha assinada por Ernesto Luiz Maia, pseudônimo usado por Newton para evitar que, no mesmo número, seu nome aparecesse em várias matérias.

O título não poderia ser mais apropriado para sintetizar a argumentação de Graciliano: "Os chamados romances sociais não atingiram as massas". A pergunta de Newton fora fulminante: acreditava na existência de escritores populares no Brasil?

> Não acredito, não. Acho que as massas, as camadas populares, não foram atingidas e que nossos escritores só alcançaram o pequeno-burguês. Por quê? Porque a massa é muito nebulosa, é difícil interpretá-la, saber do que ela gosta. Além disso, os escritores, se não são classe, estão em uma classe que não é, evidentemente, a operária. E do mesmo modo que não puderam penetrar no povo, não podem dizer o motivo pelo qual não conseguiram isso. Somente um inquérito entre o próprio povo poderia dizer dos motivos.

Segundo Graciliano, o único gênero literário popular era o folhetim, "que a massa vai aceitando como entorpecente". E explicava: "Nas massas iletradas o romantismo é de mais fácil êxito, e Jorge Amado talvez as tenha tocado porque é principalmente um romântico".

Indagado sobre como concebia um romance social, disparou:

> Qualquer romance é social. Mesmo a literatura "torre de marfim" é trabalho social, porque só o fato de procurar afastar os outros problemas é luta social. [...] Um escritor pode escrever para a massa e o operário nem o ler. Eu já tentei isso quando escrevi *São Bernardo*, mas o povo não o leu e continuo sem saber por quê. De qualquer modo, o romance social terá que ser sentido e é preciso que o personagem seja o próprio autor.

Poderia um escritor manter-se alheio à guerra, ao desemprego e às crises econômicas? "Não há arte fora da vida, não acredito em romance estratosférico. Logo, não pode. O escritor está dentro de tudo que se passa, e se ele está assim, como poderia esquivar-se de influências?"

Quando uma obra se enclausura em temas subjetivos, o ficcionista, segundo Graciliano, tende a compor "criações mais ou menos arbitrárias, complicações psicológicas, às vezes um lirismo atordoante, espécie de morfina, poesia adocicada, música de palavras".

Graciliano debruçava-se no cotidiano de escassez das classes subalternas em meio ao processo de consolidação capitalista em um país periférico. Para ele, as análises sobre o sistema social estariam comprometidas se deixassem de apreciar fatores econômicos centrais para a hegemonia burguesa entre nós. Recriminava os romancistas que não se detinham nas imbricações entre a dimensão política e a infraestrutura material. Mas não resvalava no discurso determinista do marxismo vulgar, que reduz as criações culturais a simples reflexos da base econômica. O distanciamento da realidade traduzia, no entender de Graciliano, um tipo de literatura "que só se ocupa de coisas agradáveis, não se molha em dias de inverno, e por isso ignora que há pessoas que não podem comprar capas de borracha, [...] acha que tudo está direito, que o Brasil é um mundo e que somos felizes". Ao silenciar sobre a hegemonia de um modo de produção perverso, os escritores abriam mão de questionar a força das classes dominantes na fixação das pautas do poder e suas danosas consequências. No desengajamento intencional, transparece o desejo de ficar a distância medida da violência social e dos choques de interesses na arena política.

Graciliano ressaltava que o compromisso social não poderia obrigar o criador a atrelar-se a dogmas políticos e aos dirigismos ideológicos – posição que, como veremos adiante, sustentará na teoria e na prática, à custa de incompreensões.

> Eu não admito literatura de elogio. Quando uma ala política domina inteiramente, a literatura não pode viver; pelo menos até que não haja mais necessidade de coagir, o que significa liberdade outra vez. O conformismo exclui a arte, que só pode vir da insatisfação. Felizmente para nós, porém, uma satisfação completa não virá nunca.

Se os editores de *Renovação* tivessem optado por publicar a entrevista na edição seguinte, as palavras de Graciliano não teriam chegado até nós. No dia 4 de julho de 1944, Newton Rodrigues recebeu um ofício, assinado pelo diretor do DIP, Amílcar Dutra de Menezes, informando laconicamente que fora suspenso o registro da publicação, o que a impedia de continuar circulando. O número 3 já estava composto na gráfica. No mesmo despacho, o DIP fechava as revistas *Diretrizes*, *O Mundo Médico* e – pasmem – *O Mensageiro de Nossa Senhora Menina*.

* * *

Em meados de 1943, os Ramos se instalaram em um apartamento na rua Conde de Bonfim, 752, na Tijuca. Heloísa providenciou tudo, já que Graciliano não suportava os atropelos de mudanças. Saía cedo de casa, depois de trancar sua papelada, e só voltava à noitinha, contando que sua escrivaninha estivesse no lugar adequado e os livros em ordem. Dessa vez, chegou ao requinte de só conhecer a casa depois de tudo consumado – e por pouco não se perdeu na Tijuca. Heloísa recordaria:

> Precisei ensinar a ele como chegar ao novo endereço. Ele anotou tudo no maço de cigarros Selma. Mas, como era muito distraído, expliquei umas três vezes que ele deveria tomar o bonde Muda – o único que tinha quatro letras, e lhe mostrava os dedos da mão –, no sentido contrário daquele que costumava tomar. Não é que ele jogou o maço do cigarro fora, e lá se foi o endereço! Como eu já previa, falei para as meninas irem passear perto da parada do bonde, de tarde, assim elas trariam o pai direitinho. Grace acertou o bonde, desceu no ponto final, só que não sabia o endereço novo. A minha intuição dera certo, e as meninas lhe mostraram o caminho de casa.

O apartamento era praticamente do mesmo tamanho do da Lagoa (sala e dois quartos, em um prédio de três pavimentos com quatro unidades por andar). Uma vantagem – dava para um quintal onde havia árvores e um pequeno lago povoado por gansos – e uma desvantagem – a escrivaninha não coube no quarto do casal e ficou em uma saleta anexa à sala de jantar.

A primeira boa notícia do ano era a vinda, em caráter definitivo, de Ricardo para o Rio, depois de concluído o ginásio em Maceió. O filho descobriu em

Graciliano não o pai autoritário de que lhe falavam os irmãos Márcio, Júnio e Múcio, mas um homem liberal.

O teste inicial foi com cigarros. O adolescente Ricardo fumava escondido, com pavor de que Graciliano o pegasse com os dedos sujos de nicotina e o hálito empesteado. Certo dia, ao acender o cigarro, o pai lhe perguntou de estalo:

– Rapaz, você fuma? Que dizer?

– Fumo.

– Então, tome aqui um.

Em pouco tempo, a cabeça de Ricardo mudaria. Por influência do avô, ele trazia, ao chegar ao Rio, um distintivo da Congregação Mariana na lapela do paletó.

– Não vou falar nada. Quando ele quiser, tira aquilo – comentou Graciliano com Heloísa.

Convivendo em uma atmosfera completamente diferente da de Maceió, Ricardo um dia apareceu sem o distintivo, alegando que o havia perdido.

Com o passar dos anos, o traço marcante da relação entre pai e filho foi a infinita capacidade de discutir, às vezes asperamente, sobre tudo e todos:

> Conversávamos muito e o velho tinha o hábito de me provocar adoidado. Discutíamos até dizer chega. Foi então que percebi que a história do exame de admissão, quando de minha estada no Rio em 1939, fora na verdade uma provocação dele comigo, e que ele só levara adiante porque eu aceitara. Eu era rebelde, e ele, provocador. Depois, ele diria à minha mãe que fazia isso para ver até onde eu ia nas discussões... Até eu perceber que era provocação, demorei um bocado. Acontece que havia um fundo didático em quase tudo aquilo que discutia comigo. Uma vez, cheguei na estante para pegar um livro, mas vi que era em francês e desisti. "Mas por que, rapaz?", perguntou-me. E eu: "Isso vai me dar um trabalho danado, tem que traduzir com dicionário... Vou ler em português mesmo". Aí o velho não se conformou: "Não faz isso, pelo amor de Deus! Lê em francês, homem, faz um esforço para aprender a língua!". Resolvi ler e foi ótimo.

Ricardo se espantou não apenas com a disciplina férrea do pai para escrever, como também com a baixa produção diária. Ao fim da tarefa, não mais que dez ou vinte linhas escritas. Depois de datilografadas, davam no máximo uma página. Os manuscritos denunciavam cortes e emendas, e, segundo o filho, "era difícil, à primeira vista, encontrar nexo naquele emaranhado". Mas o costume de observar os papéis o convenceu de que ali havia uma lógica, um padrão, uma simetria: "Os textos eram sempre encurtados, nunca aumentados, pois o velho tendia ao concentrado, e não ao derrame".

Uma vez, Graciliano usou uma metáfora para explicar a Joel Silveira como um escritor deve proceder para cortar gorduras no discurso:

— Você faz como as lavadeiras de Alagoas. Elas pegam a roupa suja para a primeira lavada, espremem, ensaboam, batem na pedra, dão outra lavada, passam anil, espremem novamente, botam no sol para secar, depois apertam. Quando não sai mais uma gota, aí você publica.

Heloísa chegou a brincar com o marido por causa dessa ideia fixa de enxugar o texto. Vendo-o ceifar palavras na revisão da segunda edição de *Vidas secas*, afirmou:

— Grace, você corta tanto que, na quinta edição, o livro vai sair em branco...

Certas manias do pai intrigavam Ricardo, como lavar as mãos dezenas de vezes, passar um pano por dentro dos sapatos antes de calçá-los, fumar quatro maços de cigarros ao dia e soltar palavrões em ocasiões impróprias. O pai nunca saía à rua de camisa esporte, só de terno e gravata, colarinho engomado. Tinha bom gosto, mas escolhia invariavelmente cores e padrões iguais. No tempo em que eram namorados, Heloísa pensava que ele usava as mesmas roupas. Depois de casados, ela descobriu 12 ternos, 24 camisas e vários pares de sapatos — todos muito parecidos.

Os ouvidos de Ricardo vieram para o Rio repletos de histórias sobre o mau humor de Graciliano. E, logo, fez o seu juízo a respeito:

> Não digo que não fosse aqui ou acolá meio intempestivo, muito eventualmente rude. Com mulher era de uma delicadeza extrema, a ponto de beijar as mãos e ceder lugar no bonde. Agora, qualquer coisa que o irritasse ele descia os pés. Fora disso, conversava amigavelmente, era muito de contar histórias, de lembrar coisas, aquele tipo de conversa de coronel do interior.

PCB, O RAIO DE LUZ

Curto-circuito no III Reich. Rompendo o pacto com a Alemanha, Stalin comandou a formidável resistência do Exército Vermelho à invasão alemã. A contraofensiva russa e as primeiras vitórias dos Aliados na Europa deram alento às forças democráticas em todo o mundo. Graciliano escreveu a Nelson Werneck Sodré, que servia em Mato Grosso, com júbilo pelos telegramas das agências de notícias. Muito irônico, contava que, ao primeiro impacto das derrotas sucessivas dos nazistas, as rédeas começaram a se afrouxar no Rio de Janeiro. Os quintas-colunas – espiões ou delatores a serviço do Eixo – já constituíam motivo de chacota.

"Embora animado, ele não perdia o senso da realidade", lembraria Nelson. "De vez em quando, a violência recrudescia. Relatava-me que um painel com notícias sobre a guerra fora retirado pela polícia, sem explicações. O Estado Novo, embora nos estertores da agonia, fazia força para subsistir."

Em 11 de junho de 1942, a imprensa divulgou um manifesto assinado por cem intelectuais – entre os quais Graciliano Ramos, Moacir Werneck de Castro, Samuel Wainer, Astrojildo Pereira, Rachel de Queiroz, Hermes Lima e Rubem Braga – descrevendo a guerra como "nada mais que o choque histórico decisivo entre as forças progressistas que visam ampliar e consolidar as liberdades democráticas e as forças retrógradas, empenhadas em manter e alargar no mundo inteiro os regimes de escravidão".

Irritado, o ministro da Guerra, Eurico Dutra, mandou uma carta laudatória a Vargas qualificando o documento de "propaganda comunista", sob pretexto de analisar o conflito mundial. Dutra advertia que, entre os signatários, estavam "comunistas saídos da prisão". O ditador fez que não leu, até porque não queria arranjar complicações em um momento em que a esquerda tendia a relaxar a oposição interna em nome da unidade antifascista.

O Estado Novo entrou em queda livre a partir de 1943. Políticos, intelectuais e juristas de Minas Gerais assinariam o Manifesto dos Mineiros, clamando pela redemocratização do país. A Liga de Defesa Nacional, criada por ocasião da Primeira Guerra, fora reativada para combater o fascismo e os seus adeptos no Brasil. Nos círculos estudantis e operários, também crescia a oposição ao inimigo externo e à ditadura. As fendas se abriam e Vargas tentava cimentá-las a qualquer preço. Negociou com o Supremo Tribunal Federal a concessão de *habeas-corpus* para que vários exilados, como Armando de Sales Oliveira, Júlio de Mesquita Filho, Flores da Cunha e Otávio Mangabeira, retornassem ao Brasil.

Durante o ano de 1944, comitês pró-anistia aos presos políticos se multiplicaram. O envio de 25 mil pracinhas para combater o fascismo na Itália evidenciava à opinião pública a gritante contradição: lutávamos lá fora contra o totalitarismo e internamente vivíamos sob o jugo de um governo discricionário.

A possível derrocada de Vargas era exaustivamente debatida nas reuniões na casa de Graciliano. Quase sempre à noite, apareciam os amigos mais velhos, como Otto Maria Carpeaux, Paulo Rónai, Aurélio Buarque de Holanda, Beatrix Reynal e Candido Portinari. Outro grupo, mais jovem, costumava almoçar lá aos domingos: Otávio Dias Leite, Fritz Teixeira de Salles, Lêdo Ivo, Breno Acioly, Francisco Melo Lima e Osvaldo Alves.

Também se discutia muito literatura e, dependendo de quem estava à volta do anfitrião, o assunto desviava-se para a política partidária. Como vários ali eram comunistas ou simpatizantes, naturalmente a troca de opiniões centrava-se na rearticulação do PCB, na clandestina Conferência da Mantiqueira, realizada em agosto de 1943.

O Comitê Nacional da Organização Provisória do Partido recebera delegação para pôr em prática uma resolução polêmica: união nacional para sedimentar a frente única contra o nazifascismo. A aliança tácita com Vargas poderia apressar a anistia e o restabelecimento da ordem democrática. Ainda preso, e passando por cima da ignomínia praticada contra Olga Benario, Prestes pediu aos correligionários que não radicalizassem contra o governo, que, a seu ver, enfrentava "problemas concretos de terrível complexidade e cada vez mais difíceis".

A intelectualidade ajudou a demolir o Estado Novo. Nunca se conspirou tanto como naquele fim de 1944 e início de 1945. Mais de seiscentos jornalistas, escritores e artistas, entre eles Graciliano, aproveitaram a homenagem a Aparício Torelly, o Barão de Itararé, na Associação Brasileira de Imprensa, para ouvir de pé a *Marselhesa* e endossar as faixas com palavras de ordem: "Abaixo o fascismo!", "Viva a democracia!", "Viva a liberdade!". Bares como o Amarelinho, o Vermelhinho e o Vilariño ferviam de contestação ao arbítrio. Graciliano não fugia à regra e, ao deixar a José Olympio no início da noite, atrasava-se nos chopes espumantes da Cinelândia – no seu caso, convertidos em doses de cachaça.

"Naquele tempo, era impossível chegar à hora honesta da janta", recordaria Guilherme Figueiredo. "Bondes apinhados, táxis a gasogênio, nenhum milagroso proprietário de automóvel, a guerra complicando os horários das redações. Todo pretexto era motivo. Ou todo motivo era pretexto."

Mas não apenas nos cafés antevia-se a abertura política. A Associação Brasileira de Escritores (ABDE), fundada em 1942 com o intuito formal de empenhar-se pelos direitos autorais, mas na verdade voltada à organização de uma frente única de intelectuais, realizou, em janeiro de 1945, o seu primeiro congresso. Depois de acaloradas discussões, o plenário ouviu de pé o documento final. "Naquela atmosfera de opressão política, a palavra 'democracia' era subversiva, e falar em eleição podia dar cadeia", relembraria Moacir Werneck de Castro. Os escritores pregavam liberdade de expressão e de culto, eleição direta para a escolha de um novo governo e cooperação entre os povos. Graciliano não pôde ir a São Paulo, mas exultou com a enorme repercussão do manifesto, apesar da censura prévia ao noticiário do congresso.

Os censores davam seu último suspiro, porque a conjuntura apontava, irrefreavelmente, para a liquidação do entulho autoritário. A entrevista de José Américo de Almeida, defendendo a legalidade democrática, foi o estopim. Ao publicá-la em 22 de fevereiro, o *Correio da Manhã* mostrou claramente que o DIP já não conseguia manter o controle da imprensa. Até o general Góis Monteiro, condestável do Estado Novo, virou casaca, propondo o restabelecimento da ordem constitucional.

No primeiro semestre de 1945, greves espocaram no Rio e em São Paulo, manifestos se sucederam, presos políticos foram anistiados, os jornais liberados da censura, o novo código eleitoral aprovado e o PCB legalizado. O comando da Força Expedicionária Brasileira (FEB) voltou da Itália pregando eleições diretas à Presidência da República, exatamente como exigiam os setores organizados da sociedade civil. A ditadura derretia como sorvete.

O país ingressava em uma era de claridade democrática, de euforia com a liberdade e com a vitória aliada na guerra. Participação era a palavra de ordem; partidos, sindicatos e diretórios acadêmicos seriam reorganizados, a campanha pela convocação de uma Assembleia Nacional Constituinte estava nas ruas. Graciliano e Heloísa prestigiaram comícios e engrossaram a passeata até o Palácio do Catete, reivindicando de Vargas a Constituinte.

O PCB surgia como a grande novidade da reestruturação partidária, embalado pelo carisma de Prestes, pelo prestígio adquirido pela União Soviética no desfecho da guerra e pela esperança no socialismo como conduto para a justiça social e a fraternidade entre os povos. Multidões compareceram aos comícios em homenagem ao Cavaleiro da Esperança, nos estádios do Pacaembu, em São Paulo, e de São Januário, no Rio. A influência do partido irradiava-se em todas as direções, conquistando adesões de peso no meio intelectual.

Na casa dos Ramos, as duas primeiras filiações ao PCB foram as de Ricardo e Heloísa, que frequentava as reuniões da célula da Tijuca na condição de ativista da União Feminina no Morro do Borel. Mais tarde, Clara também aderiu, chegando à secretaria geral da Associação Metropolitana de Estudantes Secundaristas. No dia em que a mulher saiu de casa com destino à rua da Glória, 52, para formalizar a inscrição no partido, Graciliano disse:

– Tu és uma danada!

O que retardava o ingresso de Graciliano no PCB? Por certo as dúvidas não se localizavam no campo das convicções. Encorajava-o também constatar que os chefes do levante de 1935 – que, na convivência na cadeia, julgara despreparados e sectários – descartavam agora a violência revolucionária, apostando na via processual para a revolução. Por que, então, a hesitação? Na verdade, ele interpelava-se sobre o sentido prático de sua adesão. Em que poderia ser útil ao partido um homem sem ambições políticas?

A pregação do PCB em favor das transformações sociais, pela via eleitoral, traduzia-se em apelo sedutor. Embora no Comitê Central uma parte da velha guarda pugnasse pela luta revolucionária, a tendência majoritária, capitaneada por Prestes, seguia a diretriz da "ordem e tranquilidade", fixada por Stalin para viabilizar a coexistência entre as superpotências no pós-guerra. A união nacional era o caminho para a construção do progresso, o que implicava a conciliação de classes e o jogo político nos marcos da democracia burguesa. O poder seria conquistado através do voto.

Graciliano foi ao triunfal comício de Prestes em São Januário. Após ouvi-lo qualificar a democracia como bem supremo, comentou com Heloísa:

– O que ele disse é o que é. É o que sempre pensei.

A mística de Prestes como líder de massas o levou a decidir-se. Em uma viagem de avião a Belo Horizonte, os dois se encontraram casualmente. Graciliano, que ia a Minas proferir uma palestra a convite da seção local da ABDE, observava durante o voo as formações montanhosas, quando Prestes se levantou e sentou-se ao seu lado. De início, conversaram sobre amenidades. Quantos mil anos foram necessários para que a terra se amontoasse daquele jeito?

Como era inevitável, a política entrou em pauta, e, assim que pôde, Prestes perguntou à queima-roupa:

– Graciliano, por que você ainda não é membro do partido?

– O que é que eu posso fazer no partido, Prestes? Eu não sei fazer outra coisa senão escrever. Não sei guerrear, porque minha arma é a pena.

Prestes respondeu:

– Você acha pouco? Pessoas como você, Portinari e Oscar Niemeyer são indispensáveis ao partido.

Ao retornar, Graciliano disse a Heloísa:

– Ló, eu fiquei tão espantado, porque nunca pensei que pudesse ter valia como militante.

Prestes abonou a ficha de filiação assinada por Graciliano na manhã de 18 de agosto de 1945. À tarde, acompanhado de Astrojildo Pereira (que retornava ao partido depois de catorze anos de afastamento), visitou a redação da *Tribuna Popular*, porta-voz do PCB, onde o aguardavam Álvaro Moreyra, Aydano do Couto Ferraz, Dalcídio Jurandir, Rui Facó, Aparício Torelly, Pedro e Paulo Motta Lima.

No dia seguinte, o jornal estamparia em manchete: "Adere ao Partido Comunista o escritor Graciliano Ramos". Ilustrada com uma foto de Graciliano conversando com o grupo de redatores, a matéria o saudava como "o maior romancista brasileiro, um dos maiores escritores contemporâneos". E aproveitava para alardear:

> É mais uma prova concreta de que não há nenhuma divergência entre o conceito individual de liberdade e de trabalho de um romancista com os princípios do Partido Comunista. Ao contrário, tal fato demonstra que os escritores se encontram à vontade dentro do partido, desenvolvem mais profundamente sua capacidade de raciocínio com a ajuda do marxismo e criam condições para a mais rica maturidade intelectual.

Entrevistado na redação, Graciliano falou brevemente: "O caminho é o que o partido indica, o da convocação da Assembleia Constituinte".

Em julho de 1945, Prestes – outra vez relevando o caso Olga Benario – firmou uma aliança com o nascente Partido Trabalhista Brasileiro (PTB), apoiando a tese da "Constituinte com Getulio". O "queremismo", *slogan* do movimento, se para Vargas representava o continuísmo com uma capa democrática, para o PCB não passava de uma tática para ampliar sua esfera de influência junto às massas trabalhadoras, entre as quais o ex-ditador gozava de prestígio. A atração dos comunistas fora facilitada pelo restabelecimento das relações diplomáticas com a União Soviética e pela lei antitruste, assinada em junho de 1945, que provocaria terremotos nas zonas direitistas onde se encontravam os testas de ferro das empresas estrangeiras.

O bloco "queremista", na visão de Prestes, poderia opor-se a tentativas golpistas e assegurar a transição democrática. O "queremismo" dividiu as forças progressistas: o PCB era a favor, mas a Esquerda Democrática, que aglutinava sociais-democratas, o repudiava, assim como a nascente União Democrática Nacional (UDN), de centro-direita.

Ao lado de Heloísa, Graciliano acompanhou o desfile das células do PCB e dos comitês democráticos na apoteótica recepção aos pracinhas da FEB. Em carro aberto, junto a dois de seus principais auxiliares – Diógenes de Arruda Câmara e Maurício Grabois –, Prestes foi ovacionado por milhares de pessoas.

Os "notáveis" do partido integraram comissões que se reuniam na sede da ABI para intensificar a batalha pela Constituinte. Os textos escritos e lidos por Graciliano examinavam a conjuntura política, sem os jargões da linguagem partidária; tendiam para construções literárias, incisivamente críticas, como no trecho abaixo:

> Empregaremos todos os esforços por uma Assembleia Constituinte livremente eleita. Só ela nos dará tranquilidade, a paz que a reação procura estorvar por vários meios, forjando intrigas, semeando mentiras, estabelecendo a desordem, fingindo corrigi-la e atirando nos espíritos o gérmen de novas desordens, porque é dessas desarmonias que vive a reação. Desejamos trabalhar em sossego, livres das ameaças estúpidas que há dez anos tornaram isto uma senzala. O nosso pequenino fascismo tupinambá encheu os cárceres e o campo de concentração da Ilha Grande, meteu neles sujeitos inofensivos, até devotos do Padre Cícero, gente de penitência e rosários, pobres seres tímidos que nos perguntavam com surpresa verdadeira: por que é que estamos presos?

Pode parecer que o alvo fosse Getulio Vargas, mas não era. O recado dirigia-se aos setores reacionários que temiam a abertura. A fidelidade partidária exigia que ele sobrepujasse a antipatia a Vargas, endossando discretamente o "queremismo" em outros textos.

"Nunca vi meu pai discrepar da linha oficial do partido", testemunharia Ricardo.

> Até nos casos mais agudos, como a decisão de apoiar Getulio, que para ele era o símbolo de tudo o que não prestava. Um dia, provoquei: "Escuta, esse negócio de apoiar o Getulio é duro". E ele respondeu: "Mas apoiar quem? Se são todos instrumentos de tudo o que a gente sabe. Não vejo quem seria menos ruim".

Um golpe militar depôs Vargas em 29 de outubro de 1945, desencadeando uma onda de prisões, intervenções em sindicatos e depredações em sedes estaduais do PCB. O alvo era o processo de redemocratização em curso, mas o clima de mobilização impediu o retrocesso. As eleições, marcadas para 2 de dezembro, realizaram-se sob o comando do presidente do Supremo Tribunal Federal, José Linhares.

Nesse ambiente conturbado, a pena de Graciliano provou a sua utilidade no combate ao golpismo. Ele reclamou respeito ao calendário eleitoral e acusou grandes jornais de manipularem o noticiário conforme suas conveniências políticas. Com indignada ironia, denunciou os cortes feitos em uma crônica de Carlos Drummond de Andrade sobre a repressão policial.

> Apenas havia ideias contrárias às ideias ou aos interesses de uma empresa jornalística. Essas ideias condenadas não eram exóticas, relativas à foice e ao

martelo, dois instrumentos nocivos que devemos eliminar com urgência: eram ideias sãs, nada prejudiciais a Deus, à pátria, à família, palavras dificilmente utilizáveis hoje contra nós. [...] Pensamento não há na cabeça do indivíduo que surrupiou várias linhas de Carlos Drummond de Andrade; e cavalheiros monopolizadores do patriotismo falam em nome do Brasil, excluindo sem cerimônia verdadeiras multidões.

A militância comunista exibia a adesão de Graciliano como troféu; tratava-se de um escritor consagrado que reforçaria o prestígio do partido no meio intelectual. Ele participou de festas que visavam arrecadar fundos para os comitês e organismos do PCB. Segundo Zélia Gattai, inventavam-se mil coisas para conseguir recursos, desde conferências em casas de simpatizantes, com direito a comes e bebes, a piqueniques em praias e em sítios.

O entusiasmo com as filiações de personalidades levou o Comitê Central a organizar, no auditório do Instituto Nacional de Música, uma solenidade para a entrega das credenciais. No salão superlotado, viam-se por toda parte bandeiras vermelhas com a foice e o martelo, retratos de Stalin, Lenin e Prestes. Entre os agraciados com as carteirinhas, estavam os escritores Graciliano Ramos, Jorge Amado, Astrojildo Pereira, Álvaro Moreyra, Dalcídio Jurandir, Dyonélio Machado, Caio Prado Júnior, Octavio Brandão, Abguar Bastos e Monteiro Lobato; os jornalistas Aparício Torelly, Aydano do Couto Ferraz, Pedro e Paulo Motta Lima; os dramaturgos Joracy Camargo e Oduvaldo Vianna; os pintores Quirino Campofiorito, Di Cavalcanti, José Pancetti, Carlos Scliar e Candido Portinari; o físico Mario Schenberg; os arquitetos Oscar Niemeyer e Vilanova Artigas; o maestro Francisco Mignone.

Dias depois, a *Tribuna Popular* publicou uma página inteira, com o título apologético: "Graciliano Ramos, escritor do povo e militante do Partido Comunista". A reportagem, assinada por Rui Facó e Ruy Santos, traçava um perfil grandiloquente de Graciliano, destacando que ele "abriu caminho para muitos outros intelectuais honestos, mesmo para aqueles que só têm vivido em torres de marfim, mas que, finalmente, serão chamados pelos próprios acontecimentos a ligar-se à corrente política que representa o proletariado e o povo: o Partido Comunista do Brasil".

A revista *Vamos Ler*, que gravitava na órbita do PCB, também o endeusou. "Não há entre o escritor e o homem Graciliano Ramos nenhum contraste, e isto resulta de sua consciência política, da coerência dos seus pontos de vista pessoais com o tema revolucionário de sua admirável obra. [...] Eis Graciliano, o maior."

É bem provável que Graciliano tenha se envergonhado com tantos rapapés. Bobagem se esperavam dele ações dignas de um super-herói, que positivamente não se coadunavam com seu modo de ser. Contariam, sim, com a sua irrestrita lealdade. A vinculação ao PCB não era meramente simbólica; pressupunha aceitar a ideologia e as normas partidárias.

Contudo, ele zelava pela distância que separa a disciplina da despersonalização. Inscrito na chapa do partido para concorrer a deputado federal por Alagoas, imporia como condição não ter de participar da campanha em seu Estado. Enviou um manifesto conclamando o eleitorado a votar no PCB. Para decepção dos camaradas alagoanos, iniciaria o texto fazendo blague: "Aos meus raros amigos de Alagoas...".

E prosseguia com a irreverência própria de um anticandidato:

Não é que resolveram fazer de mim candidato a deputado? Vejam só. Pois nesse caráter dirijo-me a vocês – duas dúzias de pessoas, se tanto, o público de que disponho na terra dos marechais e dos generais. Seria adequado exibir-lhes um rol de serviços notáveis, expor diversas obras realizadas e outras possíveis, mas receio que alguém se engane e vote em mim julgando-me sujeito importante, um desses operadores de milagres nunca percebidos. Vocês sabem que não levei o São Francisco a Quebrangulo, feito aí já praticado com honra e glória.

Ousava dizer que, "entre ser literato medíocre ou deputado insignificante", preferia "continuar na literatura e na mediocridade", convencido de que, na Câmara, desempenharia "papel bem chinfrim". Claro, aquilo o incomodava terrivelmente.

As ressalvas à carreira política ajudavam-no a disfarçar o constrangimento de ter de pedir votos. Desajeitado, quase se desculpava por importunar os conterrâneos:

Se me falta o desejo de passar algumas horas por dia cochilando, rosnando apartes chochos, isto não quer dizer que feche os olhos à política nacional e encolha os ombros à eleição. Entreguei-me de corpo e alma a um partido, o único, estou certo, capaz de livrar-nos da miséria em que vivemos, e este partido apresenta-se às urnas. Sou forçado a solicitar a vocês, para os nossos candidatos (ou outros: insisto em declarar-me isento de pretensões) os 24 votos que estão dispostos a conceder-me.

Por fim, aconselhava o eleitorado a não votar nas chapas dos "partidos reacionários", esclarecendo: "Nós, comunistas, escolhemos gente da burguesia e do proletariado. [...] Quando nos preparamos para dar ao país uma Constituição, não é razoável agora que ela seja uma Constituição de proprietários".

Para sorte sua, apenas 62 eleitores sufragaram seu nome.

* * *

Cedo, Graciliano se viu obrigado a conviver com os chamados ditames da ordem partidária, nem sempre os mais democráticos. Uma comissão de estudantes que integravam a célula do PCB na Faculdade de Direito do Rio de Janeiro resolveu promover um ciclo de palestras sobre marxismo, convidando para expositores o professor Leônidas de Rezende e Graciliano (que falaria sobre Marx e a literatura).

Mais de quinhentas pessoas lotaram o auditório da faculdade para ouvir a palestra de Leônidas de Rezende, respeitado catedrático de Direito e ex-companheiro de cárcere de Graciliano. Marxista com forte influência positivista, atacou a linha programática do PCB, tachando-a de revisionista e antirrevolucionária.

As críticas chegaram aos ouvidos de Maurício Grabois, secretário de propaganda do partido, que censurou os organizadores do evento:

– Vocês suspendam imediatamente esse ciclo de debates. Estão criando problemas ideológicos. Não é hora de mexer com isso.

Um dos estudantes ponderou que Graciliano já havia sido convidado; seria uma desconsideração cancelar a palestra.

– Vocês devem prestigiar os escritores do partido, mas parem com essa história de conferências de cunho ideológico. Cancelem – determinou Grabois.

Graciliano nada disse ao saber da suspensão do ciclo.

O ingresso no PCB custou divergências públicas com um amigo dileto. José Lins do Rego publicou o artigo "O comunista Graciliano Ramos", insinuando que a filiação não correspondia às intenções expressas pelo romancista em seus livros.

A seu ver, a obra de Graciliano, "toda ela revolucionária, de índole e de consistência dialética", não se propunha a curar as enfermidades sociais, e sim a expô-las, sem demagogia. Apontava o caráter diverso da opção partidária:

> Graciliano Ramos pretende agora deixar o plano da ação interior, da criação de personagens, para tomar parte na reforma geral da sociedade. [...] Volta-se para uma solução que lhe parece a aurora de uma humanidade que renasce. E ele tanto acredita nesta aurora que não vacila em afirmar que "o comunismo é a juventude".

Como o texto possibilitava mais de uma interpretação, Graciliano não acusou o golpe.

Semanas depois, José Lins voltou à carga. Talvez ressentido com o resultado das eleições presidenciais – seu candidato, o brigadeiro Eduardo Gomes, fora derrotado pelo general Eurico Dutra –, publicou um artigo reiterando quatro vezes que as forças batidas representavam, elas sim, a democracia. A solução para o impasse era a fundação de um "partido democrático que una o Brasil, que seja o verdadeiro amigo do povo".

Pediram a Graciliano que respondesse em nome do partido. Ele aceitou, mas avisou que ressaltaria no texto ser amigo de José Lins.

Ele explorou a incongruência de José Lins ao propor a criação de um novo partido e, simultaneamente, reconhecer que só os comunistas tinham "um plano estabelecido, com palavras de ordem, firmeza de ação para determinar fins".

> Isso que José Lins deseja fundar, sem indicar os meios, já existe, segundo ele próprio declara: "Só o Partido Comunista foi um órgão inteiriço em todo o território nacional". Diabo! Não é suficiente? Ou será que não somos amigos do povo, não possuímos ideias generosas nem dignidade humana? José Lins não admite semelhante coisa. Observador por índole e por ofício, sabe perfeitamente que o único amigo do povo é o povo organizado; temos ideias bem claras, e as ideias generosas dos amigos da onça nos deixam de orelha em pé; a nossa dignidade é pouco mais ou menos igual à dos outros bichos que a humanidade produz.

E encerrou o artigo com afabilidade: "Sinto discordar do meu velho amigo José Lins, grande cabeça e enorme coração".

A polêmica esfriou o relacionamento dos dois, mas nada que pudesse abalar por muito tempo o bem-querer de tantos anos. Mesmo em campos políticos opostos, unia-os, além da amizade, o sentimento antifascista. Tanto que assinaram, no último dia de 1945, um manifesto repudiando a chegada ao país do novo embaixador do ditador português Oliveira Salazar, cuja carreira se caracterizava "por ardentes e proclamadas convicções fascistas".

A explosiva campanha eleitoral de 1945 atraiu Graciliano para os palanques. A pujança do PCB logicamente preocupava as forças conservadoras, sobretudo os remanescentes do Estado Novo enquistados no governo transitório de José Linhares. Em várias concentrações comunistas, houve atos de sabotagem e provocações.

Graciliano detestava discursar – gaguejava por nervosismo, esforçava-se para elevar a voz e odiava falar de improviso. Mas não podia fraquejar em uma missão partidária. Os dirigentes achavam que a presença dele carrearia votos do eleitorado mais politizado.

Por azar, em pelo menos dois desses comícios, ocorreram problemas. Em um domingo, cortaram o som do microfone na praça Saenz Pena. Depois de muita confusão, o problema foi contornado. Na sua vez de falar, Graciliano ousou ler para a multidão um discurso previamente elaborado. Com humor, ele relatou ao filho Júnio a aventura:

> Iriam entender-me? Talvez metade do auditório fosse formada pelas escolas de samba. E referi-me à canalha do morro, à negrada irresponsável, utilizando as expressões dos jornais brancos. Era arriscado. Aceitaria a multidão essa litera-

tura sem metáforas e crua? Além disso, Deus me deu uma figura lastimosa, desagradável, cheia de espinhos. Com essas desvantagens, senti-me apoiado logo nas primeiras palavras, e conversei como se estivesse em casa. De repente o microfone emperrou. Em vez de escoivarar o resto à pressa, calei-me, dobrei os papéis e aguardei os acontecimentos. Exigências e gritos fizeram que o miserável voltasse a funcionar. Cheguei ao fim com diversas interrupções. Os homens dos morros ouviram a injúria que a reação lhes atirara e manifestaram-me simpatia inesperada. É inútil, porque não pretendo ser ator.

Presente ao comício na condição de representante de Prestes, Gregório Bezerra, eleito deputado constituinte por Pernambuco, ficou admirado com a eloquência do romancista:

> O discurso do camarada Graciliano Ramos foi um poema de concitamento ao povo, principalmente à juventude e aos intelectuais: foi mais boa literatura do que agitação. Ele apelou para os intelectuais, para os estudantes e para todos os patriotas a fim de que empunhassem, juntamente com a classe operária, a bandeira da luta emancipadora do Brasil. [...] A cada parágrafo, seguia-se uma verdadeira chuva de palmas.

Em outra ocasião, os sabotadores exageraram na dose. A Esplanada do Castelo simplesmente ficou às escuras, e o palanque montado pelo PCB desabou como em um passe de mágica. Momentos antes, Graciliano pronunciara meia dúzia de palavras e passara o microfone ao orador seguinte, logo interrompido pela bagunça. A multidão, em pânico, dispersou-se no meio de um tiroteio que não se sabia de onde vinha. Heloísa havia deixado Clara e Luísa em companhia de um amigo, que as levou, em desabalada corrida, até a sede da ABI, onde a família se reencontrou. Graciliano chegou lá furioso, dizendo que a polícia preparara uma armadilha, autorizando o ato e reprimindo-o depois.

* * *

Embora requisitado para diversas tarefas, Graciliano permaneceu, de agosto a dezembro de 1945, sem base no partido. Frequentou o comitê distrital da Tijuca à espera de orientação.

Todo o esforço se concentrava nas eleições para a Constituinte, com o objetivo de formar uma bancada expressiva, capaz de interferir nos rumos da futura Constituição. Pela primeira vez, os comunistas se apresentavam de corpo inteiro, disputando nas urnas as preferências do eleitorado. O resultado foi animador. Yedo Fiuza, candidato a presidente, conquistou 10% dos votos; Prestes obteve consagradora votação para senador no Distrito Federal; e catorze deputados federais foram eleitos, entre eles Jorge Amado, Gregório Bezerra, Carlos Marighella, João Amazonas, José Maria Crispim e Maurício Grabois.

Encerrado o pleito, o partido se voltou para o fortalecimento das seções regionais, municipais e distritais. O Comitê Central (CC) agrupou os intelectuais na Célula Theodore Dreiser, homenagem ao grande escritor norte-americano. Diretamente subordinada ao CC, a célula ocupou uma das salas da Editora Horizonte, à avenida Rio Branco, esquina com a rua Santa Luzia, no Centro do Rio.

Das reuniões semanais, participavam Graciliano, Floriano Gonçalves, Ignácio Rangel, Lia Corrêa Dutra, Benito Papi, Laura Austregésilo, Alina Paim, Israel Pedrosa, Gilberto Paim, entre outros. A pauta de discussões, definida pelo CC, incluía basicamente assuntos políticos, segundo Gilberto Paim:

> Tínhamos de entender e explicar as coisas que o camarada Prestes estava propondo na Constituinte ou nos informes partidários. Era nosso dever também disseminar as teses que vinham do Comitê Central através de artigos, conferências, conversas e reuniões. Éramos intérpretes do pensamento do CC, vamos dizer assim. E esse pensamento estava em evolução constante... Uma hora, a Light era uma empresa progressista; daqui a pouco, a Light era um monstro do imperialismo. A crença e o dogmatismo levavam o partido a aceitar rapidamente as coisas mais antagônicas.

O comportamento de Graciliano era marcado pela sobriedade. Ouvia mais do que falava.

"Não era homem de arroubos, de demonstrações de verve", relembraria Gilberto Paim. "Nunca nos deu uma demonstração clara de que era um stalinista fiel. Nós é que falávamos que Stalin era o guia genial da humanidade, o nosso grande líder. Essas expressões ele jamais usou, o que prova que, embora disciplinado, tinha senso crítico."

Uma das raras sugestões de Graciliano lhe causou dissabores. Na maior ingenuidade, propôs que a célula criasse uma seção para apreciar originais de jovens escritores inéditos. A *Tribuna Popular* publicou uma nota estimulando o envio dos textos; os que tivessem valor literário seriam editados pelo PCB. Que risco isso poderia trazer ao edifício partidário?

Aprovada a ideia, alguém foi dizer ao secretário de organização, o todo-poderoso Diógenes Arruda, que a Theodore Dreiser estava tomando decisões à revelia. "O projeto do Graça era formidável, mas chegou ao conhecimento do Arruda de forma truncada, como se nós estivéssemos pensando em estabelecer um controle paralelo sobre os jovens escritores", relataria Paim.

Centralizador, Arruda ordenou a dissolução da célula. Acontece que nenhum de seus auxiliares tomou a iniciativa de comunicar a deliberação aos interessados.

A célula continuou em atividades por alguns meses, até ser notificada oficialmente de sua extinção.

Os intelectuais se dispersaram pelos comitês distritais. Graciliano voltou ao da Tijuca, amargando a frustração de ter, involuntariamente, contribuído para o fechamento do órgão. A hierarquia não podia ser melindrada – essa a complicada lição a extrair.

UM MARXISTA NO MOSTEIRO

Já não era sem tempo: Graciliano selou as pazes com os leitores publicando, em menos de doze meses, três livros. *Histórias de Alexandre* (contos infantis) saiu em 1944; *Dois dedos* (coletânea de contos em edição de luxo); e *Infância* (memórias), em 1945.

Em *Histórias de Alexandre*, amarrou as narrativas em torno de duas personagens: Alexandre, "um homem cheio de conversas, meio caçador e meio vaqueiro", e sua mulher, Cesária, "que fazia rendas e adivinhava os pensamentos do marido". Alexandre, contador de lorotas, invoca a cumplicidade de Cesária para "autenticá-las".

A originalidade reside na recuperação de histórias transmitidas, de geração em geração, pela memória oral do folclore nordestino. Crenças, costumes e mitos relatados em linguagem cativante, sem o rebuscamento tolo dos livros do velho barão de Macaúbas, que tanto irritavam Graciliano no grupo escolar de Viçosa.

Note-se a estreita conexão de *Histórias de Alexandre* com a fabulação regionalista presente em *Vidas secas*, em *Infância* e nas crônicas de *Cultura Política*. Graciliano extrai da memória a sua matéria ficcional, resgatando tanto suas raízes existenciais quanto um conjunto de tradições e heranças místicas do Nordeste. Como se ele, "emigrado à força" para o Rio, estivesse polindo a sua identidade cultural através do testemunho direto.

Infância inundou os suplementos literários de resenhas críticas. A revelação do tempestuoso e repressivo universo familiar e social que moldara a essência da personalidade de Graciliano causou forte impacto.

"Não sei de retrato mais azedo, mais áspero. As feridas do açoite infantil jamais se fecham, não cicatrizam", resumiu Otto Lara Resende. "O autor é, às vezes, tão duro na transcrição da verdade que traumatiza a nossa sensibilidade.

Este livro foi escrito com uma coragem quase desumana, além de inoculado dos venenos sutis do ressentimento", pontuou Peregrino Júnior.

Em duas antológicas reflexões, Álvaro Lins e Octavio Tarquínio de Sousa destrincharam a complexidade das memórias. Segundo Álvaro Lins, "porque não se sentiu amado, nem teve uma infância de ternuras e afagos, o sr. Graciliano Ramos reagiu com sentimentos de indiferença e desprezo em face de toda a humanidade". E prosseguiu: "Ele não escreveu estas memórias apenas por motivos literários, mas para se libertar dessas lembranças opressivas e torturantes. Escreveu a história de sua infância porque a detesta. Não se achou, por isso, obrigado a complacências para com os outros".

Depois de julgar o livro "o mais bem escrito" da obra de Graciliano e de salientar a comoção diante do "espetáculo da infância desgraçada", Álvaro Lins afirmou que "a prosa é moderna, no seu aspecto desnudado, no vocabulário, no gosto das palavras e das construções sintáticas, e é clássica pela correção e pelo tom como que marmorizado das frases".

Para Octavio Tarquínio, "nos livros de Graciliano Ramos, o homem que ele foi está presente e nenhum ajudará melhor a restituí-lo à pureza de suas linhas estruturais do que *Infância*, obra-prima de um grande mestre". Que denuncia "o drama de um menino cujo olhar já luzia a visão do futuro escritor – o olhar agudo e frio a que não escaparia, sob as mais enganadoras aparências, a realidade triste e dolorosa".

Em uma dedicatória a Josué Montello, Graciliano definiu *Infância* como um "livro terrivelmente encrencado". Encrencado em todos os níveis: demorara quase seis anos para exorcizar fantasmas e expurgar mágoas, usufruindo da liberdade ficcional.

E a família, como reagiu à exposição virtual de seus fragmentos? Segundo Ricardo Ramos, chegaram a Graciliano "ecos magoados" de parentes inconformados com os juízos sobre os pais.

> O velho se espantou, se irritou vendo que não o entendiam. Como não foi uma coisa direta, não pedia nem teve resposta. Ora, se ele próprio aparece no livro como um menino troncho e esquisito, como poderia abrandar o perfil dos demais? Seria um desconchavo. Ele nos falou muito a respeito disso. E perguntava-se: "Eu tenho lá problema com ninguém?". Creio que não tinha mesmo, e até dizia, quando estava de bom humor, que ia dormir para sonhar com a mãe dele.

Em meio às objeções, deve ter sido confortador para Graciliano receber a carta enviada por Carlos Drummond de Andrade, magnetizado pelo que acabara de ler.

Meu caro e grande Graciliano:
Até o mais espinhoso dos amigos – ou dos críticos – reconhecerá em *Infância* a obra de arte que ela realmente é. Nada lhe falta, nada lhe sobra. A palavra justa exprimindo sempre uma realidade psicológica ou ambiente; a notação precisa, a dosagem sábia, a economia absoluta de efeitos, notações, recursos. Enfim, um desses livros que a gente desejaria ter tutano para escrever, e que lê com uma admiração misturada de raiva pelo danado que conseguiu compô-la: raiva que é o maior louvor, tanto vem ela impregnada de entusiasmo e prazer.
Obrigado pelo exemplar que você me deu. Um grande presente. E um abraço solidário.

* * *

Em 25 de janeiro de 1946, Graciliano começou efetivamente a redigir *Memórias do cárcere*. Tantas vezes adiado, o projeto chegara a ser ensaiado em 1937. Em carta a Benjamín de Garay, de 13 de maio daquele ano, informava:

> Tenho a ideia de fazer uns livros a respeito da prisão, mas está claro que não escreverei agora. Quero ver se, antes de entregá-los ao editor, consigo publicá-los num jornal estrangeiro. Vou esperar alguns meses, alguns anos, não sei. Tenho um bom assunto, uns tipos curiosos, e acho-me na obrigação de aproveitar o material que o governo me ofereceu.

No começo de setembro, arrolou, em oito tiras de papel, os nomes de 190 personagens. No alto de cada tira, indicou a procedência deles ou os lugares onde estiveram presos (Rio Grande do Norte, Alagoas, Colônia Correcional, Pavilhão dos Primários, Sala da Capela). Em papel de carta, datado de 16 de setembro de 1937, escreveu o texto intitulado "Primeiras notícias da Colônia", abandonado na quarta página. E ainda esboçou a versão inicial dos três primeiros capítulos do volume 1, em onze folhas, escritas na frente e no verso.

O trabalho encalhou nesse ponto, por fatores extraliterários. Graciliano tinha consciência de que o Estado Novo vedaria a publicação do livro. Por outro lado, a manutenção da família o obrigava a concentrar-se nas colaborações para jornais e revistas. Ora, um livro com a complexidade de *Cadeia* – como a princípio se chamaria – exigia uma disponibilidade impensável naqueles tempos de sufoco.

No ambiente propício da redemocratização, Graciliano se reanimou para a empreitada. Em outubro de 1945, emitiu os primeiros sinais de fumaça, em entrevista à *Vamos Ler*:

> No livro que tenciono escrever um dia, falarei sobre coisas que não puderam ser ventiladas ainda... Os casos ordinários da minha vida têm pouca importância,

mas as criaturas vistas à sombra daquelas paredes surgem muito grandes hoje, até os malandros, os vagabundos. Paraíba, um vigarista que me ensinou o pulo do nove; Gaúcho, um ladrão que todas as noites me explicava em gíria particularidades do seu ofício.

Externou a Alina Paim dúvidas quanto ao fôlego para a tarefa.
– Você está escrevendo um novo livro? – indagou ela.
– Tenho as memórias da prisão. Estou pensando muito, recordando, tomando algumas notas, e devo começar logo. Mas não sei se tenho vida para esse livro.
– Por quê?
– *Infância* eu levei sete anos escrevendo. O que tenho sobre a cadeia deve dar para quatro volumes. Quatro vezes sete, 28. Quer dizer, vou precisar aí de uns 28 anos para terminar o livro. Será que tenho isso de vida?

Ainda em 1945, chegou a escrever três capítulos, sem referir-se a pessoas da família ou conhecidos de Alagoas. Segundo Heloísa Ramos, não seria dessa vez que o projeto deslancharia:

> Grace não estava certo das soluções a utilizar no livro, e a leitura desse primeiro esboço não lhe trouxe entusiasmo. Também me parece que as coisas ficavam um pouco no ar. Ele tinha escrúpulos em mencionar pessoas vivas. Pouco a pouco, lembrando fatos antigos, passou a achar natural trazer a público pequenos casos pessoais.

As condições objetivas para tocar o projeto foram viabilizadas por José Olympio. Com o fechamento de *Cultura Política*, a Graciliano restaram o emprego de inspetor de ensino, crônicas e contos esparsos na imprensa e os minguados direitos autorais. Em abril de 1945, acertou com o editor um contrato pelo qual receberia, mensalmente, 2 mil cruzeiros, durante um ano, pelos direitos das primeiras edições de *Infância* e *Insônia* (volume de contos), das terceiras de *Angústia* e *São Bernardo* e das segundas de *Vidas secas* e *Caetés*.

No caso de *Memórias do cárcere*, José Olympio adiantou, a partir de julho de 1947, mil cruzeiros mensais, pelo prazo de três anos, assumindo Graciliano o compromisso de entregar três capítulos por mês.

Embora compensador, o acordo não bastava para suprir o seu orçamento. Por isso, aceitou encargos paralelos, como um contrato com a Editora da Casa do Estudante do Brasil para organizar uma antologia de contos brasileiros, ao preço de 8 mil cruzeiros em dez prestações mensais de oitocentos cruzeiros. Sem contar trabalhos avulsos em jornais, como *A Tribuna de Santos*, que lhe pagou, em 1946, 3 mil cruzeiros por doze artigos e contos. Restava-lhe a esperança de pingarem cruzeiros por conta de eventuais traduções de seus romances no exterior (a primeira delas fora a de *Angústia*, no Uruguai, em 1944).

Somando tudo isso, chegaremos a uma quantia bastante modesta, muito aquém do que merecia um escritor de seu porte. Nada que pudesse assegurar a bonança, pois eram serviços de fruição temporária.

Durante os seis anos dedicados a *Memórias do cárcere,* Graciliano se comportou como um soldado da escrita. Quase diariamente estava frente a frente com a exumação das vivências dolorosas nos soturnos xadrezes da ditadura. Isso não significa que pilhas de manuscritos jorrassem de sua escrivaninha. O processo de composição seria mais vagaroso do que o habitual, porque importava em vasculhar previamente o baú de lembranças atordoantes. E havia outro elemento perturbador, pois lidava com personagens reais que poderiam se descontentar com as suas impressões. Sentia-se como um macaco em casa de louças.

Às vezes, os três capítulos mensais prometidos reduziam-se a dois ou até a um. Mas José Olympio jamais descontou um centavo da remuneração combinada. Percebendo o seu desânimo, Heloísa tratou de incentivá-lo.

> Grace estava sem escrever há semanas. Eu achava que era preguiça e procurava motivá-lo. Ele me respondia: "A única pessoa que acredita na minha literatura é você". Numa conversa que tivemos, prometeu-me que escreveria no mínimo duzentas palavras por dia. Não é que contava até os artigos, as vírgulas e os travessões para chegar à soma certa? Às vezes, fingia que estava lendo e, por trás do livro, ficava olhando o jeito dele. Era um tal de apontar o lápis a todo momento... De vez em quando, ele percebia que estava sendo olhado e se desculpava: "São esses seus lápis que não prestam". Em compensação, quando escrevia mesmo, a gente até ouvia o barulho que a pena ia fazendo no papel. Foi assim que escreveu *Memórias do cárcere*, entre vontade e obrigação.

Qualquer atraso de monta poderia ser fatal. O aluguel era pago com o dinheiro recebido da José Olympio. Quando as dificuldades apertavam, Graciliano recorria ao expediente de separar um capítulo para publicá-lo como conto.

O cronograma de *Memórias do cárcere* se alongou até o início da década de 1950, assim dividido: o primeiro volume, de 25 de janeiro de 1946 a 28 de maio de 1947; o segundo, de 29 de maio de 1947 a 12 de setembro de 1948; o terceiro, de 15 de setembro de 1948 a 6 de abril de 1950; o quarto, iniciado em 6 de abril de 1950 e interrompido em 1º de setembro de 1951, ficaria inacabado. O mais demorado, portanto, foi o terceiro – dezenove meses para esmiuçar a vida sub-humana na Colônia Correcional Dois Rios. Ao todo, de acordo com levantamento feito pelo cineasta Nelson Pereira dos Santos, 237 personagens povoam as 681 páginas do livro.

Metódico, assim que concluía um capítulo, entregava-o para Heloísa datilografar na repartição em que agora trabalhava (o Serviço Nacional da Malária, depois Serviço de Endemias Rurais). Ela copiava fielmente os originais, inclusive as indicações de parágrafos e emendas. Poderia ter cedido à tentação de sugerir alterações em cenas nas quais aparece retratada de forma um tanto desfavorável (os ciúmes que incomodavam o marido, por exemplo). Mas, gostando ou não, respeitava o pensamento do autor até a mais singela vírgula.

As correções variavam de capítulo para capítulo. Às vezes, a premência de tempo falava mais alto e ele alterava pouco o texto para poder levá-lo no prazo a José Olympio. Perfeccionista, alimentava o desejo de, quem sabe, reescrever determinadas passagens.

Se 1945 fora um ano de turbulências políticas e de militância, 1946 parece ter sido um chamamento ao ofício literário. Além da labuta em *Memórias do cárcere*, Graciliano revisou *Insônia*, editado no ano seguinte pela José Olympio. Com pequenas supressões e acréscimos, *Insônia* reúne basicamente os contos incluídos em *Histórias incompletas*, tais como "Dois dedos", "O relógio do hospital", "Um ladrão", "Paulo" e "Minsk".

São treze contos, por vezes sarcásticos, sobre a vida literária, os escaninhos burocráticos, as relações conjugais, as recordações da infância e a luta política. Otto Maria Carpeaux assim os analisou: "Em relação às grandes obras de Graciliano, é trabalho muito mais modesto, mas nada desprezível, que caracteriza bem a sua atitude em face da vida, diurna e noturna. Nesses contos, é confundível sua voz amargurada com o travo das cinzas da ironia na boca".

Ele terminou também a seleção dos contos para a Casa do Estudante do Brasil. Não fora nada fácil preparar a antologia em três volumes (um para o Norte-Nordeste, outro para o Sudeste e o último para o Centro-Oeste e o Sul). Nenhuma das academias de letras e pouquíssimos críticos se dispuseram a responder às suas cartas com pedidos de colaboração. Tivera de suar a camisa pesquisando jornais e revistas na Biblioteca Nacional.

A correspondência com Wilson Martins, crítico então radicado em Curitiba, dá-nos uma visão dos critérios adotados por Graciliano na elaboração dos volumes.

> Quererá o senhor remeter-me o que lhe pareça mais aceitável no seu estado? Relendo papéis velhos, talvez lhe seja possível efetuar alguma exumação proveitosa. Refiro-me a leitura, sem dúvida, mas seria absurdo exigir que a produzida no Acre e em Fernando de Noronha fosse igual à de Machado de Assis. Compreende-se que haja severidade para os escritores do Rio e condescendência para os de Mato Grosso. Com certeza a coisa sairá meio desconexa, mas não pretendo exibir uma coleção de obras-primas. O meu intuito é dar ao leitor uma impressão de conjunto.

A uma consulta de Martins sobre se medalhões poderiam ser incluídos na seleção, respondeu:

> Não devemos omitir, suponho, esses medalhões a que v. se refere. São figuras representativas. Volta o adjetivo pérfido. Pelo menos representam o lugar--comum, que teve largo consumo e em vão nos esforçaremos por eliminar de chofre. Se quiséssemos exibir a literatura nacional sem ele, ficaríamos em grande aperto.

Afora os contos, o que Graciliano lia e sobre quem escrevia, aos 54 anos? O lugar cativo na biblioteca continuava ocupado pelos clássicos, mas resenhou as obras recentes de Oswald de Andrade, Aurélio Buarque de Holanda e Antônio Olavo Pereira. Admiração incondicional, entre os contemporâneos, só por José Lins do Rego, "o maior de todos nós". Na poesia, Drummond e o Manuel Bandeira de *A cinza das horas*.

Sobre Bandeira, há uma história que entrou para o folclore da José Olympio. Graciliano teria dito aos mais íntimos que o poeta, por pudor, modificara o último verso de "Desafio", que conhecemos assim: "Uma só coisa faltava/ No meu barco remador:/ Ver assentado na popa/ O vulto do meu amor". O verso original seria outro: "Ver assentada na popa/ A bunda do meu amor".

Graciliano preocupava-se, cada dia mais, com os impasses do mercado editorial. O número de leitores não aumentava na proporção ideal, o volume de títulos expandia-se, mas os autores brasileiros perdiam terreno para os estrangeiros. Um dia, azedo, comentou com Luís da Câmara Cascudo:

— Na casa dessa burguesia rica você pode encontrar dez penicos de porcelana, mas não encontra dez livros. Não é que eu deseje tê-la como leitora de meus livros, mas isso mostra a indiferença pela divulgação literária e a falta de estímulo à produção intelectual.

Ele esfregava os olhos e não identificava um prisma de renovação no romance brasileiro. "Tão cedo não teremos livros como *Banguê*, *Jubiabá* e *João Miguel*." Abordou essa questão no ensaio "A decadência do romance brasileiro", publicado na revista *Literatura*, dirigida por Astrojildo Pereira e cujo conselho editorial era integrado pelo próprio Graciliano, Álvaro Moreyra, Aníbal Machado, Arthur Ramos, Manuel Bandeira e Orígenes Lessa.

A seu ver, os dois movimentos de ruptura com o "academicismo estéril" – o Modernismo e a geração de romancistas nordestinos de 30 – haviam se esgotado, por razões diversas. Os modernistas porque, depois de cortarem os laços que nos prendiam ao século passado, estancaram e não souberam criar "material romanceável". A geração de 30 traçara uma curva ascendente até 35 e daí em diante perdera o fôlego. "Os nossos romances atuais são direitos, comedidos, inofensivos", frisaria ele. "Desapareceram os mocambos, os sobradões onde se alojavam trabalhadores e vagabundos, as cadeias sujas, as bagaceiras e os canaviais, as fábricas, os saveiros, a escola da vila. [...] As personagens branquearam. E, timidamente, aproximam-se da Academia."

A necessidade de o intelectual retratar o mundo vivido foi um dos temas centrais da correspondência entre Graciliano e Candido Portinari, no primeiro semestre de 1946. Os pontos de vista eram convergentes no sentido de que a arte deve interligar-se ao meio social como expressão de anseios, em particular, das camadas oprimidas.

Graciliano acrescentou uma fecunda reflexão sobre o sentido ético do trabalho artístico, sobretudo quando aborda as desigualdades, as injustiças, a pobreza e a miséria. Essa arte sobreviveria em uma sociedade justa, sem exploração do homem pelo homem?

Vejamos trechos das cartas.

Portinari, de Brodósqui, 28 de janeiro:

Além de ter desenhado esse nosso povo que você conhece melhor do que ninguém, tenho falado muito de política. Todo esse povo é comunista, mas com muito medo. Tenho me esforçado para lhes tirar o temor, mas até agora sempre foram enganados e é natural que não acreditem no que lhes digo.

Graciliano, 15 de fevereiro:

A sua carta chegou muito atrasada, e receio que esta resposta já não o ache fixando na tela a nossa pobre gente da roça. Não há trabalho mais digno, penso eu. Dizem que somos pessimistas e exibimos deformações; contudo, as deformações e a miséria existem fora da arte e são cultivadas pelos que nos censuram.
O que às vezes pergunto a mim mesmo, com angústia, Portinari, é isto: se elas desaparecessem, poderíamos continuar a trabalhar? Desejaríamos realmente que elas desapareçam ou seremos também uns exploradores, tão perversos como os outros, quando expomos desgraças?
Dos quadros que v. me mostrou quando almocei em Cosme Velho pela última vez, o que mais me comoveu foi aquela mãe a segurar a criança morta. Saí de sua casa com um pensamento horrível: numa sociedade sem classes e sem miséria, seria possível fazer-se aquilo? Numa vida tranquila e feliz, que espécie de arte surgiria? Chego a pensar que faríamos cromos, anjinhos cor-de-rosa, e isto me horroriza.
Felizmente a dor existirá sempre, a nossa velha amiga, nada a suprimirá. E seríamos ingratos se desejássemos a supressão dela, não lhe parece? [...]

Graciliano aplicou algumas ideias sobre os vínculos da arte com o tecido social ao redigir o texto de apresentação da mostra de Portinari no Museu de Arte Moderna. Parco em louvores, não se conteve diante do espetáculo visual:

> Homem estranho, Portinari, homem de grande exigência com a sua criação, indiferente ao gosto dos puros, capaz de gastar anos enriquecendo uma tela, descobrindo hoje um pormenor razoável, suprimindo-o amanhã, severo, impiedoso. Dessa produção contínua e contínua destruição ficou o essencial, o que lhe parecera essencial. Não é arte fácil: teve um longo caminho duro, impôs-se um custo nestes infelizes dias de logro e charlatanismo, de poemas feitos em cinco minutos. E até nos espanta que artista assim, tão indisposto a transigências, haja alcançado em vida uma consagração.

A sensibilidade para as artes plásticas não se limitava aos quadros de Candido Portinari. Amigo de Di Cavalcanti e de Augusto Rodrigues (que lhe desenhou várias caricaturas), gostava de ouvi-los, na José Olympio. "Graciliano não era um *expert*, nem frequentava muito exposições, mas respeitava demais as obras e as opiniões dos artistas, especialmente os mais engajados", recordaria Augusto. "Tinha um senso crítico apurado, que se manifestava em relação à arte de maneira geral. Devotava amor pela forma, buscava incessantemente a forma significativa, a essência do ser humano."

* * *

É digna de nota a correção com que Graciliano se desincumbia, nessa época, das monótonas atribuições de fiscal de ensino. Sob sol a pino ou chuva forte, de bonde ou de lotação, lá ia ele toda tarde aos colégios, em bairros distantes. Como se aquele homem magro, de passadas largas, humilde servidor da União, não fosse o autor de *Vidas secas*. Em uma entrevista, Homero Senna lhe perguntou se gostava do emprego. "É-me indiferente. Trata-se de uma sinecura como outra qualquer. Em todo caso, nunca tive uma falta nem tirei licença", responderia.

No início, sem conhecer direito o Rio, contou com a ajuda de Heloísa para chegar de bonde ao primeiro colégio a inspecionar, o 28 de Setembro, na rua 24 de Maio, no Méier. O diretor do estabelecimento, Liberato Bittencourt, afeiçoou-se a ponto de presenteá-lo com uma pilha de livros positivistas.

Gastou sola de sapato de um canto a outro, fiscalizando as normas baixadas pelo Ministério da Educação a respeito de currículos, exames regulamentares, avaliações pedagógicas e estado de conservação dos prédios.

A cada escola inspecionada correspondia um informe por escrito ao diretor do ensino secundário. Até nesses ofícios protocolares o escritor reluzia. A mesma escrita enxuta e lapidada, clássica na forma e atrevida nas ideias, que, há duas décadas, surpreendera o governador de Alagoas com seus relatórios de prefeito de Palmeira dos Índios.

Por que gastar horas preciosas em ofícios do MEC? Ora, Graciliano não seria Graciliano na transgressão do dever, ainda que esse fosse mal remunerado. "Em qualquer situação, ele era um homem que não transigia com a dignidade", salientaria Heloísa. "Eu tinha pena de saber que ele se dispersava, trabalhando muito em outras coisas que não a literatura. Mas foi arrastado a isso, quando poderia ter se acomodado, submetendo-se às exigências de diversas ofertas. Grace não fazia concessões."

Se obedecesse à ordem banal das coisas, produzindo insípidos informes a seu chefe imediato, ele estaria dinamitando uma de suas pontes com a vida: a magia das palavras. Por isso, buscava sempre experimentar no modo de se exprimir, como se perseguisse em cada lauda a solução de um problema vital.

Reparem a metamorfose do inspetor de ensino em Graciliano Ramos neste relatório, de 4 de novembro de 1948, sobre as condições de funcionamento do Instituto Central do Povo, localizado à rua Rivadávia Correia, 188, na Zona Portuária.

> Falecendo-me dados indispensáveis a um parecer, quase cheguei a conclusão desfavorável; imaginei, porém, vendo as obras que se executam no prédio, achar-me diante de uma possibilidade, talvez de uma probabilidade. Em conversa longa com os diretores, inquiri o projeto, sondei os meios de que dispõem para levá-lo a cabo. Não o supondo exequível, pareceu-me digno de interesse exibirem no papel as coisas expostas. Pedi a história, em resumo, do Instituto, a planta da casa, fotografias. [...]
> Eximindo-me de um juízo precipitado, busquei orientar-me ouvindo pessoas estranhas à escola e examinando o bairro onde ela se localiza. Obtive opiniões muito lisonjeiras de gente insuspeita, e a aparência do lugar justifica a pretensão que nos ocupa. [...] A declarada inexistência de lucro é verdadeira: uma vista de olhos nos convence.
> Poderíamos enxergar perigo no fato de a instituição receber dinheiro do estrangeiro. Excluem este receio embaraços econômicos depois de quarenta anos de vida intensa. O auxílio exterior provém de uma organização religiosa, alheia, presumo, a qualquer interferência política em nosso país. Aliás, o governo brasileiro também subvenciona o Instituto. Isto é suficiente para desvanecer escrúpulos.

Como inspetor do MEC, Graciliano viveu uma passagem curiosa no Colégio São Bento. Pôs as convicções anticlericais à prova, pois se ligou profissionalmente a um dos mais tradicionais centros de ensino religioso da cidade. Contrariando as expectativas, tudo correu às mil maravilhas – o colégio funcionava por "música". Tudo organizado em mínimos detalhes, austeridade absoluta.

Quando ele se apresentou, os monges ficaram preocupados; afinal, era notoriamente comunista – e, naquele tempo, catolicismo e comunismo eram dois campos inteiramente antagônicos. Para surpresa geral, Graciliano se entrosou rapidamente com três monges – dom Basílio Penido, então reitor; dom Afonso Maria Weiger, responsável pela secretaria; e dom Gerardo Martins, um dos mais respeitados professores.

Ao lembrar a "convivência cordial e amiga" com o romancista, dom Basílio Penido atribuiu a aproximação, entre outros fatores, à posição liberal dos monges, influenciada pelo pensador católico Jacques Maritain.

É preciso verificar o quadro da época, em que a maioria da Igreja era muito conservadora, subordinada ao poder público, simpática ao governo e aduladora dos poderosos da terra. Ora, Graciliano, como comunista, abominava essa linha seguida pela hierarquia religiosa. Nós formávamos um pequeno grupo mais aberto e compreensivo; éramos liberais no sentido humanista, não nos atrelávamos, vamos dizer assim, às forças conservadoras e ao governo. Com a nossa visão ele certamente podia dialogar, mesmo sem acreditar no catolicismo.

Teve afinidade quase instantânea com dom Penido. O monge o levou a conhecer as relíquias do Mosteiro de São Bento, as peças sacras em madeira de lei. Conversavam sobre literatura francesa, paixão comum. O reitor do São Bento havia sido educado na França e, com quinze anos, lia, por exemplo, André Gide e François Mauriac.

Em mais de uma ocasião, os dois falaram sobre a Bíblia, particularmente o Antigo Testamento, que Graciliano apreciava desde adolescente.

Percebia que ele realmente conhecia a Bíblia. Não era uma leitura no sentido cristão, teísta, mas uma interpretação do ponto de vista humano. Não havia, da parte dele, propriamente uma concordância no plano da crença, mas uma admiração da Bíblia como obra humana e por sua indiscutível beleza enquanto expressão literária. Eu não afasto a possibilidade de Graciliano ter sido impregnado, na infância, pelas raízes cristãs muito fortes da família nordestina. Quem sabe essa influência familiar não deixou resquícios em seu subconsciente? A gente não mata o subconsciente.

Graciliano evitou polemizar sobre religião ou política. "Ele nunca me deu o menor sinal de querer conversar sobre Deus", diria dom Penido. "Demonstrava absoluto respeito pelas nossas ideias e expunha as opiniões com prudência e equilíbrio. Sempre achei-o inteligentíssimo, muito seguro, de uma integridade visível."

Os beneditinos jamais tiveram problemas com as inspeções de Graciliano, que confiava na severidade de dom Afonso Weiger no cumprimento das normas. Em um dia de humor azedo, arrancou risos dos monges e estupefação dos funcionários da secretaria do colégio ao dizer, apontando para a bandeira do Brasil:

— Mas que bandeira feia a nossa! Parece um papagaio.

Fora dos muros do São Bento, Graciliano permitia-se comentários avulsos sobre religião. Como o que faria ao escritor Antônio Carlos Villaça, na Livraria José Olympio, afirmando que a fé religiosa era "fenômeno do passado, anacronismo, posição anticientífica". Instado a opinar sobre o mosteiro, responderia com certeza total:

— É uma casa medieval, pura Idade Média, vivem fora da vida.

O vínculo com os beneditinos foi mencionado no jantar oferecido por Octavio Tarquínio de Sousa e Lúcia Miguel Pereira a Graciliano, no começo de 1947, ao qual compareceram o crítico Antonio Candido e sua mulher, Gilda. O primeiro contato de Graciliano com Candido havia sido em uma carta na qual agradecia os cinco rodapés dedicados a um balanço de sua obra no *Diário de São Paulo*, por ocasião do aparecimento de *Infância*. Candido recordaria:

> No jantar, Graciliano falou pouco. Lembro que manifestou a sua estima pelos frades do São Bento, de cujo colégio era inspetor e com os quais almoçava frequentemente. Gabou também a linguagem irregular e poderosa dos romances de José Lins do Rego, e falou sobre as memórias da prisão que estava escrevendo. Desse encontro guardei a imagem de um homem severo, de grande distinção e cortesia, exprimindo-se com parcimoniosa precisão.

Em junho de 1948, os monges o convidaram à cerimônia de sagração do superior da Ordem, dom Martinho Michler. Antônio Carlos Villaça o encontrou sentado ao lado de Alceu Amoroso Lima e Murilo Mendes, em uma das primeiras filas do mosteiro. O comunista de carteirinha junto a dois intelectuais conservadores e católicos fervorosos.

No fim, Villaça perguntou a Graciliano o que achara da solenidade.

— Ópera bonita — respondeu com ar compenetrado.

Convidado para o almoço de confraternização, gentilmente recusou. Descendo a ladeira, à saída, deixou escapar:

— Não posso sentar-me na mesma mesa com aquele homem.

O homem era Adroaldo Mesquita da Costa, ministro da Justiça do presidente Eurico Dutra, que acabara de formalizar a cassação do registro eleitoral do PCB.

OS HUMORES DA GUERRA FRIA

A pedra no sapato do governo Dutra chamava-se PCB. Com 200 mil filiados, forte influência nos meios sindicais e estudantis, e dispondo de oito jornais diários, revistas e editoras, havia se transformado em um partido de massas. A bancada comunista na Constituinte se destacava na defesa da ampliação dos direitos sociais e contra a abertura desenfreada da economia aos capitais estrangeiros.

A ascensão do partido coincidiu com o início da Guerra Fria entre os Estados Unidos e a União Soviética. Já em março de 1946, Winston Churchill, ex-primeiro-ministro inglês, discursando em Fulton, nos Estados Unidos, liquidara com a coexistência pacífica ao acusar a União Soviética de ter erguido uma "cortina de ferro" no Leste Europeu. A tarefa principal dos Estados Unidos, segundo Churchill, era defender "o mundo livre". O plano Marshall apressaria a recuperação das economias capitalistas europeias, destroçadas pelos anos de guerra – único meio, segundo os porta-vozes norte-americanos, de zelar pela igualdade de forças com o mundo socialista. Ruía o equilíbrio estratégico, e os dois blocos hegemônicos ingressavam em uma era de atritos e retaliações.

Os reflexos das mudanças na situação internacional não tardaram a se manifestar no Brasil. Os setores reacionários das classes dominantes, que tinham em Dutra representante fiel, partiram para uma sórdida campanha anticomunista, acusando o PCB de ser "teleguiado de Moscou", de instigar a luta de classes e a desordem. Jornais denunciavam a infiltração de "agentes moscovitas" em sindicatos e órgãos públicos. O serviço de inteligência da embaixada norte-americana no Rio, trabalhando a todo vapor, transmitiu a Washington a informação, obtida em fontes da Polícia Política, de que o governo cogitava baixar um decreto colocando o PCB na ilegalidade.

Com o aparelho policial sob o tacão do general Góis Monteiro, novamente ministro da Guerra, era de se esperar um recrudescimento da violência. O comício em comemoração ao primeiro aniversário da legalidade do PCB, no Largo da Carioca, foi dissolvido a bala. À medida que os comunistas protestavam contra as arbitrariedades e enfatizavam sua repulsa a Dutra, as provocações se sucediam. Raros eram os atos públicos que não terminavam em pancadaria.

Graciliano manifestou a amigos temor de um fechamento. Nelson Werneck Sodré relembraria:

> O que nós achávamos do Dutra nem se pode escrever, são coisas impublicáveis. O governo dele foi uma calamidade pública. Percebíamos que o alvo da reação era o partido. Por temperamento, Graciliano tinha uma visão um pouco amarga das coisas, e naquele momento difícil transparecia nele grande apreensão pelo que poderia ocorrer. Afinal, ele tinha sofrido na carne os desatinos da direita.

A despeito das intimidações, o PCB manteve a sua linha de frente democrática para os pleitos municipais e estaduais de janeiro de 1947. "Devemos marchar com todos os homens e correntes políticas que lutem contra o fascismo e os atos arbitrários do governo", recomendou o senador Prestes. Para desespero das hostes direitistas, a performance eleitoral foi tão expressiva quanto a de 1945: o PCB elegeu 46 deputados estaduais e 140 vereadores em 15 estados, conquistou a maioria na Câmara de Vereadores do Distrito Federal e ainda reforçou a sua bancada federal com Pedro Pomar e Diógenes de Arruda Câmara, eleitos sob a legenda do Partido Social Progressista.

Graciliano compareceu a comícios em apoio à candidatura vitoriosa de Astrojildo Pereira a vereador. A pedido, escrevera o texto do "santinho" de propaganda:

> Homem de pensamento e homem de ação, Astrojildo Pereira tem imensa dignidade. Os seus anos de vacas magras não foram sete, como os do sonho de José, mas três vezes sete. Durante esse tempo, quando muitos intelectuais se vendiam, Astrojildo, para aguentar-se na vida, preferiu vender frutas numa quitanda.

O resultado das urnas agravou as tensões; era preciso deter e isolar os comunistas a qualquer preço. Sob alegação de que o partido tinha vínculos orgânicos com o movimento comunista internacional, o governo abriu, em abril de 1947, um processo no Tribunal Superior Eleitoral (TSE) para a cassação de seu registro. Uma bem articulada campanha de desinformação confundiu a opinião pública, solapando a credibilidade do PCB.

A cassação seria aprovada pelo TSE em 7 de maio. A partir desse momento, o regime desfechou uma devastadora operação policial: a União da Juventude

Comunista foi colocada fora da lei; as sedes e mais de mil comitês distritais fechados, arquivos e fichários apreendidos; a imprensa comunista empastelada; 147 sindicatos colocados sob intervenção; e funcionários públicos demitidos sob suspeita de ligações com o partido. Para completar, Dutra rompeu relações diplomáticas com a União Soviética.

O retrocesso acabrunhou Graciliano. Uma tarde, ao passar pela rua São José a caminho do Palácio Tiradentes, encontrou-se com Jorge Amado. Ao notar o amigo macambúzio, Jorge tentou animá-lo:

– Você é que é feliz, mestre Graça, tem tempo livre, pode escrever tranquilamente. Eu estou nessa loucura de ser deputado.

– Quisera eu! – retrucaria Graciliano. – Para falar a verdade, não estou conseguindo escrever uma linha que seja.

– Por quê?

– Ora, por quê? Você ainda pergunta? Como é que alguém pode escrever com o país desse jeito?

O quadro adverso foi exaustivamente discutido nos almoços de domingo. Após degustar as especialidades de Heloísa – feijoada, caruru, sarapatel, sururu –, o pequeno grupo de amigos reunia-se na sala para ouvir a leitura de capítulos do primeiro volume de *Memórias do cárcere* e depois discutir a conjuntura política. Graciliano preferia que outros lessem os manuscritos, porque, segundo Ricardo, "a voz dele era monocórdia, sem grandes entonações, até cansativa".

Entre os presentes, dois colegas de Ricardo na Faculdade de Direito, Paulo de Freitas Mercadante e Raimundo Araújo. Eventualmente, apareciam Osvaldo Alves, Aloísio Neiva Filho, Hélio Rocha e Reginaldo Guimarães. Todos comunistas e com idade para serem filhos de Graciliano, que mais uma vez demonstrava prazer em estar cercado por jovens. O almoço seguia o ritual nordestino: Graciliano à cabeceira da mesa, os homens de um lado, as mulheres (Heloísa, Clara e Luísa) de outro. De manga de camisa e chinelos, ele exigia informalidade dos jovens. "Afrouxe a gravata, deixa de ser besta."

Tudo o que acontecia nesses encontros era anotado pacientemente por Paulo Mercadante em seu diário. Em 17 de agosto de 1947, a conversa girou em torno da escalada anticomunista:

> De acordo ficamos no reconhecimento de que não era fácil conformarmos com a ilegalidade, assim caída de súbito, ao arrepio das expectativas, talvez de esperanças exageradas. [...] Falamos sobre a repressão generalizada. Levantamos hipóteses, discutimos conveniências, a propósito das causas do fechamento. Mas a realidade é que repercutem aqui os choques e tensões internacionais. Pouco importam as constantes declarações negando ser perigosa a tensão entre potências. [...] Graça

toca em ponto que já discutimos, a questão de erros desagradáveis nossos, que infelizmente se repetem em cada geração.

O lance seguinte da paranoia conservadora foi a cassação do mandato dos parlamentares comunistas, o que ocorreria em 7 de janeiro de 1948, após sete horas de debates. Prestes fora o único ausente, pois vivia na clandestinidade desde agosto de 1947, depois de ter sido abortado um plano para sequestrá-lo. Quando o presidente da sessão comunicou ao plenário a triste decisão, a bancada do proscrito PCB, em sinal de protesto, subiu nas poltronas e, de punhos erguidos, começou a gritar uníssona:
– Nós voltaremos! Viva o PCB! Viva Prestes! Viva o proletariado!
Três dias antes, enquanto Ricardo e os amigos ainda acreditavam na absolvição dos parlamentares, Graciliano era realista:
– Não acredito em pulhas. Eles vão julgar segundo as ordens do Dutra.
Naquela noite, Paulo Mercadante assinalou no diário: "Graça olhou-nos com o seu jeito sertanejo e sorria irônico. Parecia dizer: 'Bem, seus moços, até quando vocês irão acreditar que alguma coisa possa ocorrer?'".

* * *

Só a literatura rasgava uma brecha na alma atordoada pela reviravolta política. Lentamente Graciliano avançava na elaboração de *Memórias do cárcere*, espremido entre as obrigações no MEC e as noites dedicadas a crônicas e contos de encomenda. "Venho arrancando coisas dos miolos, com dificuldade imensa", diria ao filho Júnio.
No convívio com os jovens, expandia-se um pouco mais, falando sobre autores italianos e franceses, ou sobre a história das civilizações antigas, que estudara ainda em Palmeira dos Índios. Diante da curiosidade dos rapazes, revelou a técnica que vinha utilizando para reconstituir o período da cadeia. Mercadante anotou em 12 de outubro de 1947:

> Graça explicou-nos que se sentava, deixando que apenas os traços de um episódio se manifestassem, mesmo de um modo desbotado, pouco importa. Daí reconstituía, como se os fatos estivessem se repetindo. Só do sentimento precisava, da repugnância de tudo aquilo, a fim de reviver o desdobramento. [...] Não se recordava, certamente, dos trajetos, nem das refeições ou diálogos entre os companheiros. Tudo se confundia num sentimento que servia de linha para tecer os fatos passados na sua vida.

Um dos amigos pediu uma definição sobre a arte de escrever. O romancista cerrou as sobrancelhas e tragou o cigarro, como se programasse a resposta, assim registrada no diário de Mercadante:

Graciliano falou de sua experiência. Escrever é um lento aprendizado, que se estende pela vida, é alguma coisa que exige concentração e paciência. Muita paciência mesmo. Não se trata apenas de saber a sintaxe, de dominar um grande vocabulário, mas de ser fiel à ideia e domá-la em termos de uma precisão formal. Por isso, a experiência é essencial, só escapando dessa condição o poeta.

Em carta à irmã Marili, datada de 23 de novembro de 1949, Graciliano aprofundou a questão, expondo as motivações que o compeliam à escrita.

Só conseguimos deitar no papel os nossos sentimentos, a nossa vida. Arte é sangue, é carne. Além disso, não há nada. As nossas personagens são pedaços de nós mesmos, só podemos expor o que somos. E você não é Mariana [personagem do conto escrito por Marili], não é da classe dela. Fique na sua classe, apresente-se como é, nua, sem ocultar nada. Arte é isso.

Citando o seu próprio exemplo, recomendou à irmã que valorizasse a experiência vivida como matéria de ficção.

A técnica é necessária, é claro. Mas se lhe faltar técnica, seja ao menos sincera. Diga o que é, mostre o que é. Você tem experiência e está na idade de começar. A literatura é uma horrível profissão, em que só podemos principiar tarde; indispensável muita observação. Precocidade em literatura é impossível: isto não é música, não temos gênios de dez anos. Você teve um colégio, trabalhou, observou, deve ter se amolado em excesso. Por que não se fixa aí, não tenta um livro sério, onde ponha as suas ilusões e os seus desenganos?

Curiosamente, Graciliano não transmitiu tais ensinamentos ao filho Ricardo, contista precoce. Nem explicitamente o influenciou a seguir carreira literária. Talvez não fosse preciso, porque Ricardo se alimentava de literatura dia e noite naquela casa. Ao seu modo dissimulado, Graciliano bem que empurrava o discípulo à frente.

Papai nunca tocou numa vírgula do que eu escrevia. Dava uma opinião geral, sempre de estímulo, muito mais até do que eu podia imaginar. Estímulo na linha dele: "Já vi muita coisa pior". Ele não elogiava ninguém, muito menos a mim. O estímulo dele era sutil. Um belo dia, fui operado de apendicite e passei uma semana em casa de repouso. Escrevi quatro contos e mostrei-os a ele. Um ele pegou para levar ao Álvaro Lins, responsável pelo suplemento literário do *Correio da Manhã*; os outros me recomendou que levasse ao Valdemar Cavalcanti, no *O Jornal*, e ao Raul Lima, no *Diário de Notícias*. Depois, continuei escrevendo, até que um dia, talvez percebendo que eu poderia dar para o negócio, disse: "Tome vergonha e entregue diretamente ao Álvaro Lins".

Graciliano às vezes era rigoroso nos conselhos estilísticos:
– Não escreva "algo".
O filho pediu uma explicação, e ele não hesitou:
– É crime confesso de imprecisão.
Ricardo quis saber por que não usava reticências e exclamações. A resposta:
– Reticências, porque é melhor dizer do que deixar em suspenso. Exclamações, porque não sou idiota para viver me espantando à toa.
Indagado por Homero Senna sobre a qualidade dos escritos do filho, tentou despistar o seu agrado:
– Regulares. Tem jeito e poderá fazer coisa que preste.

* * *

Os problemas financeiros reapareceram em meados de 1947. A família mudara-se para um apartamento no último andar da rua Belisário Távora, 480, em Laranjeiras. Local bucólico, "numa clareira da mata, ponto de encontro de pássaros, borboletas e grilos cantantes", segundo a descrição de Clara Ramos.

O abatimento de Graciliano está bem documentado nesta carta a Júnio, de 20 de julho de 1947:

> Ando atrapalhado, andamos todos numa atrapalhação dos diabos, levados pela correnteza, nadando à toa, sem enxergar margem. [...] Isto por aqui vai como você pode imaginar. Além da confusão política, dos avanços e recuos, o negócio de livros anda mal. Todos os negócios, naturalmente. Duas editoras rebentaram numa semana, as outras estão pouco mais ou menos paralisadas. Se publicassem hoje os meus romances, o desastre seria completo.

Aurélio Buarque de Holanda o ajudou, indicando-o para sucedê-lo como principal redator do *Correio da Manhã*, responsável pela revisão dos tópicos, artigos assinados e editoriais. Aprovado para uma cátedra no Colégio Pedro II, Aurélio não poderia continuar no jornal.

O redator-chefe do *Correio*, desde 1940, era o alagoano Pedro da Costa Rego. Três vezes deputado federal, senador e diplomata, Costa Rego conhecia Graciliano da época em que governava Alagoas e ele administrava Palmeira dos Índios. Conviveram por pouco tempo, já que o governador estava em fim de mandato. Com o passar dos anos, Costa Rego acompanharia, com admiração, a trajetória do romancista.

A indicação feita por Aurélio o surpreendeu:

– Graciliano é um grande escritor, deve estar rico, não há de aceitar esse tipo de emprego.

– Você está enganado – replicaria Aurélio. – Graciliano vive com muitas dificuldades.

Costa Rego duvidou:

– Está certo disso? Olha que Graciliano é o único alagoano que até hoje não me pediu coisa alguma.

Afinal convencido, Costa Rego comemorou o fato de preencher a vaga com outra sumidade em língua portuguesa.

Naquela noite, Aurélio comentou com a mulher, Marina:

– Fiquei ao mesmo tempo alegre por ter ajudado o Graciliano e comovido com a situação dele. Eu, que sou mais moço, posso me dar ao luxo de largar o *Correio*. E ele, homem de certa idade, vai pegar um emprego que já era pesado para mim.

Correio da Manhã, *Diário de Notícias*, *Diário Carioca* e *O Jornal* eram os matutinos de maior prestígio no Rio de Janeiro, com tiragens que oscilavam entre 50 mil e 80 mil exemplares. *O Globo* e o *Jornal do Brasil* contentavam-se em disputar a segunda fila na corrida pelos leitores. A competição era acirrada para ver quem chegava primeiro às bancas. Os boêmios é que saíam lucrando, pois, de madrugada, os matutinos já podiam ser folheados.

O *Correio* adquirira grande projeção por ter sustentado a campanha pela redemocratização em 1945, publicando a famosa entrevista de José Américo de Almeida. Desde 1929 sob a direção de Paulo Bittencourt, filho do fundador Edmundo Bittencourt, o jornal vinha se modernizando em ritmo acelerado. Foi a primeira empresa jornalística do Rio a oferecer a seus funcionários restaurante e ambulatório médico.

Antonio Callado, ao regressar da Europa em 1947, aos trinta anos, não hesitou em aceitar o convite para reintegrar-se ao jornal como redator de tópicos, artigos e matérias assinadas. A atmosfera da redação era "florescente":

> O jornal estava bem sob todos os pontos de vista. Vigoroso na linha editorial e estabilizado financeiramente, tinha se transformado em empresa. Os jornais antigamente eram meio descuidados, não tinham prédios adequados. O *Correio*, não; havia se mudado para um prédio novo na avenida Gomes Freire e oferecia até assistência médica. Era um jornal modelar. O mais importante de tudo é que pagava em dia. Naquele tempo, os jornais viviam dando vales, atrasavam constantemente o pagamento. O jornalista que trabalhava no *Correio da Manhã* sentia-se em segurança. Editorialmente, era um jornal inteligente, que ficara mais requintado sob a direção de Paulo, um homem de educação europeia. A linha política era liberal, mas, se julgava alguma coisa errada, não tinha meios--tons – baixava o pau.

Callado se deparou com uma "República das Alagoas muito benéfica" encravada na cúpula da redação: Costa Rego, Aurélio Buarque, depois Graciliano Ramos e Rodolfo Motta Lima. Mandão, exigente e irritadiço, porém competente, o redator-chefe zelava pela "ortografia da casa", expressão cunhada por Paulo Bittencourt para definir o jeito de ser do jornal. A exigência com a qualidade do texto era quase uma obsessão, segundo Callado:

> Os alagoanos, na prática, cuidavam do texto. Não tinham nada de ranhetas, não; apenas fiscalizavam a linguagem e o estilo. Naquela época, aprendia-se português muito melhor do que hoje, havia mais consciência do valor da língua. Graciliano, mestre do idioma, não era como certos escritores que derrapam no português porque aprenderam a escrever de orelhada. Ele sabia teoria da língua, como um gramaticólogo.

Graciliano ocupava uma mesa em uma sala contígua à de Costa Rego, batizada de Petit Trianon por abrigar celebridades como os editorialistas Otto Maria Carpeaux e Álvaro Lins. A redação funcionava em um grande salão, onde se misturavam as seções de política, economia, esporte, polícia, reportagem, internacional e cultura. O centro dessa balbúrdia era a mesa enorme – que os repórteres chamavam de trono – do secretário Edmundo de Castro.

A equipe incluía Mario Pedrosa, que escrevia artigos assinados e editava a seção de artes; Luiz Alberto Bahia (mais tarde, redator-chefe) e Heráclio Salles, na reportagem política; o português Thomaz Ribeiro Colaço, meio reacionário e antiesquerdista, mas culto e excelente redator de assuntos internacionais; redatores da envergadura de Franklin de Oliveira, Otto Lara Resende, Gondim da Fonseca e Paulo Mendes Campos; o crítico Moniz Vianna, célebre adversário do cinema nacional; Achilles Chirol e Walter Mesquita, na área de esportes; Paschoal Carlos Magno, Jorge Leão Teixeira, Jayme Maurício e José Condé, especializados em artes e literatura; colaboradores do calibre de José Lins do Rego e Octavio Tarquínio de Sousa. Como focas da revisão, despontavam Luciano de Moraes, Fuad Atala, Aloísio Branco e Raul Pragana.

"Era uma estrutura intelectual impressionante", diria Callado, que em 1954 sucederia Costa Rego na direção da redação.

> Creio que não se repetiu no país uma redação tão interessante como aquela, inclusive porque havia uma simbiose, uma ligação maior entre o intelectual e o redator de jornal. Hoje os jornais estão mais profissionalizados e, sob muitos aspectos, mais fortes do que os daquela época. Mas isso tirou certo brilho intelectual que existia em redações como a do *Correio*.

Correndo contra o relógio, Costa Rego e Graciliano raramente conversavam durante o fechamento. O redator-chefe fazia questão de que seus artigos fossem lidos previamente por Graciliano, que, concentrado na tarefa, com ar grave, desestimulava os que pretendiam abordá-lo. "Era um sujeito reservado, daqueles que não têm muita paciência com os chatos e os burros", recordaria Antonio Callado. Se estivesse ocupado, responderia de forma a despachar o chato. Às vezes um repórter ou redator mais insistente levava um texto para ele ler. Seco, dizia: "Deixa aí que eu vejo, meu filho".

Paulo Mendes Campos guardaria a lembrança da "paciência teimosa" de Graciliano ao examinar os textos, com o paletó pendurado na cadeira, de gravata e suspensórios, e as mangas da camisa dobradas até o cotovelo para não sujar de tinta:

> Eu me postava todos os dias diante de um desses casos excepcionais, um homem ao mesmo tempo anguloso e curvo, polido e silencioso, que se inclinava sobre os nossos originais, na mesa em que dispusera simetricamente os seus cigarros e os palitos de fósforo necessários para acendê-los. Emendava os erros de português e as tibiezas de estilo dos redatores. Ofício modesto, como todos os demais de que ele se ocupou, ofício de artesão das letras, praticado por um escritor que inventava belezas de expressão e recriava a realidade. Pedia-nos explicações sobre nossas sintaxes suspeitas, ia aos dicionários e neles demorava com obstinação, esforçava-se por compreender o sentido tantas vezes confuso e vago dos tópicos.

Com o ingresso no *Correio da Manhã*, a rotina se alterou: de manhã, Graciliano escrevia; à tarde, trabalhava nos colégios; à tardinha, assinava o ponto na José Olympio; e, no início da noite, seguia para o jornal. Costumava dizer, ao se despedir dos amigos na livraria: "Vou bater sola. Vou para a minha banca de remendão". Com o tempo, arranjou emprego para a filha Clara, que aos dezesseis anos, sem saber datilografar, seria a primeira repórter contratada do *Correio* (até então, só havia colaboradoras). Antes de acompanhá-la à redação, fez uma série de recomendações, algumas moralistas.

— Não se pode falar alto na redação. Uma moça não pode se sentar em cima das mesas, como fazem os rapazes. Cadeira é feita para se sentar. Outra coisa: não se namora ninguém no local de trabalho. Se namora um, abre-se o precedente e todos vão querer namorá-la.

De sua parte, Graciliano aparecia no jornal no mínimo uma hora antes do serviço. Um dia, cansado de vê-lo madrugar, Costa Rego puxou suas orelhas:

— Você está proibido de aparecer aqui antes de sete horas da noite!

O único pecado que o velho Graça se permitia era dar duas ou três escapulidas durante o expediente para tomar doses de cachaça no bar do Hotel Marialva, na esquina da avenida Gomes Freire com a rua do Senado. O português atrás do balcão já ia destampando a garrafa – a cachacinha era de lei. "Cachacinha, não. O que o velho tomava mesmo eram copos cheios até a boca, não era brincadeira. Mas nunca o vimos de porre ou 'alto' na redação. Ele sabia beber", rememoraria Callado.

Se alguém quisesse vê-lo com cólera no rosto, bastava agredir o idioma. Ele alisava o cabelo aparado rente e extravasava:

– Cavalo!

Franklin de Oliveira testemunhou uma de suas explosões de raiva. Uma noite, Graciliano interrompeu a leitura de um original, ergueu a cabeça, parecendo perdido no vácuo. Súbito, rugiu:

– Outrossim... Outrossim é a puta que o pariu!

As matérias de finanças o torturavam – tinha horror às cifras. Protelava ao máximo a leitura, como se tomasse coragem para destrinchá-las. Há quem diga que precisava arejar a cabeça com cálices de aguardente para topar com aquilo. Exasperado com os jargões do "economês", por vezes não se continha:

– Por que é que esse diabo não morre?!

Irado mesmo ficou no dia em que constatou que, na revisão tipográfica, alguém trocara a grafia da palavra "silvícola" por "selvícola", em um texto por ele copidescado. Não esmoreceu até localizar o autor daquela "monstruosidade". Luciano de Moraes, jovem suplente de revisor que em poucos anos se afirmou como um dos cobras de sua geração, apresentou-se, humilde, para receber uma grosseira repreensão.

– O senhor é muito ignorante. Pensou que silvícola viesse da selva, e por isso emendou errado a palavra. Se o senhor soubesse latim, saberia que silvícola, com *i*, vem de *silvicola*.

Luciano abaixou os olhos e enfiou a cara no chão. Ao relembrar o episódio, com bom humor, teria na ponta da língua um perfil de Graciliano no *Correio*.

> Para nós, que começávamos na profissão e pouco conhecíamos a sua obra, ele era apenas um sujeito mal-humorado. O oposto do José Lins do Rego, adorado do contínuo ao diretor por seu jeitão simpático. Hoje eu digo que a imagem do Graciliano, essa grande figura, era severa, mas na época não fazíamos por menos e o achávamos antipático e grosso. Tínhamos por ele um temor respeitoso.

Já Heráclio Salles, também em início de carreira, conheceu o outro lado de Graciliano. Responsável pela seção de política e cronista parlamentar, escrevia diariamente tópicos para a página editorial. O primeiro texto seu que chegou à mesa de Graciliano não tratava da política nacional, e sim de um fato ocorrido na República Dominicana: o ditador Rafael Trujillo havia nomeado general um de seus filhos, cadete do Exército. Com senso moral, o rapaz compareceu fardado ao gabinete do pai e o desafiou, recusando a patente descabida. Em pouco mais de trinta linhas, Heráclio enaltecia a atitude digna do cadete.

Apreensivo com a reação de Graciliano ao tópico, Heráclio levantou os olhos para vê-lo à porta do Petit Trianon, vindo em sua direção, e pensou: "Ele vai me espinafrar!".

– É você que é o Salles?
– Sou, sim, senhor.
– Foi você que escreveu este troço?
– Foi.

Graciliano bateria com os dedos na folha de papel, dizendo:
– Bom como o diabo!

Alívio para Heráclio, que a partir daquele dia perdeu a timidez e o procurou para conversar. Costumavam jantar juntos no restaurante do quarto andar, falando, entre outras coisas, da história universal. "Ele era admirador dos grandes generais e gostava de extrair lições dos acontecimentos", recordaria o jornalista. "Tinha até uma certa vaidade de exibir seus conhecimentos sobre o assunto."

O Graciliano que, segundo Franklin de Oliveira, "tinha dias terríveis, absolutamente trancado em si mesmo, como se curtisse infecháveis amarguras", era, na verdade, o homem contraditório de sempre. Capaz das atitudes mais ternas e solidárias, como na noite em que disse a Otto Lara Resende palavras de consolo, depois de presenciar os impropérios disparados contra ele por Costa Rego, por nada. "Eu já sabia que os rompantes de cangaceiro do Costa Rego podiam ser só da boca para fora, mas o incidente mostra uma ponta da alma desse cacto fechado, casmurro e amargo que era Graciliano Ramos", assinalaria Otto.

Graciliano só não se curava de suas manias, como a de não pegar carona de jeito algum. Preferia tomar o bonde na avenida Gomes Freire e, depois, no Largo da Carioca, pegar outro até sua casa. Nem Costa Rego, que dirigia seu Citroën fumando charuto, conseguia dobrá-lo. Chegava depois de meia-noite e, não raro, acordava Heloísa para bater papo.

Recusava-se a assinar artigos, alegando que não concordava com a linha editorial dos jornais burgueses. O máximo que admitia era colaborar com o suplemento literário. Relutava em aceitar aproximação maior com os proprietários do *Correio da Manhã*, embora mantivesse uma relação cordial com Paulo Bittencourt. A ortodoxia política o levou ao exagero de não comparecer ao jantar pelo aniversário de Bittencourt. A José Condé, que passava a lista de adesões, afirmou:

– Não me sento à mesa com patrão. Todo patrão é filho da puta! O Paulo é o que menos conheço, mas é patrão.

No dia seguinte, Bittencourt se queixou:
– Mas, Graciliano, como é que você me faz uma coisa dessas?

– Paulo, eu o respeito, mas você é patrão...
– Mas eu sou um patrão diferente.
– Não, Paulo. Todo patrão para mim é...
– ...filho da puta. Já sei que você xingou minha mãe.

O comunista e o burguês riram juntos.

Paulo Bittencourt gostava de provocar Graciliano por suas ideias socialistas. Quando o *Correio da Manhã* recebeu novas máquinas, Paulo o alfinetou:

– Imagine se vocês fizessem uma revolução e vencessem. Todo esse parque gráfico seria destruído.

Graciliano o cortou:

– Só um burro ou um louco poderia pensar isso. Se fizéssemos a revolução e vencêssemos, só ia acontecer uma coisa. Em vez de você andar por aí, viajando pela Europa, gastando dinheiro com as mulheres, teria de ficar sentadinho no seu canto trabalhando, como todos nós.

OS VENTRÍLOQUOS DE ZDANOV

O amargo sentimento da derrota conduziu o PCB a um processo de radicalização, no qual abandonaria a concepção de frente democrática para pregar a luta frontal pela deposição do "governo reacionário, entreguista e de traição nacional" de Dutra. Esse, em síntese, era o teor do manifesto divulgado em 30 de janeiro de 1948. Na visão do Comitê Central, o partido alimentara ilusões quanto à democracia liberal, deixando-se contagiar por "tendências reformistas e espontaneístas" que o levaram a "ceder demais diante da reação".

A guinada esquerdista vinha a reboque do endurecimento da política da União Soviética no contexto da Guerra Fria. Em outubro de 1947, Stalin havia criado o Escritório de Informações dos Partidos Comunistas (Kominform), sucedâneo da Internacional Comunista. No informe aprovado um mês antes na conferência dos PCs europeus, na Polônia, os soviéticos sustentavam que o mundo estava dividido em dois campos antagônicos: o imperialista e antidemocrático, cujo objetivo era estabelecer o domínio dos Estados Unidos e o esmagamento da democracia; e o anti-imperialista e democrático, que pretendia minar o imperialismo, reforçar a democracia e liquidar os restos do fascismo. A pretexto de rechaçar o revisionismo, Stalin promoveria, entre 1947 e 1951, expurgos nos PCs polonês, húngaro e tcheco, expulsaria do Kominform o PC iugoslavo do marechal Tito e redobraria a vigilância interna contra "elementos antissocialistas".

Graciliano comentou com Paulo Mercadante que a radicalização era "um erro elementar de política", que isolaria ainda mais o PCB. Observações como essa eram feitas apenas a pessoas de sua inteira confiança, pois respeitava a orientação partidária, mesmo discordando.

O esquerdismo teve graves consequências na área cultural. Até o começo de 1947, a palavra de ordem na intelectualidade marxista era a aliança com correntes liberais e progressistas. Nas eleições presidenciais de 1945, houvera um princípio de incêndio, por causa das críticas dos comunistas aos escritores que apoiaram a candidatura do brigadeiro Eduardo Gomes, em detrimento da de Yedo Fiuza. Mas os bombeiros entraram logo em ação, em nome da unidade. A revista *Literatura* cumpriu papel de relevo nessa pavimentação do terreno, atraindo intelectuais de diferentes matizes com uma linha editorial "participante, mas não sectária". Octavio Tarquínio de Sousa, Lúcia Miguel Pereira, Orígenes Lessa, Guilherme Figueiredo e Manuel Bandeira foram alguns dos que colaboraram.

A frente começou a se enfraquecer no II Congresso dos Escritores, realizado em Belo Horizonte no segundo semestre de 1947. O tema central era a discussão do anteprojeto de lei regulamentando o direito autoral no país, mas uma questão extraliterária acirrou os nervos. Depois de muita controvérsia, a delegação comunista conseguiu aprovar moção contra o fechamento do partido e a cassação de seus parlamentares. O problema é que, no afã de ver a proposta sancionada, atropelara a comissão de assuntos políticos da ABDE, encaminhando a votação diretamente no plenário. Em sinal de protesto, os membros da comissão – entre os quais Carlos Drummond de Andrade, Affonso Arinos, Odylo Costa, filho, e Antonio Candido – renunciaram em bloco.

O embate encobria um racha político-ideológico. Como resposta ao isolamento imposto pelo regime, o PCB buscava consolidar-se à frente de associações profissionais e entidades de classe. Os não comunistas, por seu turno, queriam impedir a partidarização da ABDE, principalmente agora que os adversários estavam sendo estigmatizados junto à opinião pública.

Do entrevero, quase sobraram cacos para Graciliano. Com a renúncia de Guilherme Figueiredo, surgiu um movimento para elegê-lo presidente da Associação, mas ele relutou, argumentando que não se ajustava ao perfil do cargo. No fundo, fazia objeções aos dois polos em conflito: divergia do dogmatismo que cegava certos escritores marxistas; mas não poderia ficar indiferente ao anticomunismo que grassava. Para sorte sua, o abacaxi acabou nas mãos de Álvaro Lins.

Por conta da crise de Belo Horizonte, vários colaboradores se desligaram da *Literatura*. Do quinto ao décimo número (deixaria de circular em outubro de 1948), a revista se tornaria mais propagandística e menos literária, contando essencialmente com simpatizantes do PCB.

A democracia tão arduamente conquistada em 1945 se derretia nas labaredas da Guerra Fria e do macarthismo caboclo. Perseguidos, Jorge Amado, Mario Schenberg e Carlos Scliar não tiveram outra saída senão o exílio. Aydano do Couto Ferraz e Antônio Paim chegaram a ser presos. Candido Portinari, submetido ao constrangimento de depor na Polícia Política, viveria um ano no Uruguai. Na fronteira dos dois países, ante a insistência de um soldado em vistoriar suas malas, Portinari ironizou: "Não levo grande coisa, não. Algumas metralhadoras, fuzis...".

Nessa fase de obscurantismo, Graciliano e outros intelectuais de renome foram instruídos a evitar reuniões partidárias em locais públicos. Portinari deixou de se corresponder com amigos, temendo comprometê-los. Para se manter informado sobre o Brasil, trocava cartas com um cidadão acima de qualquer suspeita – Manuel Bandeira. Em uma delas, Bandeira o desaconselhou a exilar-se na Tchecoslováquia:

> Aqui falou-se muito em reação braba; todavia, os boatos não se confirmaram. Houve algumas violências (buscas em casas de comunistas, prisões logo relaxadas). O Graciliano não foi incomodado, e o Astrojildo, Floriano e outros estão circulando livremente. Creio que se vocês querem voltar, podem fazê-lo sem receio.

A Livraria José Olympio continuava sendo um campo neutro, mas até lá houve turbulências. Graciliano se envolveu em uma altercação com um escritor negro, ex-militante do PCB que havia se bandeado para a UDN após a cassação. Em uma tarde, ao ouvi-lo contar uma piada envolvendo os comunistas, Graciliano cuspiu fogo:
– Contra uma pessoa como você, sou capaz de usar o racismo, seu filho da puta!
Cioso com a segurança, Graciliano tomou um susto ao ver Carlos Marighella – um dos dirigentes do PCB mais visados pela repressão e de quem era amigo – almoçando tranquilamente no restaurante Furna, no Centro do Rio. Paulo Mercadante registrou em seu diário:

> Encontramos o M., meio disfarçado, porém visível a olho nu, numa feijoada, de costas para a porta lateral, em companhia de um velho tromba, mais conhecido do que o Barreto Pinto. Apenas acenamos, Graça de cara amarrada para evidenciar a sua desaprovação.

Naquela atmosfera de chumbo, pouquíssimos democratas escaparam dos olhos e ouvidos da Divisão de Polícia Política e Social, a famigerada DPPS, vinculada ao Departamento Federal de Segurança Pública. O Serviço de Investigações era encarregado de manter atualizado um extenso fichário sobre cidadãos notoriamente comunistas ou suspeitos de ligações com o PCB. Como não havia as facilidades da informática, os dados arquivados engoliam pastas com dossiês sobre milhares de indivíduos.

Em 12 de junho de 1948, a DPPS abriu o prontuário número 11.473 para Graciliano Ramos, ao qual foram anexados primeiramente oito registros de sua passagem pela cadeia (ofícios sobre a reclusão na Casa de Detenção e as posteriores transferências para a Colônia Correcional Dois Rios e a Casa de Correção; a petição feita por Sobral Pinto ao Tribunal de Segurança Nacional; o telegrama do

Secretário do Interior de Alagoas em que se baseou Filinto Müller para ordenar a sua soltura; e um atestado sobre seus antecedentes políticos desde que fora exonerado da Instrução Pública).

De 4 de março de 1936 a 25 de maio de 1960, constam do prontuário 27 anotações, sendo 17 do período que vai de 15 de março de 1949 a 21 de março de 1953. Pelos índices remissivos, é possível comprovar que ele está fichado em pastas com as rubricas "Comunismo", "Partido Comunista do Brasil", "Revista Diretrizes", "Congresso Continental pela Paz", "Dirigentes da Organização Brasileira de Defesa da Paz e da Cultura".

O dossiê chegaria ao conhecimento público em agosto de 1992, depois que o Ministério da Justiça autorizou o Arquivo Público do Estado do Rio de Janeiro, depositário dos arquivos da Polícia Política do Estado, a ceder cópia da documentação à Fundação Biblioteca Nacional.

O exame do material revela que a DPPS passou a se interessar mais por Graciliano a partir de 16 de abril de 1949, quando ele solicitou a expedição de passaporte, a fim de poder viajar à França com outros romancistas, a convite de uma associação de escritores. No formulário encaminhado ao Serviço de Investigações, para a verificação dos antecedentes, havia dois equívocos: Graciliano era identificado como solteiro (casara-se no civil duas vezes!) e com instrução superior (só tinha o curso ginasial). No item "profissão", era fichado como jornalista. Ao lado, uma observação patética: "É também escritor".

Em 22 de abril, o chefe do Setor Trabalhista do Serviço de Investigações, Cecil Borer, firmou o seguinte relatório:

> Em cumprimento ao despacho supra, do sr. chefe do Serviço de Investigações, este Setor informa o seguinte:
> Graciliano Ramos, brasileiro, filho de Sebastião e Maria Amélia Ramos, nascido a 27.10.1892, escritor, foi preso em Alagoas e aqui apresentado a 14.3.1936, sob acusação de participação no movimento comunista de novembro de 1935, sendo posto em liberdade a 13.1.1937. Em 1945, filiou-se ao P.C.B., tendo figurado estruturado nas células "Abelardo Nogueira", "Raimundo Rodrigues" e "Teodoro Dreiser". Foi candidato a deputado do P.C.B. pelo Estado de Alagoas. Ex-diretor da Instrução Pública do Estado de Alagoas, tendo sido demitido do referido cargo em vista de suas atividades subversivas. Declarou-se fervorosamente adepto do P.C.B., quando entrevistado em 27.8.1945 pelo órgão vermelho "Tribuna Popular". Fez parte do "Comitê Pró-Candidatura de Astrogildo Pereira". Foi um dos promotores da Exposição da Imprensa Clandestina Portuguesa, patrocinada pela "S.B.A.D.P.". Autor de vários telegramas de protestos às autoridades constituídas, em defesa do P.C.B. Membro de diversas comissões do P.C.B. Orador de comícios do P.C.B. Contribuinte permanente do P.C.B. Foi distinguido com um "carnet"

(espécie de condecoração) pelos seus serviços à causa comunista. Colaborador do órgão de propaganda do P.C.B. e finalmente um dos signatários do Manifesto da "O.B.D.P.C", da qual faz parte como membro de seu Conselho Consultivo.

De posse de um currículo recheado como esse, não foi difícil ao diretor da DPPS indeferir o pedido de visto para a viagem, sem maiores explicações. Graciliano não foi o único discriminado: vários escritores estavam na lista negra, como Astrojildo Pereira, Dalcídio Jurandir e Dyonélio Machado. O ato provocou protestos, como o do jornalista Edmar Morel em sua coluna "Homem da rua", na revista *Diretrizes*, de 10 de maio de 1949: "Graciliano Ramos e outros romancistas não puderam embarcar para Paris porque a polícia não visou os passaportes. E a Constituição de 1946 assegura o livre direito do cidadão opinar política e religiosamente. Que embuste!".

Talvez porque Graciliano nada tivesse a esconder, a DPPS só engordava o seu prontuário com anotações burocráticas sobre pedidos de antecedentes. Foi assim, por exemplo, quando se decidiu investigar as atividades da Organização Brasileira de Defesa da Paz e da Cultura. Os dezenove intelectuais – a maioria ligada ao PCB – que assinaram o manifesto de fundação da entidade tiveram suas fichas levantadas no primeiro semestre de 1949, entre os quais Graciliano, Astrojildo, Candido Portinari, Oscar Niemeyer, Arthur Ramos e Aníbal Machado. Sobre o nosso personagem, míseras nove linhas datilografadas, contra dezessete dedicadas a Niemeyer e doze a Portinari, os recordistas. Nada de novo sobre Graciliano: os agentes limitaram-se a copiar as primeiras linhas do informe de Cecil Borer.

A repressão não suportava as campanhas pela paz que os comunistas promoviam em todo o país. Em 8 de novembro de 1949, o delegado-adjunto de Ordem Social de São Paulo, Hugo Ribeiro da Silva, requereria com urgência à DPPS os antecedentes políticos das pessoas que assinavam as convocações para o Congresso Continental Americano pela Paz, proibido pela polícia. Na lista, constavam os nomes de Graciliano, Jorge Amado, Orígenes Lessa, Oscar Niemeyer, Edison Carneiro, Álvaro Moreyra, Floriano Gonçalves, Abel Chermont, Candido Portinari, Arcelina Mochel e Arthur Ramos, entre outros. As informações, segundo o delegado paulista, instruiriam o inquérito em curso sobre "atividades comunistas rotuladas de paz".

A DPPS não hesitou em mandar para São Paulo a ficha de Graciliano elaborada por Borer. Por incrível que pareça, nada menos que oito informes, entre 1949 e 1952, reproduziam literalmente os mesmos dados sobre o romancista, como se tivessem acabado de sair do forno.

A exceção ficou por conta do ofício enviado em 13 de julho de 1952, pelo chefe de polícia do Distrito Federal, general Cyro Riopardense Rezende, ao ministro da Justiça, a propósito de um telegrama subscrito por Graciliano, protestando contra a invasão das casas dos escritores Luiz Fernando Papi e Reginaldo Guimarães. O general Riopardense anexou minuciosos dossiês sobre os dois envolvidos e, de quebra, remeteu o de Graciliano. No ofício ao ministro, ele dizia que o Departamento Federal de Segurança Pública se mantinha "atento na preservação da ordem e da segurança públicas, mormente em se verificando a possibilidade de ação de agitadores vermelhos".

A certidão sobre Graciliano estendia-se em 96 linhas, englobando itens do texto de Cecil Borer. Como de hábito, os policiais não enxergavam um palmo além do preconceito ideológico. Os registros aludem às suas atividades de militante comunista, ignorando quase por completo a condição de escritor consagrado e de principal redator do maior jornal do Rio de Janeiro. Seria demais exigir discernimento a quem só se interessava em bisbilhotar o semelhante para tentar incriminá-lo ao menor descuido.

Vejamos alguns tópicos arrolados pelo chefe de polícia:

Em 1947, juntamente com um grupo de comunistas, foi signatário de um longo manifesto em defesa do P.C.B. contra o parecer Barbedo; faz parte do Conselho Deliberativo da Liga dos Intelectuais Antifascistas e é membro da Liga Antifascista da Tijuca, entidades orientadas pelos comunistas; segundo o jornal comunista "Folha do Povo", fez parte, em 1947, da Comissão de Defesa do mandato de Luiz Carlos Prestes; em 1948, foi signatário de um manifesto pela Comissão de Defesa de Gregório Bezerra; foi um dos Componentes da Comissão Promotora dos Festejos do Cinquentenário de Prestes; ainda em 1948, foi presidente da Comissão dos Festejos do Centenário do Manifesto Comunista de Marx--Engels; fez parte de um cocktail na residência de Zumalá Bonoso, organizado pela Comissão do Cinquentenário de Prestes, de uma comissão que prestou, no auditório da A.B.I., uma homenagem ao jornalista comunista Aydano do Couto Ferraz, que se achava cumprindo pena, e realizou uma conferência patrocinada pela Comissão Central do Movimento de Auxílio à Imprensa Popular; em 1949, na "Classe Operária" do dia 1/1/49, publicou uma crônica intitulada "Prestes"; em dezembro de 1949, foi signatário, pelos intelectuais progressistas do Brasil, de uma mensagem a Stalin pela passagem de seu 70º aniversário; por ocasião da data aniversária do P.C. Espanhol, foi signatário de uma mensagem dirigida aos comunistas espanhóis; é diretor responsável pelo órgão comunista "Revista Mundial dos Partidários da Paz", de publicação mensal, que tem por objetivo divulgar os atos internacionais em defesa da paz em obediência ao Apelo de Estocolmo; em dezembro de 1950, foi signatário de um manifesto ao povo brasileiro, publicado na "Imprensa Popular", todo ele vazado em linguagem comunista; em março de 1951, foi signatário do manifesto lançado pelos comunistas, digo, pelo

Movimento Brasileiro dos Partidários da Paz, em protesto ao ato do sr. chefe de Polícia proibindo o comício que pretendiam realizar no dia 26 do mesmo mês.

Como se vê, a Polícia Política restringia-se a armazenar informações obtidas na própria imprensa comunista – a espionagem era feita de forma artesanal, sem um mínimo de sofisticação. E, certamente porque não se davam ao trabalho de verificar o que empilhavam nas pastas, os agentes cometeram dois enganos imperdoáveis a um serviço que se pretendia de inteligência. Segundo eles, Graciliano teria participado, em agosto de 1949, do Congresso Continental da Paz, na Cidade do México; e integrado a delegação brasileira ao II Congresso Mundial dos Partidários da Paz, realizado em Varsóvia em novembro de 1950. Pobre Graciliano. Nas duas ocasiões, bastava um telefonema à redação do *Correio da Manhã* para constatar que ele lá se encontrava ganhando o suado pão de cada dia.

Na última certidão de antecedentes, expedida em 6 de outubro de 1982 pelo Departamento Geral de Investigações Especiais (já extinto) da Secretaria de Segurança Pública do Estado do Rio de Janeiro, apenas sete linhas sobre Graciliano somam-se às do relatório Borer, redigido 33 anos antes:

> Segundo documento datado de 17/09/51, era presidente da Associação Brasileira de Escritores. Foi diretor-responsável pela "Revista Mundial dos Partidários da Paz", órgão comunista. Segundo publicação da "Imprensa Popular" de 25/06/52, integrou a embaixada [sic] brasileira que tomou parte nos festejos de 1º de Maio em Moscou. Em 21/03/53, noticiário da imprensa comunicava sobre seu falecimento, ocorrido em 20/03/53.

No rodapé da ficha de identificação, lê-se: "Doutrina política: Comunista".

* * *

Voltemos ao atribulado ano de 1949. O golpe mortal nos resquícios de convergência pacífica no meio intelectual teve como palco a eleição para a diretoria da ABDE, marcada para março. As gestões para a formação de uma chapa única haviam fracassado. Os comunistas, não aceitando cargos secundários, decidiram criar uma chapa própria, encabeçada pelo jurista Homero Pires, um liberal que havia sustentado a ilegalidade da cassação do partido.

Intimamente, Graciliano julgava "uma tolice" a pretensão do PCB de empalmar a ABDE. Em 6 de fevereiro de 1949 – 45 dias antes da eleição –, Paulo Mercadante registrou no diário:

> Graça explicou-nos que não há propriamente escritores reacionários, sendo, portanto, aconselhável manter a unidade de todos. Afinal, não se sabe o que virá

acontecer. Porém deliberação é deliberação, concluímos. [...] O Partido está mesmo tomado pelo furor do radicalismo. Homero está acima de qualquer suspeita e é preciosa uma personalidade a fim de esconder o sectarismo e o esquerdismo. [...] Graça não dá ao problema da ABDE uma importância extraordinária. Apenas acha uma tolice a mais e já são tantas que não faz diferença. "Que valem os escritores, afinal, neste país?", perguntava-nos.

A chapa adversária, presidida pelo jurista e deputado Affonso Arinos de Mello Franco, era predominantemente liberal. Mesclava direitistas empedernidos com intelectuais progressistas, como Carlos Drummond de Andrade (candidato a primeiro-secretário) e Hermes Lima (conselheiro fiscal). Constavam ainda os nomes de José Barreto Filho (vice-presidente), Otto Maria Carpeaux (segundo-secretário) e Jaime Adour da Câmara (tesoureiro); e, no conselho fiscal, Alceu Amoroso Lima, Manuel Bandeira, Octavio Tarquínio de Sousa e Rodrigo Mello Franco de Andrade.

Os dois lados se confinaram em posições dominadas pela intransigência, pelo passionalismo e pelas vaidades. A começar pelas escaramuças praticadas na campanha eleitoral. De sua festejada coluna no *Correio da Manhã*, Carlos Lacerda, convertido a um virulento anticomunismo, acusou Homero Pires de ter sido o relator da lei do estado de guerra, em 1936, na Câmara dos Deputados. Pires era membro da Comissão de Constituição e Justiça, incumbida regimentalmente de apreciar a matéria. Sua atuação na Câmara, ao contrário do que insinuava Lacerda, pautara-se pelo destemor: quando da prisão do deputado João Mangabeira e do senador Abel Chermont, subira à tribuna para denunciar a arbitrariedade.

A chapa de Affonso Arinos se empenhou em acumular o maior número possível de votos por procuração, explorando uma omissão do estatuto da ABDE. Em revide, o PCB promoveu, às vésperas do pleito, uma filiação em massa à entidade, conforme o depoimento insuspeito de Moacir Werneck de Castro, então membro do partido:

> A ABDE inchou com numerosas adesões de associados de última hora. Numa interpretação benévola dos estatutos, bastava ter publicado um artiguete num jornaleco qualquer para virar escritor de carteira. A direção do PC tinha tomado o assunto nas próprias mãos, alijando do comando da operação os escritores de verdade que representavam a corrente esquerdista; assim, na marra, conseguiu superioridade numérica.

A eleição, na sede da Associação Brasileira de Imprensa, transformou-se em batalha campal. Os insultos e as intimidações de parte a parte substituíram os argumentos e o bom-senso. A claque do PCB hostilizava os oradores adversários, ao que Lacerda respondia com palavrões. José Lins do Rego, aliado de Arinos, berrou, acariciando uma peixeira na cintura:

— Abaixo os mistificadores da cultura! Abaixo os filhos da puta!

O ilibado professor Castro Rebelo, presidente da sessão, depois de muito pelejar, apurou os votos por procuração, sob uma gritaria infernal. O resultado oficial deu a vitória à chapa de Arinos, mas os comunistas se declararam vencedores, alegando que tinham a maioria entre os eleitores presentes. O bate-boca, seguido de empurrões e ameaças, estendeu-se à calçada da ABI.

Devastando maços de Selma, Graciliano acompanhou a desordem em silêncio. No fim, quebrou a tensão com um comentário seco ao filho Ricardo:

— Quanta bobagem!

O espetáculo mais triste envolvendo a ABDE ainda estava por acontecer. Inconformados com a derrota nas urnas, os comunistas resolveram estragar a posse da diretoria eleita, na sede da Casa do Estudante do Brasil. Um grupo de militantes foi mobilizado para a tarefa: Dalcídio Jurandir, Astrojildo Pereira, Alina Paim, Milton Pedrosa, Lia Corrêa Dutra, Victor Konder, Maurício Vinhas de Queiroz e um constrangido Graciliano.

A chapa vitoriosa decidira minimizar a solenidade para não estimular agravos, desistindo de expedir convites. Não adiantou. Pouco antes de sair de casa, Affonso Arinos recebeu um telefonema de Octavio Tarquínio de Sousa avisando que os oponentes ocupavam o local. Pelo sim ou pelo não, Arinos colocou um revólver sob o paletó.

O ambiente na pequena sala era o mais confuso possível. Sessenta pessoas comprimiam-se em um calor sufocante. Os comunistas gritavam e vaiavam cada diretor eleito que aparecia. Recolhido a um canto, Graciliano procurava inutilmente evadir-se.

Uma mesa de reuniões delimitava os territórios em confronto. Quando Álvaro Lins deu início à transmissão do cargo, a balbúrdia explodiu, conforme Affonso Arinos: "Nem pude proferir as palavras usuais de agradecimento. Dalcídio Jurandir, como se tivesse enlouquecido, começou a agitar histericamente os braços, berrando e nos insultando. Aí desabou o mundo em cima da gente".

Alina Paim, ao notar a arma na cintura de Arinos, ousou enfrentá-lo a golpes de guarda-chuva. Hermes Lima saltou sobre a mesa, escapulindo de um bofetão. Humberto Bastos acertou um pontapé no esquerdista mais próximo. Mas Dalcídio protagonizou a cena mais chocante, ao se engalfinhar com Carlos Drummond de Andrade, tentando arrancar-lhe das mãos o livro de atas. Grudados aos dois, Victor Konder e Maurício Vinhas procuravam ajudar Dalcídio, enquanto Rubem Braga reforçava a defesa de Drummond. O livro sobrou para Rubem, que o doaria anos depois à Fundação Casa de Rui Barbosa.

No tumulto, Lia Corrêa Dutra pediu a Graciliano que interviesse para acalmar os ânimos. Era uma das raras vozes acatadas pelos dois grupos, embora homem de partido. "Procurei-o com o olhar. Lá estava ele, um pouco à parte, sentado num canto, enroscado sobre si mesmo, o eterno cigarrinho seguro às avessas, calado, os olhos fuzilando de indignação – tigre à espreita, podendo, de uma hora para outra, dar o bote...", relataria Lia.

Fora de si, Graciliano não esperou um segundo para subir na cadeira e berrar:
– Vão todos à puta que os pariu!!!

Bruscamente, jogou a cadeira para o lado, enquanto Otto Maria Carpeaux tentava chamá-lo à razão. "O mestre de *Vidas secas* parecia enojado de tudo, estava intratável", recordaria Affonso Arinos. Ao que Moacir Werneck de Castro completaria: "Aquilo tudo, na verdade, era uma violência para Graciliano, um homem delicadíssimo no trato com os amigos e que normalmente nem iria lá. Foi porque o convocaram".

Drummond comandou a retirada da diretoria eleita, que no dia seguinte apresentou renúncia coletiva. O escândalo repercutiu intensamente na imprensa, ceifou amizades de décadas e afastou da ABDE centenas de associados, que fundariam a União Brasileira de Escritores (UBE).

Pior: aprofundou no seio da intelectualidade a fobia antimarxista, para delírio da ditadura maquiada do general Dutra. "O pleito da ABDE valeu-me como uma vacina anticomunista", diria Affonso Arinos, que em 1947 votara contra a cassação do PCB. Desiludido, Manuel Bandeira afirmaria: "Houve um tempo em que vi com bons olhos os nossos comunistas. É que ainda não estava a par da política celerada deles. [...] O episódio da ABDE me abriu os olhos".

Um clamoroso erro estratégico. Na ânsia de controlar a entidade, o PCB não percebeu que o caminho adequado era buscar a unidade com as outras facções democráticas, como destacaria Nelson Werneck Sodré:

O radicalismo do PC foi desastroso. O próprio Graciliano acabou arrastado, porque era um militante disciplinado e não havia como não se envolver com a linha sectária do partido. O equívoco foi ter aberto a luta na ABDE, num momento em que as forças democráticas estavam fracas e severamente reprimidas. O Homero Pires era até um candidato razoável, e o Affonso Arinos também não era um homem de direita, mas um liberal. Para que travar aquela batalha? Foi uma batalha sem sentido e sem perspectivas. A direita é que lucrou, arrebanhando os liberais para posições anti-PC.

* * *

Como pudemos ver, as relações de Graciliano com o PCB se tornavam cada vez mais ambíguas. E para isso contribuíam não apenas suas análises discrepantes sobre determinados fatos, mas também o sectarismo galopante que contagiava a organização e deformava-lhe a percepção do momento histórico.

Essa ambiguidade, é preciso que se diga, não se restringia ao caso de Graciliano. Vários intelectuais enfrentaram dilema semelhante: a afinidade no plano filosófico (a antevisão do socialismo como alternativa para a construção de uma sociedade mais igualitária e fraterna) e o desconforto com a necessidade de adesão automática à orientação política. No clima maniqueísta da Guerra Fria, permanecer ao lado do partido significava solidariedade aos fracos e oprimidos na luta contra o dragão imperialista, a despeito do radicalismo e das vacilações estratégicas e táticas da linha oficial.

A cúpula do PCB oscilava entre a reprovação de experiências estéticas que pudessem arranhar os cânones do realismo socialista e iniciativas que visavam agregar em torno do partido nomes representativos da literatura e das artes. Essas iniciativas abrangiam desde ajuda a camaradas em apertos financeiros até a inclusão em comitivas e delegações em visitas à União Soviética e a países do Leste Europeu. As contrapartidas se estendiam à participação de escritores na imprensa partidária, notadamente nas revistas *Fundamentos*, *Para Todos* e *Problemas*. Se, por um lado, os mecanismos de controle ideológico incidiam sobre a produção intelectual, exigindo disciplina e obediência e ferindo a autonomia criativa, por outro não se pode desconhecer que tais publicações constituíam meios alternativos de divulgação e visibilidade a escritores e jornalistas, vários deles discriminados pela imprensa tradicional em razão do engajamento político. É bem verdade que nem todos os artistas e intelectuais comunistas precisavam da chancela partidária para obter prestígio, pois já haviam conquistado o respeito público (aí incluído o da crítica especializada) a suas obras e criações, independentemente da filiação política. Basta pensarmos em Graciliano Ramos, Álvaro Moreyra, Aníbal Machado, Astrojildo Pereira, Oduvaldo Vianna, Candido Portinari, Di Cavalcanti, Oscar Niemeyer, Vilanova Artigas e Francisco Mignone, para citar dez nomes expressivos em diferentes campos de atividades.

No quadro de contradições internas do PCB, alguns escritores e artistas estavam em desacordo com a linha oficial, mas se mantinham fiéis à organização que, à época, era praticamente a única alternativa de esquerda. Mesmo entre os que dissentiam, velada ou nitidamente, da política cultural do partido, certas concessões eram admitidas, por exemplo enaltecer a figura de Luiz Carlos Prestes, em uma reedição local do culto à personalidade de Stalin. Até Graciliano o praticou, embora de modo contido. Na edição de 1º de janeiro de 1949 da *Voz Operária*, dedicada às comemorações dos cinquenta anos de

Prestes, Graciliano assinou um perfil elogioso do secretário-geral, ainda que o tom tenha sido muito distante da grandiloquência rasgada dos demais colaboradores. Ele sublinhou traços da personalidade, a coerência e a coragem políticas do secretário-geral. Apenas no parágrafo final, deixou fluir a admiração:

> Chegamos agora a um ponto em que não distinguimos nenhum sinal de oposição: há em Prestes uma dignidade fundamental, incontrastável. É a essência de seu caráter. Admiram-no com exaltação, odeiam-no com fúria, glorificam-no e caluniam-no. Seria difícil achar quem lhe negasse respeito à autoridade imutável, maciça, que o leva a afrontar serenamente duras fadigas e sacrifícios horríveis – coisas previstas e necessárias.

A camisa de força ideológica e as exigências descabidas impostas à militância deixaram parte expressiva da intelectualidade à margem do centro partidário, ocupando-se de atividades em entidades sociais, movimentos culturais e políticos que davam cobertura legal ao PCB, conferências, congressos, publicações e assinaturas de manifestos.

Isso nos ajuda a entender por que escritores e artistas de prestígio jamais ascenderam à alta cúpula ou exerceram influência na formulação de seu ideário. Os mais próximos do Comitê Central limitaram-se a funções de assessoria ou foram encarregados de tarefas específicas, como a representação cultural junto à União Soviética, entregue a Jorge Amado.

Não se pode deixar de incluir nesse rol uma minoria de intelectuais carreiristas que se prestavam ao papel de bajular os chefes, obedecendo à risca as ordens mais disparatadas e, às vezes, soprando-lhes nos ouvidos intrigas contra companheiros. Graciliano, já veremos, não escaparia desses futriqueiros.

O mal-estar se acentuou a partir de 1948, com a obstinação do Comitê Central em adotar o realismo socialista como padrão estético. Desde o início da Guerra Fria, o patrulhamento contra historiadores, filósofos, romancistas, poetas e artistas vinha se acentuando na União Soviética. Stalin delegara a Andrei Zdanov, membro do birô político e governador de Leningrado, a missão de controlar a produção intelectual.

O zdanovismo esmagou a atividade criadora, subordinando-a a cânones dogmáticos. A literatura e a arte deveriam exercer papel exclusivamente pedagógico, difundindo os esforços para a construção de um "mundo novo" e de um "homem novo" nos países socialistas. Em lugar da cultura burguesa "decadente e degenerada", escritores e artistas se empenhariam em edificar a "cultura proletária", a única capaz de desmistificar os valores morais da classe dominante e sustentar o caráter revolucionário da obra de arte. As inovações estéticas passaram a ser condenadas como antissoviéticas e contrarrevolucionárias.

Na prática, o autoritarismo cultural impugnaria a liberdade de pensar. A arte abstrata, a música clássica, a filosofia ocidental, as correntes literárias formalistas, o teatro dramático e até a "ciência burguesa" caíram no índex. As direções das revistas literárias *Zviezda* e *Leningrad* foram destituídas por publicarem primorosos poemas erótico-místicos de Ana Akhmátova, segundo Zdanov "uma mulherzinha histérica, que se debate entre a alcova e o oratório". Outros deixaram de ser editados, sob a acusação de "servilismo e de admiração para com a literatura mesquinha do Ocidente". Cineastas tiveram de filmar longas-metragens exagerando o papel de Stalin na Segunda Guerra Mundial. Grandes compositores foram calados por seu suposto desprezo pela música popular de exaltação aos feitos revolucionários.

E assim por diante, o zdanovismo mutilou e obliterou a expressão artística, intelectual e científica. Segundo o historiador marxista Jean Elleinstein, o realismo socialista "confundia-se com uma visão tacanha da humanidade e dos sentimentos humanos", que empobrecia, desvirtuava e dogmatizava o legado de Marx.

Embora Zdanov tenha morrido em 1948, os estragos provocados por seus anos de sandices à frente do comissariado cultural perduraram não apenas na União Soviética, como também nos partidos comunistas ligados ao Kominform. O PCB não escapou da assimilação mecânica dessa política atrabiliária.

De 1948 a 1950, a revista *Problemas* divulgou extensos artigos de Zdanov sobre o realismo socialista. Por ocasião de sua morte, a revista o homenageou com três páginas e o título "O bolchevique Zdanov, um exemplo a seguir". O texto de Rui Facó era eloquente:

> Quem quer escrever para o povo, quem não quiser cair no charco imundo da teoria burguesa da "arte pela arte", não pode prescindir dos profundos ensinamentos de Zdanov ao discutir os problemas ideológicos. Esses ensinamentos são a cúpula de tudo o que ensinavam Marx, Engels e Lenin sobre a ideologia como reflexo da existência social.

O mito da disciplina suprimia o diálogo crítico, rotulado de "desvio pequeno-burguês", que só servia para encher de água o açude da direita. Que ninguém se atrevesse a ter dúvidas sobre a justeza das diretrizes; elas provinham dos "intérpretes" máximos do marxismo-leninismo – a começar por Stalin. No Brasil, eram traduzidas pela dupla Prestes-Arruda, sendo este último, no plano imediato, alçado à condição de voz suprema, em face da clandestinidade rigorosa de Prestes.

O Comitê Central do PCB decidiu aplicar aqui a receita indigesta do zdanovismo. Cumprindo ordem de Arruda, Dalcídio Jurandir preparou um informe sobre o realismo socialista. "Arruda se convenceu de que, ao aplicar aquelas teses, iria fazer um trabalho importantíssimo para o partido, e por isso tratou de mobilizar todo mundo", deporia Moacir Werneck de Castro.

> Ele conseguia ser ao mesmo tempo o nosso sub-Stalin – um secretário que mandava e desmandava – e um camarada simpático, bonachão, engraçado. Curtia muito aquele poder dele, fazia bravatas para intimidar as pessoas, mas por vezes tomava atitudes afetuosas que compravam o sujeito.

Para ajustar-se ao figurino zdanovista, o CC não hesitou em recrutar uma força-tarefa disposta a produzir "literatura com objetivos sociais revolucionários", como se dizia nos corredores da Fração Parlamentar, antigo escritório da bancada comunista na Constituinte de 46, agora transformado em fachada legal para as atividades do PCB. A Fração funcionava no Edifício São Borja – a cem metros do 1º Distrito Policial –, com alvará de escritório de dois deputados federais eleitos pelo Partido Social Progressista (PSP), Diógenes Arruda e Pedro Pomar, que não haviam sido cassados.

Alina Paim, Dalcídio Jurandir e Plínio Cabral foram alguns dos escritores encarregados de elaborar romances na fórmula prescrita pelo CC. Os "heróis positivos" do proletariado deveriam ser "divinizados" em suas lutas contra a dominação burguesa. Aos romancistas, passou-se a exigir que conhecessem de perto as suas condições de vida para poder retratá-los com fidelidade. O paraense Dalcídio foi mandado para a cidade gaúcha de Rio Grande a fim de preparar um livro sobre os portuários locais; a baiana Alina acabou documentando as reivindicações dos ferroviários da Rede Mineira de Viação.

O realismo socialista, evidentemente, não guardava o menor parentesco com a realidade brasileira subdesenvolvida. "Creio que as pessoas aqui não entenderam muito bem o que o prócer queria", observaria Nelson Werneck Sodré. "Ora, se na União Soviética aquelas barbaridades causaram um dano enorme à literatura, imagine o que não tivemos no Brasil. Em verdade, aquilo era uma fórmula que ninguém seguia, e os que se aventuraram a imitar se deram muito mal."

Não é de se espantar que, em uma época em que o sectarismo estabelecia as regras, tenham surgido incompreensões de toda espécie. Um dos equívocos era menosprezar as especificidades do trabalho artístico, que exige uma liberdade de invenção acima de imperativos ideológicos, embora possa refleti-los. A visão de que a produção estética precisava estar atrelada ao ideário oficial reduzia o poder de fogo do criador. O intelectual, por mais solidário que fosse às lutas sociais e às causas dos oprimidos, não poderia sufocar suas inquietações diante do mundo, nem se conformar que lhe indicassem as ferramentas de seu ofício.

Tais impasses complicaram o relacionamento de Graciliano com o PCB, a partir do segundo semestre de 1949. Começaram a chegar ao seu conhecimento murmúrios de que aspectos de sua obra estavam sendo questionados em instâncias partidárias. A princípio, eram cochichos e maledicências que se espalhavam aqui e ali, sem origem definida. Mas, à medida que as intrigas foram se tornando menos esparsas, ficaram claras as objeções.

Segundo os críticos, Graciliano teria estagnado no realismo e não evoluíra para o realismo socialista. Apontavam-se excessos de subjetivismo em seus romances, em detrimento da análise social objetiva e participante. No caso de *São Bernardo*, dizia-se, por exemplo, que ele não abordara, com a ênfase merecida, as condições de vida dos trabalhadores rurais submetidos à exploração de Paulo Honório, e que seus camponeses eram passivos em demasia.

Se Graciliano fosse um escritor revolucionário, raciocinavam alguns, o Fabiano de *Vidas secas* não teria se acovardado perante o soldado amarelo, pois um camponês verdadeiramente consciente reagiria à opressão. E ainda: os protagonistas de seus livros eram homens desencantados, que não ofereciam aos leitores exemplos de perseverança, de enfrentamento das adversidades, de vontade de passar a vida a limpo.

Os detratores não alcançavam – ou fingiam não alcançar – o sentido transcendente de sua obra: o testemunho pungente sobre o mundo social. Um testemunho sem deliberada intenção militante, mas capaz de dissecar conflitos individuais e coletivos, de denunciar uma sociedade desigual e egoísta. Um testemunho que não negociava a substância literária dessa revelação crítica da realidade em troca do engajamento político radical.

Aborrecido com as calúnias, Graciliano desabafou com amigos:

– Eu faço o que sei fazer. Eu só sei fazer isso que está nos meus livros.

Dependendo do humor, arriscava:

– Cada um tem seu jeito de matar pulgas.

O primeiro *round* de sua peleja com o partido por causa do realismo socialista aconteceu em uma reunião convocada por Diógenes Arruda na Fração Parlamentar, com o propósito de difundir as bases do pensamento de Zdanov. Marcado para as 8 horas, o encontro só começaria às 10 horas, devido ao atraso do secretário.

Nesse meio-tempo, o grupo de escritores – entre os quais Graciliano, Astrojildo Pereira, Dalcídio Jurandir, Floriano Gonçalves, Oswaldino Marques, Emílio Carréra Guerra, Osvaldo Peralva e Alina Paim – iniciou informalmente a discussão. Um dos presentes colocou Zdanov nas alturas. Graciliano, chateado por estar ali há quase duas horas esperando por Arruda, não se conteve:

– Esse Zdanov é um cavalo!

As pessoas estremeceram, mas, com a chegada de Arruda, o debate não prosperou. Em sua exposição, ele fez apologia à literatura revolucionária, exigindo que os presentes se enquadrassem nos ditames zdanovistas. A certa altura, citou como exemplo os poemas de Castro Alves, que a seu ver encaravam os problemas sociais em uma perspectiva revolucionária. E o que era mais importante: com versos rimados.

O jornalista Osvaldo Peralva, secretário particular de Arruda, interveio para questionar o chefe no tocante àquela exigência. Lembrou um poema de Mário de Andrade sobre os seringueiros para argumentar que a poesia, necessariamente, não precisava ser rimada para ter conteúdo revolucionário. O aparte foi apoiado por vários companheiros, mas Arruda – que detestava ser contrariado – não passou recibo na hora. Só que nunca mais realizou reuniões do gênero na Fração Parlamentar, porque lá Peralva, como chefe do escritório, certamente teria de participar.

Graciliano ouviu as instruções de Arruda e foi embora sem polemizar, ainda que tudo aquilo o desconfortasse.

Ele nunca escamoteou seu desapreço pela literatura panfletária. Não admitia que o escritor se sujeitasse à condição de mero porta-voz de grupos de pressão política.

Zdanov talvez urrasse de ódio se lesse a carta enviada por Graciliano ao crítico Oscar Mendes, em 1935, na qual afirmava categórico: "Acho que transformar a literatura em cartaz, em instrumento de propaganda política, é horrível. Li umas novelas russas e, francamente, não gostei".

Que dizer, então, da entrevista dada por Graciliano a Ernesto Luiz Maia (Newton Rodrigues), em 1944? Ele fora taxativo ao sustentar que o romance social da geração de 30 não atingiria as massas; e que, "quando uma ala política domina inteiramente, a literatura não pode viver".

Já em maio de 1949, Paulo Mercadante anotou em seu diário outra opinião cristalina de Graciliano contra a interferência partidária:

> Para Graça, o escritor não deve *a priori* definir um objetivo. Os pressupostos que Górki realçava são os mesmos dos grandes romancistas, independentemente de convicções políticas. A verdade deve ser o instrumento, e ao arrepio da realidade histórica e de um modo concreto de vê-la, tudo é artificial.

Em conversas posteriores com Heráclio Salles, enfatizou a aversão ao romance panfletário.

– Nenhum livro do realismo socialista lhe agradou? – perguntou o jornalista.

– Até o último que li, nenhum. Eu acho aquele negócio de tal ordem ruim que não aceitei ler mais nada.

– Qual a principal objeção que o senhor faz?

– Esse troço não é literatura. A gente vai lendo aos trancos e barrancos as coisas que vêm da União Soviética, muito bem. De repente, o narrador diz: "O camarada Stalin...". Ora, porra! Isso no meio de um romance?! Tomei horror.

– Não seria possível purificar o estilo do realismo socialista?
– Não tem sentido. A literatura é revolucionária em essência, e não pelo estilo do panfleto.

Não é de se admirar, portanto, que não tolerasse as fórmulas emanadas de Moscou. Ao tomar conhecimento do informe de Zdanov sobre literatura e arte, esculhambou:

– Informe? Eu gosto muito da palavra, porque informe é mesmo uma coisa informe.

Ricardo Ramos lembraria que a posição do pai era complicada porque a maioria dos intelectuais se alinhava com a regra.

> Eu mesmo, no começo, fiquei um pouco influenciado e discutia com ele porque achava que o realismo socialista podia ser um método, quem sabe. Ele respondia enfurecido: "Você é um imbecil, um idiota, um burro!" Claro que isso irritava os outros, pois ele não escondia a divergência. Você não encontra na obra dele uma linha sequer que possa ser atrelada política e partidariamente, nem nada que a gente possa imaginar como o herói positivo, o partido conduzindo as massas como solução final, que era a receita do realismo socialista. Para invalidar as teses do Zdanov, basta consultar a obra dele, que se confronta com as de outros escritores comunistas, pobres de ficção, apenas obras de crítica.

Graciliano tentava equilibrar-se na corda bamba. Até quando?

OS PROFETAS DO APOCALIPSE

Um ano terrível: 1950. O início até que trouxe bons prenúncios, com a mudança da família, em 2 de janeiro, para um apartamento de três quartos, em andar baixo, na rua Amiris (atual Desembargador Alfredo Russell), 62, no Leblon, pelo qual Graciliano pagaria de aluguel Cr$ 3.245,00.

Não demorou muito para Heloísa e os filhos perceberem algo de errado. Desanimado, com tristeza nos olhos, Graciliano estava bebendo além da conta. Os problemas com o patrulhamento ideológico o amarguravam, agravando uma tendência depressiva que vinha de antes, como sintoma de um acúmulo de tensões.

Heloísa articulou um tratamento de desintoxicação alcoólica em uma clínica na Ilha do Governador, onde trabalhava um médico ligado ao PCB, Sá Pires. Poderia descansar, revigorar-se física e mentalmente. Os dias passados lá o reanimaram bastante. Um grupo de doentes toda tarde se reunia em torno dele para ouvir histórias. E quem passasse de manhã por uma das praias quase virgens da ilha poderia ver aquele homem sedentário, avesso a esportes, dando longas caminhadas pela areia, ao lado da mulher e da filha Clara, em contato com a natureza. Parecia um veraneio.

De volta à casa e ao trabalho, traduziu *A peste*, de Albert Camus, lançado no mesmo ano pela José Olympio. Não fosse por necessidade financeira, teria recusado o serviço, pois achava que Camus escrevia mal. Tanto que fez uma tradução livre, quase reescrevendo o romance, assinando-a apenas com as iniciais GR.

Em interessante estudo publicado em 1979, o professor Cláudio Veiga, titular de língua e literatura francesa da Universidade Federal da Bahia, concluiu que o texto original de Camus "ficou mais magro" – foram suprimidos termos acessórios ou essenciais, e alterada sistematicamente a estrutura das frases. Diz Veiga:

Por essa violência contra o texto original, a tradução de Graciliano deixa a desejar. Tem-se a impressão de que o tradutor manipula o romance de Camus como se fosse um rascunho pessoal, o texto primitivo de um de seus romances. Parece aplicar em *A peste* o tratamento severo que, segundo *Memórias do cárcere*, deveria ter imposto a um de seus livros – cortar-lhe a terça parte. Não chega a cortar a terça parte de *A peste*, mas, sem exagero, não há uma página sequer do romance em que não tenha havido supressão ou condensação.

Não fora a primeira vez que cedera à tentação de endireitar a prosa alheia. Já ao traduzir *Memórias de um negro*, em 1940, dizimara dois capítulos de Booker Washington e eliminara, sem piedade, períodos inteiros. E ainda vangloriava-se da façanha:
 – O homem vinha direito, umas observações ótimas, de repente se estrepava todo. A todo instante, repetia ideias, usava palavras desnecessárias, fazia círculos de peru. Cortei uma infinidade de asneiras, e ainda ficaram muitas. Negro burro.

* * *

Em abril de 1950, Graciliano viajou quatro horas de avião até Salvador para prestigiar o III Congresso dos Escritores. A ABDE, controlada pelo PCB, perdera o dinamismo e a representatividade. Às vésperas do congresso, a revista *Fundamentos* publicou um editorial isentando o PCB de culpa na cisão de 1949. A divisão entre os escritores fora provocada pelas "correntes que procuram atrelar o Brasil ao carro do imperialismo guerreiro norte-americano e apoiam a onda de terror que assola o país". Astrojildo Pereira acrescentava: "Os falsos democratas, se bem que explorando sempre o falso princípio do 'apoliticismo', viram-se forçados a botar a máscara, aparecendo em público tais quais são na realidade – agentes da reação, agentes das classes dominantes, agentes do imperialismo".

Escritores que sempre foram aliados dos comunistas na política interna da associação não escaparam de insultos. "No clima da Guerra Fria, a grosseria no ataque ao pensamento divergente valia como virtude proletária e manifestação de combatividade revolucionária", observa o filósofo Leandro Konder.

Por conta da ortodoxia, sublinha o historiador José Antonio Segatto, "os intelectuais que não instrumentalizassem seu trabalho teórico segundo as ordenações táticas partidárias eram, comumente, acusados de desvios burgueses".

Isso pode ser comprovado nos números 13, 14 e 15 de *Fundamentos*. Isaac Akcelrud chamou Hermes Lima de "safado" e "socialista de direita". Rivadávia Mendonça acusou Sérgio Milliet de "pelego", "beneficiário do Estado Novo" e "propagador do preconceito de raça". Para o mesmo Rivadávia, Antonio Candido, Mário Neme e Arnaldo Pedroso D'Horta não passavam de "agentes e militantes da decadência e do divisionismo no meio intelectual", porque haviam rompido com a seção paulista da ABDE. Rossine Camargo Guarnieri trocou açucarados poemas de exaltação a Stalin por diatribes contra Sérgio Buarque de Holanda, ex-integrante do conselho de *Fundamentos*, agora incluído na "nefasta camarilha de politiqueiros e aproveitadores sem escrúpulos".

Os ataques prosseguiram nos números 3, 4 e 5 de outra publicação do PCB, a revista *Para Todos*, dirigida por Álvaro Moreyra, Dalcídio Jurandir e Floriano Gonçalves. Emílio Carréra Guerra alvejou a poesia de Carlos Drummond de Andrade: "Essa doença que lhe faz ver tudo negro, num mundo de problemas e contradições sem saída, é própria de sua gente, da classe pobre, arcaica, degenerada, moribunda".

Faltava aos comunistas, conforme Leandro Konder, a convicção de que era possível e necessário persuadir uma grande variedade de pessoas com pontos de vista distintos dos do PCB, neutralizando algumas das objeções à política partidária e mobilizando-as em torno de lutas democráticas. Como não se tinha clareza disso, os intelectuais não comunistas perdiam automaticamente qualquer importância como interlocutores válidos.

A linha estreita também não permitiu ao partido avaliar corretamente o *boom* cultural a partir de 1948. Com a expansão da sociedade urbana e a acumulação de capital decorrente da industrialização, a burguesia paulista passara a investir na nascente indústria cultural, financiando a produtora cinematográfica Vera Cruz e o Museu de Arte de São Paulo (1947), o Museu de Arte Moderna do Rio de Janeiro e o Teatro Brasileiro de Comédia (1948), a I Bienal de Artes Plásticas (1951), sem falar no advento da televisão. Os mais radicais consideravam essas iniciativas "expressões da arte burguesa comprometida com o imperialismo". Reduzindo a questão a um plano ideológico dogmático, não atinavam para a importante renovação estética que se processava no país, influenciando toda uma geração de artistas e intelectuais.

O III Congresso transcorreu sem brilho, esvaziado pela ausência dos principais escritores do país. Graciliano movia-se em um pântano com a história do realismo socialista. Mas jamais evidenciava, para o público externo, as divergências. A fatura a pagar, ele o sabia, era alta: em nome da disciplina, tinha de sublimar as contradições com a política cultural.

No texto "Lembranças do III Congresso", datado de 1º de maio de 1950, ele criticou o afastamento de muitos escritores da ABDE, com malabarismos retóricos para não ferir os inúmeros amigos que haviam deixado a associação e ao mesmo tempo não burlar o enfoque desejado pelo PCB.

> Ausentes da ABDE os representantes verdadeiros da literatura nacional, achei absurdo exibirmos as nossas fraquezas. Somos, na opinião desses homens notáveis,

uns pobres-diabos analfabetos. Desejávamos admirá-los, e quando um batia o pé, ameaçava afastar-se de nós, gaguejávamos com sincero receio:
– Não, não. Tudo, menos isso.
E corríamos a satisfazê-lo.
Trabalho perdido. Os mestres ásperos, em manifesto cruel, nos abandonaram expondo, com legítimo orgulho e rude franqueza, as suas vantagens e as nossas deficiências. Por isso, ouvindo falar no congresso, alarmei-me:
– Que diabo vamos fazer? Não damos um caldo.

À intelectualidade reacionária, que fazia o jogo do anticomunismo, mandou um recado:

Os nossos inimigos, que acatamos e adulamos pacientemente, disseram de nós cobras e lagartos, referiram-se a vagos intuitos vermelhos. Éramos bichos perigosos à ordem. Sim, senhor. Cadeia. Quando se sentem mal, pedem cadeia para os viventes que os incomodam.

Graciliano foi assediado no congresso por jovens baianos que o idolatravam. Pedro Moacir Maia e quatro amigos o procuraram para que autografasse uma pilha de livros. "Nós apreciávamos tanto o mestre Graça que, de uma mesma obra, tínhamos às vezes duas ou três edições diferentes", recordaria Pedro Moacir. O grupo se surpreendeu com a acolhida por parte de Graciliano. "O homem áspero, intratável para alguns, passou a tarde inteirinha conosco, respondendo a nossas perguntas e contando-nos casos e anedotas."
O falatório no plenário logo o entediou. Durante uma exaustiva homenagem ao falecido Monteiro Lobato, acenou para o poeta baiano João Moniz acompanhá-lo até o saguão.
– Que maçada! Nunca tive vocação para viúva.
E levou Moniz para tomar um cafezinho que se prolongaria até o fim da sessão.

* * *

Os dissabores se sucederam a partir de agosto. Na manhã do dia 26, Graciliano transtornou-se ao saber que o filho Márcio, depois de se desentender com um companheiro de pensão na Tijuca, matara-o com um tiro. Márcio era um rapaz de valor, inteligente, mas desde adolescente sofria de sérios problemas psicológicos. Dos filhos do primeiro casamento, fora o mais afetado pela decomposição da família, com a morte de Maria Augusta e os atropelos da vida de Graciliano. No Rio, afeiçoara-se a Rachel de Queiroz e ao marido dela, o médico Oyama, que sempre o assistiam e o aconselhavam. Oyama, inclusive, medicava-o nas crises nervosas.

Paulo Mercadante, que se encarregou da assistência jurídica a Márcio, relatou horas depois a Graciliano como tudo acontecera:

> Senti a dor pesada cair-lhe sobre o rosto e suas mãos cobrirem o rosto inteiro, deslizando devagar até o queixo. Era o sentimento contido, a dignidade da dor, traduzida num silêncio que devia estar dilacerando a alma. Ficamos por minutos e minutos sem qualquer reação até que falou sobre a tragédia. Os destinos do filho e do moço unidos numa só desgraça.

Durante quatro dias, Márcio ficou aos cuidados de familiares. Com o coração despedaçado, Graciliano conversou longamente com o filho, enquanto se preparava a sua apresentação à polícia. Mas o rapaz, completamente perturbado, acabou se suicidando no dia 30 de agosto.

Os seus anjos da guarda, Rachel e Oyama, em viagem à Europa, não estavam por perto. "Tenho convicção de que se eu estivesse no Brasil, quando se deu a tragédia, o Márcio, em vez de se matar, teria corrido para nós. Eu me culpei sempre por isso. Era comigo e com Oyama que ele contava nessas ocasiões difíceis", lamentaria Rachel.

* * *

A rede de intrigas contra Graciliano recrudesceu no segundo semestre de 1950, com a divulgação do Manifesto de Agosto. Nesse documento, o Comitê Central do PCB cristalizou o processo de esquerdização iniciado em 1948, pregando a luta armada, a ser empreendida por um "exército popular de libertação nacional", além da nacionalização dos bancos, dos serviços públicos e das empresas industriais e comerciais monopolistas, e do confisco, sem indenização, dos grandes latifúndios. No plano das lutas sociais, recomendava aos militantes operários que se insurgissem contra os sindicatos oficiais e criassem entidades paralelas. Enfim, o partido assumia, na definição de um de seus quadros mais qualificados, Armênio Guedes, "uma visão ao mesmo tempo catastrófica e apocalíptica da revolução".

Essa plataforma sectária, que antevia a tomada do poder e a implantação do socialismo da noite para o dia por um grupo de iluminados, isolou ainda mais o PCB. Dos 200 mil filiados no pós-guerra, restavam menos de 20 mil. Os sindicalistas perderam influência junto às suas bases, o mesmo acontecendo no meio estudantil. O povo ignorou a pecha de "agente do imperialismo" atribuída a Getulio Vargas e o reconduziu nas urnas ao Palácio do Catete. Os comunistas haviam se batido pelo voto em branco.

Graciliano discordou do Manifesto com os mesmos argumentos de 1948: o PCB, em descompasso com a realidade, havia se dissociado da dinâmica social. Carlos Marighella tentou convencê-lo a aceitar a "linha justa", afirmando que, progressivamente, as classes exploradas seriam mobilizadas para o salto necessário à conquista do poder.

Testemunha da conversa, Paulo Mercadante registrou a réplica no diário:

> Graça aguardava o final da longa justificativa para fazer a primeira pergunta. Como poderia o partido ganhar as massas getulistas? E o campo? Chegaria a palavra de ordem ao interior, se faltavam ao partido os meios necessários de comunicação, principalmente escrita? Por fim, qual o exemplo de uma revolução qualquer sem as condições históricas de deterioração das classes dirigentes? Os argumentos eram rebatidos por Carlos, sem muita certeza, e Graça, afinal, concordou com o êxito da revolta apregoada, porém indagando: vitoriosa a revolução, como conseguiremos nos manter no poder em face de uma realidade geopolítica tão adversa?

De acordo com Mercadante, Graciliano sofria com a incoerência da liderança partidária, que optava novamente pela via insurrecional.

> Certa vez, Graça desabafou conosco: como é possível tanta ingenuidade, tanta improvisação? O partido subestima a elite burguesa do país, constituída por velhas raposas. Apega-se à experiência soviética, fruto de outras circunstâncias, de um quadro social e político diverso do nosso.

A diretriz cultural, evidentemente, não se alterou com o Manifesto de Agosto. Pelo contrário, a radicalização avaliava o filão do zdanovismo e deixava o trânsito livre para as patrulhas.

Em outubro de 1950, aumentaram as intrigas contra Graciliano, conforme Mercadante:

> Permanecem as observações sectárias a respeito da obra de Graça. Murmúrios de muitos meses de que se ressente ela de debilidades ideológicas. Não teria conseguido o velho superar a condição de realista crítico. Todos sabemos do quadro esquerdista que o partido esboça em relação ao assunto. Invenção do Zdanov, procurei resumir. [...] A Zdanov falta autoridade necessária, pois até a sua morte escreveu tolices sobre ciência. Mas Graça não está seguro e refuta-nos. Acredita que a sua formação pequeno-burguesa impede uma compreensão justa do ponto de vista stalinista de um real socialismo, ou seja, um realismo socialista. Porque o que ele sabe fazer é descrever a sua gente, a sua terra.

Um velho amigo foi um dos confidentes de Graciliano: Candido Portinari, também em dificuldades com o PCB. Aos domingos, na casa de um ou de outro, dialogavam até altas horas. Portinari falando o triplo e arranjando um jeito de desviar o assunto para a arte, em particular, a pintura. Gostava de mostrar os quadros recém-pintados a Graciliano, que os observava calado, sentindo para dentro. Uma vez, depois de apreciar uma das exposições do pintor, deixou um bilhete: "Querido Portinari: Estive uma hora hoje a admirá-lo. Não valia a pena vir ontem – dia de gente fina. Voltarei depois muitas vezes, naturalmente".

Segundo a viúva do pintor, Maria Portinari, ele encarava Graciliano como um irmão mais velho, consultando-o sobre tudo, como se fosse um guru. "Creio que a grande afinidade que existia entre eles decorria de vários fatores: ambos eram do interior e muito sofridos, preocupavam-se com a miséria de nosso povo e estavam unidos pela mesma crença política."

Os dois angustiavam-se com as incompreensões, porque, de acordo com Maria, eram entusiastas do partido e acreditavam no socialismo.

> Eles eram tidos, em certos grupos, como muito pessimistas. E também como burgueses. Ora, como não ser pessimista diante da situação do país? O pessoal do partido às vezes exigia coisas que eram fogo. Por exemplo, mandaram uma vez Portinari vender jornais na rua. E ele reagiu dizendo: "Eu não vou vender não, porque se aparecer um policial, vou sair correndo de medo e sou capaz de largar os jornais na rua". Sobre a pintura, de vez em quando davam palpites, mas Portinari não ligava, não cedia. Aliás, nem comentava. Os dois queixavam-se de certas posições. Era difícil para eles, porque o pessoal era muito sectário.

Apesar das objeções do PCB aos intelectuais burgueses, Graciliano e Portinari não abandonaram a roda literária da José Olympio. Naturalmente evitavam discussões políticas, mas não se distanciavam dos amigos. Nunca apareceram na imprensa comunista agredindo quem quer que fosse. "Eram homens esclarecidos, que não confundiam a ideologia com a vida literária. Sabiam perfeitamente separar as coisas", testemunharia Francisco de Assis Barbosa.

Sempre preocupado em não arranhar a lealdade ao PCB, Graciliano compareceu a uma segunda reunião sobre o realismo socialista. Durante três dias, na casa do jornalista Newton Rodrigues, à rua Barata Ribeiro, 723, em Copacabana, mais de vinte escritores e intelectuais discutiram a questão da forma e do conteúdo na obra de arte e na literatura. Entre os presentes, Floriano Gonçalves, Ary de Andrade, Dalcídio Jurandir, Edison Carneiro, Emílio Carréra Guerra, Oswaldino Marques e Newton. Debateram interminavelmente as teses de Zdanov. "Foi uma reunião de caráter disciplinar, como se fosse para transmitir instruções de uma linha política", resumiria Newton Rodrigues, que ali estava quase que por acaso, na condição de anfitrião, pois não pertencia à base dos escritores.

No informe, Floriano Gonçalves reiterava que a formulação estética deveria sujeitar-se ao conteúdo revolucionário. Graciliano foi o único a questionar "as enormidades que se queriam transformar em dogmas para os escritores", como relembraria Ary de Andrade:

> Vi-o erguer-se, rubro de cólera, e dizer algumas verdades a respeito da obrigação, a que não pode eximir-se nenhum escritor digno desse nome, de escrever bem, de cuidar da forma. Que nos disse Graciliano Ramos? Apenas que entre a forma e o conteúdo não devem existir desequilíbrios. Hão de ser harmônicos entre si. Trouxe-nos o exemplo de Romain Rolland, do qual fez longa citação de memória, que foi de um efeito extraordinário sobre todos.

Diógenes Arruda encerrou a reunião respondendo a Graciliano:
– Companheiro, o partido o considera o seu maior escritor. Por isso mesmo, nós temos o direito de exigir que nos ofereça uma obra com conteúdo revolucionário.
Concluiu com uma frase cacofônica:
– Caso contrário, você corre o risco de apresentar-nos uma taça aurilavrada com nada dentro.
Graciliano não usou a tréplica. Se quisesse, demoliria com facilidade os argumentos de Arruda, um homem habituado a ler apenas documentos doutrinários.
"Graça deve ter percebido que era inútil bater boca", especularia Ary de Andrade.

> Só mesmo uma cegueira terrível impedia alguém de ver o notável compromisso social de sua obra. Acontece que, naquele momento, o PCB vivia sob uma perseguição estúpida, como reflexo da Guerra Fria, o que fazia com que não enxergasse a realidade com clareza e cometesse graves equívocos. Por isso, ficamos trancados três dias, como se fosse o fim do mundo, perdendo tempo com besteiras.

Graciliano acabrunhou-se, porque, afinal de contas, fora admoestado. Na época, a maioria dos presentes não poderia supor que a reunião era mais uma etapa de uma guerra surda cujo alvo, se saberia depois, era *Memórias do cárcere*.
Pelos insistentes rumores, Graciliano, a família e os amigos próximos se convenceram de que o pomo de discórdia com o partido era *Memórias do cárcere*. Informes de alguém que comparecia às leituras dos capítulos davam ciência ao Comitê Central do conteúdo da obra. As recriminações veladas influíram no ânimo de Graciliano, que interrompeu diversas vezes o trabalho.
Por que o livro incomodava tanto? Por várias razões. Em primeiro lugar, ao traçar um quadro das prisões do Estado Novo, Graciliano não hesitou em expor suas restrições ao levante de novembro de 1935: "uma bagunça", "um erro político". Ora, a rebelião era um tabu dentro do PCB. Em segundo lugar, os perfis

dos dirigentes comunistas presos como ele na Frei Caneca não se coadunavam com a mitologia revolucionária.

Quarenta anos depois, Ricardo Ramos comentaria:

> *Memórias do cárcere* incomodou e irritou porque o velho preservava a sua independência intelectual. Incomodou e irritou pela crítica ao movimento de 35, visto como uma quartelada; pelo militarismo dos tenentistas que tinham aderido depois ao partido; pelas contradições que ele mostrou dentro da prisão, como por exemplo o fato de o então secretário-geral do PCB, Miranda, ter colaborado com a polícia; pela compreensão que tinha da situação dos presos comuns e de certos policiais, o que fugia ao esquematismo, pois apresentava a polícia como instrumento de dominação e os presos como pobres-diabos, humanizando-os. Os melhores retratos de *Memórias do cárcere* irritavam muito os retratados. Agildo Barata ficou danado da vida quando soube que era descrito pelo velho como baixinho e falando fino, embora também aparecesse como líder nato.

Sem ter lido a obra, Agildo Barata, tesoureiro do PCB, queixou-se a Paulo Mercadante:
— O Graciliano está pintando um retrato ridículo meu.
Mercadante discordou:
— Agildo, eu li esse capítulo e posso lhe assegurar que não tem nada de ridículo; pelo contrário, o Graça acentua um aspecto seu: você é uma pessoa de baixa estatura, com aparência frágil, mas de grande força, a ponto de serem necessários três guardas para contê-lo durante um protesto na cadeia.
Moacir Werneck de Castro ouviu lamúrias de Diógenes Arruda:

> Arruda apontava, contrariado, certas observações, como a do homem de voz fina, no caso, Agildo. Graciliano escrevia um livro em que havia líderes comunistas importantes e ele não os exaltava como heróis da revolução. Ao referir-se a eles, aplicava os mesmos instrumentos de análise usados, por exemplo, para descrever o ladrão de quem ficou amigo na Ilha Grande. Ora, Graciliano se preocupava com o aspecto humano, não estava ali para enaltecer ou envernizar ninguém.

Nas primeiras linhas de *Memórias do cárcere*, Graciliano intuiu que o livro poderia acender celeumas:

> Resolvo-me a contar, depois de muita hesitação, casos passados há dez anos – e, antes de começar, digo os motivos por que silenciei. [...] Também me afligiu a ideia de jogar no papel criaturas vivas, sem disfarces, com os nomes que têm no registro civil. Repugnava-me deformá-las, dar-lhes pseudônimo, fazer do livro

uma espécie de romance; mas teria eu direito de utilizá-las em história presumivelmente verdadeira? Que diriam elas se se vissem impressas, realizando atos esquecidos, repetindo palavras contestáveis e obliteradas?

Aludiu também ao zelo ético que tivera na composição dos personagens reais:

> Procurei observá-los onde se acham, nessas bainhas em que a sociedade os prendeu. A limitação impediu embaraços e atritos, levou-me a compreendê-los, senti-los, estimá-los, não arriscar julgamentos precipitados. E quando isto não foi possível, às vezes me acusei. Ser-me-ia desagradável ofender alguém com esta exumação. Não ofenderei, suponho.

Os cuidados se revelaram inócuos.

Arruda telefonou a Graciliano informando que iria à sua casa para uma reunião. No fim da manhã de 18 de março de 1951, ao abrir a porta, Graciliano deu de cara não apenas com o bigode imponente de Arruda, como também com Astrojildo Pereira e Floriano Gonçalves.

Os quatro se fecharam em um dos quartos por várias horas. "Eu fui almoçar lá naquele dia e, quando cheguei, Ricardo me disse que o pessoal estava reunido", lembraria Paulo Mercadante.

A ele e a Ricardo, Graciliano, arrasado, confidenciou o teor da conversa. Arruda pedira para folhear os originais de *Memórias do cárcere*, aborrecendo-se logo na primeira lauda, com a afirmação de que, no Estado Novo, "nunca tivemos censura prévia em obra de arte". Graciliano deveria ter mentido? Dissera a verdade sem aliviar a ditadura de Vargas:

> Restar-me-ia alegar que o DIP, a polícia, enfim, os hábitos de um decênio de arrocho, impediram-me o trabalho. Isto, porém, seria injustiça. Nunca tivemos censura prévia em obra de arte. Efetivamente se queimaram alguns livros, mas foram raríssimos esses autos de fé. Em geral, a reação se limitou a suprimir ataques diretos, palavras de ordem, tiradas demagógicas, e disto escasso prejuízo veio à produção literária. [...] Liberdade completa ninguém desfruta: começamos oprimidos pela sintaxe e acabamos às voltas com a Delegacia de Ordem Política e Social, mas, nos estreitos limites a que nos coagem a gramática e a lei, ainda nos podemos mexer.

Arruda atestou a visão crítica (mas respeitosa) do livro sobre os ex-militares que haviam aderido ao PCB e imposto a via insurrecional, em 1935. Pouco interessava saber se Graciliano fora honesto consigo mesmo – importava mais a irritação por ele provocada com a interpretação crítica que contrariava a versão oficial do partido para justificar a controvertida rebelião.

No decorrer da reunião, cobraram novamente a Graciliano o seu distanciamento do realismo socialista e a falta de vigor revolucionário de seus livros. Um dos presentes, em tom inflamado, disse que ele persistia em um realismo crítico ultrapassado e citou Jorge Amado como escritor empenhado em dar conteúdo participante às suas obras. Ao ouvir o nome de Jorge, Graciliano rompeu o silêncio:

– Admiro Jorge Amado, nada tenho contra ele, mas o que sei fazer é o que está nos meus livros.

Arruda apelou para que alterasse determinadas passagens de *Memórias do cárcere*. Graciliano não respondeu nem que sim, nem que não.

A interpelação o magoou – a sua literatura reiteradamente colocada sob suspeição. Paulo Mercadante comentou no diário:

> Ele estava macambúzio. Puxamos o assunto das críticas à sua obra, realçando o sectarismo, a simplificação e, por que não dizer, o primarismo delas. Ele lastimava porque percebera, no fundo das restrições vagas, um espírito de competição literária. Finalmente, evitava debater o assunto e, de modo hábil, voltou-se à história antiga. [...] Em vão insistimos Raimundo Araújo, Reginaldo Guimarães e eu. Não víamos base nas restrições dos burocratas do partido, pois, afinal, o que Arruda entendia de literatura? Mas o velho estava intransigente.

Graciliano reagiu da forma mais digna possível às pressões: não modificou uma vírgula sequer do que já havia escrito. Um domingo, em casa de Portinari, desabafou a um amigo comum, o advogado Sinval Palmeira, então membro do PCB:

– Se eu tiver de submeter meus livros à censura, prefiro deixar de escrever.

A reação hostil da direção partidária a *Memórias do cárcere* foi sem dúvida injustificável. Como aponta Alfredo Bosi, a despeito das estocadas de Graciliano, há no livro ausência de discussão ideológica. O escritor não se coloca como intérprete das razões e dos desdobramentos da rebelião; limita-se, "como observador arredio e perplexo", a criticar o voluntarismo político que cegou uma correta análise da correlação de forças, naquele momento histórico, pela cúpula comunista. "O autor simplesmente não se propôs olhar e, menos ainda, avaliar os seus companheiros enquanto sujeitos de um drama político."

Por semanas inteiras, o quarto volume de *Memórias do cárcere* entraria em compasso de espera. Em 1º de setembro de 1951, Graciliano paralisou definitivamente o trabalho, faltando o capítulo final.

Arruda nunca mais o interpelou. Segundo Moacir Werneck de Castro, não adiantava querer impingir a diretriz do realismo socialista, porque Graciliano fazia o que queria:

Todo mundo sabia que ele era um grande escritor. E quem tinha um mínimo de coisa na cabeça tratava de compreender o temperamento dele para não enquadrá-lo nas normas que se aplicariam a mim, ao Dalcídio Jurandir, ao comum dos militantes. Graciliano era diferente, genial nas suas sínteses, e não se enquadrava nas normas. O Arruda tinha de respeitá-lo, ainda mais o Arruda, que não havia sido preso – uma coisa que ele achava desagradável –, enquanto outros como Marighella e o próprio Graciliano sofreram muito na cadeia. Nem o mais desvairado stalinista poderia ter a pretensão de obrigar o Graciliano a seguir alguma linha.

AVENTURA EM CAMPO MINADO

Menos de um mês depois da reunião com Arruda, a direção do PCB indicou Graciliano para presidir a Associação Brasileira de Escritores. Com o término do mandato de Álvaro Moreyra, restavam dois nomes de projeção para manter de pé a entidade: o próprio Graciliano e Jorge Amado, atarefado até a alma no exterior. Graciliano refugou um pouco, mas o senso de fidelidade o fez acatar a convocação. Tomou posse em 15 de maio de 1951, na sede da ABI, elogiando os esforços de Álvaro Moreyra para restabelecer o diálogo e a unidade entre os escritores.

Em seus dois mandatos (foi reeleito em 1952), Graciliano tentou reaproximar da ABDE os antigos companheiros, mas os ressentimentos ainda doíam. Ele encabeçou manifestos contra a bomba atômica, contra o uso de armas bacteriológicas na guerra da Coreia e a favor da paz mundial e do monopólio estatal do petróleo. Protestou contra atentados à liberdade de expressão, como o que resultou na apreensão de *O mundo da paz*, de Jorge Amado, e perseguições ideológicas, como a praticada contra Oscar Niemeyer, impedido de assumir uma cátedra na Universidade de São Paulo. Também deu continuidade à eterna batalha pelos direitos autorais.

A diretoria da ABDE ocupava uma pequena sala cedida pela Casa do Estudante do Brasil, em um prédio que vivia com o elevador enguiçado. Britânico nos horários, Graciliano encarava às vezes onze andares de escada para não se atrasar. Nas reuniões, quase não falava e, segundo Alina Paim, "só intervinha se achasse que o que tinha na cabeça se encaixava no que estava sendo debatido". Ary de Andrade, integrante da executiva, lembraria que nenhum documento da associação era divulgado sem duas consultas prévias: ao partido, por razões políticas; e a Graciliano, que fiscalizava a redação. "Soldado do partido, cumpria as orientações, não sem se irritar às vezes com certas tolices", recordaria Ary. "Quando o velho tomava suas cachaças, era o diabo. Ficava brabo com qualquer burrice, um perigo."

Em uma ocasião, um escritor ligado ao PCB compareceu à reunião da diretoria para pedir que a ABDE endossasse o milésimo manifesto contra o imperialismo ianque. Caiu na asneira de ler o texto em voz alta, arranhando os ouvidos dos presentes com a expressão "ao farfalhar das águas...".

Em um rompante de mau humor, Graciliano deu um murro na mesa.

– Farfalhar das águas é a puta que o pariu! O que farfalha é folhagem.

Graciliano se empenhou na organização do IV Congresso dos Escritores, realizado em Porto Alegre, de 25 a 30 de setembro de 1951. Impressionado com a morte do escritor Galeão Coutinho, em um desastre de avião, viajou de carro, em companhia de Miécio Táti, Carréra Guerra e da filha Clara. Nos nove dias até o Rio Grande do Sul, facetas inesperadas de sua personalidade deixaram desconcertados os companheiros de expedição. "Tivemos uma revelação definitiva de Graciliano, ou melhor, do anti-Graciliano que não esperávamos descobrir", acentuaria Miécio.

Em Capão Bonito, próximo a Curitiba, ele se apaixonou literalmente por uma menininha loura, de três anos, a ponto de beijá-la e namorá-la no colo. Em Joinville, leve como uma pluma, seguiu um grupo de moças que, de braços dados, passeavam pela calçada. Quando souberam quem ele era, trataram de cortejá-lo. Ao longo do percurso, lembrou delas com carinho: "Tão vivas, tão mocinhas...".

Ouviu atentamente um grupo de romeiros que imploravam chuva para as terras da divisa do Paraná com Santa Catarina e, irreverente, propôs um acordo: entraria na corrente desde que só chovesse à noite, quando estivesse bem longe do aguaceiro. Enfim, como definiria Miécio, "um companheiro de viagem falador, que abundava em comentários técnicos sobre a arte de conservar estradas, ou mesmo de construí-las", e recriminava "a incúria de prefeitos indolentes".

Embora afetado pelo racha no meio literário, o IV Congresso teve ressonância maior do que o da Bahia. "Não parávamos nem para dormir", lembraria o pintor Carlos Scliar. O churrasco de confraternização, no sítio de Henrique Scliar, pai do pintor, reuniu intelectuais e artistas, com direito a números de dança e música, além do violão e da voz de Lupicínio Rodrigues. "Graciliano era tudo, menos a vedete", assinalaria Carlos Scliar. "Foi uma revelação sentir que aquele homem fechado transmitia calor humano de tal intensidade."

Pouco afeito a ocasiões solenes, Graciliano cometeu um ato falho na sessão inaugural no Teatro São Pedro: deu o congresso por encerrado, ao invés de abri-lo... Ao ser comunicada a sua escolha para o Conselho Nacional da ABDE, ao lado de Aníbal Machado, Barbosa Lima Sobrinho, Orígenes Lessa e Neves Manta, o plenário o aplaudiu de pé por alguns minutos.

A Declaração de Princípios, aprovada por 150 votos a 25, reafirmou, em síntese, a influência ideológica do PCB: ênfase à luta anti-imperialista, preocupação com o perigo iminente de uma nova guerra mundial e apelo à unidade dos escritores em favor da paz.

Em seu discurso, Graciliano voltou a alvejar os ausentes por divergências políticas.

> Cavalheiros sabidos andaram a afirmar seguros, em jornais ricos, que somos uns pobres-diabos, mais ou menos analfabetos. Paciência. Não nos zangamos. Quando, no correr do tempo, essas grandes, essas enormes suficiências perceberem que não temos propósitos subversivos, descerão um pouco, chegarão até nós – e nos ensinarão qualquer coisa. Não somos vaidosos, repito.
> Ninguém teve o intuito de jogar bombas em Porto Alegre. [...] Não estamos a serviço de nenhuma potência estrangeira. Nunca diríamos ao gringo: "Entre, tome conta disto. A casa é sua". Não, meus amigos. A casa, pobre, é nossa. E denunciamos os traidores que desejam vendê-la.

Observando a linha do partido, contestou os que acusavam a ABDE de ser um instrumento de ação política:

> Agridem-nos por sermos políticos. Bela novidade. Claro que somos políticos. [...] Nem só os idiotas e os malandros devem ocupar-se da política. Resolveremos as nossas questões em família. É uma vergonha ouvirmos o que ouvi de um estrangeiro, há pouco tempo, num banquete: "Façam isto, façam aquilo". Não. Faremos o que acharmos razoável fazer. Seremos inimigos desse homem que nos vem dar ordens em língua estranha? De nenhum modo. Apenas desejamos que ele não nos dê ordens. Já não somos crianças. Queremos viver em paz com ele, viver em paz com a humanidade inteira.

Além da missão na ABDE, o partido solicitou a Graciliano que constasse no expediente da revista *Partidários da Paz* como diretor-responsável. Tratava-se de uma publicação multinacional: criada na União Soviética como correia de transmissão para a campanha pela paz mundial, era traduzida em diversos países, com colaborações de intelectuais comunistas. No Brasil, começou a circular em 1951, tendo como membros do Conselho Editorial Carlos Scliar, Fernando Guedes, Lila Ripoll, Demócrito Ribeiro e Nelson Souza. O nome de Graciliano emprestava respeitabilidade, mas ele não assumiria tarefas executivas na redação, limitando-se a comparecer a reuniões e subscrever exortações à distensão entre as superpotências.

Em janeiro de 1952, aproveitando que Getulio Vargas tinha cessado a perseguição aos comunistas, o partido resolveu pleitear o registro da marca

Partidários da Paz junto ao Departamento Nacional de Propriedade Industrial (DNPI). Com isso, poderia usufruir dos benefícios fiscais para a importação de papel de imprensa. Graciliano assinou a papelada encaminhada ao DNPI e à Alfândega. Apesar do parecer favorável do DNPI e das certidões obtidas em cartório comprovando que a revista funcionava legalmente, o processo empacou na Polícia Política.

Consultada pela Alfândega a respeito da "orientação ideológica" da publicação, a Polícia Política juntou ao processo a ficha de antecedentes de Graciliano (de 1949) e o despacho desfavorável do delegado Cecil Borer:

> Quanto ao jornal *Partidários da Paz*, trata-se de uma publicação de caráter nitidamente comunista, dirigida e orientada pelo extinto PCB, sendo considerado o órgão de propaganda dos "Movimentos Pró-Paz" levados a efeito, no país, pela citada agremiação política.

Se fosse no governo Dutra, o pedido seria rejeitado liminarmente. Mas, como Vargas procurava se acertar com a esquerda, a repressão foi mais sutil: o processo perambulou de repartição em repartição, atrás de infindáveis pareceres, durante dois anos, até cair no esquecimento.

Graciliano já havia morrido há mais de um ano quando, em 21 de setembro de 1954, a Delegacia de Segurança Social determinou o arquivamento do processo. Nove dias depois, o delegado Borer despacharia para o arquivo este ofício: "Para os devidos fins, devolvo o processo n. 5497/52, protocolado nesta D.P.S. sob n. 2029/52, que se encontrava arquivado no prontuário do comunista Graciliano Ramos, desde 6.1.1953".

* * *

Entre novembro de 1951 e março de 1952, Graciliano tornou a enfrentar dificuldades financeiras. Com o aluguel atrasado, contou com a ajuda de amigos do partido para evitar a ameaça de despejo. O radicalismo não apagava o lado humanitário do PCB: quando um companheiro passava por aflições, frequentemente recebia a solidariedade material da organização. Eram comuns as contribuições para quitar dívidas ou providenciar assistência médica ou jurídica.

Nem na adversidade Graciliano perdeu a chance de fazer blague. Certa tarde, deixou um bilhete no escritório de Paulo Mercadante, que cuidava da regularização do aluguel: "Caro Paulo: Aqui lhe deixo o papel que não trouxe ontem, por esquecimento. Muito obrigado, perdoe estas amolações. Levo o guarda-chuva, que ficou, por mais que o procurássemos. Não sei onde se escondeu".

As restrições à sua obra, que tanto o massacraram, haviam se diluído, embora o realismo socialista continuasse firme e forte. "O partido ficou quieto porque não era louco de perder um homem do quilate moral e intelectual do Graciliano", observaria Sinval Palmeira. Basta consultar as coleções de jornais e revistas comunistas da época para verificar a mudança de atitude. A partir da posse de Graciliano na ABDE, a imprensa partidária louvaria suas providências à frente da entidade.

Nas conversas de domingo, Graciliano parecia desanuviado, conforme o diário de Paulo Mercadante (3 de março de 1952):

> Afinal, as implicâncias reduziram-se, comentei, ao que Graça acrescentou: "O tal do zdanovismo é complicado. Uma colher de pau que se mete em tudo". Também, completava ele, pouco importa o que dizem os intelectuais ou pseudointelectuais. O importante, Graça fazia questão de realçar, era ver e sentir a realidade da coisa, julgar pela observação direta.

Talvez movido pelo remorso, o Comitê Central convidou Graciliano a integrar-se à delegação de intelectuais e líderes sindicais que visitaria a União Soviética por ocasião dos festejos do 1º de Maio de 1952. A participação nas delegações internacionais do PCB representava uma distinção no conjunto da militância comunista, bem como um tipo de reconhecimento político que evidenciava suas posições na esfera cultural, dentro e fora do partido. Não deixa de ser eloquente o fato de que até os que relutavam e resistiam ao zdanovismo, como Graciliano, aceitavam integrar comitivas do partido – seja porque se sentiam prestigiados com a escolha, seja porque consideravam uma oportunidade extraordinária conhecer as experiências socialistas em curso e ampliar os contatos no exterior.

Graciliano chegou a rejeitar a oferta, conforme relataria no livro *Viagem*:

> Absurda semelhante viagem – e quando me trataram dela, quase me zanguei. Faltavam-me recursos para realizá-la; a experiência me afirmava que não me deixariam sair do Brasil; e, para falar com franqueza, não me sentia disposto a mexer-me, abandonar a toca onde vivo.

Mas Heloísa, os filhos e os amigos o convenceram a aceitar. Na verdade, Graciliano ficou dividido porque não escondia o desejo de conhecer o país que liderava o processo de construção de uma nova sociedade. Estávamos longe ainda de 1956, quando o relatório Kruschev denunciaria os crimes e as deformações da era stalinista. O fascínio que todo comunista tinha pela União Soviética era reforçado pelo culto à personalidade de Stalin e pela curiosidade sobre aquele mundo em transformação. Faltavam informações confiáveis, porque a grande imprensa se encarregava de pintar o Leste Europeu com as cores distorcidas da propaganda anticomunista. A viagem permitiria a Graciliano formar um juízo próprio, sem o capricho das idiossincrasias e dos fanatismos. "Graça considerava que a paixão e o ódio inutilizavam as impressões dos viajantes à União Soviética", contaria Paulo Mercadante. "Não o impressionavam os relatos de escritores comprometidos com o regime capitalista, mas os de outros, de companheiros que nunca haviam traído a causa do socialismo."

A União Soviética procurava furar o bloqueio nos países com os quais não mantinha relações diplomáticas, como o Brasil, convidando delegações a participarem de eventos como o 1º de Maio, o Congresso Mundial da Paz e o Congresso Mundial da Juventude. Os grupos eram selecionados pelos partidos comunistas locais. Se o convidado não tinha meios de pagar do próprio bolso a passagem Rio-Paris-Rio (o trecho Paris-Moscou-Paris era oferecido pelos soviéticos), o partido a custeava. Foi assim que Graciliano e Heloísa puderam viajar.

A Polícia Federal costumava criar embaraços quando apurava que o destino final era Moscou. Os passaportes da comitiva de Graciliano demoraram a ser expedidos, quase inviabilizando o embarque. Do grupo, faziam parte o senador Abel Chermont, Sinval Palmeira, o juiz Geraldo Irineu Joffily, o pianista Arnaldo Estrella, os jornalistas e escritores Moacir Werneck de Castro, Dalcídio Jurandir e Nair Batista, entre outros.

Graciliano partiu sem ter noção exata de seus problemas de saúde. Havia algum tempo, ele vinha com uma tosse persistente. Examinado por Aloísio Neiva Filho, fora-lhe recomendado diminuir drasticamente o cigarro. Heloísa, em casa, fazia a sua parte para tentar afastá-lo do vício. Tudo que saía nos jornais sobre as doenças causadas por excesso de fumo ou de álcool ela recortava e colocava de propósito em cima da mesa dele. Quando se sentava para escrever, não havia como deixar de bater os olhos.

– Já vem você com suas manias – ralhava Graciliano.

E continuava a deitar e a acordar fumando.

* * *

Assim Graciliano iniciou o relato de seus dois meses no Leste Europeu:

> Em abril de 1952, embrenhei-me numa aventura singular: fui a Moscou e a outros lugares medonhos situados além da cortina de ferro exposta com vigor pela civilização cristã e ocidental. Nunca imaginei que tal coisa pudesse acontecer a um homem sedentário, resignado ao ônibus e ao bonde quando o movimento era indispensável.

Após escalas em Dacar, Lisboa, Paris e Bruxelas, a delegação aterrissou em Praga, onde a aguardava um representante da Sociedade para as Relações Culturais da URSS com os Países Estrangeiros (Voks). No Hotel Alcron, o reencontro afetuoso com Jorge Amado e Zélia Gattai, prestes a retornarem ao Brasil. Apesar de ajustado, naquele período, ao molde do realismo socialista, Jorge jamais dissera uma palavra contra a literatura de Graciliano, que sempre apreciara. Os dois passaram a noite bebendo cálices de aguardente de ameixa.

Zélia Gattai lembraria que, no hotel, Dalcídio Jurandir confidenciara a ela e a Jorge, "entre encabulado e gozador", que recebera de Arruda a tarefa de dar assistência a Graciliano durante a sua permanência no mundo socialista.

– Assistência ao velho? – perguntou Jorge, admirado.

– Não se trata propriamente de dar assistência, mas de ficar atento, contornar e pôr panos quentes em caso de uma eventual irreverência, de uma crítica à vida soviética...

Segundo Zélia, Dalcídio sentia-se extremamente constrangido com a missão, até porque conhecia Graciliano e sabia que dificilmente alguém conseguiria frear sua franqueza. Jorge Amado, com bom humor, diria:

– Tarefa danada, Dalcídio, você vai torcer a orelha sem tirar sangue!

Realmente, Graciliano deu trabalho. Não que desconfiasse das conquistas do regime socialista; em várias passagens de *Viagem* evidenciou satisfação ao comprovar o valor dado pela URSS à cultura, à educação e à saúde. Só que não se contentou com as informações oficiais. Queria saber mais, e algumas de suas observações arrepiaram os guias da Voks.

Depois de visitar belíssimos castelos nos arredores de Praga, Graciliano mostrou o seu cartão de visitas, perguntando se os proprietários das terras confiscadas para a coletivização foram indenizados. Diante da resposta negativa, replicou:

– Haviam-me dito que o governo pagara os latifúndios pertencentes a indivíduos não hostis à revolução.

O guia gelou.

Em Moscou, ele se extasiou com a imponência do Teatro Bolshoi, onde assistiu a uma montagem de *Romeu e Julieta*. Também se impressionou com o Mausoléu de Lenin, o Kremlin e a Catedral de São Basílio. Visitou museus e institutos voltados ao estudo do marxismo-leninismo; interessou-se pelas técnicas de produção de pães em fábricas coletivas; e se surpreendeu com os centros de repouso para idosos.

Mas nem tudo o agradou. Após seis horas aturando intermináveis desfiles militares e voos rasantes de aviões – "aparelhos assassinos" –, em comemoração ao Dia do Trabalhador, não se controlou:

– Quando é que isto vai terminar?

Não disfarçou o mal-estar com a obrigação de exibir documentos a torto e a direito, e com os "postos policiais abundantes nas esquinas". Irritou-se com as filas quilométricas para entrar no túmulo de Lenin ("É uma procissão a que os moscovitas se habituaram, como se cumprissem um dever. Estranhamos não se haverem cansado, repetir-se há mais de vinte anos a marcha regular, monótona"). Implicou com o hábito dos soviéticos de se beijarem ("Para nós, brasileiros, essa história de um homem beijar outro é meio ridícula") e com o nome do Combinado Têxtil de Tbiliss ("Por que não se dizia, em linguagem cristã, que aquilo era uma fábrica de meias?").

Na passagem pela Geórgia, os assistentes da delegação se irritaram com o que julgavam impertinências de sua parte. Sinval Palmeira, que assumira a chefia da comitiva após a internação de Abel Chermont em um hospital de Moscou, relembraria:

> Em todos os locais onde chegávamos, havia recepções de acordo com a categoria dos convidados. Arnaldo Estrella e sua mulher, Mariuccia, pianistas, foram brindados com um concerto a cargo de três jovens músicos, que mais tarde seriam os maiores do mundo: o pianista Gilels, o violoncelista Rostropovich e o violinista Kogan. A Ordem dos Advogados local homenageou a mim e ao juiz Joffily. Eram contatos que permitiam uma troca de ideias com os visitantes. A União dos Escritores Georgianos convidaria Graciliano a conhecer sua sede. Vimos aqueles livros todos e, num determinado momento, Graciliano virou-se para o presidente da associação e disse: "Por que vocês não têm aqui as obras de Dostoiévski?". Foi uma gafe tremenda. Naquele tempo, Dostoiévski era excomungado pela literatura soviética porque havia escrito *Os possessos*, que desagradara à revolução. Por ter lutado pela liberdade de expressão, chegara a ser condenado à morte, depois perdoado à última hora. O presidente respondeu sem jeito: "Não está aqui porque não é georgiano". E o constrangimento aumentou quando Graciliano replicou: "Mas Tolstoi não é georgiano e no entanto está aí".

Para os funcionários da burocracia estatal, a espontaneidade de Graciliano beirava a provocação. "Mas na verdade o que ele queria era informar-se para poder escrever sobre tudo com a máxima honestidade. E queria escrever a favor da revolução e do socialismo. Só não admitia ser teleguiado. Isso os soviéticos não compreendiam", sublinharia Sinval. Moacir Werneck de Castro avaliaria da mesma forma: "Graciliano, mais do que qualquer um de nós, mantinha o espírito crítico. Ironizava aqueles escritores subservientes que iam lá e se embasbacavam com a propaganda soviética e com o zdanovismo".

Um dia, Chugunov, dirigente da área cultural do Partido Comunista da União Soviética (PCUS) que acompanhava os brasileiros, reclamou com Sinval:

— Dizem que o senhor Graciliano Ramos é comunista e que quer escrever um livro sobre a União Soviética, mas ele recusa os elementos de informação que lhe damos e fica pesquisando, investigando... Ele é ou não é comunista?

Sinval esclareceu:

— Vou lhe responder com uma historiazinha. Se Tolstoi fosse vivo, quando venceu a revolução, ele seria do Partido Comunista na primeira hora, com toda aquela formação mística, pois era um homem mujique, ligado ao povo. Mas ele seria Tolstoi, e vocês não teriam como fazer Tolstoi escrever dentro de uma linha marxista-leninista. Graciliano é o Tolstoi do Brasil. Embora membro do PCB, nunca se deixou dominar.

Ranzinza, Graciliano torceu o nariz para o papel higiênico, os cigarros russos e as óperas "representadas em língua horrorosa, incompreensível na fala e na escrita"; e desdenhou das solenidades faustosas organizadas pela Voks para recepcionar as delegações estrangeiras.

Foi, porém, condescendente ao falar de Stalin. Insinuou críticas veladas ao culto à personalidade ("A demonstração de solidariedade irrestrita não impressionava bem o exterior"), mas ao mesmo tempo o reverenciou ("É o estadista que passou a vida a trabalhar para o povo, nunca o enganou, não poderia enganá-lo"). Interpretou o sentimento dos soviéticos ao cultuá-lo:

> Não admitimos nenhum culto a pessoas vivas, perfeitamente: a carne é falível, corruptível, inadequada à fabricação de estátuas. Mas não se trata de nenhum culto, suponho: esse tremendo condutor de povos não está imóvel, de nenhum modo se resigna à condição de estátua. Homens embotados, afeitos à corrupção e à fraude, percebemos isto: a massa tem confiança nele – e manifesta a confiança impondo-lhe a obrigação de admitir as ruidosas aclamações e retratos.

Para contestar a "balela cretina" que circulava no Ocidente, segundo a qual o líder soviético vivia "cercado por muros de ferro", ele lembrou que, durante o 1º de Maio, pudera observá-lo a dez metros, subindo a escada de acesso à muralha do Kremlin, apesar de impedido por um soldado de usar o binóculo.

— Sou estrangeiro, não compreendo o russo — disse ele, procurando em vão desvencilhar-se da proibição.

A admiração por Stalin, segundo Ricardo Ramos, precisa ser entendida à luz da conjuntura histórica:

> Às vezes, perguntam-me se meu pai era stalinista. Claro que era stalinista. Mas é o tal negócio, vamos ver o Stalin na época. Era o homem que tinha contribuído decisivamente para acabar com o nazismo; quem entrou em Berlim foi o Exército Vermelho, os outros ficaram esperando. Ele tinha conduzido a União Soviética ao nível de potência mundial. As distorções praticadas na era stalinista vieram a lume muito depois da morte do velho. Agora, ele era stalinista sem endeusar o Stalin. Basta comparar o retrato que fez dele em

Viagem com a apologia feita por outros escritores comunistas. Jamais chamou Stalin de pai, mestre ou guia.

Seja como for, a veneração extrapolava todos os limites. Sinval Palmeira e Arnaldo Estrella se deram ao trabalho de contar quantos retratos de Stalin foram espalhados pelas dependências de um palácio destinado à assistência infantil. Nada menos que 147, em poses e tamanhos diferentes, alguns adornados com flores. Nas salas de aula, as crianças iniciavam o dia dizendo: "Salve, Stalin!". Segundo Sinval, parecia uma exaltação a César:

> Para certas pessoas da direção do partido, Stalin era o maior jurista do mundo, o maior general do mundo, um Deus, um Buda. Nós nos chocamos com a profundidade do culto à personalidade, mas, como achávamos que o mundo marchava para o socialismo, não pensávamos que houvesse lá o terror do stalinismo que Kruschev revelaria, com muita coragem. Graciliano também não imaginava, porque, caso se convencesse do contrário, denunciaria.

A cada etapa percorrida, fosse em Moscou, Tbiliss, Gori, Sukhumi ou Leningrado, Graciliano fazia minuciosas anotações para o livro que queria publicar. "Ninguém me encomendou a tarefa", ressaltaria. "Os homens com quem me entendi apenas revelaram o desejo de que as minhas observações ali fossem narradas honestamente, em conversas. Infelizmente não sei conversar, e na verdade observei pouco, em tempo escasso."

Tinha visto "o grande país com bons olhos", mas não se propunha a cantar loas ao governo soviético: "Pretendo ser objetivo, não derramar-me em elogios, não insinuar que, em 35 anos, a revolução de outubro haja criado um paraíso, com as melhores navalhas de barba, as melhores fechaduras e o melhor mata-borrão".

No berço do realismo socialista, um escritor comunista, hóspede do regime, não só incomodava com suas perguntas, como cogitava elaborar uma obra sem compromissos com a exaltação ao Estado soviético. Em uma carta aos filhos, datada de 1º de maio de 1952, contou que, durante a parada militar, Kaluguin, um dos assistentes da Voks, indagara-lhe quais de seus livros poderiam ser traduzidos em russo. "Talvez nenhum, respondi. E expliquei a minha divergência com o pessoal daí. Kaluguin me deu razão, mas isto resulta da extrema delicadeza da gente deste país para conosco. Kaluguin propôs-me um bate-papo com os escritores que fazem a regra."

Graciliano não se referiu uma única vez à questão do realismo socialista, mas incluiu no livro uma reflexão sobre o descompasso entre sua obra e a realidade cultural na URSS. A ponta de amargura, obviamente, relacionava-se com as tensões no PCB por conta do zdanovismo:

Tinha-me vindo o pensamento de que os meus romances nenhum interesse despertariam àqueles homens: são narrativas de um mundo morto, as minhas personagens comportam-se como duendes. Na sociedade nova ali patente, alegre, de confiança ilimitada em si mesma, lembrava-me da minha gente fusca, triste, e achava-me um anacronismo. Essa ideia, que iria assaltar-me com frequência, não me dava tristeza. Necessário conformar-me: não me havia sido possível trabalhar de maneira diferente; vivendo em sepulturas, ocupara-me em relatar cadáveres.

Nos contatos com os escritores soviéticos, abordou outros temas, como a possibilidade de viver de literatura na URSS, a abrangência do mercado editorial (a tiragem média dos livros era de 10 mil exemplares), o intercâmbio cultural e as esplêndidas bibliotecas que conhecera.

O vice-presidente da Voks arregalou os olhos ao ouvi-lo dizer, em breve agradecimento, que os escritores não são de briga e precisam de paz para trabalhar. "O vice-presidente quase que me censura; o presidente me dá razão: a arma do escritor é o lápis", completou.

*   *   *

Na viagem de volta, a comitiva fez uma escala em Praga, onde Sinval Palmeira ficou sabendo que Graciliano ainda não havia recebido as passagens para o trecho Paris-Rio. O desfecho dessa história absurda seria lembrado por Sinval em 3 de outubro de 1991:

A passagem de ida de Graciliano o partido pagou. Segundo ele me dizia, o partido ficou de mandar a passagem de volta. Até chegarmos a Praga, na volta, tudo corria bem. Foi quando o Moacir Werneck, uma pessoa admirável, alertou-me: "Sinval, o partido não vai mandar a passagem de volta do Graciliano". Moacir era muito mais partido do que eu na época. Eu até o chamava de o "olho" de Moscou, mas ele dizia que era o Dalcídio Jurandir, outro sujeito cordial. Não foi mandado como "olho" por causa do Graciliano; na verdade, sempre havia nas delegações um homem que representava o partido, era a tradição. Ninguém tinha nada contra Graciliano, Prestes sabia quem era ele. O negócio é que havia sempre um homem que, depois, fazia um balanço de informações para o partido. Quando Moacir me contou isso, achei uma ignomínia, uma coisa monstruosa. Resolvi fazer uma finança para comprar a passagem de volta. Eu, que era o mais abonado, abri a lista. Arnaldo Estrella e Mariuccia logo aderiram. Alguns não puderam dar a cota – um conto de réis –, mas o pessoal ligado ao PCB que tinha condições colaborou. O Graciliano morreu sem saber disso. Nem a Heloísa sabe.

Ouvido em 25 de maio de 1992 sobre o episódio, Moacir Werneck de Castro afirmou: "Francamente, não me lembro. Se o Sinval disse isso, está bem". Osvaldo Peralva, à época secretário particular de Diógenes Arruda, disse, em 27 de junho de 1992, desconhecer o fato. Poderia ter partido de Arruda uma ordem para não mandar as passagens?

> Não sei, aí está a dúvida. Parece-me difícil que tenha havido uma ordem para não enviar as passagens. É difícil mas não impossível, porque fizeram coisas muito piores. Talvez Graciliano não tenha recebido as passagens por desorganização do partido. Lembro que, em 1955 ou 1956, o poeta Aluísio Medeiros, que participou de uma dessas delegações, também não recebeu a passagem de volta. Antes de embarcar, ele perguntara ao responsável pela viagem sobre a volta, e o sujeito respondera: "Você vai para a mãe pátria e fica com essas preocupações?". Quando terminou a estada na União Soviética, Aluísio perguntou pela passagem ao chefe da delegação, que não sabia de nada. A burocracia lá era um negócio impressionante; não havia quem assumisse responsabilidades. E olha que o Stalin já tinha morrido. Ajudei o Aluísio a voltar, sem que ele soubesse, pois eu estava clandestino em Bucareste, como um dos representantes da América Latina no Kominform. A passagem foi providenciada, e só tempos depois, no Rio, eu lhe revelei o fato. Portanto, poderia ter acontecido com o Graciliano desorganização igual. Mas não há como provar.

Em Paris, Sinval se dirigiu a uma companhia de navegação para adquirir as passagens de Graciliano e Heloísa:

> Expliquei ao gerente que tinha determinada quantia para mandar o Graciliano, o maior escritor do Brasil, de volta. "Ele é o nosso Balzac, um escritor fabuloso", cheguei a comentar. Pedi que eles colaborassem porque a França é a terra da cultura. O sujeito achou minhas ponderações simpáticas e disse: "Com esse dinheiro só dá para mandar Graciliano e a mulher em classe de imigrantes, que são camarotes de quatro pessoas, e aí é promiscuidade. Mas eu vou colocá-los a sós num camarote de duas pessoas". Graciliano nunca soube. É possível que o partido, no meio-tempo da viagem, tenha recebido informe sobre o comportamento do Graciliano, mas não creio que o Dalcídio tivesse dito uma palavra sequer contra ele, pois o admirava. Não quero imaginar, porém, que o partido tenha tido alguma atitude inconsequente contra o espírito independente de Graciliano. Mas o fato é que a passagem não chegou.

Alheio ao problema, Graciliano declarou ao desembarcar na capital francesa: "Caímos de novo na realidade ocidental e cristã". Ele e Heloísa passearam pelos pontos turísticos, maravilhados. Uma tarde, sentados em um banco para ver o pôr do sol na praça da Concórdia, Heloísa lhe perguntou qual o lugar em que gostaria de viver.

– No Brasil, em Alagoas.

– Mas em Alagoas onde? Você nasceu em Quebrangulo, morou em Viçosa, Palmeira dos Índios e Maceió.

Graciliano encolheu os ombros.

– Em qualquer desses lugares, não importa, desde que seja em Alagoas. Tudo isso aqui é muito grande, muito bonito, muito desenvolvido, mas é deles. Eles levaram séculos para construir. Nós ainda estamos engatinhando, mas um dia chegaremos lá.

Na hora de pegar o trem para a costa francesa, onde Graciliano e Heloísa tomariam o navio para o Brasil, Sinval, tendo esquecido o passaporte de Graciliano no hotel, voltou correndo para apanhá-lo. No percurso até a gare, Sinval confirmou a intuição de que Graciliano estava doente: "Durante a viagem, ele chegou a se queixar de dor em alguns momentos. Fumava igual a um alucinado, emendava um cigarro atrás do outro, os dedos pretos de nicotina".

À medida que o trem se perdia na bruma matinal de Paris, Sinval, com ar preocupado, comentou com a mulher, Lourdes:

– O velho não está nada bem.

DUELO COM A MORTE

No primeiro fim de tarde na Livraria José Olympio, após o regresso ao Brasil, uma escritora meio grã-fina perguntou a Graciliano:
— Você voltou da União Soviética como Gide?

O escritor francês André Gide publicara, em 1936, *Le retour de l'URSS*, desapontado com aspectos da realidade soviética. Graciliano devolveu a provocação sem papas na língua.
— Como, minha senhora? Puto?

No geral, suas expectativas haviam se confirmado. A União Soviética progredira bastante em diversos campos. Mas nem sempre a propaganda oficial correspondia aos fatos. Na visita à Escola de Jovens Escritores Maksim Górki, por exemplo, disseram-lhe que os alunos conheciam pelo menos uma língua estrangeira. O problema é que nenhum deles conseguiria sustentar, com membros da delegação brasileira, o mais elementar diálogo em inglês ou francês.

Ansioso para fixar suas impressões, Graciliano redigiu, ainda no navio, nove capítulos de *Viagem*. Aos amigos, contou passagens pitorescas e avaliou o quadro político e social da URSS, conforme o diário de Paulo Mercadante (10 de outubro de 1952):

> Graça acha que se coloca no livro na postura de quem reconhece o mérito do programa de reconstrução socialista sem se limitar a elogios ou cair em exageros. Havia excrescências autoritárias e excesso de policialismo. Não deixou de registrar as pequeninas coisas, mas crê que todas essas miudezas desaparecerão com a certeza de que não mais haverá guerra mundial. Sobre a situação do povo, confessou que não viu miséria: se existe, ocultaram-na de modo competente. [...] Quanto a Stalin, a impressão que se tem é de que ele é

amado como o herói que venceu a guerra e que defende a Rússia de qualquer agressão, venha de onde vier.

Quando surgia a brecha, trocava as seriíssimas análises sobre a conjuntura soviética por um pecado rasgado. Como na dedicatória a Sinval Palmeira em um de seus livros: "A Sinval e Lourdes Palmeira, casal que vi diversas vezes no Rio e conheci direito em Praga, Moscou, Leningrado, Geórgia e outros lugares horríveis situados além da cortina de ferro". O circunspecto sr. Chugunov entortaria de vez a cabeça se lesse a travessura do Tolstoi brasileiro.

* * *

Na redação do *Correio da Manhã*, Graciliano distribuiu aos mais chegados canetas fabricadas pela nova indústria russa. Um círculo se formou para ouvir o seu relato simpático à União Soviética. Um dos presentes era o linotipista Queiroga, comunista que, segundo Antonio Callado, parecia ter saído de romances de Machado de Assis ou José de Alencar, com suas espessas costeletas. Suspensórios arriados, o cigarro inseparável entre os dedos, Graciliano arrolou histórias, estimulado por cálices de cachaça.

— As coisas lá estão formidáveis. Eles vão fazer um país novo.

Entusiasmado, Queiroga perguntou:

— E o povo?

— Bom, o povo está feliz nesta base: tem de obedecer, tem de fazer o que é certo, porque, senão, porrada nele!

Notando a fisionomia perplexa de Queiroga, continuou:

— Ô rapaz, aquilo lá é uma ditadura do proletariado. Eles estão construindo um país e não podem ficar sustentando malandros, não. Se não fizer direito, leva porrada mesmo.

Queiroga, que esperava uma ode à liberdade na União Soviética, murchou. Já Callado entendeu o sentido da fala de Graciliano.

A admiração que ele demonstrava pelos soviéticos tinha a ver com a sua atitude crítica em relação às coisas do Brasil, como a nossa falta de disciplina e de perseverança. Lá se construía um novo país, a União Soviética estava se produzindo, fabricando-se. Graciliano sentia que um esforço como aquele seria ótimo se ocorresse no Brasil, um país enorme, mas atrasado e frouxo.

Quando todos imaginavam que a palestra acabara, liquidou de vez com as ilusões do pobre Queiroga:

— O negócio é este, nós temos de fazer as coisas para o país andar, ir para a frente, assim como estão fazendo os russos. Não podemos deixar as coisas para amanhã. Agora, eu não tenho dúvida alguma de que uma pessoa com o meu temperamento, que gosta de falar o que pensa, talvez seja uma das primeiras a serem presas se for instalado aqui um regime como o soviético.

* * *

Tosse, dores no peito. Em uma noite de agosto de 1952, o secretário do *Correio da Manhã*, Edmundo de Castro, percebendo que Graciliano se demorava no banheiro, não se conteve na cadeira. "Cheguei junto dele, não me atrevi a falar. Mestre Graça estava botando sangue pela boca."

Ao vê-lo, Graciliano pediu que não se espantasse.

– Com o tempo você vai se acostumar a me ver assim.

Sentindo-se mal, despediu-se da filha Clara na redação, dizendo que iria mais cedo para casa. Desde a viagem à União Soviética, suspeitava de tuberculose, lembrando que anos antes contraíra a doença, ainda que branda, na pensão da rua Carvalho Monteiro, curando-se com repouso e superalimentação no apartamento da Lagoa.

Durante três dias, reclamou de dores que não cediam com analgésicos. Reginaldo Guimarães, médico e amigo da família, após examiná-lo, evitou um diagnóstico definitivo, recomendando radiografias. Apreensivo, Ricardo o acompanhou até o ponto do lotação.

– Papai está tuberculoso mesmo?

– É melhor preparar logo você. Ou eu muito me engano, ou é coisa pior.

Para se certificar, Reginaldo encaminhou Graciliano aos pneumologistas Aloísio de Paula e Milton Lobato. Ele chegou alarmado ao consultório de Lobato, achando que a tuberculose do passado se reacendera:

> Acalmei-o e prontamente levei-o à radioscopia. Lá estava o meu velho conhecido – o câncer pulmonar dos tabagistas. Ele fumava muito e eu observava preocupado seus dedos amarelecidos, insistindo sempre para que abandonasse o vício, apesar de seu sorriso indiferente.

O raio X comprovou a suspeita: câncer na pleura. Os médicos tiveram o cuidado de não lhe revelar de pronto o mal. Aloísio disse que estava com uma tuberculose séria que talvez exigisse cirurgia. Graciliano se sentiu um pouco aliviado, pois, acreditava, a tuberculose era uma velha conhecida sua; com tratamento intensivo quem sabe pudesse se safar.

A família foi notificada de que ele deveria ser operado imediatamente, para tentar extirpar o tumor. A medicina brasileira ainda não dominava a cirurgia endotorácica e, por isso, três alternativas foram cogitadas: os Estados Unidos, que dificilmente concederiam passaporte a um comunista; a União Soviética, contraindicada porque o obrigaria a uma viagem longa; e a Argentina, um dos centros mais avançados na especialidade. No Instituto de Cirurgia Torácica de Buenos Aires atuava o conceituado cirurgião Jorge Alberto Taiana, que assistira Evita Perón. Não havia o que discutir – a operação se realizaria lá.

* * *

O PCB teve papel decisivo na mobilização para a viagem. Como os Ramos não dispunham de recursos, o partido incumbiu Sinval Palmeira de levantar fundos.

"Eu, que era o burguês do partido, me virei para arranjar o dinheiro", recordaria Sinval. "Fui primeiro ao Guilherme Guinle, presidente da Companhia Siderúrgica, um dos sujeitos mais burgueses deste país, mas que era nacionalista. Ele me deu 500 mil-réis de ajuda, uma nota pretíssima. Procurei José Lins do Rego, amicíssimo de Graciliano, mas de quem estava meio afastado por besteiras de comunismo. José Lins assinou a lista. Eu contribuí também, assim como pessoas ligadas à burguesia, à intelectualidade e ao próprio partido."

Uma cadeia de solidariedade formou-se. Ao saber pelo PCB da gravidade da doença de Graciliano, o secretário-geral do Partido Comunista argentino, Rodolfo Ghioldi, amigo e ex-companheiro de cárcere, assumiu pessoalmente as providências para a hospitalização em Buenos Aires. O cirurgião Taiana, futuro ministro da Saúde de Juan Domingo Perón, dispensou a cobrança de honorários profissionais, dizendo-se honrado por operar "o maior escritor brasileiro".

Licenciado nos empregos e sem conhecimento exato sobre seu estado de saúde, Graciliano recebeu em casa uma romaria de amigos e admiradores. Muito magro e abatido, vestido com o inseparável robe cor de vinho, ficou sem jeito com o assédio. Se fosse um indivíduo iracundo, seguramente não teria o calor de tanta gente. "Jamais escutamos uma queixa, uma revolta contra o mal que o impedira de viver normalmente", assinalaria Reginaldo Guimarães. "Nesse período, pude estudá-lo melhor, penetrar naquele homem impenetrável para muitos observadores pouco atentos. Não era nenhum secarrão – nada de espinhos. Era antes um sentimentalão, receoso de cair na pieguice."

Apesar de adoentado, prestigiou no Automóvel Clube do Brasil o grande almoço em homenagem a Jorge Amado e Zélia Gattai, que retornavam do exílio de quatro anos. Também esteve no almoço de intelectuais com o poeta chileno Pablo Neruda, de passagem pelo Rio. E se obrigou a escrever, quase diariamente, as impressões sobre a União Soviética. Entre 19 de julho e 11 de setembro de 1952, produziu 23 dos 34 capítulos do livro. O trabalho era facilitado porque se baseava nas detalhadas anotações que fizera durante a viagem.

A assistência a Graciliano na Argentina não poderia ter sido melhor. O Itamaraty instruiu a embaixada brasileira a cercá-lo de todas as atenções. O embaixador José Jobim e sua mulher Lígia se empenharam para que nada lhe faltasse. Rodolfo

Ghioldi o acompanhou e a Heloísa e Clara em todos os passos. Sem falar da solidariedade de intelectuais argentinos que o recepcionaram no aeroporto e o visitavam diariamente.

Na manhã de 19 de setembro, auxiliado por dois médicos e um enfermeiro da confiança de Ghioldi, Taiana iniciou a cirurgia. Desgraçadamente, o tumor era devastador – impossível extirpá-lo. O cirurgião nada teve a fazer senão fechar o tórax novamente.

Temendo o impacto da notícia, Taiana preferiu dizer a Heloísa e Clara, na sala de espera, que Graciliano se restabeleceria. Mas chamou a seu gabinete Ghioldi para lhe contar a verdade e pedir que a transmitisse à família, no momento oportuno.

Ghioldi precisou neutralizar os nervos para revelar o inexorável: os médicos davam três meses de vida a Graciliano. Como se rebobinasse os rolos de um filme para reexibi-lo, apareceria na memória do líder comunista argentino o Graciliano tão mais moço da Casa de Detenção, a princípio ressabiado com tudo e todos, depois um de seus camaradas prediletos no convívio.

Do Instituto de Cirurgia Torácica, Graciliano foi removido para o Sanatório Anchorena, onde convalesceria até regressar ao Brasil. A família decidiu poupá-lo do infortúnio; para todos os efeitos, ele prosseguiria a recuperação em casa. No comovente depoimento prestado, décadas depois, a Clara Ramos, Ghioldi lembraria aqueles dias de paupéria:

> Os sofrimentos de Graciliano eram quase incessantes, embora seu estado de ânimo nem sempre fosse pessimista; nesse período no Sanatório Anchorena, ele tinha altos e baixos. Em alguns momentos sentia que "isto se acaba", coisa que afirmava com desgosto e serenidade ao mesmo tempo; noutros momentos, quando as dores cediam, ele fazia planos a longo prazo.

Diversos escritores argentinos, como Raúl González, Alfredo Varela e Héctor Agosti, foram ao sanatório confortá-lo, presenteando-o com livros e escritos. "Graciliano a todos ouvia e dava opiniões", contaria Ghioldi. "Explicava seu conceito de romance e, com frequência, assumia a defesa apaixonada do idioma."

Ghioldi nunca esqueceria a tarde em que, com autorização médica, levou uma garrafa de vinho branco ao quarto do amigo para um brinde. Depois de sorver o único cálice permitido, Graciliano soltou a língua: "Falava com a maior loquacidade sobre os assuntos mais variados: seus livros, suas viagens, suas amizades, suas esperanças. E seu amor pelo povo".

Em uma conversa amena, Graciliano provou que a sua surdez musical era incorrigível. Ghioldi chegou esbaforido ao sanatório:

– Ouvi agora, no rádio, que morreu o Francisco Alves.

Graciliano, intrigado:

– Rodolfo, você está louco? Francisco Alves morreu há não sei quantos anos.

– Não, senhor. Acabei de ouvir que o cantor Francisco Alves morreu no Rio.

– Ah, pensei que fosse o livreiro Francisco Alves. Esse aí eu não conheço, não.

Difícil acreditar, mas Graciliano não sabia quem era o "Rei da Voz", o cantor mais popular do Brasil.

Nos últimos dias em Buenos Aires, superou a fadiga física e as dores lancinantes para se impor o compromisso de terminar o capítulo 34 de *Viagem*. Curvado sobre a pequena mesa do quarto, a mão segurando firme a caneta, desenhou as letras no papel, em ritmo vagaroso.

A muito custo, arrematou os parágrafos finais, aconselhando o governo soviético a não derrubar, como queriam muitos, "as casinholas de madeira, lastimosas, lôbregas, a cair de velhice", que teimavam em perturbar a imagem do mundo novo, no caminho do Aeroporto de Moscou.

Suas palavras soaram como uma derradeira crença na espécie humana e na inevitabilidade das mudanças sociais:

> Inútil arrasar as casas. Melhor deixá-las arriar pouco a pouco, bambas, trêmulas, caducas. O essencial era transformar o que havia nelas, vagarosamente. As transformações acumulavam-se; difícil viver alguém a isolar-se no cortiço enorme. Em poucas horas as ruínas se devastariam; machados e picaretas deixariam no chão rumas de troncos velhos e tábuas débeis. Removidos os destroços, teríamos uma ilusão agradável e perigosa. As criaturas fechadas, esquivas, propensas ao isolamento, permaneceriam, invisíveis, espalhadas. Estavam ali patentes, cada vez mais fracos, a encolher-se na umidade e na friagem, resíduos do capitalismo.

* * *

No regresso ao Rio de Janeiro, Graciliano passou não três, mas cinco meses de suplício, com fortes dores no peito, que só cediam à custa de injeções de morfina. Ricardo recordaria:

> Nós percebíamos que ele estava cada vez pior, queixando-se de dores terríveis. Não conseguia dormir direito e teve de largar os empregos totalmente. Basta dizer que ele começou tomando injeções de morfina de quatro em quatro horas e terminou tomando quatro de hora em hora. Era pele e osso só. Nós aplicávamos as injeções, e no fim era só pele. Nunca mais na vida dei injeção em ninguém.

Provavelmente Graciliano intuía, pelos sofrimentos, que estava condenado. Talvez por isso não tenha parado de fumar. "Tínhamos certeza de que ele sabia de seu estado e escondia de nós", relembraria Maria Portinari. "Não era um homem que se pudesse enganar, por mais que a família se esforçasse."

Quando as dores aliviavam, levantava-se da cama para rascunhar na escrivaninha. Em uma manhã, Heloísa, acostumada ao silêncio do marido escrevendo, ouviu um ruído estranho: a pena da caneta-tinteiro riscando o papel, impacientemente.

– O que é, Grace? Por que você está assim?

Graciliano, alisando a testa, desabafou:

– Porque eu sei que depois desta porra de vida não tem mais nada mesmo.

Os dois se abraçaram demoradamente e Heloísa, sentindo que ele pusera para fora algo que lhe martelava a cabeça, tratou de reanimá-lo:

– Agora, vamos lá dentro almoçar, vamos aproveitar a vida.

Tal como ocorrera antes da viagem a Buenos Aires, muitas pessoas o visitavam, inclusive monges do Mosteiro de São Bento. Reginaldo Guimarães, inexcedível na parte médica, teve o auxílio do padre José Leite, primo de Heloísa, que os havia casado em 1928. O padre, aliás, foi o primeiro a doar sangue a Graciliano. O agradecimento veio na forma de dedicatória em um de seus livros: "Ao padre Zé Leite, um santo capaz de doar sangue ao diabo".

A gratidão por José Leite remontava há muitos anos. Figura extraordinária, o padre acompanhara-o durante "quarenta noites horríveis" no hospital, quando se recuperava da cirurgia na perna; tentara vê-lo na escala do navio *Manaus* em Maceió, no fatídico 1936; fora à Casa de Detenção visitá-lo e, não o conseguindo, deixara-lhe frutas na portaria; e agora não saía de sua cabeceira.

Outra visita comoveu muito Graciliano. Na sala, cumprimentou uma senhora de cabelos grisalhos, sem reconhecê-la.

– Grace, é Daia! – socorreria Heloísa.

Era Anália Ramos, a Daia, que em Palmeira dos Índios o ajudara a criar os filhos do primeiro casamento, após a morte de Maria Augusta. Não se viam há vinte anos. Procurou os olhos da irmã com uma expressão de felicidade e chorou abraçado a ela.

Os amigos apareciam religiosamente para distraí-lo com conversas sobre literatura e política. Acompanhado de Heráclio Salles, Paulo Motta Lima o emocionou ao recordar os anos em Viçosa, vasculhando as estantes do tabelião Jerônimo Barreto e aventurando-se nos primeiros sonetos parnasianos. Heráclio notou em seus olhos um brilho de orgulho quando lhe disse que daria ao filho que estava para nascer o nome de Luís Graciliano. Luís para homenagear Ludwig van Beethoven; Graciliano por causa dele.

– Mas que nome filho da puta você foi escolher para seu filho! – dissimulou.

Pelos jornais, mantinha-se informado do êxito da campanha "O petróleo é nosso" e das pressões da UDN e dos militares de direita contra o governo nacionalista de Getulio Vargas. Nunca perdoara Vargas pela voragem repressiva do Estado

Novo, mas reconhecia avanços na prática política do caudilho, que não apenas criara a Petrobras como imprimia um rumo mais progressista à administração.

Mesmo doente, um dos passatempos favoritos de Graciliano era arranjar pretextos para provocar discussões com Ricardo, como este relembraria:

> Uma vez, Júnio e Múcio viram uma discussão minha com papai em que um xingava a mãe do outro na maior intimidade e no maior desembaraço. Quando eu saí da sala, meus irmãos vieram me repreender: "Você é louco de discutir com o velho assim?". Era porque os filhos do primeiro casamento não tinham essa intimidade com ele. Não sabiam que o velho tinha prazer de me fazer subir a serra e depois ir gozar de mim com mamãe. Na fase final da doença, eu fazia questão de entrar de cabeça nas provocações dele, embora tivéssemos, a essa altura, pontos de vista coincidentes. Ficaria chato se pensasse que o estava poupando com pena de seu estado de saúde. Polemizava com ele para continuar igual.

Sem mexer uma palha, sem ser consultado e sem sair de seu apartamento, Graciliano conseguiu a proeza de aglutinar a intelectualidade. As mágoas acumuladas nos anos de Guerra Fria foram esquecidas por mais de cem escritores, artistas e intelectuais de vários credos que se irmanaram para homenageá-lo por seus sessenta anos, no plenário da Câmara Municipal do Rio de Janeiro. A Comissão de Amigos de Graciliano Ramos, organizadora do evento, refletia esse ecumenismo: de Menotti Del Picchia a Álvaro Moreyra, de Affonso Arinos a Candido Portinari, de José Lins do Rego a Vinicius de Moraes, de Gustavo Capanema a Astrojildo Pereira, de Manuel Bandeira a Dalcídio Jurandir.

A saúde debilitada o impediu de comparecer, mas acompanhou a solenidade pela cadeia formada pelas rádios Globo, Continental, Clube do Brasil, Roquete Pinto, Ministério da Educação e Cruzeiro do Sul. Peregrino Júnior leu a mensagem na qual os signatários afirmavam que o aniversariante era "autor de uma obra que, tanto pela qualidade literária como pelo conteúdo humano, dignifica a nossa cultura".

Sete escritores discursaram: José Lins do Rego, Jorge Amado, Jorge de Lima, Peregrino Júnior, Haroldo Bruno, Afonso Félix de Sousa e Ary de Andrade. Em nome do homenageado, falou a filha Clara.

Na sua vez, Jorge Amado disse, com a voz embargada:

> O seu entranhado amor à literatura, a dignidade com que exerce o mister de escritor, sua fidelidade às lutas do povo fazem de Graciliano Ramos uma das maiores figuras brasileiras de seu tempo. Essa é a sua imagem verdadeira, a que o povo ama, aquela que crescerá sempre com o passar do tempo e a transformação da vida, quando a miséria que ele descreveu tiver desaparecido, quando a angústia deixar de habitar o coração de seus personagens.

Ainda no dia 27 de outubro, telegramas de congratulações foram enviados de todo o país. A imprensa comunista lhe dedicou páginas e páginas, transcrevendo também a saudação do Secretariado Nacional do PCB: "Orgulha-nos ter em nossas fileiras o camarada Graciliano Ramos, das mais destacadas figuras da literatura brasileira e que honra as melhores tradições democráticas da nossa intelectualidade".

Rodolfo Ghioldi mandou uma carta afetuosa:

> Tens escrito com sangue, com alma e vida, como dizem os argentinos. Não te tens divertido, nem passado o tempo buscando as glórias e os aplausos. Para ti, escrever é um ofício – e que ofício! Todo aquele que aspire a saber como se enriquece uma língua terá de recorrer às tuas obras.

Os jornais publicaram artigos assinados por escritores e críticos sobre a sua trajetória. Rachel de Queiroz assinalou: "Graciliano sofreu prisão, pobreza, tragédias, doenças. Por tudo isso vem ele sofrendo muito, na alma e no corpo. Mas nunca se entregou ou cedeu". Otto Maria Carpeaux, em nome dos colegas do *Correio da Manhã*, escreveu: "Há casos em que a obra não se pode separar da vida. Em Graciliano Ramos, por exemplo, não sabemos o que é superior: a obra do grande escritor ou a vida de um homem admiravelmente decente".

Sensibilizado, Graciliano guardou em uma pasta os recortes das matérias, os telegramas e as mensagens. Aos amigos que encheram o seu apartamento, decorado com rosas vermelhas, reservou a cordialidade de seus agradecimentos tímidos. Quando todos se retiraram, comentou:

– Vou morrer. Amigos e inimigos, juntos, a homenagear-me... Isso foi homenagem póstuma.

No início de janeiro de 1953, seu estado de saúde piorou. Sentado na poltrona acolchoada por almofadas, reclamou das dores à escritora Dinah Silveira de Queiroz.

– Tenho um tijolo aqui – disse, apontando o peito.

Mas não destilou pessimismo, como receava Dinah: "Achamos Graciliano – tido como um ríspido... – cordial, recebendo com grandeza de coração os amigos cacetes que o foram importunar àquela hora".

Semanas depois, Otto Lara Resende saiu do apartamento abalado: "A morte já lhe entrava portas adentro, vincava seu rosto e cortava seu fôlego. Mas ele pitava seu cigarrinho em paz, como se estivesse acima desse aborrecido limite da mortalidade".

Na dedicatória de uma nova edição de *Infância*, Graciliano demonstrou a Paulo Mercadante a descrença na cura. "Este livro é uma despedida: com certeza não farei outro".

No dia 25 de janeiro, foi internado na Casa de Saúde São Victor, em Botafogo, com as despesas custeadas por contribuições obtidas pelo PCB. Na varanda, ele e Heloísa passavam parte do dia observando o movimento da rua ou recebendo visitas que ajudavam a desviá-lo das aflições.

Com paciência, Heloísa procurou levantar-lhe o ânimo. Um dia, ao ampará-lo para descer da cama, ela viveu um instante de grande emoção. Graciliano a olhou profundamente e disse com ternura:

— Ló, eu estou sentindo uma saudade enorme de você.

Os dois se abraçaram e Heloísa brincou:

— É por isso que não gosto de dar remédio para você. Esse remédio faz você ficar muito romântico.

Graciliano também surpreendeu Ricardo, que estava noivo e adiara o casamento com Marise em virtude da internação do pai:

— Até quando vai continuar enganando essa moça?

Os dois se casaram em 14 de março em uma cerimônia simples e foram vê-lo imediatamente. "O casamento se realizou logo para que a bênção do velho Graça os alcançasse", afirmaria Paulo Mercadante. De fato, não poderiam esperar muito, porque, em meados de fevereiro, os médicos tinham lhe dado um mês de vida. Naquele dia, Mercadante o encontrou já caído, "mas os olhos ainda vivos e penetrantes, sorrindo-nos carinhosamente".

Comoção semelhante Graciliano tivera nove dias antes ao ser informado da morte de Josef Stalin. Chegou a chorar. Sua maior preocupação era com a possibilidade de a União Soviética desmoronar, pondo a perder as conquistas do socialismo.

Graciliano e Heloísa evitaram até o fim falar da morte. "Não sei quem fingia mais, se ele ou eu", lembraria ela. No dia em que o marido deixou entrever que não queria morrer, ela ainda assim teve forças para tentar contornar:

— Ateu tem medo de morrer?

— Não tenho medo. Mas é que ainda tenho tanto amor para dar...

Uma das últimas visitas foi a do ator Procópio Ferreira. No leito, Graciliano lhe pediu que declamasse o "Monólogo das mãos", extraído da peça *Vendedor de ilusões*, de Oduvaldo Vianna. Com o coração palpitando, Procópio o atendeu.

A intensidade das dores minava-lhe completamente a resistência.

— Ló, quando é que essa moça vem? — perguntava, já impaciente com o padecimento prolongado.

Não podia dispensar a enfermeira que lhe aplicava contínuas injeções de morfina.

No dia 19 de março, pela primeira vez, Graciliano não se ergueu na cama. Depois de examiná-lo, Reginaldo Guimarães percebeu em seu olhar a fadiga de quem não desejava mais duelar com a morte. Ao escritor Amando Fontes, que o visitara na véspera, dera o indício:

— Estou liquidado.

A vida se findava na breve e efêmera terra dos homens. Às 5h35m de 20 de março de 1953, Graciliano cerrou os olhos para sempre, as mãos nas mãos de Heloísa.

EPÍLOGO
O coração aberto aos homens

Três horas após a morte, uma voz anônima telefonou para a Casa de Saúde São Victor.
— Por favor, pode informar se Graciliano Ramos faleceu?
— Sim, senhor.
— Meus pêsames. É do Departamento de Ordem Política e Social. Desejávamos saber se podíamos inutilizar a ficha dele.

Na lógica repugnante do Dops, morto o homem, as ideias desapareceriam. Completa ingenuidade. O que pensariam, hoje, os desprezíveis agentes da repressão diante da sólida permanência de Graciliano no imaginário coletivo?

Os pobres-diabos devem ter tido uma desconfortável surpresa no velório. Comprimida no salão nobre da Câmara Municipal, uma multidão de intelectuais, artistas, políticos, jornalistas, músicos, gráficos, sindicalistas, estudantes, operários, militantes do PCB e fãs do romancista revezava-se à frente do caixão.

A comunhão de ideologias se exprimia em dezenas de coroas de flores, enviadas por Luiz Carlos Prestes, J. Walter Thompson Company do Brasil (agência de publicidade na qual trabalhava Ricardo Ramos), Câmara Municipal, Associação dos Artistas Plásticos, *Imprensa Popular*, *Voz Operária*, *Correio da Manhã*, União Sindical do Distrito Federal, Sindicato dos Jornalistas, Confederação dos Trabalhadores do Brasil, Associação Brasileira de Juristas Democráticos, Centro do Petróleo, Movimento Brasileiro dos Partidários da Paz, Rádio Clube do Brasil, Confederação Nacional dos Condutores de Veículos Rodoviários, Federação de Mulheres do Brasil, Trabalhadores da Orla Marítima do Rio de Janeiro, Comitê Nacional do PCB, União da Juventude Comunista, funcionários do Ministério da Educação, Comissão de Funcionários Municipais, Companheiros da Associação Brasileira de Escritores, Augusto Frederico Schmidt, Edmar Morel, Pablo

Neruda, Orígenes Lessa, Candido Portinari, Dias Gomes, Marques Rebelo, José Olympio, entre outros.

O ex-patrão Paulo Bittencourt, em nome do *Correio da Manhã*, fez questão de pagar o enterro, adquirindo o jazigo número 16.724 na quadra 16 do Cemitério de São João Batista. A Câmara dos Deputados, o Senado Federal, várias Assembleias Legislativas e Câmaras Municipais reverenciaram o romancista em sessões especiais.

Na manhã de 21 de março, sob sol inclemente de fim de verão, Paschoal Carlos Magno, Miécio Táti, Moacir Werneck de Castro, Ricardo Ramos, Roberto Morena e Henrique Miranda desceram as escadarias do Palácio Pedro Ernesto carregando nos ombros o caixão. De lá até o cemitério, o cortejo foi acompanhado por automóveis, lotações e ônibus.

Ao lado da família, centenas de pessoas o levaram ao túmulo, onde discursaram Jorge Amado, Dalcídio Jurandir (em nome do PCB), Paschoal Carlos Magno, Roberto Morena, Arcelina Mochel, Miécio Táti (representando a ABDE), Walter Sampaio e o deputado alagoano Freitas Cavalcanti.

Último a falar, o presidente do Sindicato dos Condutores de Veículos, Santos Levy, afirmou:

– Minha voz representa cerca de 10 mil associados, cujas vozes se uniram em mim para trazer o sentido pesar ao grande amigo da classe operária.

* * *

Graciliano Ramos morreu pobre. Afora os direitos autorais de seus livros, deixou Cr$ 2.800,00 a receber do Ministério da Educação, correspondentes a vinte dias do vencimento do mês de março de 1953, do cargo de inspetor de ensino.

Segundo Ricardo, o pai, apesar de ter dois empregos, ganhava menos do que os três filhos moços que trabalhavam. "E veja que nós estávamos em começo de vida. Era duro."

A carreira literária confundia-se com uma miragem. As tiragens médias eram de 2 mil exemplares. O mercado editorial cingia-se a capitais do Sudeste e do Sul e, mesmo assim, restrito às elites intelectuais. Contavam-se nos dedos os escritores bem-sucedidos, como Jorge Amado, José Lins do Rego e Erico Verissimo.

Se consultarmos o inventário dos bens de Graciliano, datado de 19 de outubro de 1953, constataremos que seus livros tiveram, até sua morte, modesta ressonância de vendas. *Caetés* chegara à terceira edição; *São Bernardo*, à quarta; *Angústia*, à quinta; *Vidas secas*, à terceira; *Insônia* e *Infância*, à segunda. *Histórias incompletas*, *Histórias de Alexandre*, *Dois dedos* e *A terra dos meninos pelados* não haviam saído da primeira tiragem. As obras mais lidas – *Angústia* e *São Bernardo* – tinham sido lançadas havia cerca de vinte anos. A primeira edição de *Vidas secas*, de mil exemplares, levou quase dez anos para zerar o estoque. Portanto, em vida, ele não viu seus livros nas listas dos mais vendidos. "Meu público é insignificante, e não julgo que haja probabilidade de aumentar", resignava-se. Mas, se lhe acusavam de ser um escritor difícil, resmungava: "Analfabetos!".

Em fins de 1953, José Olympio publicou *Memórias do cárcere* em quatro volumes. Prefaciado por Nelson Werneck Sodré, o livro provocou impacto com suas revelações, inclusive no Palácio do Catete. Em suas memórias, Alzira Vargas do Amaral Peixoto revelou que a obra fora lida "com emoção e respeito por todos os seus algozes, conscientes ou inconscientes". No Congresso, udenistas e trabalhistas se digladiaram por causa das denúncias sobre os cárceres do Estado Novo: a oposição explorando o fato contra Getulio; a situação mostrando que o presidente tinha se rendido à democracia. Pela primeira vez, Graciliano estourou nas vendas – 10 mil exemplares esgotados em 45 dias.

Unanimidade de crítica. Para Lúcia Miguel Pereira, *Memórias do cárcere* comparava-se ao clássico *Recordações da casa dos mortos*, de Dostoiévski:

> Ouso mesmo dizer que, postos em confronto os dois livros, o do brasileiro não se revela inferior; será menos generoso, sem a doçura cristã do outro, mas porventura o vencerá em força patética, em coesão, na confissão de uma miséria mais profunda porque sem esperança.

Gilberto Freyre destacou como traço marcante a sinceridade com que Graciliano expusera a dolorosa passagem pela cadeia.

> A esse empenho de autenticidade creio que subordinou sua própria ideologia política. Daí não ter sido sua obra de escritor prejudicada pelo sectarismo ou partidarismo de homem político. É, acima de tudo, uma obra literária caracterizada pelo empenho de autenticidade que anima toda a grande literatura.

Oswald de Andrade destacou: "Fizeram com ele todas as abjeções e todas as injustiças, e daí resultou esse grande depoimento cristalino". Segundo Aníbal Machado, tratava-se de "um documento impressionante, o mais patético da literatura brasileira". E José Lins do Rego profetizou que "a repercussão dessas páginas será maior enquanto o tempo passar".

A avaliação de Antonio Candido se dividiu em dois planos. A estrutura do livro parecia-lhe desigual, o que atribuía à longa elaboração "possivelmente entrecortada de escrúpulos, vincada pelo esforço de objetividade e imparcialidade, em conflito com a ânsia subjetiva de confissão, ressecando nalguns pontos e, sob certos aspectos, a sua veia artística".

Mas o conjunto da obra era irretocável:

Aqui, mais do que em qualquer outro livro, predomina o esforço constante para exprimir uma verdade essencial, manifestar o real com um máximo de expressividade, que corresponda simultaneamente à visão justa. Tratando-se do relato de acontecimentos, sem transposição fictícia, esta qualidade alcança o apogeu e chega a um significado de eminência moral, como se pode ver pelo esforço registrado no capítulo inicial do livro, onde a verdade aparece despida de qualquer demagogia, preconceito ou autovalorização.

Ao repensar o livro na década de 1980, o cientista político Paulo Sérgio Pinheiro chamou a atenção para o inestimável valor como documento histórico.

As memórias de Graciliano ajudaram muito os historiadores, impedindo que o Estado Novo fosse interpretado erroneamente, já que as pessoas tendem a ver apenas o segundo Vargas, na década de 50. Também impediram que muitos ficassem endossando a repressão política da época.

A maioria dos personagens retratados por Graciliano se sensibilizou. "Livro vingador, historicamente vingador, embora essas extraordinárias memórias sejam destituídas de qualquer espírito de vingança. Penso que pode figurar ao lado dos grandes documentos do gênero da literatura universal", resumiria Hermes Lima. "É um dos livros mais humanos que na literatura brasileira tem surgido, deixando um travo de dor moral", opinaria Maurício de Lacerda. "Do ângulo em que me achava na prisão vi exatamente o que ele viu", asseveraria Vanderlino Nunes.

Poucos souberam que, entre a morte de Graciliano e o lançamento da obra, a cúpula do PCB negou a grandeza que tivera ao assisti-lo durante a enfermidade. O partido decidira vetar a publicação de *Memórias do cárcere* e também de *Viagem*, que, na visão oficial, fazia referências pouco lisonjeiras à União Soviética. Ricardo Ramos me confirmou o fato.

Alguém se atreveu a comunicar a Graciliano em pessoa o veredicto? Esperaram que morresse para voltar à carga. Astrojildo Pereira, fundador do PCB, homem honesto, intelectual de gabarito e a quem Graciliano respeitava, teria sido encarregado de transmitir a decisão à família.

"Preferiria não relembrar o episódio", afirmou Ricardo em entrevista a Mario Pontes, "porque Astrojildo está morto e não pode me replicar. Mas a verdade é que, a despeito da sua condição de escritor, ele foi duro ao dar o recado, chegando veladamente a fazer ameaças."

Há controvérsias sobre a participação de Astrojildo no episódio. "Não creio que Astrojildo fosse capaz de uma coisa dessas", declarou Osvaldo Peralva. "Era um homem sempre muito fiel e disciplinado, membro do Comitê Central, mas custo a crer que ele tenha feito isso." Peralva ressalva que, naquela ocasião, não se encontrava no Brasil; havia deixado a secretaria particular de Arruda para frequentar, durante um ano e meio, um curso sobre marxismo na União Soviética. Só saberia do incidente tempos depois.

Paulo Mercadante também tem dúvidas sobre o envolvimento de Astrojildo: "Não me recordo de qualquer referência maledicente da parte dele à obra de Graciliano, inclusive na fase mais aguda das intrigas. Astrojildo nunca comentou nada comigo a respeito de ter sido porta-voz dos vetos".

Seja como for, a família Ramos rejeitou a ordem e publicou na íntegra os dois livros. Disse-me Ricardo:

> *Memórias do cárcere* desagradou ao partido inteiro, na época com aquela orientação esquerdista. Mas o partido não escreveu uma linha sequer, nem para atacar nem para defender. Verbalmente, chegava-se a dizer que o livro era um elogio à polícia e à pederastia. Mas não saiu uma linha em lugar nenhum. E dez anos depois, quando se comemorava o aniversário do velho, os que o atacavam vieram me abraçar e dizer, como o Astrojildo: "O Graciliano era grande. *Memórias do cárcere*, que livro fabuloso!".

Nem o anúncio sobre o lançamento da obra, pago pela José Olympio Editora, foi aceito pela imprensa comunista.

Sobre o veto a *Viagem*, Luiz Carlos Prestes manifestou-se em 1982, em depoimento a mim concedido, lembrando que não participara da resolução, pois se encontrava em absoluta clandestinidade (havia sido expedida ordem de prisão contra ele, por ter "instigado a sedição" com as teses do Manifesto de Agosto).

"Graciliano escreveu um livro com críticas à União Soviética, críticas construtivas. Nada de antissovietismo. Arruda não aceitou também. Para ele, a palavra dos soviéticos era sagrada. Era cem por cento soviético", acrescentou Prestes.

Antes de impugnar o livro, Arruda tentara uma última cartada. Acompanhado por Osvaldo Peralva, fora ao apartamento do Leblon determinado a ler os originais. Ao sair da Fração Parlamentar, comentara com Peralva: "Esse livro sobre a Velha [referência à União Soviética] não vai sair assim de qualquer maneira, não. Temos de ir lá para ver o que Graciliano está escrevendo". Na verdade, a preocupação de Arruda tinha a ver com os informes que recebera, de várias fontes, sobre o comportamento do romancista durante a viagem à URSS.

O encontro com Graciliano, já doente, foi lembrado por Osvaldo Peralva em 27 de junho de 1992:

> Quando chegamos lá, havia outras pessoas no apartamento e a Clarita estava lendo trechos do *Viagem*. Certamente irritado com a presença do Arruda,

Graciliano disse à filha: "Clarita, pare com essa leitura boba. Esse livro é uma porcaria". O Arruda era tão inábil que não conseguia disfarçar a coisa, falando para o Graciliano: "O que é isso, Graça, você é um mestre!". Na verdade, o que ele estava querendo mesmo era saber se havia inconveniências em relação à União Soviética. Arruda ouviu a leitura de uns trechos e comentou que estava bom; evidentemente, o conteúdo daquela parte era inofensivo...

Ao retirar-se, Arruda insinuou que desejava ler o livro, mas Graciliano, fingindo-se de desentendido, replicou:

– Ah, isso ainda está em manuscrito. Tenho de mexer muito nos originais.

Quarenta anos depois, Peralva confessa ter ido ao Leblon "muito constrangido no papel de censor", pois era amigo da família.

– Graciliano morreu zangado comigo. Alguém me disse que ele se queixou, certa vez: "O Peralva e o Arruda vieram aqui para censurar meu livro".

Após a publicação de *Memórias do cárcere*, o crítico Wilson Martins levantou uma polêmica sobre a suposta adulteração dos originais. Na ocasião, a José Olympio Editora e Ricardo Ramos asseguraram que o livro era idêntico ao original datilografado entregue por Graciliano. A questão seria retomada em 1979 por Clara Ramos, em seu livro *Mestre Graciliano: confirmação humana de uma obra* (páginas 252 a 262). No entender de Clara, a verificação da autenticidade de *Memórias do cárcere*, "antes de dizer respeito aos parentes do autor, afeta primordialmente a literatura e a história político-social brasileiras neste último meio século".

Com a manchete "*Memórias do cárcere*: não houve fraude", o *Jornal do Brasil* publicou, em 24 de novembro de 1979, extensa matéria nas páginas 10 e 11 do Caderno B, sustentando:

> Não houve fraude na edição de *Memórias do cárcere*, conforme supõem os que há pouco reabriram uma polêmica iniciada por Wilson Martins há 26 anos e encerrada após esclarecimentos prestados por Ricardo Ramos, filho do autor. Esta é a conclusão a que chegou Mario Pontes, editor de literatura do *Jornal do Brasil*, depois de passar dois dias examinando o primitivo manuscrito do livro, conservado nos arquivos de d. Heloísa Ramos, viúva do escritor, no apartamento 501 da rua Rubem Berta, na capital da Bahia. O confronto de cerca de cem páginas do texto impresso com o seu correspondente em manuscrito – amostragem bastante significativa em um livro de pouco mais de setecentas páginas – não evidencia nenhuma alteração digna de nota. Entre o original e o livro, só pequenas e poucas correções, que, segundo d. Heloísa, foram feitas pelo próprio Graciliano no texto por ela datilografado. Graciliano reescreveu alguns capítulos das *Memórias*, na maioria dos casos a fim de publicá-los na imprensa como se fossem contos, mas nunca entregou ao editor esses textos reelaborados. Só depois da

morte do escritor, quando o livro já estava no prelo, tais textos chegaram à José Olympio Editora, que inadvertidamente reproduziu alguns fragmentos dos mesmos a título de ilustração. O que caracteriza um descuido, mas nunca uma fraude editorial.

* * *

Viagem chegou às livrarias em fins de 1954. José Olympio anexou aos 34 capítulos as notas deixadas por Graciliano sem redação final. Ilustrada com fotos, a edição trouxe um componente simbólico de vulto: a capa concebida por Candido Portinari, em um aberto desafio à ortodoxia partidária.

Notícias de Hoje, em São Paulo, rompeu o silêncio da imprensa comunista, publicando duas resenhas simpáticas. No texto assinado por A. P. B., o romancista não escapou de ligeiros cascudos:

> Introspectivo por excelência, Graciliano surge, como sempre, preocupado com detalhes, às vezes desprezando o fundamental. Não terá o leitor oportunidade de encontrar, ali, dados estatísticos que o auxiliem a avaliar o progresso do povo soviético, em termos de números e cifras.

Mas foi elogiado por registrar, "sem quaisquer concessões à exaltação fácil e ao basbaquismo, entusiasmo pela pátria dos trabalhadores e pelo que tem feito o poder soviético no sentido de elevar o nível de vida do povo".

A grande imprensa recebeu o livro discretamente. Os críticos mais conservadores não ocultaram a má vontade pelo tema abordado – a União Soviética continuava sendo um tabu. "Em duas ou três páginas apenas, encontra-se uma maneira de observar ou de dizer que tenha qualidade literária. O resto é trabalho apressado de repórter, quando não cai na sensaboria do relatório", opinaria Pinheiro de Lemos, de *O Globo*. Outros consideraram *Viagem* prejudicado pela impossibilidade de o autor concluí-lo e revê-lo.

Mas houve também os que destacaram a postura coerente de Graciliano ao não perder de vista que, acima do militante, deveria prevalecer o escritor. "Fecho o livro, o romancista não o abandona quando ele escreve as suas notas de viagem. [...] O que me diz o velho Graça neste livro é que, interessada ou não, a literatura deve manter o conjunto das suas qualidades intrínsecas e pode mantê-las", sustentaria Heráclio Salles no *Diário de Notícias*.

Além de *Memórias do cárcere* e *Viagem*, foram publicados postumamente *Viventes das Alagoas* (1962), reunindo as crônicas em *Cultura Política* e os dois relatórios como prefeito de Palmeira dos Índios; *Linhas tortas* (1962), com artigos e crônicas em *O Índio*, *Jornal de Alagoas* e *Paraíba do Sul*, bem como na imprensa do Rio de Janeiro; *Alexandre e outros heróis* (1962), compilando

A terra dos meninos pelados, *Histórias de Alexandre* e *Pequena história da República*; e *Cartas* (1981), com a correspondência a parentes e amigos.

* * *

Graciliano não estava mais vivo quando o PCB rompeu com a política sectária do Manifesto de Agosto, alterando profundamente a sua linha programática. Isso ocorreu a partir do XX Congresso do Partido Comunista da União Soviética, realizado em fevereiro de 1956, no qual Kruschev, o novo homem forte, abalou o mundo com o relatório sobre os desmandos e os crimes de Stalin. No Brasil, a repercussão não foi menor, abrindo um amplo debate na imprensa partidária sobre as aberrações que haviam sido praticadas em nome do culto à personalidade do "guia genial dos povos" e do dogmatismo ideológico.

O Relatório Kruschev provocou o desligamento de um grupo expressivo de militantes do PCB, chocados com as revelações sobre os desmandos de Stalin e revoltados por terem sido cúmplices do culto à personalidade do prócer soviético.

Um fértil debate sobre as deformações da era Stalin ocupou as páginas da imprensa partidária, com autocríticas de vários intelectuais que haviam propalado as sandices do realismo socialista. Artigos incluídos nas edições de outubro e novembro de 1956 de *Imprensa Popular*, órgão oficial do PCB, resumiram o sentimento de rejeição ao passado de dogmatismos.

Dalcídio Jurandir se desculpou pelo episódio da ABDE:

> Fomos um modelo de como tratar mal aqueles escritores e companheiros de vida literária que divergiam e divergem de nós. Houve, naquela ocasião, erro de parte a parte. Mas, de nosso lado, confundíamos divergências com luta corporal, preestabelecemos o rancor e o xingamento sistemático. Parecíamos tomados de uma fria e monótona fúria sectária. E, como o maior responsável pelo que sucedeu na ABDE, quero afirmar que aquilo foi uma vergonha, e a culpa, de certo modo, coube a mim unicamente, pois me utilizei do meu cargo naquela associação para provocar a baderna. Trata-se de restabelecer a compostura nas relações pessoais mesmo com os nossos mais irreconciliáveis adversários.

Jorge Amado sublinhou "os tremendos reflexos do culto à personalidade entre nós, nossos erros enormes, os absurdos de todos os tamanhos, a desumanização que, como a mais daninha e venenosa das ervas, floresceu no estrume do culto aqui levado às formas mais baixas". Para Moacir Werneck de Castro, "a deformação stalinista do marxismo [...] instituiu uma tutela revoltante sobre a criação literária e artística e impediu de circular a seiva da arte da vida sempre verde". Astrojildo Pereira foi enfático: "A pobreza franciscana do nosso labor teórico resultou na estagnação do pensamento, no embotamento do espírito crítico e autocrítico".

Na Declaração de Março de 1958, o PCB formalizou a nova plataforma política, propugnando por um governo nacionalista e democrático. O caráter da revolução, dizia o documento, era anti-imperialista e antifeudal, e o caminho para alcançá-la era a via pacífica, através de uma frente única que englobasse o proletariado, o campesinato, a pequena-burguesia e "os setores da burguesia ligados aos interesses nacionais".

Certamente, Graciliano aplaudiria o enterro do sectarismo (incluindo-se a variante do realismo socialista), a coexistência pacífica entre os blocos hegemônicos e a valorização da "questão democrática" nos debates internos do partido.

* * *

No final da década de 1950, o Brasil viveu uma fase de intensa politização, de crença nas transformações sociais, de esperança em um futuro mais justo. O furor nacionalista, detonado na campanha "O petróleo é nosso", foi aprofundado pelo desenvolvimentismo de Juscelino Kubitschek e pela pregação reformista de João Goulart.

Nesse clima propício à participação e ao debate, a literatura enraizada na realidade brasileira voltou às estantes com força redobrada. Através dela, poderíamos reexaminar nossa complexa formação social e confrontá-la com a evolução do processo histórico – em outras palavras, entender a nossa trajetória para buscar uma perspectiva de mudança democratizadora.

Era a vez dos autores comprometidos com a discussão das crises, das angústias e das aspirações do homem brasileiro. Era a vez, portanto, de Graciliano Ramos. Dessa época em diante, o interesse por sua obra multiplicou-se. Em sucessivas edições, os livros invadiriam escolas e universidades, seriam adotados em vestibulares e concursos, conquistariam diversos prêmios nacionais e internacionais, como o William Faulkner, por *Vidas secas*, em 1963. Nem mesmo a ditadura militar pós-1964 conseguiria travar a penetração no sistema escolar (inclusive nas redes públicas) e no mercado editorial. Em uma época de cerceamento à liberdade de expressão, os seus romances, contos e memórias, focalizando as misérias da condição humana na cena brasileira, revestiram-se de significado extraliterário – ler Graciliano representava recusar a cultura oficial e buscar o inconformismo, a denúncia e a reflexão crítica.

Seus treze livros já foram traduzidos em dezenas de países e idiomas de praticamente todos os continentes. Lê-se Graciliano na Rússia, na Dinamarca, em Israel, no Japão, na China, no Kuwait, em Cuba, nos Estados Unidos, na França, na Venezuela... E também em braile.

A consagração literária que experimentara em vida se prolongou no notável reconhecimento de sua obra na esfera acadêmica. Nas últimas décadas, uma profusão de ensaios, teses de mestrado e doutorado, artigos, simpósios, colóquios, cursos, exposições e concursos têm-se concentrado nas faces e interfaces de seu universo ficcional.

Para um homem que costumava dizer que seus leitores não passavam de "meia dúzia de gatos pingados", tudo isso poderia parecer assustador. Por certo ficaria satisfeito de saber que seus livros chegaram a tantos cérebros. Menos por vaidade – afinal, fora um homem que renunciara às ambições materiais –, e sim pelo amparo à família proporcionado pelos direitos autorais. No fim da vida, segundo Ricardo, revelara a esperança de que, um dia, a obra rendesse alguma coisa: "Seria bom para a sua mãe, para as meninas".

Permanentemente desconfiado, Graciliano acreditaria ser vítima de uma "conspiração" se soubesse que em várias capitais brasileiras seu nome foi dado a ruas, escolas, bibliotecas, livrarias, arquivos, condomínios residenciais e diretórios acadêmicos. Desde outubro de 2001, a Imprensa Oficial de Alagoas, por ele dirigida de maio de 1930 a dezembro de 1931, passou a chamar-se Imprensa Oficial Graciliano Ramos.

Devemos seguir o conselho de Rubem Braga e não levar Graciliano ao pé da letra, dado o pudor que tinha de socializar os sentimentos. O professor da roça que idolatrava a língua portuguesa não ficaria satisfeito de batizar um colégio? O prefeito que mudou a fisionomia urbana de Palmeira dos Índios não se confortaria se soubesse que turistas e estudiosos do Brasil e do exterior viajam ao Agreste para conhecer a sua cidade? O escritor que percorria cada estante da José Olympio atrás dos mundos escondidos nas brochuras não se veria refletido na livraria que leva seu nome em Maceió?

Como ele se sentiria assistindo aos filmes baseados em sua obra? Pelo entusiasmo de Heloísa Ramos com *Vidas secas* e *Memórias do cárcere*, de Nelson Pereira dos Santos, e *São Bernardo*, de Leon Hirszman, o velho lascaria um desses comedidos sorrisos.

Os três filmes conquistaram as premiações máximas do cinema brasileiro, além de distinções no exterior. Sobre *Vidas secas* (1963), detentor dos prêmios Catholique International du Cinema e Ciudad de Valladolid, Antonio Callado escreveu: "O livro reluz feito aquelas pedras do sertão nordestino, fuzilantes em fundo de rio seco. Como um espelho o filme reflete, sem amortecê-lo numa releitura, o fulgor duro do romance".

São Bernardo (1973), contemplado com a Margarida de Prata pela Conferência Nacional dos Bispos do Brasil, por seu conteúdo humanitário, segundo o crítico Sérgio Augusto "despontou como um soro milagroso, ou no mínimo como um bálsamo", na crise em que se debatia o cinema brasileiro no início da década de 1970.

Sobre a roteirização de *São Bernardo*, há uma história curiosa. Antes de morrer, Graciliano autorizou Nelson Pereira dos Santos e Ruy Santos a adaptar o romance. O trabalho ia bem até que Nelson resolveu que Madalena, mulher de Paulo Honório, não deveria suicidar-se, e sim fugir da fazenda. Redigiu uma carta que Ruy Santos assinou consultando o autor sobre a modificação na trama. Graciliano opôs-se, com a seguinte argumentação:

> Você está pensando na Madalena como uma mulher da sua cidade, do seu tempo, que tem condições de fugir. A minha personagem vivia no começo dos anos 30. Ela estava impossibilitada, até fisicamente, de continuar sua vida, porque era libertária, queria ensinar os empregados a ler, cuidar das crianças, fazer uma porção de coisas. Queria tomar medidas a favor dos pobres e dos oprimidos, que não estavam na cabeça do marido. Então ela tinha que morrer, porque o mundo não permitia que realizasse aquelas ideias. Estava vivendo muito além de seu tempo, daí a função dramática da morte: a morte termina o caminho daquela personagem.

No parágrafo final, Graciliano foi categórico: "Olha, se você quiser fazer o filme baseado no meu livro, tudo bem. Agora se você quiser inventar uma história, faça a sua história".

Nelson murchou com a reação, mas a verdade é que a adaptação de *São Bernardo* – interrompida a seguir – não passava de um sonho, pois faltavam recursos para viabilizá-la. "Foi até bom, porque na época eu não estava preparado para fazer o filme", disse o cineasta. O projeto foi retomado vinte anos depois por Leon Hirszman.

Bastou o contato por carta com Graciliano para encher de orgulho o jovem Nelson Pereira dos Santos, seu admirador desde o tempo de militante da União da Juventude Comunista. Viu-o uma única vez, em 1952, no almoço em homenagem à volta de Jorge Amado do exílio, mas não teve coragem de se aproximar. "Graciliano marcou muito a minha geração, porque era revolucionário, contestador, mas não sectário. Trazia-nos uma coisa diferente: era um escritor que não mentia."

Memórias do cárcere (1984), premiado pelo júri internacional do Festival de Cannes e melhor filme no Festival do Novo Cinema Latino-Americano de Havana, mereceu do crítico da *Le Quotidien*, de Paris, as seguintes palavras: "É o primeiro filme político que não é irritante ou demagógico e que deixa ao espectador a possibilidade de escolher sua posição". J. M. Le Clézio escreveu no *Le Nouvel Observateur*:

> Vendo o filme de Nelson Pereira dos Santos, não podemos nos impedir de pensar nas prisões do egoísmo, da fome, prisões da dívida, do racismo, do desprezo. O humanismo do cineasta brasileiro é feito de esperança, esperança de que o intelectual não será mais separado do mundo que o comove e o faz viver.

Para personificar Graciliano, o ator Carlos Vereza, em brilhante interpretação, aprendeu a fumar três maços de cigarro por dia, emagreceu onze quilos, leu toda a obra e conversou longamente com parentes e amigos, antes de contracenar com Glória Pires, perfeita no papel de Heloísa, segundo a própria. Depois de meses de laboratório e dezesseis semanas de filmagens, Vereza sentiria o romancista incorporado à sua personalidade: "Você manter aquele universo aparentemente fechado, mas pleno de compaixão pelo semelhante, é como tentar conter um vulcão explodindo por dentro".

* * *

Por que o tempo passa e a sedução de Graciliano Ramos persiste?

Octávio de Faria deu a pista: a identificação autor-leitor em Graciliano se fundamenta na escolha do homem como fenômeno básico de seu testemunho, que, segundo Tristão de Athayde, tem o condão de integrar ao "fogo da paixão social que sempre o empolgou" a serenidade de uma mensagem tecnicamente perfeita.

Humanismo, eis a palavra-chave para tentarmos decifrar o mistério profundo de Graciliano. Humanismo que o vincula, a um só tempo, ao estatuto universal da essência humana e aos valores arraigados da alma brasileira, com seus fantasmas, perplexidades, atrofias e ambições.

Humanismo que, de acordo com Antonio Candido, é estranhamente capaz de aumentar a (dele, nossa) capacidade de compreender e perdoar até quando nos amontoam como bichos no exíguo domínio da discriminação. Humanismo que extrai da tragédia o sumo dialético para a utopia da redenção.

Humanismo na direção proposta por Carlos Nelson Coutinho: o realismo crítico de seus livros impulsiona as lutas individuais, no interior deste mundo alienado ou em oposição a ele, em busca de um sentido para a vida – única forma de fazer frente à alienação.

> A defesa dos valores do humanismo só se tornou possível porque Graciliano se colocou do ponto de vista de um grupo social que "criticava" a sociedade, que expressava em sua práxis uma potencial subversão da ordem vigente, do mundo alienado e do cárcere da solidão.

É preciso, por fim, endossar o crítico José Carlos Garbuglio quando ele relaciona o humanismo do romancista ao seu trabalho consciente como criador e a seus compromissos com a sociedade. "Graciliano contribuiu para a compreensão de alguns dos males de que padece o mundo letrado brasileiro, enquanto chama a atenção do escritor para suas responsabilidades nos destinos da cultura."

* * *

Casmurro ou cordial, arredio ou língua solta movida à cachaça, irritadiço ou afável – o velho Graça talvez tenha sido um pouco de tudo isso. Importam menos a fisionomia austera, os gestos contidos, as palavras ao sabor do humor. Protegia-se com a casca, feito um caracol. O segredo para descobrir o âmago de seu coração era remover a armadura, flagrá-lo desprevenido em seus afetos, nunca fugindo às dúvidas. "Graciliano parecia seco e difícil, diziam-no pessimista; era terno e solidário, acreditava no homem e no futuro", sublinhou Jorge Amado.

Permanecem vivos entre nós o ser humano alinhado aos semelhantes em qualquer circunstância, se fosse o caso em uma cela abjeta e imunda; o militante comunista que sustentou a tensão entre as exigências da lealdade partidária e os seus princípios morais, literários e estéticos; o magnífico escritor de um tempo de conflitos, que acreditou sempre que o homem tudo pode na Terra – até mesmo construir a felicidade.

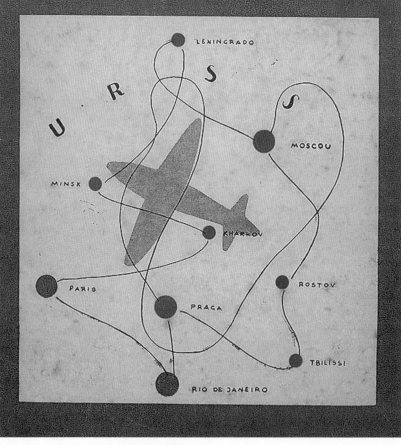

"Avião", desenho de Candido Portinari feito em 1954 para a capa do livro *Viagem*, de Graciliano Ramos.

À esquerda, Sebastião Ramos, pai de Graciliano, por volta de 1908.
À direita, Graciliano Ramos com aproximadamente vinte anos.

Prédio em que Sebastião Ramos tinha loja, quando a família morava em Viçosa (AL).

À esquerda, Maria Augusta Barros, primeira mulher de Graciliano Ramos, em foto de aproximadamente 1910. À direita, o então prefeito de Palmeira dos Índios (AL), Graciliano Ramos, em 1928.

Casa da família do escritor alagoano em Palmeira dos Índios.

À esquerda, Heloísa de Medeiros Ramos, segunda mulher de Graciliano, em 1927, aos 17 anos. À direita, o casal e os filhos Múcio, do primeiro casamento (ao fundo), e Ricardo, em Palmeira dos Índios, 1931.

À esquerda, foto de Graciliano na prisão, no Rio de Janeiro, em 1936, encontrada nos arquivos do Dops. À direita, na Livraria José Olympio, no Rio de Janeiro, em 1942.

Carta escrita por Graciliano Ramos a Getulio Vargas em 29 de agosto de 1938 e jamais enviada.

Homenagem aos cinquenta anos de Graciliano Ramos no restaurante Lido, no Rio de Janeiro, em 1942.

[Se]ntados: Marques Rebelo, Carlos [D]rummond de Andrade, Candido [P]ortinari, Rodrigo Otávio Filho, [L]úcia Miguel Pereira, Graciliano [R]amos, Gustavo Capanema, [H]eloísa Medeiros Ramos, Manuel [B]andeira e José Maria Belo.

[E]m pé, na primeira fila: Hermes [L]ima, Antônio Rolemberg, [J]ão Condé, José Lins do Rego, [W]aldemar Cavalcanti, Peregrino [Jú]nior, Genolino Amado, Álvaro [Li]ns, J. Paulo de Medeiros, [A]mando Fontes, Matilde Amado, [Jo]rge Amado e Joel Silveira.

[E]m pé, na segunda fila, entre [ou]tros: Aurélio Buarque de [H]olanda, Raul Lima, Murilo [M]iranda, Otto Maria Carpeaux, [Pa]ulo Rónai, Moacir Werneck de [C]astro, Luís Augusto de Medeiros.

Os anos no cárcere retratados pelo pintor, desenhista e escultor paulista Newton Rezende (1912-1994).

Acima, Luiz Carlos Prestes (à direita) entrega a Candido Portinari seu *carnet* de membro do Partido Comunista Brasileiro, sob o olhar de Graciliano (sentado, de óculos). Atrás, Aydano do Couto Ferraz, Pedro Motta Lima (então diretor do jornal *Tribuna Popular*) e Álvaro Moreyra, entre outros.

Abaixo, Graciliano Ramos discursa após a distribuição dos *carnets* aos membros do PCB, observado por Portinari (sentado, o segundo da esquerda para a direita) e Prestes (sentado, o segundo da direita para a esquerda). Ambas as fotos no Teatro Ginástico, no Rio de Janeiro, em 1946.

À direita, com Heloísa, na Ilha do Governador (RJ), em 1948.

Abaixo, o autor de *Memórias do cárcere*, por volta do mesmo ano.

> Querido Portinari:
>
> Estive meia hora hoje a admirá-lo. Não valia a pena vir ontem — dia de gente fina.
> Voltarei depois muitas vezes, naturalmente.
>
> Graciliano
>
> 4-8-49

Acima, bilhete de Graciliano Ramos a Candido Portinari, escrito em 4 de agosto de 1949, após visita ao painel "Tiradentes", exposto no Automóvel Club do Brasil, no Rio de Janeiro.

À esquerda, cena habitual: livro em uma mão e cigarro na outra, em 1947.

Acima, com o filho Ricardo; ao lado, com as netas Sandra e Vânia no Rio de Janeiro, 1948.

Acima, Graciliano, ao fundo (oitavo da esquerda para a direita), na Associação Brasileira de Escritores (ABDE), em foto anterior ao racha de 1949. A mesa é presidida por Manuel Bandeira, ao centro. Nas laterais, sentados, estão Carlos Drummond de Andrade (primeiro à esquerda) e Astrojildo Pereira (o terceiro da direita para a esquerda). De pé, Dalcídio Jurandir (o sexto da direita para a esquerda), Samuel Wainer (penúltimo à direita) e Moacir Werneck de Castro (último à direita).

Ao lado, em 1949, com o escritor Murilo Rubião.

Em 1951, ao lado do escritor Abguar Bastos, no IV Congresso dos Escritores, realizado de 25 a 30 de setembro de 1951 em Porto Alegre

Acima, durante visita a Moscou, em 1952, Sinval Palmeira, Dalcídio Jurandir e Graciliano Ramos. Os demais são funcionários russos designados para acompanhar a comitiva brasileira na URSS.

Abaixo, com Guilherme Figueiredo (à esquerda) e José Lins do Rego (à direita), também em 1952.

Acima, Heloísa e Graciliano Ramos com o poeta chileno Pablo Neruda, o pintor paulista Candido Portinari e o escritor baiano Jorge Amado durante almoço no Rio de Janeiro, em 1952.

Abaixo, com Candido Portinari, na mesma ocasião.

Ao lado, capas de alguns dos livros publicados por Graciliano Ramos.

Abaixo, com a neta Elizabeth, em março de 1953.

Graciliano em 1952, em sua casa, ao lado do retrato feito pelo amigo Candido Portinari.

A última foto do escritor comunista, que morreria em 20 de março de 1953.

AGRADECIMENTOS

O ofício de escrever biografia pressupõe, simultaneamente, uma experiência de solidão e uma construção coletiva. A realidade particular e indivisível encenada na tela do computador é um mero simulacro, ilusão partida. Para a reconstituição de uma vida singular, a devoção e o trabalho individual do autor não bastam; as múltiplas solidariedades formam parcerias essenciais ao conhecimento e à compreensão aprofundada de fatos, vivências, circunstâncias e sentimentos.

Tive a fortuna de receber a colaboração generosa de parentes, amigos, intelectuais, artistas e companheiros de geração de Graciliano Ramos, além de instituições interessadas em somar esforços para reconstituir a sua rica trajetória. Nunca será bastante agradecer pelo muito que contribuíram com depoimentos, diálogos, sugestões, pesquisas, materiais documentais, fotos, informações, leituras e estímulos.

Minha saudosa e querida amiga d. Heloísa de Medeiros Ramos, viúva de Graciliano, desde 20 de março de 1953 não esmoreceu um só segundo no admirável trabalho de preservação de sua memória. Nas ocasiões em que estivemos juntos, em São Paulo, Maceió e Salvador, e em inúmeros telefonemas, d. Heloísa relembrou 25 anos de amor com o seu Grace, como também os momentos difíceis e até dramáticos que os dois atravessaram. Os dias em que pude desfrutar de sua companhia jovial e atenciosa (ao lado da simpática irmã Helena) e de suas lições de vida constituíram para mim um privilégio. No nosso último e caloroso encontro, em Salvador, d. Heloísa comoveu-me ao beijar minha mão direita, que lhe havia estendido em permuta de amizade, e, afetuosamente, presenteou minhas filhas Júlia e Lívia com um exemplar autografado de *Cartas*, de Graciliano.

Em manhã inteira de inverno, em São Paulo, Ricardo Ramos acolheu-me com inesquecível simpatia e máxima vontade de colaborar. O longo depoimento que me concedeu foi rico em impressões e em revelações sobre episódios vividos por seu pai. Saí de seu apartamento convencido de que os valores fundamentais de Graciliano – a dignidade e a integridade – tinham nele plena extensão.

Assumi uma dívida impagável com Paulo Mercadante, amigo, discípulo e advogado de Graciliano. Desde o primeiro momento, distinguiu-me com sua incrível generosidade.

A mim confiou uma relíquia: o seu diário pessoal dos anos de convivência estreita com o velho Graça. Consultando-o, pude esclarecer fatos, checar opiniões e reações, radiografar aspectos da intimidade do personagem, sem a couraça que o protegia publicamente. Paulo foi, de verdade, um companheiro de viagem, vasculhando seus arquivos, orientando-me na busca de determinados dados, dirimindo dúvidas e franqueando-me sua rara inteligência.

Um forte abraço a Luísa Ramos, filha de Graciliano, e James Amado, sempre fraternos comigo.

O mestre Jorge Amado emocionou-me ao levar, em mãos, um exemplar deste livro para eu autografar, durante inesquecível anoitecer na Academia de Letras da Bahia, em 1995. Anos antes, ao saber que eu preparava a biografia de Graciliano, Jorge escreveu-me do Quai des Célestins, em Paris: "Creio que seu livro será importantíssimo. Espero-o com impaciência".

Pelos depoimentos e contribuições ao meu trabalho, sou gratíssimo a Moacir Werneck de Castro, Sinval Palmeira, Heráclio Salles, Antônio Carlos Villaça, Rachel de Queiroz, Antonio Callado, Nelson Werneck Sodré, Francisco de Assis Barbosa, Guilherme Figueiredo, Antonio Candido, Homero Senna, Pedro Moacir Maia, Nelson Pereira dos Santos, Joel Silveira, Beatriz Bandeira Ryff, dom Basílio Penido, Alberto Passos Guimarães, Luiz B. Torres, Alina Paim, Cassiano Nunes, Licurgo Ramos Costa e Clara Ramos.

Obrigado a Maria e João Candido Portinari, Marina Baird Ferreira, Carlos Scliar e Elizabeth Lins do Rego, que me cederam, com afetuosidade, valiosa documentação de seus acervos. Fábio Lucas contemplou-me com cartas de alto valor intelectual e literário. José Carlos Monteiro foi sempre uma voz fraterna a estimular-me.

A Maria Amélia Mello, pela força permanente e pelo espírito cooperativo.

A Simone Mansur Assad, que acreditou do primeiro ao último dia, incentivou continuamente, leu, criticou e revisou os originais com extraordinário zelo.

Às minhas filhas Lívia e Júlia, torcendo para que sejam, como eu fui, docemente picadas pela mosca azul de Graciliano Ramos.

À minha mãe, Maria do Carmo Villas Boas de Moraes, pela sabedoria e pelo carinho.

Eternizo as saudades por um homem de enorme força espiritual, que em sua passagem por aqui me transmitiu a paixão pela literatura e a crença no valor insuperável da vida: Francisco Pimenta de Moraes, meu pai.

FONTES CONSULTADAS

ACERVOS PESQUISADOS

Arquivo da José Olympio Editora
Arquivo Graciliano Ramos, Instituto de Estudos Brasileiros, Universidade de São Paulo
Arquivo Nacional
Arquivo Público de Alagoas
Arquivo Público do Estado do Rio de Janeiro
Biblioteca Bastos Tigre (Associação Brasileira de Imprensa)
Biblioteca Central do Gragoatá (Universidade Federal Fluminense)
Biblioteca Digital Brasileira de Teses e Dissertações – IBICT (http://bdtd.ibict.br/)
Biblioteca do Centro Cultural Banco do Brasil
Biblioteca Euclides da Cunha (Palácio Gustavo Capanema)
Biblioteca Machado de Assis (Academia Brasileira de Letras)
Bibliotecas da Pontifícia Universidade Católica do Rio de Janeiro
Casa Museu de Graciliano Ramos (Palmeira dos Índios, Alagoas)
Centro de Literatura Brasileira da Fundação Casa de Rui Barbosa
Instituto Histórico de Alagoas
Prefeitura Municipal de Palmeira dos Índios
Projeto Portinari

DEPOIMENTOS AO AUTOR

Alberto Passos Guimarães – 14 de janeiro de 1992
Alina Paim – 24 de setembro de 1991
Antonio Callado – 18 de setembro de 1991
Antonio Candido – 4 de dezembro de 1991
Antônio Carlos Villaça – 22 de junho de 1992
Ary de Andrade – 14 de junho de 1992
Augusto Rodrigues – 23 de setembro de 1991

Beatriz Bandeira Ryff – 19 de maio de 1992
Carlos Moliterno – 29 de maio de 1992
Carlos Scliar – 4 de outubro de 1991
Cassiano Nunes – 29 de maio de 2000
Clara Ramos – 12 de janeiro de 1992
Clélia Ramos – 3 de setembro de 1991
Dom Basílio Penido – 30 de junho de 1992
Filadelpho Wanderley – 2 de setembro de 1991
Francisco de Assis Barbosa – 1º de outubro de 1992
Gilberto Paim – 11 de fevereiro de 1992
Guilherme Figueiredo – 9 de outubro de 1991
Heloísa Ramos – 12 de setembro de 1991; 29 e 30 de maio de 1992
Heráclio Salles – 23 de junho de 1992
Homero Senna – 31 de janeiro de 2001
Joel Silveira – 3 de outubro de 1991
José Tobias de Almeida – 3 de setembro de 1991
Lêdo Ivo – 30 de maio de 1992
Licurgo Ramos Costa – 14 de novembro de 2000
Luciano de Moraes – 19 de maio de 1992
Luiz B. Torres – 4 de setembro de 1991
Maria Portinari – 24 de outubro de 1991
Marina Baird Ferreira – 1º de outubro de 1991
Moacir Werneck de Castro – 20 de setembro de 1991
Nelson Pereira dos Santos – 8 de julho de 1992
Nelson Werneck Sodré – 18 de setembro de 1991
Newton Rodrigues – 23 de junho de 1992
Osvaldo Peralva – 27 de junho de 1992
Paulo Mercadante – diversos
Paulo Motta Lima – 23 de setembro de 1991
Pedro Moacir Maia – 30 de maio de 1992
Rachel de Queiroz – 6 de novembro de 1991
Ricardo Ramos – 12 de setembro de 1991
Sinval Palmeira – 3 de outubro de 1991
Zora Seljan – 11 de fevereiro de 1992

OUTROS DEPOIMENTOS MENCIONADOS

Brena Wanderley, Cícero da Silva Pereira, Júnio Ramos e Umbelina Paes e Silva, citados em Ivan Barros, *Graciliano era assim*. (Ver Bibliografia.)

Aloísio de Paula, Emil Farhat, Lia Corrêa Dutra, Peregrino Júnior, Procópio Ferreira, Reginaldo Guimarães e Rodolfo Ghioldi, além de carta de Graciliano Ramos a Dalcídio Jurandir (22 de junho de 1939), citados em Clara Ramos, *Mestre Graciliano: confirmação humana de uma obra*. (Ver Bibliografia.)

BIBLIOGRAFIA

1. Obras de Graciliano Ramos (de acordo com as edições consultadas pelo autor):

1.1. Publicadas em vida

Caetés (romance). 13. ed., Rio de Janeiro, Record, 1989.
São Bernardo (romance). 57. ed., Rio de Janeiro, Record, 1991.
Angústia (romance). 37. ed., Rio de Janeiro, Record, 1990.
Vidas secas (romance). 48. ed., Rio de Janeiro, Record, 1982.
A terra dos meninos pelados. 13. ed., Rio de Janeiro, Record, 1992.
Brandão entre o mar e o amor (romance; com Jorge Amado, José Lins do Rego, Aníbal Machado e Rachel de Queiroz). 2. ed., São Paulo, Martins, 1973.
Histórias de Alexandre (literatura infantil). Rio de Janeiro, Leitura, 1944.
Infância (memórias). 23. ed., Rio de Janeiro, Record, 1986.
Dois dedos (crônicas). Rio de Janeiro, M. M., 1945.
Histórias incompletas (contos). Porto Alegre, Globo, 1946.
Insônia (contos). 22. ed., Rio de Janeiro, Record, 1987.

1.2. Póstumas

Memórias do cárcere. 12. ed., Rio de Janeiro, Record, 1982. 2 v.
Viagem (Tchecoslováquia-URSS). 14. ed., Rio de Janeiro, Record, 1984.
Linhas tortas (crônicas). 13. ed., Rio de Janeiro, Record, 1989.
Viventes das Alagoas – Quadros e costumes do Nordeste (crônicas). 11. ed., Rio de Janeiro, Record, 1981. (Inclui os dois "Relatórios ao governo de Alagoas", como prefeito de Palmeira dos Índios.)
Alexandre e outros heróis. 32. ed., Rio de Janeiro, Record, 1990. (Inclui *Histórias de Alexandre, A terra dos meninos pelados* e *Pequena história da República.*)
Cartas. 3. ed., Rio de Janeiro, Record, 1982.

2. Livros e teses

ALBUQUERQUE, Manoel Maurício de. *Pequena história da formação social brasileira.* Rio de Janeiro, Graal, 1981.
AMADO, Jorge. Depoimento sobre Graciliano Ramos. In: CINQÜENTA ANOS DO ROMANCE CAETÉS. Maceió, DAC/SEC, 1984.
_____. *Navegação de cabotagem: apontamentos para um livro de memórias que jamais escreverei.* Rio de Janeiro, Record, 1992.
AMARAL PEIXOTO, Alzira Vargas do. *Getulio Vargas, meu pai.* Porto Alegre, Globo, 1960.
ANDRADE, Carlos Drummond de. *Fala, amendoeira.* Rio de Janeiro, José Olympio, 1973.
_____. *Lição de amigo.* Rio de Janeiro, José Olympio, 1984.
_____. *O observador no escritório.* Rio de Janeiro, Record, 1975.
ANDRADE, Jeferson de. *Um jornal assassinado: a última batalha do Correio da Manhã.* Rio de Janeiro, José Olympio, 1991.
ANTELO, Raul. *Literatura em revista.* São Paulo, Ática, 1984.

AUGUSTO, Maria das Graças de Moraes. *O absurdo na obra de Graciliano Ramos ou de como um marxista virou existencialista.* Dissertação de Mestrado. Rio de Janeiro, UFRJ/IFCS, 1986.

BARBOSA, Francisco de Assis. Graciliano Ramos aos 50 anos. In: ____. *Achados ao vento.* Rio de Janeiro, INL, 1958.

BARROS, Ivan. *Graciliano era assim.* Maceió, Sergasa/Secretaria de Estado de Educação, 1984.

BEZERRA, Gregório. *Memórias.* São Paulo, Boitempo, 2011.

BEZERRA E SILVA. *Terra dos Chucurus.* Maceió, ed. do autor, s/d.

BORBA, José César. Considerações em torno de um jantar. In: SCHMIDT, Augusto F. (org.) *Homenagem a Graciliano Ramos.* Rio de Janeiro, Alba, 1943.

BORBA, Osório. *A comédia literária.* Rio de Janeiro, Civilização Brasileira, 1959.

BOSI, Alfredo. Céu, inferno. In: GARBUGLIO, José Carlos *et al. Graciliano Ramos.* São Paulo, Ática, 1987.

____. *História concisa da literatura brasileira.* São Paulo, Cultrix, 1970.

____. *Literatura e resistência.* São Paulo, Companhia das Letras, 2002.

BRAYNER, Sônia (org.). *Graciliano Ramos*: fortuna crítica. 2. ed., Rio de Janeiro, Civilização Brasileira/INL, 1978.

BRITO, Mário da Silva. *História do Modernismo brasileiro I:* antecedentes da Semana de Arte Moderna. Rio de Janeiro, Civilização Brasileira, 1974.

CAMARGO, Aspásia *et al. O golpe silencioso.* Rio de Janeiro, Rio Fundo, 1989.

CAMPOS, Geir. Alba. In: *Canto claro.* Rio de Janeiro, José Olympio, 1957.

CAMPOS, Reynaldo Pompeu de. *Repressão judicial no Estado Novo: esquerda e direita no banco dos réus.* Rio de Janeiro, Achiamé, 1982.

CANDIDO, Antonio. Os bichos do subterrâneo. In: *Tese e antítese.* São Paulo, Nacional, 1964.

____. Antonio. *Ficção e confissão.* Rio de Janeiro, José Olympio, 1955.

____. Prefácio. In: MICELI, Sérgio. *Intelectuais à brasileira.* São Paulo, Companhia das Letras, 2001.

____. *Teresina etc.* Rio de Janeiro, Paz e Terra, 1980.

CARONE, Edgard. *O PCB (1943-1964).* São Paulo, Difel, 1982.

____. *A segunda República.* São Paulo, Difel, 1974.

CARVALHO, Lúcia Helena. *A ponta do novelo* – uma interpretação de *Angústia*, de Graciliano Ramos. São Paulo, Ática, 1983.

CASTELLO, José. *Na cobertura de Rubem Braga.* Rio de Janeiro, José Olympio, 1996.

CASTRO, Moacir Werneck de. *A máscara do tempo:* visões da era global. Rio de Janeiro, Civilização Brasileira, 1996.

____. *Mário de Andrade*: exílio no Rio. Rio de Janeiro, Rocco, 1989.

____. *A ponte dos suspiros.* Rio de Janeiro, Rocco, 1990.

CAVALCANTI, Valdemar. *Jornal literário.* Rio de Janeiro, José Olympio, 1960.

CINQÜENTA ANOS DO ROMANCE CAETÉS. Maceió, DAC/SEC, 1984.

COUTINHO, Carlos Nelson. *Cultura e sociedade no Brasil:* ensaios sobre ideias e formas. São Paulo, Expressão Popular, 2011.

____. *A democracia como valor universal.* São Paulo, Ciências Humanas, 1980.

CRISTÓVÃO, Fernando. *Graciliano Ramos*: estrutura e valores de um modo de narrar. 3. ed., Rio de Janeiro, José Olympio, 1986.

DULLES, John W. F. *O comunismo no Brasil (1935-1945).* Rio de Janeiro, Nova Fronteira, 1985.

ELLEINSTEIN, Jean. *História da URSS.* Lisboa, Publicações Europa-América, 1976. v. 4.

FACIOLI, Valentim. Um homem bruto da terra (biografia intelectual). In: GARBUGLIO, J. C. *et al. Graciliano Ramos.* São Paulo, Ática, 1987.

FARIA, Octávio de. Graciliano e o sentido do humano. In: RAMOS, Graciliano. *Infância*. 9. ed., São Paulo, Martins, 1972. (Prefácio.)
FAUSTO, Bóris (org.). *O Brasil Republicano III:* Sociedade e política (1930-1964). São Paulo, Difel, 1981.
FELDMANN, Helmut. *Graciliano Ramos*: reflexos de sua personalidade na obra. Fortaleza, Imprensa Universitária do Ceará, 1967.
FELINTO, Marilene. *Graciliano Ramos*. São Paulo, Brasiliense, 1988. (Coleção Encanto Radical.)
FIGUEIREDO, Guilherme. *A bala perdida*: memórias. Rio de Janeiro, Topbooks, 1998.
GARBUGLIO, José Carlos; BOSI, Alfredo; e FACIOLI, Valentim. *Graciliano Ramos*. São Paulo, Ática, 1987.
GARCIA, Nelson Jahr. *Estado Novo*: ideologia e propaganda. São Paulo, Loyola, 1982.
GATTAI, Zélia. *Um chapéu para viagem*. Rio de Janeiro, Record, 1985.
____. *Jardim de inverno*. 2. ed., Rio de Janeiro, Record, 1988.
GUIMARÃES, J. Ubireval Alencar. *Graciliano Ramos e a fala das memórias*. Maceió, Ediculte/Seculte, 1987.
____. *Vidas secas*: um ritual para o mito da seca. Maceió, Ediculte/Ufal, 1989.
IVO, Lêdo. As cartas de Graciliano Ramos. In:____. *A ética da aventura*. Rio de Janeiro, Francisco Alves, 1986.
____. O mundo concentracionário de Graciliano Ramos. In:____. *Teoria e celebração*. São Paulo, Duas Cidades/Secretaria de Cultura, Ciência e Tecnologia, 1976.
KONDER, Leandro, *A democracia e os comunistas no Brasil*. Rio de Janeiro, Graal, 1980.
____. *A derrota da dialética; a recepção das ideias de Marx no Brasil até o começo dos anos trinta*. Rio de Janeiro, Campus, 1988.
____. *Intelectuais brasileiros e marxismo*. Belo Horizonte, Oficina de Livros, 1991.
LAFETÁ, João Luís. O mundo à revelia. In: RAMOS, Graciliano. *São Bernardo*. 57. ed., Rio de Janeiro, Record, 1990.
LIMA, Hermes. *Travessia*: memórias. Rio de Janeiro, José Olympio, 1974.
LIMA, Valdemar de Souza. *Graciliano em Palmeira dos Índios*. 2. ed., Rio de Janeiro, Civilização Brasileira, 1980.
LIMA JÚNIOR, Félix. *Episódios da história de Alagoas*. Maceió, s/n, 1975.
LUSTOSA, Isabel. *Histórias de presidentes*: a República no Catete. Petrópolis, Vozes/Fundação Casa de Rui Barbosa, 1989.
MAIA, Pedro Moacir. *Cartas inéditas de Graciliano Ramos a seus tradutores argentinos Benjamín de Garay e Raúl Navarro*. Salvador, EDUFBA, 2008.
MALARD, Letícia. *Ideologia e realidade em Graciliano Ramos*. Belo Horizonte, Itatiaia, 1976.
MARTINS, Wilson. Graciliano Ramos. In: ____. *O Modernismo*: roteiro das grandes literaturas. São Paulo, Cultrix, 1967.
____. Graciliano Ramos, o Cristo e o grande inquisidor. In: RAMOS, Graciliano. *Caetés*. 13. ed., Rio de Janeiro, Record, 1989. (Prefácio.)
MELLO FRANCO, Affonso Arinos de. *A alma no tempo*. Rio de Janeiro, José Olympio, 1979.
MERCADANTE, Paulo. *Graciliano Ramos*: o manifesto do trágico. Rio de Janeiro, Topbooks, 1993.
MICELI, Sérgio. *Intelectuais e classe dirigente no Brasil (1920-1945)*. São Paulo, Difel, 1979.
MIRANDA, Wander Melo. *Corpos escritos*: Graciliano Ramos e Silviano Santiago. 2. ed. São Paulo, Edusp, 2009.
____. *Graciliano Ramos*. São Paulo, Publifolha, 2004.
MORAES, Dênis de. Criação cultural, engajamento e dogmatismo: reflexões a partir de Graciliano Ramos. In: ____ (org.). *Combates e utopias*: os intelectuais num mundo em crise. Rio de Janeiro: Record, 2004.

_____. *O imaginário vigiado*: a imprensa comunista e o realismo socialista no Brasil. Rio de Janeiro: José Olympio, 1994.

MORAES, Dênis de; e VIANA, Francisco. *Prestes*: lutas e autocríticas. 3. ed. Rio de Janeiro, Mauad, 1998.

MORAIS, Fernando. *Olga*. 3. ed., São Paulo, Alfa-Ômega, 1985.

MOREYRA, Álvaro. *As amargas, não...* Porto Alegre, Instituto Estadual do Livro, 1989.

MOURÃO, Rui. *Estruturas*: ensaio sobre o romance de Graciliano Ramos. Belo Horizonte, Tendência, 1969.

OLIVEIRA, Franklin de. *Literatura e civilização*. São Paulo, Difel/MEC, 1978.

OLIVEIRA, Lilian Manes de. *Técnicas de expressão em São Bernardo*. Dissertação de Mestrado, Rio de Janeiro, PUC, 1979 (mimeo).

OLIVEIRA, Lúcia Lippi *et al. Estado Novo*: ideologia e poder. Rio de Janeiro, Zahar, 1982.

ORTIZ, Renato. *Cultura brasileira e identidade nacional*. São Paulo, Brasiliense, 1985.

_____. *A moderna tradição brasileira*. 2. ed., São Paulo, Brasiliense, 1988.

PÉCAUT, Daniel. *Os intelectuais e a política no Brasil*. São Paulo, Ática, 1990.

PERALVA, Osvaldo. 2. ed. *O retrato*. Porto Alegre, Globo, 1962.

PEREIRA, Astrojildo. *Interpretações*. Rio de Janeiro, Casa do Estudante do Brasil, 1944.

PINHEIRO, Paulo Sérgio. *Estratégias da ilusão*: a revolução mundial e o Brasil (1922--1935). São Paulo, Companhia das Letras, 1991.

PINTO, Rolando Morel. *Gracilano Ramos, autor e ator*. Assis, Faculdade de Filosofia, Ciências e Letras, 1962.

PUCCINELLI, Lamberto. *Graciliano Ramos*: relações entre ficção e realidade. São Paulo, Quiron, 1975.

RAMOS, Clara. *Mestre Graciliano*: confirmação humana de uma obra. Rio de Janeiro, Civilização Brasileira, 1979.

RAMOS, Graciliano. Forças reacionárias, ocultas ou ostensivas. In: GARBUGLIO, J. C. *et al. Graciliano Ramos*. São Paulo, Ática, 1987.

_____. Exigimos uma Assembleia Constituinte. In: GARBUGLIO, J. C. *et al. Graciliano Ramos*. São Paulo, Ática, 1987.

_____. As rãs estão pedindo um rei. In: GARBUGLIO, J. C. *et al. Graciliano Ramos*. São Paulo, Ática, 1987.

_____. Lembrança de um Congresso. In: GARBUGLIO, J. C. *et al. Graciliano Ramos*. São Paulo, Ática, 1987.

RAMOS, Marili. *Graciliano Ramos*. Maceió, Igasa, 1979.

RAMOS, Ricardo. *Graciliano*: retrato fragmentado. São Paulo, Globo, 2011.

_____. Lembrança de Graciliano. In: GARBUGLIO, J. C. *et al. Graciliano Ramos*. São Paulo, Ática, 1987.

RESENDE, Otto Lara. *Bom dia para nascer*: crônicas publicadas na *Folha de S. Paulo*. São Paulo, Companhia das Letras, 2011.

RIBEIRO, Darcy. *Aos trancos e barrancos*: como o Brasil deu no que deu. 3. ed., Rio de Janeiro, Guanabara, 1985.

RIDENTI, Marcelo. *Brasilidade revolucionária*: um século de cultura e política. São Paulo, Editora Unesp, 2010.

RODRIGUES, Leôncio Martins. O PCB: os dirigentes e organização. In: FAUSTO, Bóris (org.). *O Brasil Republicano* – sociedade e política (1930-1964). São Paulo, Difel, 1981.

RONAI, Paulo. No mundo de Graciliano Ramos. In: *Encontro com o Brasil*. Rio de Janeiro, INL, 1958.

ROSE, R. S. *Uma das coisas esquecidas*: Getulio Vargas e o controle social no Brasil (1930-1954). São Paulo, Companhia das Letras, 2001.

SALEM, Helena. *Nelson Pereira dos Santos*: o sonho possível do cinema brasileiro. Rio de Janeiro, Nova Fronteira, 1987.

SALLA, Thiago Mio. *O fio da navalha:* Graciliano Ramos e a Revista *Cultura Política.* Tese de Doutorado. São Paulo, Universidade de São Paulo, 2010.

SANT'ANA, Moacir Medeiros de. *A face oculta de Graciliano Ramos (digressões sobre um inquérito literário).* Maceió, Arquivo Público de Alagoas, 1992.

____. *Graciliano Ramos (achegas biobibliográficas).* Maceió, Arquivo Público de Alagoas/Senec, 1973.

____. *Graciliano Ramos antes de Caetés.* Maceió, Arquivo Público de Alagoas, 1983.

____. (org.) *O romance S. Bernardo (Catálogo da exposição bibliográfica dos 50 anos de S. Bernardo).* Maceió, Ufal, 1984.

SANTIAGO, Silviano. *Em liberdade.* 3. ed., São Paulo, Paz e Terra, 1985.

SANTOS, Myrian Sepúlveda dos. *Os porões da República*: a barbárie nas prisões da Ilha Grande (1894--1945). Rio de Janeiro, Faperj/Garamond, 2009

SCHMIDT, Augusto Frederico (org.). *Homenagem a Graciliano Ramos.* Rio de Janeiro, Alba, 1943.

SCHWARTZMAN, Simon *et al. Tempos de Capanema.* São Paulo, Edusp/Paz e Terra, 1984.

SEGATTO, José Antonio. *Breve história do PCB.* São Paulo, Ciências Humanas, 1981.

SENNA, Homero. *República das letras*: entrevistas com 20 grandes escritores brasileiros. Rio de Janeiro, Civilização Brasileira, 1996.

SILVEIRA, Joel; e MORAES NETO, Geneton. *Hitler-Stalin: o pacto maldito.* 2. ed., Rio de Janeiro, Record, 1989.

____. *Tempo de contar.* Rio de Janeiro, Record, 1985.

SILVEIRA, Paulo de Castro. *Graciliano Ramos*: nascimento, vida, glória e morte. Maceió, Funted, 1982.

SODRÉ, Nelson Werneck. *História da imprensa no Brasil.* 2. ed., Rio de Janeiro, Graal, 1977.

____. *Memórias de um escritor.* Rio de Janeiro, Civilização Brasileira, 1970.

____. Prefácio. In: RAMOS, Graciliano. *Memórias do cárcere.* 12. ed., Rio de Janeiro, Record, 1979.

TATI, Miécio. Graciliano Ramos. In:____. *Estudos e notas críticas.* Rio de Janeiro, INL, 1958.

VEIGA, Cláudio. *Aproximações*: estudos de literatura comparada. Salvador, UFBA, 1979.

VERDI, Eunaldo. *Graciliano Ramos e a crítica literária.* Florianópolis, Editora da UFSC, 1989.

VIANA, Vivina de Assis (org.). *Graciliano Ramos.* São Paulo, Abril Cultural, 1990.

VILLAÇA, Antônio Carlos. *Encontros.* Rio de Janeiro, Brasília, 1976.

____. *O nariz do morto.* Rio, JCM, 1970.

____. *Os saltimbancos da Porciúncula.* Rio de Janeiro, Record, 1996.

VINHAS, Moisés. *O Partidão*: a luta por um partido de massas (1922-1974). São Paulo, Hucitec, 1982.

WAINER, Samuel. *Minha razão de viver*: memórias de um repórter. 3. ed., Rio de Janeiro, Record, 1988.

3. Publicações em periódicos

AMADO, James. Graciliano, mestre do ofício. *Imprensa Popular*, Rio de Janeiro, 2 de novembro de 1952.

AMADO, Jorge. O dia em que conheci Graciliano. *Status*, São Paulo, n. 52, novembro de 1978.

____. Graciliano Ramos. *Jornal da Bahia*, Salvador, 15-16 de janeiro de 1961.

____. S. Bernardo e a política literária. *Boletim de Ariel*, Rio de Janeiro, fevereiro de 1935.

____. Saudação a Graciliano Ramos. *Imprensa Popular*, Rio de Janeiro, 28 de outubro de 1952.

____. Vidas secas, o Brasil de hoje. *Jornal de Brasília*, Brasília, 23 de agosto de 1988.

ANDRADE, Ary de. Álvaro Lins aos 50 anos, entre a glória de César e o punhal de Brutus. *Estudos Sociais*, Rio de Janeiro, n. 16, março de 1963.

ANDRADE, Oswald. O encarcerado. *Correio da Manhã*, Rio de Janeiro, 10 de novembro de 1953.

ANTOLOGIA DE GRACILIANO RAMOS (Depoimento de Heloísa Ramos). *Politika*, Rio de Janeiro, n. 56, 13 a 19 de novembro de 1972.

ANTONIO CANDIDO ELOGIA A FORÇA DO ROMANCISTA. *Jornal do Brasil*, Rio de Janeiro, 26 de outubro de 1972.

AQUINO FILHO, Jorge. Meu pai Graciliano Ramos. *Manchete*, Rio de Janeiro, s/d.

AUGUSTO, Sérgio. Graciliano, contra os patrioteiros. *Folha de S.Paulo*, São Paulo, 1984.

BARBOSA, Francisco de Assis. Onde está a Gestapo literária. *Correio da Manhã*, Rio de Janeiro, 18 de junho de 1944.

BARROS, Ivan. Antônio Engraxate: Graciliano foi um pai para mim. *Correio da Manhã*, 5-6 de dezembro de 1971.

BOMFIM, Beatriz. Graciliano visto por Clara Ramos: um homem do tamanho de sua obra. *Jornal do Brasil*, Rio de Janeiro, 5 de janeiro de 1980.

BRAGA, Rubem. Duas histórias. *Última Hora*, Rio de Janeiro, 4 de janeiro de 1974.

____. Eu vi este livro nascer. *Status*, São Paulo, n. 52, novembro de 1978.

____. Rússia. *Folha da Tarde*, São Paulo, 19 de novembro de 1954.

BRANDÃO, Darwin. Doze personagens falam de um autor. *Manchete*, Rio de Janeiro, 9 de janeiro de 1954.

BRANDÃO, Octavio. Infância e adolescência de Graciliano. *Diário de Notícias*, Rio de Janeiro, 26 de maio de 1963.

BRUNO, Haroldo. A lição de Graciliano. *Diário de Notícias*, Rio de Janeiro, 26 de outubro de 1952.

CAETANO, Maria do Rosário. As memórias de dona Heloísa, a viúva de Graci. *Correio Braziliense*, Brasília, 22 de outubro de 1985.

CALLADO, Antonio. O tigre na jaula de sol do *Correio da Manhã*. *O Estado de S.Paulo*, São Paulo, 19 de março de 1978.

____. *Vidas secas* e o fulgor do sertão de Graciliano. *Jornal do Brasil*, Rio de Janeiro, 29 de maio de 1971.

CAMPOS, Paulo Mendes. Graciliano Ramos. *Manchete*, Rio de Janeiro, n. 84, 28 de novembro de 1953.

CARNEIRO, Edison. Cahetés. *Boletim de Ariel*, Rio de Janeiro, junho de 1934.

CARNEIRO, Luiz Orlando; e CABRAL, Reynaldo. Memória de Graciliano Ramos. *Jornal do Brasil*, Rio de Janeiro, 23 de maio de 1992.

CARPEAUX, Otto Maria. Os 60 anos de Graciliano Ramos. *Correio da Manhã*, Rio de Janeiro, 26 de outubro de 1952.

____. Graciliano: insônia e esperança. *Jornal do Brasil*, Rio de Janeiro, 29 de agosto de 1976.

____. Visão de Graciliano Ramos. *Correio da Manhã*, Rio de Janeiro, 28 de março de 1953.

CASTRO, Moacir Werneck de. Vidas secas. *Boletim da Casa do Estudante do Brasil*, Rio de Janeiro, abril de 1938.

____. A grande guerra dos escritores. *Folha de S.Paulo*, São Paulo, 20 de setembro de 1981.

____. As memórias do cárcere. *Última Hora*, Rio de Janeiro, 16 de novembro de 1979.

____. O racha dos escritores. *Folha de S.Paulo*, São Paulo, 04 de outubro de 1981.

____. Sem extirpar o dogmatismo não conseguiremos avançar. *Imprensa Popular*, Rio de Janeiro, 9 de outubro de 1956.

CAVALCANTI, Valdemar. O velho Graça. *Jornal de Letras*. Rio de Janeiro, abril de 1978.

CONDÉ, João. Arquivos implacáveis. *O Cruzeiro*, Rio de Janeiro, 25 de abril de 1953.

CONDÉ, José. Graciliano Ramos. *O Cruzeiro*, Rio de Janeiro, 15 de abril de 1939.

CONY, Carlos Heitor. O mundo entra em casa. *Folha de S. Paulo*, São Paulo, 20 de setembro de 1998.

COSTA, Dias da. Vidas secas. *Dom Casmurro*, Rio de Janeiro, 7 de abril de 1938.

DAMATA, Gasparino. Graciliano Ramos nem sempre compreendido. *Diário Carioca*, Rio de Janeiro, 9 de novembro de 1952.

DANTAS, Pedro. Graciliano: o estilo de uma amargura nos porquês de um bom-dia. *O Estado de S. Paulo*, São Paulo, 22 de outubro de 1972.

DERRADEIRA HOMENAGEM DO POVO AO ESCRITOR GRACILIANO RAMOS. *Imprensa Popular*, Rio de Janeiro, março de 1953.
DIRETORIA DE INSTRUÇÃO PÚBLICA. Resumo da estatística de 1933. *Diário Oficial*, Maceió, 21 de outubro de 1934.
DÓRIA, Palmério. Memórias da Sala da Capela. *Novo Leia*, São Paulo, julho de 1984.
FACÓ, Rui; e SANTOS, Ruy. Graciliano Ramos, escritor do povo e militante do Partido Comunista. *Tribuna Popular*, Rio de Janeiro, 28 de agosto de 1945.
____. O bolchevique Zdanov: um exemplo a seguir. *Problemas*, Rio de Janeiro, n. 13, agosto-setembro de 1948.
FALLEIROS, Marcos Falchero. Fazenda e revolução. *O Estado de S. Paulo*, São Paulo, 17 de novembro de 1990.
FELINTO, Marilene; e LEITE NETO, Alcino. Vou passar uns 20 anos esquecido, diz Amado. *Folha de S.Paulo*, São Paulo, 6 de julho de 1991.
FIGUEIREDO, Guilherme. Mestre Graça. *O Globo*, Rio de Janeiro, 29 de maio de 1992.
____. Uma visão do Bar Vilariño. *O Globo*, Rio de Janeiro, 11 de julho de 1991.
FREYRE, Gilberto. A propósito de mestre Graciliano. *O Cruzeiro*, Rio de Janeiro, 25 de setembro de 1954.
GARCIA, Carlos. Palmeira dos Índios ainda fiel ao relatório. *O Estado de S. Paulo*, São Paulo, 19 de março de 1978.
GENERAL LOBO RECORDA QUE SEU PRISIONEIRO ERA MUITO DESCONFIADO. *Jornal do Brasil*, Rio de Janeiro, 26 de outubro de 1972.
GONÇALVES FILHO, Antônio. Memórias de *Memórias do cárcere*. *Folha de S. Paulo*, São Paulo, 1984.
GRIECO, Agripino. Vida literária: Cahetés. *O Jornal*, Rio de Janeiro, 4 de fevereiro de 1934.
GUIMARÃES, Reginaldo. Como nasceu *Vidas secas*. *Imprensa Popular*, Rio de Janeiro, 2 de novembro de 1952.
____. Reminiscências do velho Graça. *Imprensa Popular*, Rio de Janeiro, s/d.
GUIMARÃES, Ubireval Alencar. Graciliano Ramos e o fatalismo existencial. *Gazeta de Alagoas*, Maceió, 30 de março de 1992.
HELOÍSA, NO FRAGOR DA PAIXÃO. *Voz da Unidade*, São Paulo, 28 de outubro a 3 de novembro de 1988.
HOLANDA, Aurélio Buarque de. Baleia, sinhá Vitória, Fabiano e outras figuras. *Jornal de Alagoas*, Maceió, 21 de maio de 1939.
____. Um brasileiro fala de um romancista brasileiro. *Diário de Notícias*, Rio de Janeiro, 7 de outubro de 1962.
____. Caetés. *Boletim de Ariel*, Rio de Janeiro, 1934.
____. Depoimento sobre Graciliano Ramos. *Correio da Manhã*, Rio de Janeiro, 21 de maio de 1944.
____. Graciliano Ramos, s/d.
HOMENAGEM A GRACILIANO RAMOS. *Voz Operária*, Rio de Janeiro, 1º de novembro de 1952.
HOMENAGEM AO ROMANCISTA GRACILIANO RAMOS. *Última Hora*, Rio de Janeiro, 24 de outubro de 1952.
JEAN, Yvonne. O ensino dia a dia. *Correio Braziliense*, Brasília, 4 de novembro de 1964.
JURANDIR, Dalcídio. Uma discussão que está em todas as cabeças. *Imprensa Popular*, Rio de Janeiro, 9 de outubro de 1956.
____. O patrão em *S. Bernardo*. *Revista Acadêmica*, Rio de Janeiro, agosto de 1935.
____. Modesto brinde ao major Graça. *Imprensa Popular*, Rio de Janeiro, s/d.
LACERDA, Carlos. Graciliano. *Tribuna da Imprensa*, Rio de Janeiro, 21 de março de 1953.
____. *S. Bernardo* e o cabo da faca. *Revista Acadêmica*, Rio de Janeiro, janeiro de 1935.

LIMA, Herman. Um capítulo que Graciliano não escreveu. *O Globo*, Rio de Janeiro, 3 de dezembro de 1960.

LIMA, Raul. Personagens de Graciliano Ramos. *Diário de Notícias*, Rio de Janeiro, s/d.

____. O velho Graça era diferente. *Diário de Notícias*, Rio de Janeiro, 21 de novembro de 1954.

LIMA FILHO, Joaquim Pinto da Motta. Pensando em Graciliano. *Diário de Notícias*, Rio de Janeiro, s/d.

LINS, Adalberon Cavalcanti. Homenagem a Graciliano Ramos. *Jornal de Alagoas*, Maceió, s/d.

LINS, Álvaro. Infância de um romancista. *Correio da Manhã*, Rio de Janeiro, s/d.

____. Visão geral de um ficcionista. *Correio da Manhã*, Rio de Janeiro, 26 de junho de 1947.

LINS, Osman. Um aniversário sóbrio com sua prosa. *Jornal do Brasil*, Rio de Janeiro, 21 de outubro de 1972.

LOBATO, Milton. Graciliano Ramos. *Jornal do Brasil*, Rio de Janeiro, s/d. Cartas dos Leitores.

____. Velho Graça. *Jornal do Brasil*, Rio de Janeiro, 28 de setembro de 1983. Cartas dos Leitores.

LOUZEIRO, José. A vida seca de Graciliano Ramos. *Jornal de Letras*, Rio de Janeiro, agosto de 1967.

MAGALHÃES JÚNIOR, R. Graciliano Ramos e Sobral Pinto. *Diário de Notícias*, Rio de Janeiro, 12 de novembro de 1953.

MAGNO, Paschoal Carlos. Graciliano. *Correio da Manhã*, Rio de Janeiro, 26 de outubro de 1952.

MAIA, Ernesto Luiz. Os chamados romances sociais não atingiram as massas, declara Graciliano Ramos. *Renovação*, Rio de Janeiro, n. 13, maio e junho de 1944.

MAIA, Pedro Moacir. A gênese de *Vidas secas*. *A Tarde*, Salvador, 30 de maio de 1988.

____. A propósito de *Memórias do cárcere*. *Revista da Academia Brasileira de Letras da Bahia*, Salvador, n. 34, janeiro de 1987.

MANSUR, Gilberto. Drummond. *Revista Imprensa*, São Paulo, n. 1. s/d. Encarte.

____. Só para lembrar Graciliano. *IstoÉ*, São Paulo, 3 de maio de 1978.

MARTINS, Wilson. A face oculta. *A Revista*, s/d.

MELLO, Thiago de. Desconfio que o Graciliano está no céu. *Manchete*, Rio de Janeiro, 27 de outubro de 1956.

____. O velho Graça morreu. *O Globo*, Rio de Janeiro, 24 de março de 1953.

MERCADANTE, Paulo. Depoimento. *Fogo Cerrado*, Brasília, maio de 1992.

____. Mestre Graça, trinta anos depois. *Folha de S. Paulo*, São Paulo, 29 de abril de 1983.

MESTRE GRAÇA, ANO 80 (1). Sertanejo sem sotaque, lia a Bíblia e blefava no jogo. *O Globo*, Rio de Janeiro, 27 de outubro de 1972.

MIGUEL-PEREIRA, Lúcia. Memórias do cárcere. *A União*, João Pessoa, 1º de janeiro de 1954.

____. Vidas secas. *Boletim de Ariel*, Rio de Janeiro, maio de 1938.

MOLITERNO, Carlos. Graciliano Ramos em Maceió. Mimeo., s/d.

MONIZ, João. Recordações de Graciliano Ramos. *A Tarde*, Salvador, 23 de agosto de 1963.

MONTELLO, Josué. Do meu diário de escritor. *Jornal do Brasil*, Rio de Janeiro, s/d.

____. Lembranças de Graciliano. *Jornal do Brasil*, Rio de Janeiro, 25 de julho de 1963.

MORAES, Eneida de. Ouvindo personagens de *Memórias do cárcere*. *Diário de Notícias*, Rio de Janeiro, 29 de novembro de 1953.

____. Viva Graciliano. *Diário Carioca*, Rio de Janeiro, 26 de outubro de 1952.

____. Graciliano Ramos: viventes das Alagoas. *Diário de Notícias*, Rio de Janeiro, 15 de abril de 1962.

MORAES, Vicinius de. Um abraço a Graciliano. *Diretrizes*, Rio de Janeiro, 20 de agosto de 1945.

____. A bênção, velho. *Imprensa Popular*, Rio de Janeiro, 1º de novembro de 1952.

MOTA E SILVA, Gutemberg. A revolução social me levaria à fome e ao suicídio. *Jornal do Brasil*, Rio de Janeiro, 19 de janeiro de 1980.

MOURA, Clóvis. Graciliano Ramos e o Partido Comunista. *Princípios*, São Paulo, n. 3, novembro de 1981.

NEGREIROS, Gilberto. Joel Silveira: o Estado Novo e o getulismo. *Folha de S. Paulo*, São Paulo, 9 janeiro de 1979.

NUNES, Cassiano. Depoimento. *Fogo Cerrado*, Brasília, maio de 1992.

OLIVEIRA, Franklin de. O espírito inquebrantável de Graciliano Ramos. *Revista Diners*, São Paulo, n. 58, junho de 1958.

O PARTIDO NÃO QUERIA A PUBLICAÇÃO DO LIVRO? *Jornal da Tarde*, São Paulo, 14 de novembro de 1979.

PERALVA, Osvaldo. Os *Caetés* e o velho Graça. *Folha de S.Paulo*, São Paulo, 9 de novembro de 1983.

PEREGRINO JÚNIOR. Uma simples recordação de Graciliano Ramos. *Revista do Pen Clube do Brasil*, São Paulo, 1963.

PINTO, Rolando Morel. Os ritmos da emoção. *O Estado de S. Paulo*, São Paulo, 6 de junho de 1964.

PÓLVORA, HÉLIO. No conto, paisagem íntima. *Jornal do Brasil*, Rio de Janeiro, 18 de outubro de 1975.

PONTES, Mario. O bom padrasto da inteligência. *Jornal do Brasil*, Caderno B Especial, Rio de Janeiro, 1º de novembro de 1987.

_____. Memórias do cárcere: não houve fraude. *Jornal do Brasil*, Caderno B, Rio de Janeiro, 24 de novembro de 1979.

_____. Inconveniência de ser Graciliano. *Jornal do Brasil*, Rio de Janeiro, 18 de março de 1978.

QUEIROZ, Dinah Silveira de. Visita a Graciliano. *A Manhã*, Rio de Janeiro, 26 de outubro de 1952.

QUEIROZ, Rachel. Os sessenta anos do mestre. *Diário de Notícias*, Rio de Janeiro, 26 de outubro de 1952.

RACHEL, Vera. Eles continuam vivos; Heloísa relembra Graciliano Ramos. *Ele e Ela*, Rio de Janeiro, n. 4, agosto de 1969.

RAMOS, Clara. O mito do encarceramento orgânico de Graciliano. *O Estado de S. Paulo*, São Paulo, 18 de junho de 1977.

RAMOS, Graciliano. Alguns números relativos à instrução primária em Alagoas. *A Escola*, Maceió, n. 1, setembro de 1935.

_____. Auto-retrato. *Letras e Artes*, Rio de Janeiro, 1º de agosto de 1948.

_____. Carta a Murilo Miranda. *Revista Acadêmica*, Rio de Janeiro, n. 28, junho de 1937.

_____. Comandante dos burros. *Jornal de Alagoas*, Maceió, 27 de maio de 1933.

_____. Decadência do romance brasileiro. *Literatura*, Rio de Janeiro, n.1, setembro de 1946.

_____. Justificação de voto. *Dom Casmurro*, Rio de Janeiro, 13 de julho de 1940.

_____. Opinião de Graciliano Ramos. *Princípios*, São Paulo, n. 3, novembro de 1981.

_____. O romance do Nordeste. *Diário de Pernambuco*, Recife, 10 de março de 1935.

_____. Viver em paz com a humanidade inteira. *Horizonte*, Porto Alegre, n. 10, outubro de 1951.

RAMOS, Ricardo. O homem por trás do mito. 18 de outubro de 1985, s/d.

REGO, José Lins do. Cahetés. *Boletim de Ariel*, Rio de Janeiro, 1933.

_____. O comunista Graciliano Ramos. 1945, s/d.

_____. Homenagem a Graciliano Ramos. *Jornal de Letras*, Rio de Janeiro, novembro de 1953.

_____. Memórias do cárcere. *O Jornal*, Rio de Janeiro, 8 de outubro de 1953.

_____. O meu amigo Graciliano Ramos. *Correio da Manhã*, Rio de Janeiro, 7 de janeiro de 1953.

_____. O romancista Graciliano Ramos. *Boletim de Ariel*, Rio de Janeiro, s/d.

REIS, Zenir Campos. *Memórias do cárcere*: compreender, resistir. *Folha de S. Paulo*, Folhetim, São Paulo, 29 de julho de 1984.

RELEMBRANÇA DE GRACILIANO, O HOMEM E O ESCRITOR. *Leitura*, Rio de Janeiro, novembro de 1958.

RESENDE, Otto Lara. Certo de que ali estava uma consciência moral. *O Estado de S. Paulo*, São Paulo, 19 de março de 1978.

_____. Graça e desgraça. *O Globo*, Rio de Janeiro, 19 de setembro de 1978.
RIBEIRO, Léo Gilson. Graciliano: a arte de um homem crítico e comovido. *O Estado de S. Paulo*, São Paulo, 19 de março de 1983.
ROCHA, Hildon. Graciliano e suas *Memórias do cárcere*. *O Estado de S. Paulo*, São Paulo, 24 de junho de 1984.
SALLES, Heráclio. Viagem. *Diário de Notícias*, Rio de Janeiro, 3 de dezembro de 1954.
SANDRONI, Cícero. *São Bernardo*: retrato do Brasil dos anos 30. *Jornal do Brasil*, Rio de Janeiro, 27 de agosto de 1977.
SANT'ANA, Moacir Medeiros de. Comandante dos burros, desconhecido trabalho de Graciliano Ramos. *Gazeta de Alagoas*, Maceió, 19 de julho de 1992.
_____. O romance do Nordeste, desconhecido trabalho de Graciliano Ramos. *Gazeta de Alagoas*, Maceió, s.d., 1992.
SANTOS, Nelson Pereira dos. Entrevista. *Fogo Cerrado*, Brasília, maio de 1992.
SCHILD, Susana. Ló relembra Grace. *Jornal do Brasil*, Rio de Janeiro, Caderno B, 15 de junho de 1984.
SCHMIDT, Augusto Frederico. A propósito do sr. Graciliano Ramos. *Diário Carioca*, Rio de Janeiro, 22 de dezembro de 1936.
_____. Erro e injustiça. *Diário Carioca*, Rio de Janeiro, 27 de dezembro de 1936.
_____. Graciliano Ramos. *Correio da Manhã*, Rio de Janeiro, 22 de março de 1953.
_____. Graciliano Ramos, sessenta anos de vida. *Correio da Manhã*, Rio de Janeiro, 28 de outubro de 1952.
SCHULKE, Evelyn. Para Heloísa, ele era apenas Grace, um homem que nunca fez concessões. *O Estado de S. Paulo*, São Paulo, 7 de janeiro de 1975.
SILVEIRA, Joel. As cartas de Graciliano. *Manchete*, Rio de Janeiro, s/d.
_____. Graciliano Ramos conta a sua vida. *Vamos ler*, Rio de Janeiro, 20 de abril de 1939.
_____. Graciliano Ramos; Joel Silveira refaz os caminhos do escritor pelas cidades de Alagoas. *Manchete*, Rio de Janeiro, s/d.
SILVEIRA, José. Coluna do canto. *Gazeta de Alagoas*, Maceió, 08 e 12 de dezembro de 1935.
SOARES, José Eduardo Macedo. Contra a injustiça. *Diário Carioca*, Rio de Janeiro, 24 de dezembro de 1936.
_____. A esperança e o instinto de conservação. *Diário Carioca*, Rio de Janeiro, 10 de janeiro de 1937.
_____. Interesses da justiça. *Diário Carioca*, Rio de Janeiro, 25 de novembro de 1936.
SODRÉ, Nelson Werneck. Contribuição à história do PCB. *Temas de Ciências Humanas*, n. 8, São Paulo, 1980.
SOUSA, Octavio Tarquínio de. Lembrança de Graciliano Ramos. *Correio da Manhã*, Rio de Janeiro, 28 de março de 1953.
_____. Vida literária. *O Jornal*, Rio de Janeiro, 17 de fevereiro de 1935.
TAVARES, Carlos. Ló, o personagem feminino preferido. *Jornal de Brasília*, Brasília, 23 de agosto de 1988.
TORRES, Luiz B. Escritor Adalberon Cavalcanti Lins, ex-aluno de Graciliano Ramos. *Jornal de Alagoas*, Maceió, 7 de dezembro de 1977.
VARTUCK, Pola. *Memórias*: uma vingança contra as ditaduras. *O Estado de S. Paulo*, São Paulo, 24 de junho de 1984.
VASCONCELOS, Laércio de; e ALVES, Eduardo Francisco. O mundo de Graciliano Ramos. *Manchete*, Rio de Janeiro, s/d.
VILLAÇA, Antônio Carlos. Graciliano. *Jornal da Tarde*, São Paulo, 16 de janeiro de 1988.
VIÚVA DIZ QUE GRACILIANO NÃO GOSTAVA DE ANIVERSÁRIO. *Jornal do Brasil*, Rio de Janeiro, 26 de outubro de 1972.
O VOTO DE GRACILIANO RAMOS. *Dom Casmurro*, Rio de Janeiro, 24 de junho de 1939.

4. Manuscritos cedidos ao autor para consultas

4.1. Acervo da Biblioteca Nacional
Dossiê de órgãos da Polícia Política sobre Graciliano Ramos. Petição de Sobral Pinto ao Tribunal de Segurança Nacional, 31 de outubro de 1936.

4.2. Acervo da José Olympio Editora
Carta de José Olympio Editora a Graciliano Ramos, 18 de abril de 1949.
Carta do general José de Figueiredo Lobo a José Olympio, 28 de dezembro de 1972.

4.3. Acervo de Maria Elizabeth Lins do Rego
Carta de Graciliano Ramos a José Lins do Rego, 10 de setembro de 1935.

4.4. Acervo de Moacir Werneck de Castro
Texto de Graciliano Ramos usado na propaganda eleitoral de Astrojildo Pereira em 1947.

4.5. Acervo de Paulo Mercadante
Páginas do diário pessoal entre 17 de agosto de 1947 e 21 de março de 1953.

4.6. Acervo de Pedro Moacir Maia
Trecho de carta inédita de Graciliano Ramos a Raul Navarro, novembro de 1937.

4.7. Acervo do Centro de Literatura Brasileira da Fundação Casa de Rui Barbosa
Carta de Jorge Amado a Graciliano Ramos, fevereiro de 1934.
Carta de Graciliano Ramos a Cyro dos Anjos, 13 de março de 1938.
Carta de Rachel de Queiroz a Graciliano Ramos e José Lins do Rego, 22 de agosto de 1938.
Cartas de Graciliano Ramos a Wilson Martins, 24 de novembro de 1944, 18 de dezembro de 1944 e 16 de abril de 1945.
Carta de Carlos Drummond de Andrade a Graciliano Ramos, 26 de agosto de 1945.

4.8. Acervo do Projeto Portinari
Cartas de Candido Portinari a Graciliano Ramos, 28 de janeiro de 1946 e 6 de junho de 1946.
Cartas de Graciliano Ramos a Candido Portinari, 13 de fevereiro de 1946 e 4 de agosto de 1949.

4.9. Arquivo Graciliano Ramos (Instituto de Estudos Brasileiros – Universidade de São Paulo)
Carta de Graciliano Ramos ao diretor de Ensino Secundário do MEC sobre as condições de funcionamento do Instituto Central do Povo, 4 de novembro de 1948.
Carta de Rodolfo Ghioldi a Graciliano Ramos pelos seus 60 anos, outubro de 1952.

4.10. Arquivo Nacional

Relatório do capitão-delegado da Delegacia de Ordem Política e Social de Maceió (inquérito policial sobre atuação do PCB em Alagoas), 6 de março de 1937.

Carta do general Newton de Andrade Cavalcanti ao ministro da Guerra, Eurico Gaspar Dutra, 2 de dezembro de 1937.

Processos instaurados no Tribunal de Segurança Nacional contra supostos envolvidos no levante de novembro de 1935 em Alagoas.

4.11. Página oficial de Graciliano Ramos – www.graciliano.com.br

Carta de Graciliano Ramos ao presidente Getulio Vargas, 29 de agosto de 1938.

5. Créditos das imagens

Acervo Dalcídio Jurandir: 316 (em cima)

Acervo Dênis de Moraes: 314 (em cima)

Acervo Graciliano Ramos (www.gracilianoramos.com.br): 2 (foto de Kurt Klagsbrunn), 305, 306, 307, 308, 309, 311 (em cima), 311 (embaixo: foto de Kurt Klagsbrunn), 312 (embaixo: foto de Kurt Klagsbrunn), 313 (foto de Kurt Klagsbrunn), 314 (embaixo), 316 (embaixo: foto de Kurt Klagsbrunn), 318 (embaixo), 360 (ilustração de Alvarus)

Acervo Luís Avelima: 315

Acervo Projeto Portinari (reprodução autorizada por João Candido Portinari): 20, 304, 310 (fotos de Zélia Gattai), 312 (em cima), 317, 319 (foto de Kurt Klagsbrunn), 320 (foto de Aymoré Marella)

Loredano, Alfabeto literário (Rio de Janeiro, Capivara, 2002): 148

William Medeiros: 348

ÍNDICE ONOMÁSTICO

Acioly, Breno, 193, 202
Agosti, Héctor, 284
Akcelrud, Isaac, 256
Akhmátova, Ana, 250
Aleixo, Pedro, 145
Alencar, José de, 30, 43, 281
Alexandre (*Histórias de Alexandre*), 214
Almeida, Antero de, 139
Almeida, José Américo de, 73, 75, 152, 159, 168, 195, 203, 232
Almeida, José Tobias de, 48, 72, 78
Almeida, Manuel Antônio de, 49
Alves, Ataulfo, 179
Alves, Castro, 253
Alves, Francisco (cantor), 285
Alves, Francisco (livreiro), 285
Alves, Osvaldo, 174, 202, 228
Amado, Jorge, 73, 75, 95-6, 98, 103, 141, 152-3, 166, 172, 178, 188, 192, 197, 207, 212, 228, 239, 242, 249, 265, 267, 273, 283, 287, 292, 298, 301, 303
Amaral, Azevedo, 166
Amazonas, João, 212
Andrade, Almir de, 178, 180-1, 183
Andrade, Ary de, 261-2, 267-8, 287
Andrade, Carlos Drummond de, 157, 168, 171, 180, 184-5, 189, 206-7, 215, 220, 239, 245-7, 287
Andrade, Mário de, 141, 153, 180, 185-6, 253
Andrade, Oswald de, 153, 156, 220, 293
Andrade, Rodrigo Mello Franco de, 143, 152, 185, 190, 245

Andreiev, Leonid, 166
Anjos, Cyro dos, 166
Antelo, Raul, 182
Aporelly, ver Torelly, Aparício
Aranha, Graça, 49
Aranha, Oswaldo, 121
Araújo, Raimundo, 228, 265
Arinos de Mello Franco, Affonso, 158, 180, 239, 245-7, 287
Artigas, Vilanova, 207, 248
Atala, Fuad, 233
Athayde, Tristão de, 75, 81, 180, 302
Augusto, Sérgio, 300
Austregésilo, Laura, 191, 212
Auto, José, 74, 99, 105, 112
Azevedo, Aluísio, 22, 31-2, 34, 49, 166

Bach, Johann Sebastian, 128
Bahia, Luiz Alberto, 233
Baía, José, 27
Baleia (*Vidas secas*), 158, 161
Balzac, Honoré de, 33, 43, 59, 166, 193, 278
Bandeira, Beatriz, 122-3
Bandeira, Manuel, 152-3, 156, 175, 180, 220, 239-40, 245, 247, 287
Barata, Agildo, 80, 123, 125, 131, 138, 263
Barata, Maria, 131
Bárbara, Julieta, 156
Barbosa, Agnelo Marques, 32
Barbosa, Francisco de Assis, 151, 159, 178, 189, 191, 195-6, 261

Barbosa, Rui, 49
Barreto, Jerônimo, 21-22, 29-30, 286
Barreto Filho, José, 245
Barros, Aprígio, 47
Barros, José Pinto de, 39-40
Barros, Maria Augusta, 41, 47, 49-50, 176, 258, 286
Bartolomeu, Floro, 127
Bastos, Abguar, 207
Bastos, Humberto, 246
Batista, Dircinha, 154
Batista, Linda, 154
Batista, Nair, 272
Batista, Wilson, 179
Beethoven, Ludwig van, 286
Belo, José Maria, 158
Benario, Olga, 120, 122, 142-3, 202, 205
Berger, Elisa, 121, 143
Berger, Harry, 109, 121, 143
Bernardes, Artur, 53-4
Bezerra, Gregório, 211-2, 243
Bilac, Olavo, 33, 35, 49
Bittencourt, Edmundo, 41, 232
Bittencourt, Liberato, 222
Bittencourt, Paulo, 232-3, 236-7, 292
Bonfim, Antônio Maciel (Miranda), 126, 263
Bonoso, Zumalá, 243
Borba, José César, 189, 191
Borba, Osório, 191
Borer, Cecil, 241-4, 270
Borges, Abílio César (barão de Macaúbas), 25, 67, 214
Borges, José Carlos, 194
Bosi, Alfredo, 265
Braga, Odon, 49, 61
Braga, Rubem, 152-6, 191, 201, 246, 300
Branco, Aloísio, 74, 233
Brandão, Ismael, 28
Brandão, Mário, 74
Brandão, Octavio, 30, 207
Brandão, Théo, 74, 92
Brasil, José, 137
Brício Filho, Jaime Pombo, 42
Brito, Vieira de, 37
Bruno, Haroldo, 287

Cabral, Plínio, 251
Caetano, José, 39

Café Filho, João Fernandes Campos, 131
Callado, Antonio, 185, 232-5, 281, 300
Câmara, Diógenes de Arruda, 205, 212, 227, 250-3, 262-7, 273, 278, 295-6
Câmara, Jaime Adour da, 245
Camargo, Joracy, 207
Caminha, Adolfo, 34
Camões, Luís Vaz de, 25
Campeio, Erausto, 83
Campofiorito, Quirino, 207
Campos, Francisco, 188
Campos, Paulo Mendes, 233-4
Camus, Albert, 255-6
Candido, Antonio, 96-7, 102, 141-2, 159, 184, 225, 239, 256, 293, 302
Canti, César, 35
Capanema, Gustavo, 157, 165, 171-2, 178-9, 184-6, 189, 287
Capra, Fank, 175
Cardoso, Lúcio, 73, 185
Carlos, J., 33
Carneiro, Edison, 242, 261
Carneiro, José, 78-9
Carpeaux, Otto Maria, 165, 167, 191, 202, 219, 233, 245, 247, 288
Carpenter, Luís, ver Ferreira, Luís Carpenter
Carvalho, Afonso de, 90, 92
Carvalho, Apolônio de, 128, 138
Cascardo, Hercolino, 138
Cascudo, Luís da Câmara, 180, 220
Castello Branco, Camilo, 41
Castro, Edmundo de, 233, 282
Castro, Inês de (*Os Lusíadas*), 25
Castro, Maria Werneck de, 122, 143
Castro, Moacir Werneck de, 96, 141, 152, 154-5, 160, 163, 186, 201, 203, 245, 247, 251, 263, 265, 272, 274, 277-8, 292, 298
Castro, Rômulo de, 73-4, 81-2, 190
Cavalcanti, Di, 207, 222, 248
Cavalcanti, Francisco (Chico), 39, 59-61, 78, 89
Cavalcanti, Freitas, 292
Cavalcanti, Newton de Andrade, 113-5, 118-9, 144
Cavalcanti, Otávio, 60-1, 89
Cavalcanti, Valdemar, 74-5, 81, 95, 97, 116, 174, 230
Cervantes, Miguel de, 32, 164, 166
Cesária (*Histórias de Alexandre*), 214

Chaplin, Charles, 175
Chermont, Abel, 125, 242, 245, 272, 274
Chermont, Francisco, 124, 132, 134-5, 138
Chirol, Achilles, 233
Chugunov, Constantine Alexeevich, 274, 281
Churchill, Winston, 226
Clemente, Francisco, 48
Colaço, Thomaz Ribeiro, 233
Condé, João, 83, 159
Condé, José, 233, 236
Conselheiro, Antônio, 29
Corisco (Cristino Gomes da Silva Cleto), 183
Correia, Raimundo, 33
Costa, Adroaldo Mesquita da, 225
Costa, Dias da, 142, 169
Costa, filho, Odylo, 239
Costa, Lucio, 185
Costa, Miguel, 54
Coutinho, Carlos Nelson, 85, 102, 302
Coutinho, Galeão, 268
Couto, Ribeiro, 185
Crispim, José Maria, 212
Cristóvão, Fernando, 102
Cruls, Gastão, 97
Cunha, Euclides da, 49
Cunha, Flores da, 202
Cunha, Gay da, 128

D'Horta, Arnaldo Pedroso, 256
Damata, Gasparino, 193
Defoe, Daniel, 32
Dickens, Charles, 166
Diégues Júnior, Manuel, 74
Dória, Álvaro, 93
Dostoiévski, Fiódor, 33, 91, 98, 106, 129, 141, 166, 274, 293
Dreiser, Theodore, 212
Dutra, Eurico Gaspar, 109, 201, 209, 225-9, 238, 247, 270
Dutra, Lia Corrêa, 175, 212, 246-7

Elleinstein, Jean, 250
Engels, Friedrich, 106, 246, 250
Engraxate, Antônio, ver Silva, Antônio Almeida da
Estrella, Arnaldo, 272, 274, 276-7

Fabiano (*Vidas secas*), 102, 158, 161, 191, 252
Facó, Rui, 205, 207, 250
Falcão, Barreto, 154
Falcão, Ildefonso, 170
Farhat, Emil, 92, 174
Faria, Octávio de, 166, 302
Ferraz, Aydano do Couto, 205, 207, 239, 243
Ferreira, José Mendes, 68
Ferreira, Luís Carpenter, 123, 131, 145
Ferreira, Marina Baird, 232
Ferreira, Procópio, 158, 175, 289
Ferri, Enrico, 56
Ferro, Pedro, 23, 27
Figueiredo, Euclides, 118, 186-7
Figueiredo, Guilherme, 169, 185-7, 191, 193, 203, 239
Fiuza, Yedo, 211, 239
Flaubert, Gustave, 43, 59, 103
Fonseca, Gondim da, 233
Fonseca, Hermes da, 37-8
Fontes, Armando, 73, 75, 152, 166, 168, 290
Fontes, Lourival, 178, 188
França Júnior, Joaquim José de, 43
France, Anatole, 59
Franco, Francisco, 124
Franco, Rodrigo Mello, ver Andrade, Rodrigo Mello Franco de
Freyre, Gilberto, 54, 75, 99, 180, 293

Garay, Benjamín de, 104, 130, 140, 150, 158-9, 161, 216
Garbuglio, José Carlos, 302
García Lorca, Federico, 153
Gattai, Zélia, 207, 273, 283
Ghioldi, Carmen, 121-2
Ghioldi, Rodolfo, 121, 123-5, 127, 132, 138, 283-5, 288
Gide, André, 224, 280
Gikovate, Febus, 139
Gilels, Emil, 274
Gógol, Nikolai, 106
Góis Monteiro, Pedro Aurélio de, 109, 123, 137, 188, 203, 277
Gomes, Dias, 292
Gomes, Eduardo, 209, 239
Gonçalves, Floriano, 212, 240, 242, 252, 257, 261, 264
Gondim, Azevedo (*São Bernardo*), 84

González, Raúl, 284
Górki, Maksim, 106, 140, 253, 280
Goulart, João, 299
Goya, Francisco, 164
Grabois, Maurício, 205, 209, 212
Grieco, Agripino, 81, 96-7
Guarnieri, Rossine Camargo, 257
Guedes, Armênio, 259
Guedes, Fernando, 269
Guerra, Emílio Carréra, 252, 257, 261, 268
Guimarães, Alberto Passos, 74-5, 95-6, 105-7, 109, 112-3, 116
Guimarães, Luiz, 35
Guimarães, Reginaldo, 228, 243, 265, 282-3, 286, 289
Guinle, Guilherme, 283

Hamlet (*Hamlet*), 165
Hepburn, Katharine, 175
Hirszman, Leon, 300-1
Hitler, Adolf, 121, 124
Holanda, Aurélio Buarque de, 74, 76-7, 93, 95-7, 100, 165, 202, 220, 231-3
Holanda, Sérgio Buarque de, 185, 257
Honório, Paulo (*São Bernardo*), 56, 83-5, 88-9, 97, 102, 191, 252, 301
Houaiss, Antonio, 185
Howard, Leslie, 175
Hugo, Victor, 32, 156

Iacovino, Mariuccia, 274, 277
Inácio, João, 27-8
Itararé, Barão de, ver Torelly, Aparício
Ivo, Lêdo, 184, 202

Jardim, Luís, 169
Jean, Yvonne, 193
Jobim, José, 283
Joffily, Geraldo Irineu, 272, 274
Jurandir, Dalcídio, 171, 193, 205, 207, 242, 246, 250-2, 257, 261, 266, 272-3, 277-8, 287, 292, 298

Kamprad, Rafael (Sérgio), 124
Kerensky, Alexander, 50
Kock, Paulo de, 43
Kogan, Leonid Borisovich, 274
Konder, Leandro, 256-7

Konder, Valério, 123, 143
Konder, Victor, 246
Kruschev, Nikita, 271, 276, 298
Kubitschek, Juscelino, 299

Lacerda, Carlos (Nicolau Montezuma), 98, 152-3, 155, 245-6
Lacerda, Maurício de, 138, 294
Lafetá, João Luiz, 85
Lampião (Virgulino Ferreira da Silva), 57-8, 127, 183
Le Clézio, J. M. G. (Jean-Marie Gustave), 301
Le Corbusier (Charles Edouard Jeanneret-Gris), 185
Leal, Simeão, 163
Leite, José, 61, 64, 89, 286
Leite, Otávio Dias, 174, 202
Lemos, Pinheiro de, 297
Lenin, Vladimir Ilitch Ulianov, 49, 51-2, 106, 207, 250, 273
Lessa, Orígenes, 220, 239, 242, 268, 292
Lessa, Sebastião Veridiano do Espírito Santo, 47
Levy, Santos, 292
Lima, Alceu Amoroso, 152, 225, 245
Lima, Francisco Melo, 202
Lima, Herman, 145-6
Lima, Hermes, 123, 125, 131, 138, 145, 166, 201, 245-6, 256, 294
Lima, Joaquim Pinto da Motta, 30
Lima, Jorge de, 74, 82, 92, 152, 180, 287
Lima, Lauro de Almeida, 60
Lima, Paulo Motta, 30, 205, 207, 286
Lima, Pedro Motta, 30, 41, 71, 77, 205, 207
Lima, Raul, 74-6, 96, 230
Lima, Rodolfo Motta, 30, 41, 233
Lima Filho, Joaquim Pinto da Motta (Pinto), 30, 32-3, 38-42, 45-6, 50, 53, 56, 106
Lima Júnior, 54, 79
Lima Sobrinho, Barbosa, 268
Linder, Max, 41
Linhares, José, 206, 210
Lins, Adalberon Cavalcanti, 40, 51
Lins, Álvaro, 161, 165, 180, 189, 215, 230-1, 233, 239, 246
Lins, Osman, 89
Lipa, Alfredo, 68
Lispector, Clarice, 185
Lobato, Milton, 282

Lobato, Monteiro, 207, 258
Lobo, José de Figueiredo, 117-8, 169
Lombroso, César, 56
Loureiro, Osman, 107, 109, 112
Loureiro, Rubem, 112
Lucena, José, 57-8
Luís, Washington, 78-9
Luísa (*Caetés*), 56
Luz, José da, 27-8
Luz, Manuel Sampaio, 60

Macaúbas, barão de, ver Borges, Abílio César
Macedo, Francisco Xavier de, 51, 53, 62-3, 84
Macedo, Joaquim Manuel de, 30
Macedo, Oyama de, 258-9
Machado, Aníbal, 151, 153, 192, 220, 242, 248, 268, 293
Machado, Antonio, 153
Machado, Dyonélio, 207, 242
Machado de Assis, Joaquim Maria, 44, 49, 76, 97-98, 140, 166, 219, 281
Madalena (*São Bernardo*), 85, 300-1
Magalhães, Basílio de, 181-2
Magno, Paschoal Carlos, 233, 292
Maia, Ernesto Luiz, ver Rodrigues, Newton
Maia, Pedro Moacir, 258
Malta, Otávio, 178
Mangabeira, João, 245
Mangabeira, Octavio, 145, 202
Manta, Neves, 268
Marat, Jean-Paul, 21
Marighella, Carlos, 212, 240, 259-60, 266
Marili, ver Oliveira, Maria Ramos de
Marina (*Angústia*), 101, 142
Marinetti, Filippo Tomaso, 54-5
Mariquinha, ver Ramos, Maria Amélia Ferro e
Maritain, Jacques, 224
Marques, Oswaldino, 252, 261
Martins, Gerardo, 224
Martins, Wilson, 97, 219-20, 296
Marx, Karl, 39, 106, 129, 209, 243, 250
Mata, Francisco Alves da, 117, 119
Mauriac, François, 224
Maurício, Jayme, 233
Mauro, Humberto, 175
Medauar, Jorge, 174
Medeiros, Aluísio, 278

Medeiros, Américo, 61, 78, 108, 149, 157
Medeiros, Austrelina Leite de, 61-2
Medeiros, Luís Augusto de, 82, 139, 174
Meireles, Cecília, 180
Mello e Souza, Gilda de, 225
Mello, Thiago de, 51
Melo Neto, João Cabral de, 185
Melo, João Ferreira de Gusmão e, 60
Mendes, Murilo, 152, 180, 225
Mendes, Oscar, 107, 253
Mendonça, Rivadávia, 256
Menezes, Amílcar Dutra de, 198
Menezes, Emílio de, 33
Mercadante, Paulo de Freitas, 228-9, 238, 240, 244, 253, 259-60, 263-5, 270-2, 280, 288-9, 295
Mesquita, Walter, 233
Mesquita Filho, Júlio de, 202
Michler, Martinho, 225
Mignone, Francisco, 207, 248
Miguel Pereira, Lúcia, 161, 166, 225, 239, 293
Milliet, Sérgio, 156, 256
Miranda, Henrique, 292
Miranda, Murilo, 141, 152-3, 163
Mochel, Arcelina, 242, 292
Moliterno, Carlos, 92
Molotov, Vyacheslav, 177
Moniz, João, 258
Monteiro, Edgard de Góis, 93, 137
Montello, Josué, 152, 215
Montenegro, Olívio, 99
Montezuma, Nicolau, ver Lacerda, Carlos
Moraes, Eneida de, 122-3, 126, 140-1, 174, 183, 194
Moraes, Luciano de, 233, 235
Moraes, Vinicius de, 142, 180, 185, 287
Morais, João Acióli de, 49
Morais, José Alcides de, 61, 69
Morais, neto, Prudente de, 82, 97, 152, 165, 169, 177-8
Morel, Edmar, 242, 291
Morena, Roberto, 292
Moreyra, Álvaro, 151, 153, 172, 178, 205, 207, 220, 242, 248, 257, 267, 287
Moreyra, Eugênia Álvaro, 122
Motta, Pedro Soares da, 77-8
Mozart, Wolfgang Amadeus, 128

Müller, Filinto Strubing, 120-1, 143-4, 146, 172, 188, 241
Murat, Luiz, 35
Muritiba, Antônio, 68
Mussolini, Benito, 110, 124

Naná (Filomena Masa Lins do Rego), 150
Neiva Filho, Aloísio, 228, 272
Neme, Mário, 256
Neruda, Pablo, 283, 291-2
Nery, Adalgisa, 152, 168, 180
Neto, Coelho, 31, 55
Neves, Corrêa das, 146
Niemeyer, Oscar, 185, 204, 207, 242, 248, 267
Noronha, Gentil, 154
Novais, Guiomar, 61
Nunes, Cassiano, 96
Nunes, Osório, 55
Nunes, Vanderlino, 154, 156, 158, 294

Ó, Maria do, 29
Oliveira, Alberto de, 33, 35
Oliveira, Alfredo, 40
Oliveira, Armando de Sales, 202
Oliveira, Euclides de, 128
Oliveira, Franklin de, 161, 167, 233, 235-6
Oliveira, Lilian Manes de, 89
Olympio, José, 103-4, 131, 145, 149, 153, 159, 161, 165, 166, 169-70, 189, 192-3, 217-9, 292-3, 297
Orico, Osvaldo, 168
Otávio Filho, Rodrigo, 191

Padilha, Luís (*São Bernardo*), 85
Paes, Álvaro, 60, 64, 69, 71-2, 76, 79-80, 110
Paim, Alina, 194-5, 212, 217, 246, 251-2, 267
Paim, Antônio, 239
Paim, Gilberto, 212
Palmeira, Lourdes, 279, 281
Palmeira, Rui, 76
Palmeira, Sinval, 265, 271-2, 274, 276-9, 281, 283
Pancetti, José, 207
Pantaleão, Antônio, 69
Papi, Benito, 212
Papi, Luiz Fernando, 243
Passos, Guimarães, 33, 35
Paula, Aloísio de, 282

Paurílio, Carlos, 74
Paz Júnior, Manuel Venâncio Campos da, 123, 143
Pedrosa, Israel, 212
Pedrosa, Mario, 233
Pedrosa, Milton, 246
Peixoto, Alzira Vargas do Amaral, 131, 293
Peixoto, Luís, 33
Pena, Cornélio, 73
Penido, Basílio, 224
Peralva, Osvaldo, 142, 252-3, 278, 294-6
Peregrino Júnior, 153, 167, 169, 215, 287
Pereira, Antônio Olavo, 220
Pereira, Astrojildo, 161, 191, 201, 205, 207, 220, 227, 240-2, 246, 248, 252, 256, 264, 287, 294-5, 298
Pereira, Cícero da Silva, 39-40, 57
Pereira, Daniel, 161
Pereira, Joaquim, 182
Perón, Eva (Evita), 283
Perón, Juan Domingo, 283
Pessoa, João, 78
Picchia, Menotti Del, 166, 193, 287
Pilatos, Pôncio, 146
Pinheiro, Maciel, 77
Pinheiro, Paulo Sérgio, 294
Pinto, Barreto, 240
Pinto, Francisco José, 146
Pinto, Sobral, 143-4, 240
Pinto, ver Lima Filho, Joaquim Pinto da Motta
Pires, Glória, 302
Pires, Homero, 244-5, 247
Pires, Sá, 255
Pomar, Pedro, 227, 251
Pompeu, Walter, 128
Pontes, Mario, 294, 296
Portinari, Candido, 151-3, 185, 202, 204, 207, 221-2, 239-40, 242, 248, 260-1, 265, 287, 292, 297
Portinari, Maria, 261, 286
Prado, Nazaré, 95
Prado Júnior, Caio, 207
Pragana, Raul, 233
Prestes, Júlio, 77-8
Prestes, Luiz Carlos, 54, 105, 108, 120, 127, 143, 188, 202-5, 207, 211-2, 227, 229, 243, 248-50, 277, 291, 295

Queirós, Eça de, 34, 38, 40, 44, 49, 56, 76, 97, 106, 166
Queiroz, Dinah Silveira de, 288
Queiroz, Maurício Vinhas de, 246
Queiroz, Rachel de, 73, 75, 99-100, 103, 105, 107, 116, 152, 160, 166, 172, 175, 185, 192, 201, 258-9, 288

Rabelais, François, 166
Ramalho, seu (*Angústia*), 142
Ramos, Amália, 23
Ramos, Anália (Daia), 23, 50, 286
Ramos, Arthur, 153, 220, 242
Ramos, Carmen, 23
Ramos, Clara (Clarita), 90, 100, 142, 150-1, 157, 160, 174-6, 178, 204, 211, 228, 231, 234, 255, 268, 282, 284, 287, 295-6
Ramos, Clélia, 23, 51
Ramos, Clodoaldo, 23, 47
Ramos, Clóvis, 23
Ramos, Heitor, 23
Ramos, Heloísa de Medeiros (Ló), 61-4, 67-8, 71, 73, 78-83, 87-90, 94-6, 98-101, 103, 106, 108-10, 113-4, 116, 120, 129-32, 137, 139-41, 143, 149-53, 157, 160, 162-4, 167, 171, 174-6, 198-200, 203-5, 211, 217-8, 222-3, 228, 236, 255, 271-2, 277-9, 284, 286, 289-90, 296, 300, 302
Ramos, Júnio, 47, 49-51, 68, 113, 116, 164, 176, 178, 199, 210, 229, 231, 287
Ramos, Leonor, 23-4, 33, 42, 45-7
Ramos, Lígia, 23
Ramos, Luísa, 82-3, 150, 157, 160, 174-5, 211, 228
Ramos, Márcio, 47, 49-50, 68, 113, 116, 176, 199, 258-9
Ramos, Maria (Marili), 23, 51, 80, 230
Ramos, Maria Amélia Ferro e (Mariquinha), 23-4, 26, 28, 37, 47, 241
Ramos, Maria Augusta, 50, 176
Ramos, Múcio, 49-50, 68, 156, 176, 199, 287
Ramos, Otacília, 23, 47
Ramos, Otília, 23, 80, 131
Ramos, Ricardo, 33, 71, 83, 105, 142, 151, 157, 176-7, 198-200, 204, 206, 215, 228-31, 246, 254, 263-4, 275, 282, 285, 287, 289, 291-2, 294-6, 300
Ramos, Roberto, 71

Ramos, Sebastião, 23-4, 27-9, 37-9, 41, 44-5, 47-8, 53, 58-9, 62, 65, 67, 81, 86, 89, 162, 241
Ramos, Tertuliano, 27
Ramos, Vanda, 23
Rangel, Ignácio, 212
Rangel, Lúcio, 152, 154, 156
Rebelo, Edgard de Castro, 123, 126, 131, 138, 145, 246
Rebelo, Marques, 73, 152, 168-9, 181, 186, 292
Rego, José Lins do (Zé Lins, Zélins), 59, 74-5, 94, 96, 99, 103, 112, 137, 143, 145-6, 150-4, 156-9, 163, 166-8, 180, 189, 191-2, 196, 209-10, 220, 225, 233, 235, 246, 283, 287, 292-3
Rego, Pedro da Costa, 59-60, 231-4, 236
Renault, Abgar, 174, 180
Resende, Otto Lara, 214, 233, 236, 288
Reynal, Beatrix, 202
Rezende, Cyro Riopardense, 242
Rezende, Leônidas de, 123, 126, 131, 138, 145, 209
Ribbentrop, Joachim von, 177
Ribeiro, Demócrito, 269
Ricardo, Cassiano, 166, 180
Ripoll, Lila, 269
Robespierre, Maximilien de, 21
Rocha, Hélio, 228
Rocha, José da, 117
Rodrigues, Augusto, 166, 222
Rodrigues, Lupicínio, 268
Rodrigues, Newton (Ernesto Luiz Maia), 196, 198, 253, 261
Rolland, Romain, 262
Rónai, Paulo, 202
Roosevelt, Franklin Delano, 188
Rosa, João Guimarães (Viator), 169-70, 185
Rostropovich, Mstislav, 274

Salazar, António de Oliveira, 124, 180, 210
Salgado, Plínio, 114
Salles, Fritz Teixeira de, 202
Salles, Heráclio, 233, 235-6, 253, 286, 297
Sampaio, Walter, 292
Sant'Ana, Moacir Medeiros de, 34
Santa Rosa, Tomás, 73-5, 95-6
Santos, Carmen, 154
Santos, Nelson Pereira dos, 218, 300-1
Santos, Ruy, 207, 300-1
Schenberg, Mario, 207, 239

Schmidt, Augusto Frederico, 73-4, 81-2, 94-6, 98, 145, 158, 161-2, 180, 189-91, 291
Scliar, Carlos, 207, 239, 268-9
Scliar, Henrique, 268
Segatto, José Antonio, 256
Seljan, Zora, 154, 160, 167, 175
Senna, Homero, 222, 231
Shakespeare, William, 165
Silva, Antônio Almeida da (Antônio Engraxate), 69
Silva, Hugo Ribeiro da, 242
Silva, Luís da (*Angústia*), 56, 101-2, 104, 142, 171, 191
Silva, Umbelina Paes e, 50
Silveira, Joel, 151, 166, 173, 178-9, 184, 189, 199
Silveira, José, 111
Silveira, Nise da, 122, 140-1
Silveira, Paulo de Castro, 94
Sisson, Roberto, 138
Soares, José Carlos Macedo, 144
Soares, José Eduardo Macedo, 144-5
Sodré, Nelson Werneck, 96, 115, 164, 166, 183, 201, 227, 247, 251, 293
Sousa, Afonso Félix de, 287
Sousa, Octavio Tarquínio de, 97, 141, 152, 168, 189, 215, 225, 233, 239, 245-6
Souza, Nelson, 269
Souza, Pompeu de, 162
Stalin, Josef, 177, 201, 204, 207, 212, 238, 243, 248-51, 253, 257, 271, 275-6, 278, 280, 289, 298
Stendhal (Marie-Henri Beyle), 187, 193
Swift, Jonathan, 166

Taiana, Jorge Alberto, 283-4
Taine, Hippolyte, 44
Táti, Miécio, 268, 292
Taunay, visconde de (Alfredo d'Escragnolle Taunay), 166
Tavares, Julião (*Angústia*), 101, 104, 108, 142
Távora, Juarez, 116
Teixeira, Anísio, 165
Teixeira, Jorge Leão, 233
Tigre, Bastos, 33
Tinoco, Tasso, 81
Tito, Josip Broz, 238

Tobias, Dondon, 39
Tobias Filho, José, 39, 69
Tolstoi, Leon, 33, 106, 166, 274-5, 281
Torelly, Aparício (Barão de Itararé, Aporelly), 123, 126, 138, 145, 156, 178, 202, 205, 207
Torga, Miguel, 175
Trotski, Leon, 52, 139
Trujillo, Rafael, 235
Twain, Mark, 43

Valério, João (*Caetés*), 56-7, 102
Varela, Alfredo, 284
Vargas, Getulio, 77, 87-8, 92, 105, 107, 109, 114, 127, 131, 133, 140, 142-6, 152, 154, 163-4, 168, 171-3, 177-9, 181, 184-5, 188, 201-3, 205-6, 259, 264, 269-70, 286, 293-4
Vasconcelos, Capitulino José de, 67
Vasconcelos, Cícero de, 30
Veiga, Cláudio, 255
Venâncio, Mário, 30-2
Vereza, Carlos, 302
Verissimo, Erico, 180, 292
Verlaine, Paul, 175
Verne, Júlio, 30, 40, 43
Vianna, Moniz, 233
Vianna, Oduvaldo, 207, 248, 289
Viator, ver Rosa, João Guimarães
Vieira, José Geraldo, 73, 95
Vilela, Aloísio, 97
Villaça, Antônio Carlos, 168, 173, 225
Villa-Lobos, Heitor, 179
Vitória (*Angústia*), 142
Vitória (*Vidas secas*), 158, 161
Voltaire (François-Marie Arouet), 166

Wainer, Samuel, 178, 201
Wanderley, Brena, 106
Wanderley, Filadelpho, 48, 61
Washington, Booker, 174, 256
Weiger, Afonso Maria, 224-5
Wucherer, Armando, 112

Zdanov, Andrei, 238, 249-50, 252-4, 260-1
Zélins, ver Rego, José Lins do
Zola, Émile, 33, 59

SOBRE *O VELHO GRAÇA*

"Dênis de Moraes fez um trabalho de mestre que os interessados em literatura brasileira não devem perder. Graciliano Ramos tem com este livro a biografia de nível literário que sua obra reclamava." – *Moacir Werneck de Castro*

"Um belo livro, uma biografia de classe." – *Antonio Callado*

"O livro de Dênis de Moraes está para Graciliano Ramos assim como o de Francisco de Assis Barbosa para Lima Barreto. É um ponto de partida fundamental, com passagens e personagens que emocionam." – *Otto Lara Resende*

"A pesquisa minuciosa de fontes documentais, a análise amorosa dos dados, a preocupação em articular a vida e obra de Graciliano de forma a elucidar seu belo e dramático percurso como homem, intelectual e artista, tudo isso faz da biografia escrita por Dênis de Moraes uma contribuição decisiva para uma compreensão luminosa do grande escritor." – *Wander Mello Miranda*

"*O velho Graça* é um alto empreendimento. Constrói uma imagem indispensável à análise de Graciliano Ramos, sem deificá-lo, sem idealizações. Uma imagem justa e honesta. A biografia escrita por Dênis de Moraes é, no conjunto, produto verdadeiramente de um *scholar*." – *Fábio Lucas*

"Dênis de Moraes teve o mérito de compendiar num volume definitivo e já agora insubstituível não só tudo o que se sabia, mas tudo o que importa saber sobre o homem." – *Wilson Martins*

"Não posso calar minha admiração por este livro que nasce clássico. Trata-se de um senhor ensaio, revelando o humanismo do mestre Graça e a luz da esperança que sempre havia nele." – *Antonio Carlos Villaça*

"Um livro bem pesquisado, bem pensado e bem escrito. É uma obra-modelo." – *Affonso Romano de Sant'Anna*

"Com *O velho Graça*, Graciliano Ramos finalmente ganha a biografia que há muito estava a merecer. Um retrato correto, completo, sem retoques, do grande romancista." – *Joel Silveira*

"*O velho Graça*, pela seriedade da pesquisa e pela clareza de redação, põe o jovem biógrafo à altura de Gaspar Simões, em Portugal, e de Lúcia Miguel-Pereira e Francisco de Assis Barbosa, no Brasil." – *Paulo Mercadante*

"Uma excelente biografia, sólida, equilibrada e precisa." – *Mario Pontes*

"O velho Graça que eu conheci está definitivamente retratado no livro de Dênis de Moraes, uma obra excepcional." – *Heráclio Salles*

"O magnífico *O velho Graça* é um trabalho de pesquisa formidável, um volume que honra o ensaio brasileiro e do qual Graciliano Ramos teria muito orgulho." – *Duílio Gomes*

"Além de proporcionar um exercício de leitura fácil e agradável, *O velho Graça* resultou de criteriosa e definitiva investigação sobre a vida pessoal, literária e política de Graciliano Ramos." – *Rolando Morel Pinto*

"É uma obra tocante e admirável, fruto de pesquisa cuidadosíssima e de intensa sensibilidade de leitor, como se espera de uma boa biografia: sensível sem ser irresponsável e fundamentada sem ser fria. Morais consegue isso. Abordando o homem e o artista Graciliano Ramos, o autor acaba construindo um panorama da primeira metade do século XX, no Brasil e no mundo." – *Adriano de Almeida*

ANEXO

Graciliano Ramos por William Medeiros.

Os chamados romances sociais não atingiram as massas, declara Graciliano Ramos*

*Entrevista a Ernesto Luiz Maia**

Os escritores no Brasil parece que são intermitentes. De repente escrevem muito numa média de um livro por ano e depois somem por um tempo indeterminado. É lógico que nos referimos aos escritores não bissextos, isto é, àqueles que mesmo longe do público permanecem trabalhando e procuram realizar alguma obra. Mas é preciso fazer também um outro esclarecimento porque a palavra escritor está tomada aqui num sentido restrito, excluindo o trabalhador da imprensa que, evidentemente, não está longe do público em ocasião alguma, podendo, quando muito, ficar irreconhecível atrás de um pseudônimo ou do anonimato. Refere-se mais ao romancista, ao poeta e ao novelista.

Desse modo, distanciado dos escritores, o público não sabe muito o que pensar deles. Cada um vai inventando sua própria explicação que à força de não ser contestada termina por se tornar irrevogável. Inventam-se pontos de vista de fulano e de sicrano, agrupam-se pessoas inteiramente à revelia delas, determinam-se "gerações" literárias e influências diversas num esforço de mera explicação pessoal que não tem, frequentemente, o menor valor positivo. E não é só isso. Na interpretação do conjunto literário cada um de nós vai criando um sistema: isso aconteceu porque o escritor ganha pouco; foi assim porque não se pode escrever sem fazer enormes concessões aos editores; porque há necessidade de climas políticos determinados para a literatura; e por aí vai tudo.

Para corroborar cada um desses pontos de vista levantam-se montanhas de "exemplos" e se prova por *A* mais *B* que a literatura foi *assim* e *assado* porque houve *isso* e *aquilo*.

---

* Publicada na revista *Renovação*, Rio de Janeiro, maio-jun. 1944, p 9-10 e 33. Trata-se da mais esclarecedora entrevista concedida por Graciliano Ramos, em seu estilo inconfundível, sobre literatura, criação literária e realidade social. Ele tinha, à época, 51 anos. (N. A.)

** Pseudônimo então adotado pelo jovem Newton Rodrigues (1919-2005), que viria a ser um dos mais respeitados jornalistas brasileiros. (N. A.)

Quase nunca alguém vai procurar saber a opinião dos próprios escritores a respeito.

Mas há outros fatos também.

Fica-se dizendo que o romancista A é mais popular do que o romancista B e não se cuida ao menos de fixar um conceito sobre o que é popular ou sobre o que deixa de ser.

Para explicar a falta de penetração de muitos escritores na massa vai-se dizendo que é porque eles escrevem sobre misérias de que o pobre está farto. Cada um vem dar a última palavra e ora o analfabetismo, ora a falta de instrução, às vezes o preço dos livros, encontram maior número de adeptos.

E raramente são os próprios escritores (no sentido em que se toma aqui) que dizem o que acham a respeito. Dizem uma vez ou outra, pela boca de uma personagem sua ou num artigo ou entrevista. Mas como as personagens não estão defendendo teses, os artigos são raros e as reportagens difíceis de fazer, vai ficando tudo assim.

Foi por isso que o repórter pensou em entrevistar um escritor representativo para inquiri-lo sobre esses aspectos todos e mais outros. Mas para isso era preciso procurar um escritor e conseguir dele essas respostas todas ou, pelo menos, parte, que mais vale pouco do que nada. O caso é que o repórter não conhecia escritor nenhum e além disso nunca tinha feito reportagem. E se ele quisesse entrevistar um literato qualquer era muito fácil, porque podia ir à Academia e procurar um canastrão aposentado dos que lá existem, doidos por uma entrevistazinha, ou um político manhoso amante do fardão.

Mas o que interessava era saber alguma coisa vinda de alguém que se preocupe com o povo, em cogitar se conseguiu ou não identificar-se com a massa e ser lido por ela.

Foi por isso que a escolha recaiu em Graciliano Ramos. Basta olhar seus romances para ver que ele está com o povo. E quem achar que isso é muito abstrato procure concretização num célebre relatório que ele fez.

O repórter foi, na companhia de um amigo comum, procurar o autor de *São Bernardo* e fez o possível para fazê-lo falar. Mas Graciliano parece que não gosta de ser entrevistado e pergunta muito mais do que responde. Começou dizendo que não havia motivo que justificasse aquilo e, mesmo depois de aceder, aproveitou todas as ocasiões para despistar e fugir do assunto. E não foi só: muitas vezes falava mas dizia ao repórter que não podia publicar o que estava ouvindo. Foi, portanto, difícil a entrevista. E se não foi, vejamos:

— *Pode alguém, no Brasil, viver exclusivamente de escrever?*

— Os tabeliães estão aí...

— *Bem, eu sei que o Olegário continua vivo... Mas se deixarmos de lado o reconhecimento de firmas e o registro de contratos, o senhor acredita que alguém possa viver como escritor?*

— Os jornalistas...

– Quer dizer, então, que podemos falar de uma classe de escritores profissionalmente definida?
– Classe?!!! O que chama você de "classe" de escritores profissionalmente definida? O termo não cabe aqui, mesmo porque enquanto uns literatos servem a uma classe, outros servem a outra (o repórter pensou no Tristão como um tipo e no Jorge Amado como outro)*. Há escritores e nada mais.
– E eles podem encontrar editores sem fazer concessões?
– Os editores não influem. Pode ser que outros fatores muito mais positivos coajam o escritor, mas os editores não. Nunca tive de mudar qualquer trecho de livro porque um editor pedisse. É verdade, porém, que nunca andei atrás de editor para livro meu. Se andasse talvez aparecesse alguma exigência. Mas não conheço nenhum exemplo. Não, os editores não influenciam absolutamente.

Evidentemente, o repórter estava infeliz: depois de uma "blague", uma correção e, depois de uma correção, uma negativa. Era melhor mudar de assunto e arriscar ver se Graciliano acreditava na existência de escritores populares no Brasil.

– Não acredito não. Acho que as massas, as camadas populares, não foram atingidas e que nossos escritores só alcançaram o pequeno burguês. Por quê? Porque a massa é muito nebulosa, é difícil interpretá-la, saber de que ela gosta. Além disso, os escritores, se não são classe, estão em uma classe, que não é, evidentemente, a operária. E do mesmo jeito que não puderam penetrar no povo, não podem dizer o motivo pelo qual não conseguiram isso. Somente um inquérito entre o próprio povo poderia dizer dos motivos, e eis aí ótimo tema para uma investigação. Talvez seja isso mesmo: talvez porque um escritor não sente os problemas como o povo, este não o deixe penetrar nele.
– E o que diria o senhor sobre a questão de tema e tratamento? Eu me explico: será o assunto que afasta o escritor da massa ou o êxito depende muito mais do modo como foi escrito?
– Acho que não é o tema que tem a maior importância. A miséria, por exemplo, pode não dar a quem a trata a mesma impressão que naquele que a sofre.
– Nesse caso porque não foi tratada objetivamente...
– Até pelo contrário. Objetivamente ela pode ter sido. O objeto, a coisa, não está ali dentro do livro? Justamente o que desafinou foi a parte subjetiva. E sem ela não pode haver obra alguma, porque qualquer um só pode escrever o que sente e não o que os outros estão sentindo ou poderiam sentir.
– Somente um proletário pode escrever efetivamente para o proletário?

---
* Parênteses de Newton Rodrigues. (N. E.)

— Sim. Um burguês só pode fazer contrafação quando trata um tema proletário. Mas eu já lhe disse que o porquê da coisa somente o próprio povo poderia dizer. Como iria eu dizer por que um operário não gosta de um livro, se não sou operário? O que nossos escritores podem alcançar é a pequena burguesia.

— *Mas então é lógico que se não foi o tema, foi o tratamento que afastou o povo. É porque as camadas desfavorecidas (com eufemismo e tudo) não têm, ainda, uma instrução suficiente para apreciar uma literatura melhor, admitindo-se, a priori, que o escritor seja bom.*

— Você não vai querer dizer com isso que o escritor passe a escrever mal... Ou vai?

— *De modo algum, é claro. Mas eu pergunto, então, se o senhor acha que um gênero, uma escola, influi. Se a poesia, por exemplo, tem mais possibilidades do que o romance, entre o povo, ou se é o teatro que reúne maiores condições de êxito.*

— Nas massas iletradas, o romantismo é de mais fácil êxito. Mas o que vigora mesmo é o folhetim, que a massa vai aceitando como entorpecente... Olhe bem, eu não estou citando ninguém... Mas o fato é este: o que se lê entre a massa é o folhetim.

— *E será que fazem isso porque, segundo querem alguns, o homem que sofre, que passa fome e não tem o que vestir, tem prazer em ler histórias de princesas felizardas que jantam encadernadas em vestidos luxuosos?*

— Talvez... Não sei.

— *Mas, sobre o gênero, o senhor não acha que, no Brasil, a poesia atingiu mais o povo do que o romance, por exemplo?*

— Não vejo isso não. Nenhuma espécie de literatura atingiu ainda entre nós a massa, nem a prosa e nem a poesia. Por que é que você diz isso? O que parece é que a força romântica de uma obra tem influência sobre o povo. Às massas iletradas o romantismo é mais fácil, e Jorge Amado talvez as tenha tocado porque é principalmente um romântico.

O repórter percebeu que a entrevista ia ficando uma correia sem fim por culpa dele mesmo. E ele tinha outros problemas, e outras perguntas, como a de se Graciliano se colocaria em alguma geração literária, se é que se pode usar a expressão. Mas quando Graciliano ia dizendo que não se considerava de nenhuma geração, chegou um amigo e ele teve que levantar.

Apresentações.

Apertos de mão.

Mudanças de lugar.

Foi até bom tudo isso porque deu tempo de anotar alguma coisa. Enquanto isso, o entrevistado perguntava se em *Renovação* não havia necessidade de um revisor, que ali estava, o recém-chegado, precisando. Chamou, também, Zé Lins do Rego e fez-lhe um pedido parecido.

O "revisor" é um antigo colega de Graciliano, dos tempos em que navegou num braço-de-mar aperreado, como tem de acontecer, de vez em quando, com intelectual honesto no Brasil. Finalmente o amigo do escritor sentou-se ao lado dele e o repórter pôde insistir sobre se há motivos para falar-se em "geração literária". E Graciliano concordou que se pode usar a expressão, se bem que não seja muito clara:

– De vez em quando temos um movimento que marca, como o de 30, por exemplo. Mas esses movimentos não são isolados. De um certo modo o movimento que sucedeu por volta de 30 tem as suas raízes em 22. Mas por que 22? Desde 18 Manuel Bandeira publicara *Os sapos*, de onde ser claro que é impossível precisar uma data. Aceito que se use o termo para caracterizar essas épocas mais acentuadas de um movimento qualquer. Mas há um tal entrelaçamento e uma tal interpenetração que seria impossível situar com segurança uma dessas gerações.

– *Ah! uma coisa... Vive-se por aí a falar de boca cheia de romance social para cá e romance social para lá. Como conceberia um romance social?*
– Qualquer romance é social. Mesmo a literatura "torre de marfim" é trabalho social, porque só o fato de procurar afastar os outros dos problemas é luta social.

– *Desse modo pode haver um romance social afastado da massa? Pode haver um romance social só da burguesia, por exemplo, e que nada tenha com as demais classes?*
– Se fôssemos conceituar romance social como romance do povo, dos problemas do povo etc., só haveria um romance social operário quando escrito pelo próprio operário, como já ficou dito. Mas essa literatura eu não a posso julgar porque não existe. Um escritor pode escrever para a massa e o operário nem o ler. Eu já tentei isso quando escrevi *São Bernardo*, mas o povo não leu *São Bernardo* e continuo sem saber por quê. De qualquer modo, o romance social terá que ser sentido e é preciso que o personagem seja o próprio autor.

– *E até onde caberiam os dramas íntimos dentro dele?*
– Não há limitação para os dramas íntimos. A vida de um pode retratar tudo, um problema inteiro. Mesmo a miséria tem que ser vista segundo o temperamento de cada um. Essa "miséria em si" não pode surgir num romance diretamente, mas apenas através do homem que a sofreu e a interpretou.

– *E poderia um escritor manter-se alheio dos problemas do momento, da guerra, do desemprego ou das crises econômicas?*
– Não há arte fora da vida, não acredito em romance estratosférico. Logo não pode. O escritor está dentro de tudo que se passa, e se ele está assim, como poderia esquivar-se de influências?

– *Quer dizer, então, que a guerra tem influência?*
– Tem.

– *Mas qual?*

— Não vi...

Não se podia atinar com essa influência invisível. Passou-se um prazo em que o repórter insistia no "qual" e Graciliano no "não vi". Finalmente ele esclareceu ser evidente a influência da política. Mas o que é impossível precisar é até que ponto uma revolução artística está condicionada por uma revolução política ou social. Explica mesmo que não se pode dizer qual a influência da Revolução Francesa no Romantismo, porque as raízes do movimento romântico são mais remotas do que a Grande Revolução. E o mesmo raciocínio poderia ser estendido a todas as correntes literárias ou artísticas.

Graciliano continuou falando, mas se negando sempre a dizer quais seriam as influências da guerra sobre a literatura:

— Eu só posso dizer as influências quando ler os livros, e essas obras de após-guerra ainda não foram escritas... Além disso, não sabemos quais serão os rumos políticos do mundo quando vier a paz. Se houvesse, por exemplo, em certos países da Europa uma mudança de regime, podia ser que isso prejudicasse a literatura, porque o clima favorável para seu desenvolvimento é a liberdade.

— *Quer dizer então que o clima melhor para a literatura é esse clima de "paz social" como querem alguns? O clima do liberalismo inglês...*
— De certo modo sim, já que permite a liberdade. Eu não admito literatura de elogio. O liberalismo ao menos permite uma liberdade relativa. Quando uma ala domina inteiramente, a literatura não pode viver; pelo menos até que haja mais necessidade de coagir, o que significa liberdade outra vez. O conformismo exclui a arte, que só pode vir da insatisfação. Felizmente para nós, porém, uma satisfação completa não virá nunca.

De assunto em assunto Graciliano tinha chegado às portas de um tema interessantíssimo. Houve geração logo depois de 30, tinha havido outra por volta de 20 e, no entanto, a geração atual é muito pobre em representantes. Evidentemente, não se está a dizer por isso que de dez em dez anos, numa intermitência matemática, tenha de aparecer uma leva original de escritores. O repórter talvez pudesse dar a sua explicação, mas o que interessaria no momento era a opinião do autor de *Vidas secas*:

— Por que há poucos representantes da última geração? Por várias razões, como as dificuldades econômicas e outras que podem nada ter de literárias, mas não vejo que haja assim tão poucos representantes.

— *O senhor não acha que os escritores da geração de 30 apareciam mais como escritores do que feito esperanças e que, agora, os que surgem são mais esperanças do que escritores?*
— Não se deve menosprezar a atual geração. Em 30 havia uma estagnação quando surgiram vários escritores. Depois do movimento de 22 voltara-se a uma geral

calmaria literária e foi quando surgiram vários escritores. Talvez o sucesso deles não fosse o mesmo hoje. Quem escrevia antes de 30? Quase ninguém... Hoje o número de escritores aumentou muito e é mais difícil aparecer. É preciso também não esquecer a questão do ambiente que a revolução trouxe e que favoreceu o surto literário pela agitação de certos problemas. No entanto, depois de uns livros bons, os mesmos autores começaram a repetir-se. Jorge Amado, que vai subindo até *Jubiabá*, cai depois dele. O mesmo acontece no Ciclo da Cana do Zé Lins. Podemos então admitir uma superioridade intrínseca dos escritores de 30 sobre os atuais? Depois dessa queda veio a guerra, e parece que está começando um novo clima. Ultimamente saíram três grandes romances: *Terras do sem fim* e *São Jorge de Ilhéus*, de Jorge Amado, e *Fogo morto*, de José Lins.

Graciliano, que considera o segundo livro de Jorge Amado melhor do que o primeiro, continuou a dizer várias coisas sobre livros e escritores, assinalando também que não vê solução de continuidade entre os surgidos em 30 e os de agora.

— *Não foram, portanto, causas literárias somente que deram em resultado essa menor eclosão dos escritores novos?*
— Realmente...

— *E por que tem escrito pouco ultimamente?*
— Para dizer a verdade, estou numa fase de "burrice"...

— *Posso botar isso na entrevista?*
— Não... Depois vão pensar que é modéstia, e não é... Mas eu tenho escrito. O que não tenho é publicado.

— *Então os editores não lhe pedem mais livros como antigamente...*
— Pedem, sim, e estou com um livro prometido aqui pro Zé Olympio. Já está até pago. Mas as razões econômicas pesam. Escritor não pode trabalhar quando tem de cuidar de outras coisas para viver. Ainda agora estou com um livro de outro para corrigir. E corrigir, nesse caso, significa refazer por inteiro!

— *Se nós fôssemos levar isso que o senhor disse às conclusões finais, teríamos que concluir que somente o conforto pode gerar boa literatura. E as obras escritas nos maus períodos de vida? Não as há e grandes.*
— Quais, quer me dizer?

— *Ora, o senhor mesmo escrevia antigamente.*
— Não foram coisas grandes. E naquele tempo eu vivia em Maceió, era a vida mais calma. Eu não tinha de pagar apartamento caro e tudo isso.

— *E o livro que o senhor está escrevendo?*
— É de memória. Memórias de infância e só até catorze anos. Quando vai sair não sei, porque já devia estar entregue há muito tempo. É possível que saia este

ano ainda, porque faltam somente cinco capítulos num total de quarenta. Ainda não tem nome, e você podia dar um título para ele, não acha? É claro também que vou procurar retratar a época, pois um livro de memórias não exclui essa possibilidade e até a pede.

— *Pelo que vejo, o senhor acredita na possibilidade de um homem depois de uma certa idade reconstruir a experiência da infância. O senhor não acha que os fatos poderão não aparecer como eram, mas como o senhor os vê hoje?*
— Evidentemente, eu só posso escrever hoje para dizer como vejo aquelas coisas atualmente. Há portanto uma reinterpretação. Mas o escritor pode-se colocar na época e esforçar-se para reviver. Aliás, isso tudo pode ser julgado depois de lido o livro...

Graciliano falou mais ainda. E informou que não está escrevendo nenhum romance, mas que não sabe se foi o romance que brigou com ele ou ele que brigou com o romance.

— Para que mais romance? Já existe romance demais. Depois o papel está muito caro, e dizem que tem uma influência enorme na economia de guerra nacional. Depois da guerra é possível.

O entrevistado já estava de pé e a tarefa estava oficialmente terminada. Graciliano perguntou quando poderia ver a entrevista. Isso era muito importante para não acontecer com ele novamente o que houvera em um depoimento feito no interior. Foi o caso que mataram um judeu e Graciliano tinha de depor como testemunha. Mas havia um "arranjo" qualquer e tudo que ele dizia era escrito inteiramente diferente. No fim, a autoridade foi mandando assinar.
— Leia primeiro, para eu ver se concordo.
O sujeito foi lendo. E Graciliano foi ficando com raiva porque estava "uma peste" de mal escrito tudo aquilo e porque ele não tinha dito nada parecido.
— Eu não assino isso, porque não disse.
— Foi isso mesmo. Seu depoimento é este!
— Querem saber de uma coisa? Vocês querem me embrulhar? Então eu lhes declaro logo. "Quem matou o homem fui eu...".

CRONOLOGIA*

1892 Em 27 de outubro, nasce Graciliano Ramos de Oliveira, em Quebrangulo (AL). É o mais velho dos dezesseis filhos de Sebastião Ramos de Oliveira e Maria Amélia Ramos.

1895 Em 23 de junho, a família muda-se para a Fazenda Pintadinho, em Buíque (PE).

1899 A família muda-se novamente, desta vez para Viçosa (AL).

1904 Em 24 de junho, Graciliano, estudante do Internato Alagoano, publica o conto "Pequeno Pedinte" em *O Dilúculo*, jornal da instituição.

1905 Muda-se para Maceió e frequenta o Colégio Quinze de Março.

1906 Em 1º de fevereiro, torna-se redator do *Echo Viçosense*, periódico quinzenal. A publicação acabou depois de dois números, com o suicídio de seu inspirador e corredator, Mário Venâncio. No mesmo ano, sob o pseudônimo Feliciano de Oliveira, Graciliano publica sonetos na revista carioca *O Malho*.

1909 Começa em 10 de fevereiro a colaborar no *Jornal de Alagoas*, com o soneto "Céptico", sob o nome Almeida Cunha. Suas diversas contribuições ao periódico foram sob pseudônimos, como Soares de Almeida Cunha e Lambda, este usado para os textos em prosa até 1913. Também continua a colaborar em *O Malho*, usando os nomes Soeiro Lobato e Soares de Almeida Cunha.

1910 Em 27 de outubro, dia de seu 18º aniversário, passa a morar em Palmeira dos Índios (AL). No mesmo ano, dá ao *Jornal de Alagoas* a primeira entrevista como escritor.

1911 Publica no *Correio de Maceió* sob o nome Soeiro Lobato.

1914 Ao lado do amigo Joaquim Pinto da Motta Lima Filho, vai ao Rio de Janeiro, capital brasileira à época, tentar trabalho em jornais cariocas. Trabalha como revisor nos jornais *Correio da Manhã, A Tarde e O Século*. Contribui no fluminense *Paraíba do Sul* e no *Jornal de Alagoas*, sempre com assinando como R. O. (Ramos de Oliveira). Esses textos encontram-se compilados na obra *Linhas tortas*, póstuma.

1915 Em setembro, retorna a Palmeira dos Índios depois que os irmãos Otacília, Leonor e Clodoaldo, além do sobrinho Heleno, morrem devido a uma epidemia de peste bubônica.

---

* Fonte: www.graciliano.com.br. (N. E.)

Em 21 de outubro, casa-se aos 23 anos com Maria Augusta de Barros, de 21 anos. Encerra suas colaborações em todos os periódicos.

1916 Nasce em 14 de setembro seu primeiro filho, Márcio Ramos.

1917 Em 30 de abril, passa a cuidar de loja de tecidos Sincera. No dia 13 de setembro nasce Júnio Ramos, seu segundo filho.

1919 Em 29 de setembro, nasce Múcio Ramos, o terceiro filho.

1920 Em 23 de novembro, falece sua esposa, Maria Augusta, em decorrência de problemas no parto da quarta filha do casal, batizada Maria Augusta Ramos.

1921 Volta a publicar, colaborando no periódico semanal palmeirense *O Índio*. Continua a escrever sob pseudônimos, como J. Calisto, Anastácio Anacleto, Lambda e J. C.

1925 Começa a escrever seu primeiro romance, *Caetés*.

1927 Em 7 de outubro, é eleito prefeito de Palmeira dos Índios.

1928 Toma posse como prefeito em 7 de janeiro. No dia 16 de fevereiro, casa-se, aos 35 anos, com Heloísa Leite de Medeiros, de 18 anos. No mesmo ano, termina de escrever *Caetés*.

1929 No dia 4 de janeiro, nasce seu quinto filho, Ricardo de Medeiros Ramos, primeiro filho de Heloísa. Quatro dias depois, envia ao governador de Alagoas um relatório, considerado de alta qualidade literária, em que prestava contas do município. O documento chega às mãos do editor Augusto Frederico Schmidt, que pergunta se Graciliano tem escritos para ser publicados.

1930 Em 22 de janeiro, nasce Roberto de Medeiros Ramos, seu sexto filho, que morre com poucos meses de vida, em Maceió. No dia 10 de abril, Graciliano renuncia à prefeitura e muda-se em 29 de maio para Maceió, com a família. Dois dias depois, é nomeado para a diretoria da Imprensa Oficial de Alagoas. No mesmo ano, contribui no *Jornal de Alagoas* com artigos sob o nome Lúcio Guedes.

1931 Em 19 de fevereiro, nasce sua sétima filha, Luiza de Medeiros Ramos. Em 29 de dezembro, renuncia ao cargo na Imprensa Oficial de Alagoas.

1932 Em janeiro, começa a escrever em Palmeira dos Índios o romance *São Bernardo*, concluído no mesmo ano. Em abril, é operado em Maceió. No dia 9 de novembro, nasce sua oitava filha, Clara Medeiros Ramos, em Maceió.

1933 Em 18 de janeiro é nomeado diretor da Instrução Pública de Alagoas. Também trabalha como redator no *Jornal de Alagoas*. No mesmo ano, sai seu primeiro livro, *Caetés*, pela editora Schmidt, no Rio de Janeiro.

1934 Em 18 de novembro, morre seu pai, Sebastião Ramos, em Palmeira dos Índios. No mesmo ano, é publicado seu segundo romance, *São Bernardo*, pela editora Ariel, no Rio de Janeiro.

1936 No dia 3 de março, é preso em Maceió e levado para o Rio de Janeiro. Em agosto, seu terceiro livro, o romance *Angústia*, é publicado no Rio de Janeiro pela editora José Olympio. A obra recebe o Prêmio Lima Barreto, da *Revista Acadêmica*.

1937 É libertado no dia 3 de janeiro. No mesmo ano, escreve o livro infantil *A terra dos meninos pelados*, que recebe o Prêmio de Literatura Infantil do Ministério da Educação.

1938 Publica o romance *Vidas secas*.

1939 Em agosto, é nomeado inspetor federal de ensino secundário do Rio de Janeiro. No mesmo ano, *A terra dos meninos pelados* é publicado pela Livraria do Globo, de Porto Alegre.

1940 Traduz *Memórias de um negro*, de Booker T. Washington, para a Editora Nacional, de São Paulo.

1941 Publica na carioca *Revista Cultura Política* uma série de crônicas, intituladas "Quadros e Costumes do Nordeste". O material foi publicado sob o título *Viventes das Alagoas*.

1942 Em outubro, em seu cinquentenário, é homenageado com um jantar comemorativo no qual recebe o Prêmio Felipe de Oliveira pelo conjunto de sua obra. No mesmo ano, a Livraria Martins, de São Paulo, publica o romance *Brandão entre o mar e o amor*, escrito em parceria com Jorge Amado, José Lins do Rego, Aníbal Machado e Rachel de Queiroz.

1943 Em 4 de setembro, morre sua mãe, Maria Amélia Ramos, em Palmeira dos Índios.

1944 Publica o livro infanto-juvenil *Histórias de Alexandre*, pela editora Leitura, no Rio de Janeiro.

1945 Filia-se em agosto ao Partido Comunista Brasileiro, convidado por Luiz Carlos Prestes, secretário-geral. No mesmo ano, publica o livro de memórias *Infância*, pela editora José Olympio, e o conjunto de contos *Dois dedos*, pela Revista Acadêmica, no Rio de Janeiro.

1946 Publica *Histórias incompletas*, que reúne os contos "Dois dedos" e "Luciana", três capítulos de *Vidas secas* e quatro de *Infância*.

1947 Publica o livro de contos *Insônia*, pela editora José Olympio.

1950 Em 24 de agosto, morre seu primogênito, Márcio Ramos, no Rio de Janeiro. No mesmo ano, traduz *A Peste*, romance de Albert Camus, para a editora José Olympio.

1951 Em 26 de abril, é instituído como Presidente da Associação Brasileira de Escritores. No mesmo ano, publica pela editora Vitória, do Rio de Janeiro, *Sete histórias verdadeiras*, tiradas de *Histórias de Alexandre*.

1952 Viaja entre abril e junho pela União Soviética, Tchecoslováquia, França e Portugal. Em setembro, é operado em Buenos Aires, sem sucesso. Retorna ao Rio de Janeiro em 5 de outubro, gravemente doente. No dia 27, seu 60º aniversário é comemorado sem sua presença na Câmara Municipal do Rio de Janeiro, em sessão presidida pelo escritor Peregrino Júnior, da Academia Brasileira de Letras.

1953 Em 26 de janeiro, é internado na Casa de Saúde São Victor. Morre em 20 de março, de câncer no pulmão, no Rio de Janeiro. No mesmo ano, Heloísa publica, já viúva, o livro *Memórias do cárcere*.

Publicado em 2012, ano do 120º aniversário de Graciliano Ramos, este livro foi composto em Adobe Garamond, corpo 11/13,2, e reimpresso em papel Pólen Soft 80g/m² na Sumago para a Boitempo Editorial, em junho de 2013, com tiragem de 1.500 exemplares.